叢書アカデミア5

アジアからの戦略的思考と新地政学

戦略研究学会 監修
藤江昌嗣・杉山光信 編著

芙蓉書房出版

はしがき

　21世紀を支配する大きな流れは何であろうか？
　21に世紀に入り数年が経た頃、この問いに対する回答はどのようなものであったろうか？
　一つには、アメリカの軍事力の圧倒的優位であるとする認識である。
　2001年9月11日のいわゆる「アメリカ同時多発テロ事件（Sep.11）」後、アメリカはその報復としてアフガニスタン紛争、イラク戦争を開始した。前者は、現在も終息していない。また、イラク戦争は、ジョージ・W・ブッシュのもとで始められ、オバマ政権下の2011年12月14日、正式にイラク戦争の終結宣言がなされたが、10年が費やされたこの戦争後のイラクに政治・社会・経済・文化等の市民生活における平和は成立していない。アメリカの軍事的優位という認識は、干渉した国家のその後の状況からすると21世紀を支配する流れとして十分条件は必ずしも備えていないと思われる。
　また、21世紀を支配する大きな潮流としては、世界経済の相互依存関係の拡大と深化を挙げることができる。世界経済の相互依存関係は、有形財の市場、無形財の市場という商品市場に留まらず、証券市場や貨幣市場という金融市場に広がり、グローバルなレベルでの財市場と貨幣・金融市場の広がりとつながりの深化を生み出した。2008年のリーマンショックや2015年8月の証券市場の動揺は、こうしたつながりや深化のもとでの世界景気の同時性の強まりを示している。
　しかし、これらの支配潮流観が見落としていた、あるいは過小評価していたのが地域としてみたアジアの発展である。
　世界経済の牽引役は、第二次大戦後は、アメリカ、西ドイツや日本、EU、中国と変遷し、また、地域経済共同体もEC、NAFTA、LAFTA等が続き、アジアでは、NIESを経てASEANが2015年に統合する。経済力をつけた中国もその主導でAIIBなどのインフラ整備の金融機関を自ら主導して形成していく状況となってきている。
　また、地域を超えて発展する国々の呼称も、BRICs、VISTA、CHINDIA等など多種となってきている。しかしながら、これらには必ずアジアの国々が入っている。
　さて、いわゆる「地政学」の定義は多様であるが、その特徴は「国家を空間的な存在、地理的な有機体として考察する」点にある（第1章参照）。

上記におけるグローバルなレベルでの相互依存関係の拡大と深化の中で、一方で、経済・社会の発展・変化、あるいは都市と農村の間の格差や所得等における格差の誕生・拡大に対しても重要な課題として目配りをしつつ、その経済発展とともに、ヨーロッパで誕生した「地政学」とは異なる、政治や軍事のみではない、経済・社会に係わるアジアからの戦略的思考─「アジアの知恵」─が客観的に要請され、また、芽吹いてきているはずである。

　こうした認識の下、多様な視点から「アジアからの戦略的思考」と新たな「地政学」を考えていこうというのが本書の意図であり、『アジアからの戦略的思考と新地政学』という書名とした由縁である。

　本書は、下記のような構成となっているが、「アジアからの戦略的思考」という課題設定の意義やそれと従来の「地政学」的思考との関連を深める理論的な考察、さらに現実の国際間の政治・経済・社会現象の地政学的理解を、リスクや安全保障あるいは宗教等とも関連付けながら考察する論文を含めた。そして、本書の特徴の一つとも言えるが、沖縄の歴史（「琉球王国」）やシンガポール、台湾、フィリピン、インドにおける事例を踏まえた考察も「アジアからの戦略的思考」と深いつながりをもつものと言える。

　　第1章　アジアからの戦略的思考と新地政学（藤江昌嗣）
　　第2章　文明の地政学からみた地球とアジア（平山朝治）
　　第3章　方法論としての地政学、アジアからみた「回転軸」（川口　満）
　　第4章　南海の王国にみた物産による生き残り戦略とその俯瞰考（金城誠栄）
　　第5章　シンガポールの国家リスク管理（東長邦明）
　　第6章　小さな地政学：ダージリン地方（石井道子）
　　第7章　3.11後の世界原発市場の動向と原子力産業の地政学（郭　思宜）
　　第8章　地政学と移民の相互作用（John Lambino）
　　第9章　地域としての東南アジア（杉山光信）

　ヨーロッパから生まれた「地政学」をアジアから再考察し、「アジアからの戦略的思考と新地政学」を構築していこうとする私達の試みは始まったばかりである。読者の皆さまから忌憚のない御意見や反応を待ちたい。

　末尾になるが、㈱芙蓉書房出版社長平澤公裕氏には、本書の構想から刊行まで多くの時間を費やさせてしまった。心からお詫びを申し上げるとともに、編著者一同より感謝の意を示したい。

　　2015年9月

　　　　　　　　　　　　　　　　　　　　　　編者　藤江昌嗣　杉山光信

アジアからの戦略的思考と新地政学●目次

はしがき　　　　　　　　　　　　　　　藤江昌嗣・杉山光信　　*1*

第1部　理　論　編

第1章　アジアからの戦略的思考と新地政学
　　　　　　　　　　　　　　　　　　　　　　　藤江　昌嗣　　*9*
　1．アジアからの戦略的思考の必要性　*9*
　2．「地政学」的アプローチの特徴　*10*
　　(1)チェーレンの規定と戦前の地政学／(2)戦前地政学のポジティブな側面
　3．田中明彦『新しい「中世」』論の批判　*12*
　　(1)国際関係の「時代認識」と「新しい中世」／(2)3つの「圏域」─言説の変化／(3)「新しい中世」の利点と限界
　4．マハティールの主張─「アジア型民主主義で安定と成長を」　*17*
　　(1)「暗いシナリオ」／(2)「現状維持」のシナリオ／(3)「明るいシナリオ」
　5．21世紀におけるアジアの経済的重みの増大　*19*
　6．オバマ政権の目指す「アメリカ一極体制」とアジア太平洋戦略　*21*
　　(1)アメリカ一極体制／(2)オバマ政権の課題／(3)オバマの目標／(4)アジア戦略としてのTPP／(5)オバマ政権の軍事行動に関する新原則
　7．「長期的戦略」の必要性とアジアからの戦略的思考　*25*
　結　び　*28*

第2章　文明の地政学からみた地球とアジア
　　　　　　　─日本の人口・移民戦略の基礎─
　　　　　　　　　　　　　　　　　　　　　　　平山　朝治　　*31*
　はじめに　*31*
　1．人口と経済　*32*
　　(1)通りゃんせ効果の理論／(2)少子化と高齢化の悪循環理論
　2．マッキンダーの地政学と、梅棹・川勝の文明史観　*46*
　　(1)ハートランドと遊牧騎馬民族／(2)ヨーロッパ vs 中国・インド／(3)東南アジアと、海から見た二つの近代／(4)アジアの台頭と、アメリカ・ロシアの役割
　3．近代世界システムとアジア　*55*
　　(1)アジアは周辺か？／(2)華僑商人の役割／(3)中心〜周辺関係の東西比較／(4)江戸の国際関係／(5)近代世界システムと文明

おわりに *65*

第3章 方法論としての地政学、アジアから見た「回転軸」
　　　　― 利害関係者全体の価値を高める ―

川口　満 *85*

はじめに *85*
１．地学の転換をもたらすアジア *86*
(1)アジアが「熱い」／(2)アジアの戦略的価値が高まった／(3)中国の海洋膨張は必然か／(4)日本のシーレーンは守れるのか
２．なぜ今、地政学なのか *97*
(1)軍事に疎い日本人／(2)国民国家の意義とは／(3)国民国家の行動を分析する社会科学としての地政学
３．方法論としての地政学 *105*
(1)理論より実践を重んじる学問／(2)ケーススタディ：南シナ海をめぐる地政学的状況を分析する　ベトナム／(3)ケーススタディ：南シナ海をめぐる地政学的状況を分析する　シンガポール

第2部　事　例　編

第4章　南海の王国にみた物産による生き残り戦略とその俯瞰考
　　　　―大交易時代の琉球王府の物産の平和的伝播を考察する―

金城　誠栄 *117*

はじめに *117*
１．琉球（沖縄）の成立 *119*
２．島津氏（薩摩藩）の琉球侵攻 *121*
３．明治政府による琉球処分 *124*
４．琉球王国の交易時代 *128*
５．南海の小王国琉球の物産による生き残り戦略 *133*
(1)甘藷（イモ）の導入／(2)甘蔗（サトウキビ）の伝来／(3)泡盛の伝来／(4)織物・紅型のおこり／(5)琉球漆器のおこり
おわりに *149*

第5章　シンガポールの国家リスク管理
　　　　― その歴史的展開と先進性 ―

東長　邦明 *153*

はじめに *153*

1．国家リスク管理概念の整理　*155*
(1)国家リスクを構成するもの／(2)リスクに強い組織―レジリエンス（強靱性）／(3)リスク管理と戦略
2．シンガポールの国家リスク ― 脆弱性　*158*
(1)構造的脆弱性／(2)地政上の要衝／(3)多民族・多宗教の人口構成
3．シンガポールの国家リスク管理　*161*
(1)第1期：国家維持・生存体制の確立／(2)第2期：レジリエンス確立―トータル・ディフェンス／(3)第3期：9.11以降―国際テロリスク／(4)第4期：国家リスク管理のイノベーション―戦略策定との統合
おわりに　*190*

第6章　小さな地政学：ダージリン地方
　　　　― マカイバリ茶園経営から見えてくる生き残り策 ―
石井　道子　*209*

はじめに　*209*
1．茶の歴史からみたイギリスの外交戦略　*211*
(1)ヨーロッパでの最初の茶輸入／(2)イギリスでの茶の普及／(3)イギリスの外交戦略―三角貿易／(4)もうひとつの外交戦略―砂糖生産と奴隷制度／(5)インドにおける茶樹発見
2．地政学からみたダージリン地方　*215*
(1)地理上での優位性／(2)保養地として開拓／(3)紅茶の生産／(4)インド独立後のダージリン地方
3．ダージリン地方における政治的・経済的諸問題　*220*
(1)ダージリン地方におけるゴルカランド問題／(2)水・電力不足問題／(3)交通問題／(4)異常気象の問題
4．マカイバリ茶園―小国家の地政学　*225*
(1)マカイバリ茶園の歴史／(2)マカイバリ茶園の異質の経営者―スワラージ・クマール・バナジー氏／(3)持続可能な農法／(4)フェアトレード生産者と女性の力を活用／(5)ユニークな経営
5．ダージリン地方の生き残りをかけた政策　*236*
おわりに　*238*

第7章　3.11後の世界原発市場の動向と原子力産業の地政学
郭　思宜　*243*

はじめに　*243*
1．世界の原子力開発の動向　*244*
(1)原子力利用・推進国／(2)原子力高成長国／(3)新規導入検討国／(4)脱原子力傾向国

2．世界の原子力産業の展開　*251*
(1)原子力産業の再編／(2)フランスの原子力産業／(3)ロシアの原子力産業／(4)韓国の原子力産業
　3．日本の原子力産業の国際展開　*259*
(1)「新成長戦略」主役へのシナリオ／(2)日本の原子力産業の国際展開
　4．台湾における原子力開発の展開　*264*
(1)台湾における原子力発電の現状／(2)台湾における原子力政策の展開
　おわりに　*271*

第8章　地政学と移民の相互作用
―― フィリピンのケースを中心に ――
John Lambino　*275*

はじめに　*275*
　1．アメリカの最西フロンティアとしてのフィリピン諸島と移民　*279*
(1)北アメリカ大陸でのアメリカによる西方への領土拡大／(2)太平洋での西方への領域拡大／(3)　アメリカによるフィリピン諸島の占領／(4)独立後のフィリピン
　2．現在のフィリピンの地政学的な配置と移民　*287*
(1)現在の海外フィリピン人の現状と社会経済における重要さ／(2)冷戦の終焉後のフィリピンの安全保障／(3)対テロ戦争／(4)海外フィリピン人の状況が政府政策に及ぼす影響
　おわりに　*299*

第9章　地域としての東南アジア
―― 「海の帝国」からASEAN/AFTAまで ――
杉山　光信　*303*

はじめに―「嗜好品化」する消費社会 ―　*303*
　1．東南アジアと「海のまんだら」システム　*305*
　2．東南アジアにおける植民地間分業　*309*
　3．ASEAN諸国の工業化　*314*
　4．ベトナムのケース　*322*

あとがき　*333*
執筆者紹介　*334*

第1部

理 論 編

第1章　アジアからの戦略的思考と新地政学

藤江　昌嗣

1．アジアからの戦略的思考の必要性

　21世紀を支配する大きな流れは何であろうか？
　21世紀に入り数年が経た頃、この問いに対する回答はどのようなものであったろうか？
　2001年9月11日のいわゆる「アメリカ同時多発テロ事件」後、アメリカはその報復としてアフガニスタン紛争、イラク戦争を開始した。前者は、2001年10月にスタートしたアメリカ合衆国および有志連合諸国と北部同盟によるターリバーン政府打倒のための攻撃であるが、現在も終息していない。他方、イラク戦争はジョージ・W・ブッシュのもとで2003年3月20日から始まり、最終的には、バラク・オバマが2011年12月14日の米軍の完全撤収をもって、イラク戦争の終結を正式に宣言したが、この戦争には10年が費やされた。
　こうした流れの中で、21世紀を支配するものが、アメリカの軍事力の圧倒的優位であるとする認識が生まれた。
　それでは、経済面ではどうであろうか？　経済面での動きを見ると、また、異なる動きが見えてくる。
　確かに、2000年代当初は、世界経済の牽引役は、欧米経済であった。しかし、その内実は、大規模な不動産バブルの発生であり、持続性に欠けていた。
　2007年にアメリカの住宅不良債権問題が顕在化し、2008年のリーマンショックを生み出した。図表1からわかるように、2005年以降、中国、ブラジル、ロシア、インドの名目 GDP の世界の名目 GDP に対するウェイトは上昇してきており、欧米先進国に代わり、中国をはじめとする BRICs 諸国が世界経済のけん引役となった。
　しかし、この BRICs 諸国も2012年には成長を鈍化させ、中国以外は世界の

名目GDPに対するウェイトも低下ないし足踏み状態となっていることが分かる。頼みの綱だったBRICsの凋落で世界経済には暗雲が漂い、とりわけ、2014年からの中国経済の減速によって牽引役を失った世界経済の行方はどうなるのか、次期牽引役となるべき米中経済は本当に復活できるかなどの懸念と世界経済への不安が高まってきているのが2015年である*1。

　経済的相互依存関係は地理的制約を含む地政学的アプローチにどのような影響を与えるのであろうか。経済的相互依存関係の深化と領土・領海等をめぐる各国間の軋轢は、戦略的思考を必要とする。それは「地政学」というもので形成され得るのか。アジアの発展をもたらす妥当なアプローチへの影響も小さなものではない。

　そこで、以下では、先ず地政学的アプローチについて確認をしておくこととする。

図表1　主要国の名目GDPの推移（世界に占める比率、％、暦年）

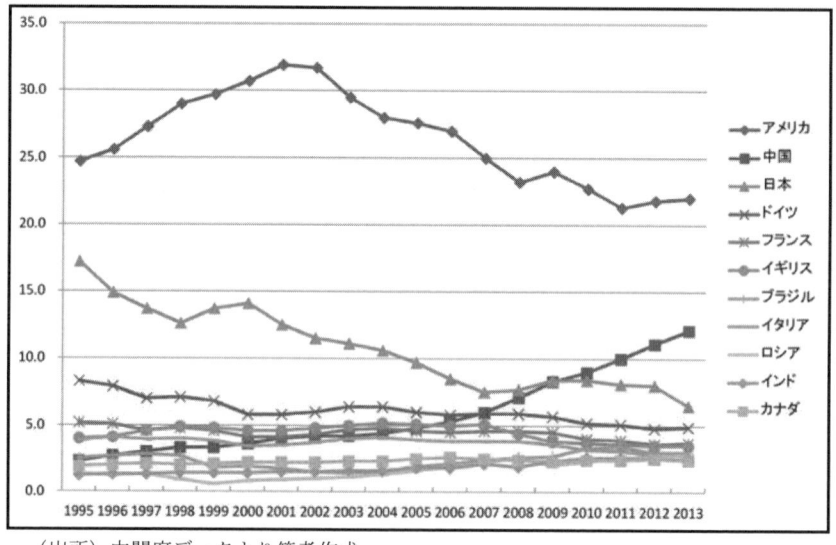

（出所）内閣府データより筆者作成。

2．「地政学」的アプローチの特徴

　佐藤健（2005）によれば、21世紀当初の「地政学」ブームは「地政学的

第1章 アジアからの戦略的思考と新地政学

geopolitical」という言葉に主導された面 とアカデミックな期待に後押しされた面の二つによるものである。すなわち、前者はキッシンジャー Henry A.Kissinger がリアルポリティークの意味で geopolitical を頻繁に用いたことに端を発した、空間を示す言葉としての地政学の「記号化」であった。これに対し、後者は政治地理学が圏内領域から国際領域へとその対象を拡大したことと、それと同時期に起きた、国家に従属してきた地政学への反省から、旧来の「帝国主義的な」地政学から脱却した新たな地政学を追求しようとした一連の動きに端を発するものであった*2。特に、「新たな地政学への動きは、世界の動的な把握を可能とする地政学的思考の確立と、恣意的に世界を「空間」化した地政学的言説の分析という、異なる潮流を包含しつつ進行しているものと言える*3」と特徴づけしている。

　新たな地政学の動きの明確化という作業は、アジアからの地政学を考える場合にも意義をもつ。「世界の動的な把握を可能とする思考の確立」という佐藤の言に依拠しつつ、これらを今少し詳しく見ていくこととする。

(1) チェーレンの規定と戦前の地政学
　チェーレンは、5つの系統に分類された国家学の一つとして、また、国家を空間的な存在、地理的な有機体として考察する部門としての「地政学 Geoplitik」を規定する。その意図は国家の多元的な把握にあるが、その「帝国主義的要素」もしばしば指摘されている。佐藤は、その由縁を以下のように解き明かす。「この様な論理の根底には、国家を国民あるいは民族の自然本能に支配された集団的有機体と規定し、自然範囲を占めることと自給自足能力を有することこそ、国家の理想であるとするような『生存空間』論が存在しており、それこそが地政学が『帝国主義的』とされる由縁でもある*4」と。

　そして、戦前の地政学の広がりについて、「この種の国家概念における地理的な『意味』の考察こそが、以後のドイツにおける地政学の隆盛に繋がり、後発的帝国主義における国家空間拡大の正当化に有益な論理となり得たことは否定できない」とその問題性を指摘する。それゆえ、「科学としての地政学」には、その帝国主義的志向性や恣意性を如何に克服するかという問題が残ることになる。

(2) 戦前地政学のポジティブな側面
　他方で、佐藤は地政学のポジティブな側面にも目配りを忘れていない。

11

「地理的特殊性は同時に政治的普遍性への挑戦でもあり、単線的発展史観に支配された近代主義的世界観に対し、それを修正する有力な意味も持っていた。つまり、後発帝国主義の自己正当化に繋がるものであったにしろ、地政学は多元的な世界観の上に広がる多様な政治現象を把握する可能性を持っていた*5」とするのである。ここには、ヨーロッパを中心とする地政学の単線的発展史観に対し、地理的特殊性を強調することで、世界観や政治現象の多元性に目を向けさせる積極面を有していたことが示されている。

日本における地政学の流れも、「一元的な西洋中心的世界観に対し、地理的特殊性に基づいて固有性多元性を主張するという点で、特徴的であった。そこに見えるものは大東亜共栄圏空間の偽りの正当化であると共に、単線発展史観に対する多元的世界観の萌芽でもある*6」と。

3．田中明彦『新しい「中世」』論の批判

多元的という点では、21世紀の潮流を「新しい中世」と読み替えた田中明彦の見解にも触れておくことが必要である。田中は2000年に『ワード・ポリティクス　グローバリゼーションの中の日本外交』(筑摩書房、以下、『ワード・ポリティクス』)を著した。同書は、田中が、前著『新しい「中世」』(日本経済新聞社、1996年)に続き、その後の変化を含め、21世紀の外交や戦略にとり、ワード・ポリティクス(「言力政治」：シンボルの操作機能)を重視するに至るプロセスを、折々の論考に序章の書き下ろしを加えて公刊したものである。

前著『新しい中世』に対する批判・疑問への回答を含むとともに、「新しい『中世』」という概念モデルを補強するものとして、より分かりやすく書かれ、かつ田中の日本外交への期待を示し、そのためのブレインとして自ら名乗りを挙げていることも読み取れるものとなっている。

とりわけ、その副題「グローバリゼーションの中の日本外交」に示されているように、前著『新しい「中世」』では用いなかったとされる「グローバリゼーション」という言葉を積極的に用いている点も、「ワード・ポリティクス」の使用とともに、その特徴を示している。

以下では、アジアからの地政学を目的としているため、アジアに触れている第1章「21世紀の国際社会を見通す」、第2章「グローバリゼーションをどう捉えるか」、第4章「新しい東アジアの形成—日本外交がめざすもの」、第7

第1章　アジアからの戦略的思考と新地政学

章「日本外交の構想力」を中心に、田中のワード・ポリティクス（「言力政治」）と、その具体的展開、そしてアジアにおける日本外交について、その内容を確認するとともに、その限界についてもみておくこととする。

（1）国際関係の「時代認識」と「新しい中世」

田中は、21世紀の国際社会を見通すための国際関係の「時代認識」の方法として「時代認識の最も正当的なやり方は、理解したい対象を構成する最も重要な部分あるいは部分間の関係を一言で直接的に表現するというやり方*7」すなわち、「直接的な時代認識」をとるとする。

また、田中は、「ポスト近代」が論じられてきている中で、あえて「中世」という言葉を用いた理由を2つ上げている。

一つは、これまでの国際関係研究の歴史的視野の狭さを乗り越える必要があること*8、またいま一つは、視野の拡張により、「現在の西欧にかつてあった「中世」における国際関係と、現在から今後にかけて予想されるさまざまな国際関係の特徴の中には似ている点が見られる*9」からであるとする。田中のいう「相似的時代認識」ということになるのであるが、その特徴は以下の3つにまとめられている。

すなわち、①主体の多様性、②主体間の関係の複雑性、③おおまかなイデオロギーの一致　である。
「主体の多様性、主体間の関係の複雑性、イデオロギー面での大まかな一致という面で、20世紀末の世界は、かつての『中世』に似ているといってよいのではないか、というのが『新しい中世』という主張なのである*10」。

（2）3つの「圏域」―言説の変化

そして、現在の世界には、この「新しい中世」の特徴を示す程度における強弱のばらつきが存在し、この程度に基づき、世界は以下のような第一から第三までの3つの「圏域」に分けられるとする（図表2参照）。

田中の「動態的」記述によれば、技術進歩とグローバリゼーションの進展による「近代化」のプロセスの結果、地球上には、第一圏域である「近代化」のプロセスのほぼ終了した部分、現在「近代化」の課題に直面して苦闘している部分である「第二圏域」と、「近代化」に当面失敗し、近代の制度そのものが崩壊している部分である「第三圏域」との3つがあるとしている*11。

こうした田中の主張には、いくつかの疑問が残る。

図表2　三つの圏域のモデル

第一圏域	新しい中世的特徴が最も強く現れている部分。民主主義も市場経済も成熟。国家の役割の相対化。市場や市民社会の役割の上昇。国家間戦争はほとんど起こらない。 北米、西欧、日本、オセアニアなど
第二圏域	依然として近代的特徴を強く残している部分。民主主義も市場経済も不安定。国家の役割の強調。国家間戦争は可能。 中国、ロシア、インドなどを含む広範な発展途上世界
第三圏域	根本的秩序が崩壊してしまった部分。主権国家は名存実亡。わずかな秩序は国際組織やNGOがもたらす。恒常的内戦と飢饉。 サブサハラ(サハラ砂漠以南)のアフリカ、中央アジアの一部など

(出所) 筆者作成。

　例えば、第一圏域における「市場や市民社会の役割の上昇」は指摘されるものの、市民社会の役割やその状況については、触れていないことである。
　また、第三圏域において、「わずかな秩序は国際組織やNGOがもたらす」と国家に代わり、秩序維持でのその役割が強調されるのみで、具体性を欠くこと。
　また、「近代的特徴を強く残している」としている「第二圏域」でも、その市場や市民社会の役割について触れていないのは、田中の「近代」認識の問題点（本質的な点の脱落）を示すものといえよう。
　この田中の「近代認識」の不十分さは、それぞれの圏域に対する以下の印象記述からも確認でき、その証左ともなる。
　第一圏域は　いわば「中世」的国際関係の「明るい」部分であり、「明るい中世」とも呼びうるとする。
　これが、1998年刊『新しい中世』の第2章では、
　　①政治の争点はおおむね経済問題(適切な分配)および象徴的問題（価値ある生活）
　　②政治の特徴は、「調整」
　　③政治に登場する主体は多様。国内政治と国際政治の境界は不明確。
　　④影響力行使のための手段はおおむね経済的手段とシンボル操作（説得力）
　　⑤国家間戦争はほとんど起こらない。
　　⑥人々の生活への脅威は、経済問題、アイデンティティなどの心の問題、

第1章　アジアからの戦略的思考と新地政学

　　　テロ活動や麻薬などの社会問題、あるいは他の圏域からの脅威（弾道ミ
　　　サイル、軍事紛争の波及、難民など）*12。
とされており、その主張が大きく変化していることがわかる。強調されているのは、アイデンティティと公共性についての判断の混乱である*13。
　また、第二圏域は、第一圏域の「明るい」中世と第三圏域の「暗い」中世の間に存在する「近代的な部分」であり、「近代」（「近代圏」）としている。
　①政治の争点はおおむね軍事問題（領土保全）および経済的問題（開発）
　②政治の特徴は、「対立」
　③政治に登場する主体はおもに主権国家。国内政治と国際政治は峻別される。
　④影響力行使のための手段はおおむね軍事的手段と経済的手段。国家の指
　　導者の支持動員のためにはナショナリズムが多用される。
　⑤国家間戦争は起こる可能性がある。
　⑥人々の生活への脅威は、経済問題および他国からの軍事的脅威、さらに
　　は国内の圧政*14
としている。
　田中はグローバリゼーションとこの「近代圏」の関係こそ、国際政治の不安定化と最も密接に結びついているとしている*15。この主張自体は興味深いが、1980年後半以降のグローバリゼーションの中で、対アメリカはもちろんのこと、対アジアにおいてもその本当の外交方針を把握し対応していくという点では不十分な点が少なくないことも事実である。
　また、第三圏域は、「中世」的国際関係の「暗い」部分でこれを「暗い中世」と呼び、「疑似国家」とも形容する。
　①政治の争点は、おおむね軍事問題
　②政治の特徴は、「生存」
　③政治に登場する主体は、さまざまな域内集団（部族、軍、宗教組織など）
　④影響力行使のための手段はおおむね軍事的手段
　⑤ホッブズ的戦争状態
　⑥人々の生活への脅威は、戦争、飢餓、虐殺、疫病、経済危機など無数*16
これらが、田中による「現在の国際関係」である*17。

（3）「新しい中世」の利点と限界
　それでは、田中が語る「新しい中世」という相似的認識の利点と限界はどのようなものであろうか？

15

先ず利点であるが、現在の世界システムの特徴である「普遍イデオロギーのもとの多様・複雑システム」が、すなわち、①主体の多様性、②主体間の関係の複雑性、③おおまかなイデオロギーの一致とすれば、こうした呼称が可能であるとする主張である。確かに多元性への開放は一つの利点かもしれない。
　また、第二の利点は、「権力認識」における近代と中世の再考への刺激になるというものである。田中は、近代では、パワー（軍事力）が中心的役割を占めてきたが、中世では、「権威」、「正当性」が重要であったとし、「新しい中世」においては、再びこうした「権威」や「正当性」という概念が重要になってくると予想する。すなわち、「これまでの政治がパワー・ポリティクスであったのに対し、今後の政治は、「権威」とか「正当性」をだれが獲得するのかをめぐる政治になるかもしれない*18」としている。
　さらにいま一つの利点は、アナロジーの対象に対する再評価のきっかけとなりうることである。歴史的射程の短さという20世紀の国際関係研究の再検討と「西欧中世」以外の「中世」の見直しの契機となることへの期待である。
　その上で田中は、「より本質的にいえば、直接的な時代認識の深化に貢献する限りにおいて、『相似型』の時代認識の効用は存在するというべきである*19」としている。
　しかしその限界も少なくない。
　例えば、「グローバリゼーションは地球大に均質に進行する現象ではない」*20とし、その例として、インターネットの普及やマクドナルドをグローバリゼーションの象徴として挙げているが、その例示は相応しいものであろうか？
　こうした田中の言説の行き着く先は、「混沌のデベロップメント」であり、「特効薬のような措置を見出すのは難しい」というため息にも似た状態である。
　そして、「現状は、混沌圏の政治にはできるだけ関与せず、その悪影響が外部に及ぶことのみの防止に意を注ぎ、現地である程度の政治秩序が成立するまで（ある種のレバイアサンが誕生するまで）待つということにならざるをえない。このような消極的政策のみで十分かは不確定である。グローバリゼーションの進展の過程で、混沌圏に発生した予期し得ないような害悪が、世界中を押そうということでもない限りは、当面の消極策を続けるしかないのかもしれない*21」という「曖昧な私の記述」とその諦念・理想なきリアリズムに陥るのである。
　また田中は、グローバリゼーションの課題として、
　①「新しい中世」における、いかなる場合にいかなる範囲で「公共性」を成立させるのか？

②「やさしい権力」、自由主義を社会に「埋め込んだ」体制の形成
③第三圏域における最低限の秩序の形成と最低限のインフラの整備

を挙げているが、新しい東アジアの形成―日本外交がめざすものとして、突然「アメリカ」の決定的重要性の特徴づけとその支持が打ち出される。「新しい中世」の中の突出した主体としてのアメリカという田中の認識がどのように形成されてきたのか、また、それが東アジア―本書で考えていくアジアの地政学にとりどのような意味を持つかを記述していくことは必須の作業となる。

また、国家の役割の重視は、先に見た第一圏域の特徴づけ―「国家の役割の相対化」―と矛盾している。また、「間接的」「相似的認識」は、結局厳密性を欠く、「便宜主義的」認識に過ぎないことを示すとともに、その淵源として、「近代」への深い認識の欠如が関係していることも再度指摘しておく。アジアからの新地政学にとり、この「近代」認識は非常に重要なものとなるからである。

4．マハティールの主張―「アジア型民主主義で安定と成長を」

マハティール・ビン・モハマド（当時マレーシア首相）は、1995年5月に開催された国際交流会会議「アジアの未来」（日本経済新聞社主催）において、「アジア型民主主義で安定と成長を」というテーマで講演を行った。

この講演の中で、マハティールは、アジア諸国における民主主義について独自の主張を行った。その独自性とは、アジアにおける「民主主義」と「人権」の独自性の主張であり、欧米諸国における「民主主義」や「人権」との均一性の否定であった。すなわちアジア各国が、それぞれの国民性やニーズに合わせた民主主義や人権を創り上げるべきであるというものであった。

すなわち、「中には、近代化とは完全な欧米化、欧米の規範の完全な受容、欧米への同質化を意味すると考えている国もある。しかし、アジアの国々は、民主国家ではあるが、それぞれが欧米関係ばかりでなくアジアの国同士の関係でも、違ったスタイルの国になる公算が大きい。願わくば、アジアがお互いの国の違いを寛容に受け入れるようになり、全く同じような民主国家でないことに罪悪感を感じないようになれば幸いである*22」と。

また、この中で、マハティールはアジアの将来について３つのシナリオを提示した。すなわち、「暗いシナリオ」「現状維持」そして「明るいシナリオ」

の3つである。これらのシナリオについて、以下に要約する。

(1)「暗いシナリオ」

アジア諸国がお互いに戦争を始めるシナリオである。南沙諸島をめぐる紛争がきっかけで勃発するかもしれない。ASEAN諸国は動揺し、日本に助けを求めるかもしれないが、日本は中立の立場を固持する。中国市場は失うにはあまりに貴重過ぎるからである。

その代わり、米国が助け船を出し、ASEAN諸国が歓迎する。太平洋艦隊が南シナ海を巡回し始め、そのうち中国海軍と米海軍との間で衝突が起きる。国連は介入できないと言い、関係各国での話し合いの解決を求めるが、どの国も国連を無視するというものである。

(2)「現状維持」のシナリオ

アジア諸国の成長は続くが、決して欧米を抜けない。アジア諸国はどんな問題に関しても互いに話し合いもしないし、協調行動もとらないというものである。そして、すべてのアジアの国々は米国が音頭をとるアジア太平洋経済協力会議（APEC）に加盟し、世界貿易は欧州連合（EU）と北米自由貿易協定（NAFTA）すなわちEU－NAFTA連合に操られ、世界貿易機構（WTO）もその下に置かれるというシナリオである。

(3)「明るいシナリオ」

アジアの国々すべてが自由市場システムを導入し、独自の民主主義を発展させていく。ただし、政治改革は急がず、慎重を期し、時間をかけた民主化を好み、欧米の民主国家に見られる幾つかの混乱を起こすようなやり方は否定する。結果として、アジアの国々ではおおむね安定が続き、速いペースでの発展が可能になる。

また、アジア全体での自由市場システムの導入により、資本とノウハウの大規模な交流が生まれ、アジア経済は欧米諸国経済のスピードをはるかに上回るスピードで拡大する。

アジアの発展途上国はアジア域内の先進国と他のアジア諸国は繁栄し、相互に投資を行うととともにアフリカや欧州、南北アメリカにも投資し、世界経済全般を押し上げる。その結果、アジア諸国は極めて裕福になり、その他の国々はアジア市場に依存し、アジアは世界の経済成長の牽引役になるというシナリ

オである。

マハティールの1995年時点の主張は、その後20年経た現在からすると、EUにおけるEUROの導入とその後のEU諸国の拡大等の変化やWTOの役割の低下、ASEANの展開とりわけ2015年のASEAN統合、TPPの動きの活発化等マハティールの予想を超えた大きな変化が生じてきているが、アジア諸国の経済発展とアジア域内、また、アジア地域以外の国々との経済的相互依存関係の深まり、そして世界経済の成長の牽引役となるという点については、マハティールの予想は正鵠を得ていた。この点を、節を改め、確認しておくこととする。

5．21世紀におけるアジアの経済的重みの増大

図表3はこの事実を示している。この表は、世界の国内総生産（名目GDP）の地域別構成比の推移を示しているが、2009年において、一番高い割合を示していたのが、32.4%のヨーロッパで、次いで、アジアの29.4%、そして北アメリカの28.6%となり、これら3地域で、90.4%と9割を占めていた。そして、その4年後の2013年には、トップはアジアで33.3%と世界の三分の一を占める程になった。次いで、ヨーロッパが28.6%、そして北アメリカの27.0%となっており、これら2地域はウエイトを下げた。ヨーロッパ及び北米の相対的低下が読み取れる。また、これら3地域では88.9%と若干ながらも9割を下回った。

また、アジア諸国を今少し詳しく見てみると（図表4）、2009年のアジアの29.4%のうち13カ国で25.6%であったのが、2013年には29.0%と3.4ポイントも増加した。アジアの発展の中でも13カ国の経済成長が全体を牽引したことがわか

図表3　世界の国内総生産の地域別構成比の推移（名目GDP、構成比%）

国（地域）	2009	2010	2011	2012	2013
アジア	29.4	31.2	32.6	33.8	33.3
北アメリカ	28.6	27.7	26.2	26.7	27.0
南アメリカ	5.0	5.8	5.9	5.8	5.7
ヨーロッパ	32.4	30.2	30.0	28.2	28.6
アフリカ	2.7	2.9	2.9	3.1	3.1
オセアニア	1.9	2.2	2.4	2.4	2.3

（出所）総務省統計局データより筆者作成

る。ただし13カ国のうち、日本は例外で、そのウェイトを下げている。これに対し、日本を除く12カ国のすべてが世界のGDPに占める割合を増加させている。ただし、香港は横這いである。

また、リーマンショックの翌年である2009年と最新の2013年のみを取り上げてみよう。これをみると、2009年において日本の8.4%を0.1ポイント上回り8.5%となった中国は、2013年には12.1%とさらに3.6ポイントも増加させた。インドも2.2%から2.6%と0.4ポイントそのウェイトを高めたが、中国との差はまだ大きいものがある。2013年の日本の6.5%もアジアの中では中国に次ぐウェイトとなってはいるが、1980年代に語られた世界のGDPの15%からは隔絶の感がある。韓国も1.5%から1.7%へと0.2ポイント高めた。また、インドネシアも0.9%から1.1%へと0.2ポイント高めた。トルコも1.0%から1.1%へと0.1ポイントの上昇となっている。イラン、タイ、マレーシア、シンガポール、フィリピン、香港などは成長はしているが、まだ、そのウェイトは1%を大きく下回っている。

図表4　アジアの国内総生産の推移（名目GDP、構成比％）

	2009	2010	2011	2012	2013
日本	8.4	8.4	8.2	8.1	6.5
イラン	0.6	0.6	0.8	0.8	0.7
インド	2.2	2.6	2.7	2.6	2.6
インドネシア	0.9	1.1	1.2	1.2	1.1
韓国	1.5	1.7	1.7	1.7	1.7
サウジアラビア	0.7	0.8	0.9	1.0	1.0
シンガポール	0.3	0.4	0.4	0.4	0.4
タイ	0.5	0.5	0.5	0.5	0.6
中国	8.5	9.1	10.1	11.2	12.1
トルコ	1.0	1.1	1.1	1.1	1.1
フィリピン	0.3	0.3	0.3	0.3	0.4
香港	0.4	0.3	0.3	0.3	0.4
マレーシア	0.3	0.4	0.4	0.4	0.4
13カ国合計	25.6	27.3	28.6	29.7	29.0
アジア合計	29.4	31.2	32.6	33.8	33.3

（出所）総務省統計局データより筆者作成

第1章　アジアからの戦略的思考と新地政学

6．オバマ政権の目指す「アメリカ一極体制」とアジア太平洋戦略

　冷戦体制が終了した後に誕生したオバマ政権は、「アメリカ一極体制」の構築をブッシュ前政権とは異なる形で試みてきている。この体制は言うまでもなく、アジア太平洋戦略という形で、太平洋を挟むアジアの国々の戦略にも影響を与えるものである。
　ここでは、先ずアメリカの一極体制、その政治的、経済的一極体制について振り返り、その後、オバマ政権の課題と目標を確認し、TPP の位置づけとオバマ政権の軍事行動に関する新原則を確認しておく。

（1）アメリカ一極体制

　アメリカ一極体制は、政治的あるいは経済的にみて、冷戦下の体制からどのような点で異なっているのであろうか。
　先ず、冷戦下の特徴として挙げられるのは、ソ連をはじめとする社会主義国の存在が、資本主義国との間での政治体制の対立（「東西冷戦」）を生み、これが相互依存関係を制約していたことである。しかし、その後、「軍事経済」の維持コストに耐えきれず社会主義ソ連は破綻し、冷戦体制が崩れ、グローバル化が進む中で、経済の相互依存関係は増大してきた。
　アメリカは「自由経済（市場主義）」と「民主主義」をセットで資源国・新興工業国に「輸出」しようとした。その為に、「ドルの散布」を行った。すなわち、経済問題も安全保障の中に位置付けたのである＊23。
　しかしながら、「アメリカの政治的一極体制」はドルの一極体制と連動せず、経済、とりわけ、通貨の複数化・多極化（グローバルには、貿易の決済手段・外貨準備の保有手段としてのユーロの誕生1999年、地域的には円）が実態として進行し、その下で、ドルは決して強くはなっていなかったのである。地政学的視点による分析が必要かもしれないが、経済の政治への組み込みが進み、その「軍事力」と「政治力」の強さが、ドルの弱さを隠していたのである。ドル体制の下で、「金融イノベーション」「高度な金融技術」を通じたドル散布を通じた借金国アメリカの「錬金術」がますます強化されたのである。
　しかし、ここには、高度に発達した金融商品の登場とそれを制御できない〈市場の欠陥〉も存在していた。それは、金融商品や格付けの透明性、ファンドの規制などの欠落により生まれた。これが、IT バブルの破綻、すなわち、

21

ベンチャービジネスの破綻、IPO 絡みの株価上昇の頓挫（1999年）、そして住宅バブルの崩壊（2007年）、さらにはリーマンショック（2008年）へとつながっていったのである。

（2）オバマ政権の課題

2008年のリーマンショックは「金融経済危機」すなわち、「金融危機＝市場の失敗」と「実体経済危機＝供給過剰／過少消費＝所得不足」の両方を意味するが、これまで以上に、金融・実体経済における相互依存関係の深化したことの証左でもあった。

もっとも、アメリカについて語られる「借金に依存した過剰消費」という特徴は、アメリカ経済のマクロ的特徴そのものなのであり、たんに家計に限定されるものではない。実体経済でいえば、自国で消費する分を自国で供給できない国（「財政赤字＋貿易赤字」の意味）なのである。

オバマ政権の課題の中でも、もっとも重要なことは、政権が政府への信頼を取り戻さなければならないことであった。それはアメリカ国民からの信頼の回復であり、世界の各国からの信頼の回復である。オバマは、「一国主義的」孤立から、対話による「多面外交」への転換を目指したのである。

これは、ブッシュ政権のクリントン政権からの引き継ぎ時における一時的な財政黒字とオバマ政権の出発点との大きな相違であり、オバマは伝統的な「財政赤字」「貿易赤字」「家計の過少貯蓄」という3つの経済的不足に加え、政治・社会システムにおける「政府への信頼の不足」を解消する方向で政策を立て、実行していかなくてはならなかった。

この政府への信頼の不足は「イラク戦争」の誤りだけではなく、政府内の財政規律の低下を生み出した行政組織の改革による再規律の浸透というプロセスをとることになる。

（3）オバマの目標

アメリカは2001年9月11日以降、所謂「テロとの戦い」という戦争状態にあり、20世紀の戦争の規模ではないが、アフリカ等での小規模なものを含め、他地域での行動を行っている。しかし、どの国にとっても終わりの明瞭でないこうした戦争状態は持続可能なものではない。敵の不明確さは、それが市民の中に埋め込まれているが故なのである。そして間欠的なアメリカ軍への攻撃は、長期的に見てアメリカにとり、ベネフィットよりもコストが上回ることを認識

させることになる。
　また「テロとの戦い」に加え、2つの紛争が発生した。一つはウクライナであり、いま一つはイラクである。ウクライナではロシアに不満をもつ親西側の政府がキエフで誕生した。また、イラクではISという新スンニ派の軍が一部は反乱（反政府軍）として、また一部は伝統的な敵として登場した。リビアやコソボの経験も含め、アメリカは最初の行動者であり、その最初の選択として軍事力を使用したのである。
　アメリカのもつ広範な軍事力、それが故に課されるグローバルなアメリカの役割を踏まえれば、こうした問題が発生した時に戦闘を断ることはアメリカには不可能である。それは明白な事実であり、ある意味では簡単な解決法なのかもしれない。問題は軍事力が解決方法とならないことがしばしば生じるという事実である。オバマにおいてもこうした認識は当然存在しているはずである。したがってオバマの目標は、アメリカが常に最初の行動者とならない状態を作り出すことになる。

（4）アジア戦略としてのTPP

　TPP 環太平洋パートナーシップ協定とは、正式には、環太平洋戦略的経済連携協定（Trans-Pacific Strategic Economic Partnership Agreement ; Trans-Pacific Partnership、TPP）という名称で、TPP 協定は、アジア太平洋地域において、モノの関税だけでなく、サービス、投資の自由化を進め、さらには知的財産、金融サービス、電子商取引、国有企業の規律など、幅広い分野で21世紀型のルールを構築する経済連携協定である。
　2010年3月にP4協定（環太平洋戦略的経済連携協定）加盟の4ヵ国（シンガポール、ニュージーランド、チリ及びブルネイ）に加えて、米国、豪州、ペルー、ベトナムの8ヵ国で交渉が開始され、現在はマレーシア、カナダ、メキシコ及び日本を加えた12カ国が交渉に参加している。
　TPP 協定は、「経済連携協定」とされているが、これに対し、TPP が経済連携に留まらない軍事的な性格も併せもつ「アジア版 NATO」であるという主張も存在し、傾聴に値する。
　例えば、元米国国務次官 R.ホーマッツは TPP について、地域の安定に向けた枠組みという意味で「アジア版北大西洋条約機構（NATO）」のようになるとの見方を示している*24。つまり、「NATO のように安全保障に特化したものを意味しているのではなく、経済的なつながりや（地球温暖化などの案件で）幅

23

広い協力の在り方などを TPP 加盟国で協議できるような場*25」として示されている。

また、R.ホーマッツは中国主導のアジアインフラ投資銀行（AIIB）の創設は、21世紀に入り顕著となった世界経済における新興発展国の台頭を認識しながら、国際通貨基金（IMF）やアジア開発銀行（ADB）における改革の遅れなどその対応を怠ってきたことにも起因するものであるという認識を示すとともに、第二次大戦後のアメリカが構築した IMF ／ GATT 体制を中心とするグローバルなシステムに代わる、市場経済やルールの重視、透明性、競争における公平性を確保した「21世紀の経済システム」を構想する協議の必要性を訴えている。

アジアの経済発展を踏まえ、通貨、投資、貿易等における IMF ／ GATT 体制を中心とするシステムから、新たな「21世紀の経済システム」を構想することは、アジア諸国の事情や主体性を尊重することにつながる。

（5）オバマ政権の軍事行動に関する新原則

TPP の「アジア版北大西洋条約機構（NATO）」という位置づけは、オバマ政権の軍事行動に関する同盟国のあり方にも通ずるものとなっている。

この点についての認識を深めるために、G. Friedman のアメリカ外交政策に関するの論考を確認しておくこととする。フリードマンによれば、オバマは、アメリカの軍事行動に対し、従来とは異なる原則を作りだそうとした*26。

一つは、軍事はその結果が、アメリカの利害にかかわるレベルまで高まらないかぎり行使しないこと。第二は、関わり合いは非軍事的あるいは限定された軍事力の行使で始めなければならないこと、第三は、合衆国は有効な軍事行動が可能な現地の同盟者を含む同盟組織と軍事行動を取らねばならないこと、つまり、合衆国は援助や限定された軍事力（例えば、空爆）を提供するが、主たる任務は負わないこと、最後は、状況が重大な意味をもち且つ直接的もしくは主要なアメリカの軍事的関与を通じてのみ処理される場合のみ、アメリカは主力部隊を投入するという原則である。この原則は、上質の（選び抜かれた）ものであり、その歴史に根ざすものである。

また、信じられない程複雑なものであるが、複雑の意味は下記の通りである。

そもそも、国益とは何により構成されているのか？　政権内でも広範な意見が存在する。あるものには人権侵害を防ぐ干渉は国益に入るが、他者にはアメリカへの直接の脅威のみが国益とされる状況である。

第二に、干渉のテンポは射程距離を測定するのと同様に難しいものであるこ

とである。アメリカは、敵の攻撃に応酬するが、必要な応酬の程度を決定するのは敵の軍事行動のテンポなのである。

　第三に、ドイツのような昔からの同盟国の多くは、こうした状況に関わる手段や意向を欠いている。トルコはアメリカ以上にシリアやイラクの出来事にはるかに大きな関心をもつが、アメリカが共同して関与しなければ、且つ、政治的結果に同意しなければ、干渉を控えるのである。

　D.D.アイゼンハワーが第二次大戦で学んだように、同盟は負担を分散するが故に望ましいものとなる。また、全ての同盟国が主要なミッション外の目的を追求するが故に、同盟は維持するのが悪夢のようなものともなるのである。

　最後になるが、これらの3つのステージを超えて、直接の関与に至ることは驚くほど簡単なことなのである。この容易さは国益とは何かという点での不明確さから生じるのであり、敵の軍事行動のテンポは同盟国が創り出すテンポより早く思えたり、敵のテンポの把握に失敗することから生じるのである。

　オバマは、軍事行動の合理的な原則を保持している。それは世界の現実への対応なのである。アメリカが考えているよりはるかに多くの衝突が存在しており、どのようなレベルの干渉にもタイミングというものがある。加えて、他の国家は、アメリカの考える以上に将来の国益を有している。

　アメリカの軍事干渉は最後の手段とならなければならない。原則はアメリカの戦略的必要性や制約に適合するものである。しかし、不幸にも、明確な原則はしばしば暗くて陰気な世界に適合するのであり、大統領は明確性を欠いた場合でも干渉する必要性に気づいているのである。

　オバマ政権の同盟国との行動におけるこうした認識は「集団的自衛権」の問題を考える際にも重要な示唆を与えるものとなる。

7．「長期的戦略」の必要性とアジアからの戦略的思考

　細谷雄一は『20年後のアジア太平洋地域秩序と日本の役割報告書』において、長期的戦略をもつことの重要性を指摘している。すなわち、「世界秩序が流動的となり、またアジア太平洋地域が『国際政治経済の重心』となっている現在の世界の中で、日本が確固とした長期的戦略を有することはきわめて重要となっている*27」とする。細谷は、我が国の場合、他の先進国に比して、政府としての総合的な取り組みや長期的な取り組みが、大きく後れを取ってきたこと

や長期的戦略に十分な留意をすることなく、短期的視野から政策変更を重ねてきたために、自らの国益を損ね、ひいては国際的な信頼を失うことにもなりかねないことを懸念する。

　細谷は、「長期的戦略の必要」を説くとともにアジア太平洋地域が「国際政治経済の重心」となってきていることも指摘していることは重要である。ここから20年後のアジア太平洋の地域秩序作りのために、「アジアからの戦略的思考」が要請されることも論理的帰結となると筆者は考える。

　長期的戦略を考えるという点では、第二次大戦後を対象にした赤木莞爾・今野茂光による「戦略史としてのアジア冷戦」の研究、渡辺正一や横井勝彦による戦後アジアの国際経済秩序の形成をイギリスとその援助政策コロンボ・プランを対象にした研究成果なども参考になる。

　例えば、赤木・今野は、戦略史の研究とは、諸国家の国益と、目的および手段の交錯の歴史を、パワーの行使に焦点を当てながら分析することを意味するが、戦略史を「軍事力の行使とその脅威の影響に関する歴史」と狭義に捉えず、もう少し広く、パワーの行使やその脅威に関する歴史としてとらえている。

　また、近年の欧米を中心とした文化史や社会史の視点からの研究や大国と第三世界との関係あるいは東西両陣営内の同盟政治や政治的対立をマルチ・アーカイバル・リサーチによって明らかにする冷戦史研究について、活況を呈していると評価しつつ、他方でその研究において「冷戦の本質」を見失う事態の発生を懸念し、以下のように語っている。

　「戦争の恐怖や大国間のパワー闘争という、本来、冷戦期の国際政治とは切っても切り離せない重要な要素を捨象したり、軽視する研究が増加していることも看過できない傾向として指摘できよう*28」と。

　その上で、戦略史としてのアジア冷戦研究の意義は、以下のように見出せるとしている。

　①アジアにおいては、核戦争の可能性が存在したにもかかわらず、「熱戦」（朝鮮戦争、ヴェトナム戦争等）が展開されたこと。これに対し、ヨーロッパでは、「熱戦」を経験しないまま、冷戦の終焉を迎えたこと。

　②アジアにおけるたび重なる危機のなかで、核兵器の脅威が、威嚇や抑止のための道具として東西両陣営で何度も利用され、関係諸国の戦略的判断にも大きな影響を及ぼしたこと。また、核戦争の恐怖や巨大な軍事圧力のもとで実施される戦略行動の分析上重要な位置を占めるとすれば、アジア冷戦は、「戦略史の実験庫」とでもいうべき存在となっていること。

第1章　アジアからの戦略的思考と新地政学

③アメリカの同盟国の政治体制と政策目標の相違があること。アメリカがアジアにおける「戦略」を立案する際、国内的には非民主的な同盟国を支援するための「論理」が求められることになり、対外的にも単に同盟国を防衛するだけではなく、同盟国を抑制する「管理」の手腕が求められることになったこと。

④中国の存在。冷戦期のアメリカの封じ込め政策の最大の標的はソ連であったが、1950年以降、中国がその封じ込め政策の対象となったこと。つまり、一般的に、アジアにおける冷戦は実質的に「米中冷戦」であったこと*29。

こうしたアジア冷戦の特徴のもと、当時の、アメリカが「共産主義陣営の内部状況を十分に把握できない状態で、ヴェトナムへの軍事介入などアジアにおける重大な選択を決定*30」したため、不確実な戦略認識がアメリカのアジア政策をより困難なものにしたとしている。

また、渡辺正一や横井勝彦による、戦後アジアの国際経済秩序の形成をイギリスとその援助政策コロンボ・プランに焦点を当てた研究は、これまで看過されてきた第二次大戦までアジア太平洋地域における最大かつ最強の帝国主義国であったイギリスが米ソの冷戦体制の確立過程で、しばらくの間、当該地域の戦後国際秩序形成に相当大きな役割を果たしたことを明らかにした。それとともに、他でもないイギリスの植民地であった諸国家がイギリスによる植民地支配から脱し、国民国家へと急旋回したアジア諸国家の発展メカニズムへのイギリスの関わり方を明らかにすることや、アメリカのヘゲモニーを如何にして導いていったのかなどを明らかにした。とりわけ、コロンボ・プランの意義についての以下の点は大変興味深い指摘である。
「このプランは、明らかに旧植民地統治国イギリス、そしていまや新ヘゲモニー国家としてのアメリカをも巻き込んだ援助協定による秩序再編の原理であり、手段でもあったということである*31」。

戦後のイギリスからアメリカへのヘゲモニー移転により、アメリカは「国際公共財」を提供し、世界システムの経済的安定を図った。しかし、アジアにおいては、新独立国が、1945年以降も残存し、再生しつつある商人ネットワークやアジア域内貿易や投資網というアジア固有の諸制度に依拠しつつ、コロンボ・プラン、ポイント・フォー計画、日本の戦後賠償、世界銀行、国連のエカフェなどによる経済・戦略的な援助プログラムを通じて、自国の経済発展を促すために変容する勢力均衡を利用したのである*32。

経済発展、所得向上を目指す発展途上の国々は、パワーをもつ国の創り出す勢力均衡をその目標実現のために利用するというこの指摘は、現在にも通ずる

重要な指摘である。

　パワーは軍事パワーとは限らない。経済や外交などのソフトパワーも戦略を織りなす重要な要素となるし、これらの相互連関も認識しなければならない。

結　び

　アジア経済は、20世紀の後半から「東アジアの奇跡」と呼ばれる高い成長を遂げた。2008年のリーマンショックに端を発する「世界金融危機」発生後も、アジア経済は世界に先駆けて回復し、世界経済を牽引する役割を果たしてきている。また、2015年に入り明確となった中国等の成長率の鈍化が、アメリカや他の国々の景気にマイナスの影響を与えていることも世界経済におけるアジア経済の重みと各国間の相互依存関係の深さを示すものとなっている。

　また、構造的な動きとしての ASEAN 統合などの貿易自由化の動きは、アジアの市場拡大を促進し、最終財の更なる流通にもつながり、アジアはその域内の高度な生産ネットワークを活用した「世界の工場」としてその存在感を増すとともに、「世界の消費市場」としても世界の成長を牽引していくことが期待されている。こうした国の中には、CHINDIA（中国やインド）だけでなく、タイやフィリピン、マレーシア、シンガポール、ベトナム、インドネシア、カンボジア等がある。

　これらの国々の経済・社会の発展・変化、それと並行して顕在化してきている都市・農村間の格差、さらには所得等における格差の誕生・拡大は、経済発展とともに、ヨーロッパで誕生した「地政学」とは異なる、政治や軍事のみではない、経済・社会に関わるアジアの実態に基づいたアジアからの戦略的思考―ここではそれを「アジアの知恵」と呼ぶ―を要請し、芽吹いてきているはずである。

　アジア経済の長期的な持続性を展望するとき、変容したもの、また、生み出されてきたものをこの時点で確認しておくことは、今後の経済成長の下での経済・社会・財政システムの将来のあり方を展望する作業に、また、経済・社会戦略を構想する際に重要なものとなる。

　こうした作業は、アジアからの戦略的思考の必要性の反映であり、アジアからの「新地政学」と呼びうる作業となる。

第1章　アジアからの戦略的思考と新地政学

注
1 真壁昭夫（2012）「頼みの綱だったBRICsの凋落で暗雲漂う世界経済」ダイヤモンドオンライン【第249回】 2012年10月16日。
2 佐藤健（2005）「日本における地政学思想の展開―戦前地政学に見る萌芽と危険性」『北大法学研究科ジュニア・リサーチ・ジャーナル』11号、110頁。
3 同前。
4 同前。
5 同前。
6 同前。
7 田中明彦（2000）『ワード・ポリティクス　グローバリゼーションの中の日本外交』筑摩書房、17頁。
8 同前、24頁。
9 同前、25頁。
10 同前、26頁。
11 同前、43頁。
12 これは、「おそらく、この圏域においてグローバリゼーションがもたらす最大の問題は、人々のアイデンティティに与える影響であろう」（佐藤誠三郎（1997）「文明の衝突か相互学習か」『アステイオン』45号）を受けている。
　また、田中は「何が人々にとって『公共』であるのかをめぐって混乱が生ずる可能性は少なくない」（同前、45頁）としている。
13 同前、46頁。
14 同前、48頁。
15 同前、48〜49頁。
16 同前、27頁。
17 同前。
18 同前、29頁。
19 同前、30頁。
20 同前、49頁。
21 同前、51頁。
22 日本経済新聞社編（1995）『挑戦するアジア―国際交流会議「アジアの未来」から』16〜17頁。
　また、西欧的近代化に係わる杉山光信の記述を紹介する。杉山は、共同体的絆のつよさに儒教の伝統が重なっていることを指摘した上で、以下のように語る。
　「『この絆の力の重要さを強調する儒教は個人と対立し、独立した人格としての個人という主張を認めなかった。家族のレベルではこのことは家族利益のために個人利益を犠牲にするように強いる強力な家族の力としてあらわれるだけでなく、共同体とよば

れている家族とほかの社会組織との密接な関係によっても示されている』といわれる。このようなベトナム社会での人々の感覚からすると西欧の個人主義は硬直した考え方であるように映る」。藤江昌嗣・杉山光信・平山満紀『「新「地政学」視点からのアジアの経済・社会戦略—「アジアの知恵」を探る』（2013年度明治大学大学院研究科共同研究報告書）、2015年3月、27頁。

23　J.W.ブッシュ、2002年『一般教書演説』米国大使館、東京、日本。
24　日本経済新聞、2015年5月2日付朝刊。
25　同前。
26　George Friedman[2014], *Principle,Rigor and Execution Matter in U.S. Foreign Policy*, STRATFOR, 10.28,2014
27　細谷雄一（2015）『20年後のアジア太平洋地域秩序と日本の役割報告書』外務省、第1章　序論。
28　赤木莞爾・今野茂光編著（2013）『戦略史としてのアジア冷戦』慶應義塾大学出版会、3頁。
29　同前、3～4頁。
30　同前、5頁。
31　渡辺正一編著（2014）『コロンボ・プラン　戦後アジアの国際経済秩序の形成』法政大学出版局、4頁。
32　同前、5頁。

第2章　文明の地政学からみた地球とアジア
　　　―日本の人口・移民戦略の基礎―

平山　朝治

はじめに

　明治時代の「文明開化」という言葉は、欧米先進国の文明をとりいれて日本も文明国にならなければならない、という意味を持っていた。しかし、今では「文明」という言葉から、欧米文明、中国文明、インド文明、イスラム文明、日本文明など、長い歴史を持つ複数の文明がまず思い浮かび、それらのなかの一つとして、欧米先進国の文明は相対化されている。このように文明の意味は、単数形の唯一の文明から複数形の文明へと変化しており*1、この地上における勢力（人口やその増減率、科学技術の水準、経済力、軍事力、政治力など）の配置（コンステレーション）が必ずしも欧米（北大西洋）中心ではなくなってきたことを意味している（ウォーラーステイン(1991) 340～374頁を参照）。

　単数形の文明から複数形の文明への変化を、地球表面における人々の地理的配置を重視しながらとらえることのできる学問を、文明の地政学と呼ぼう。その基礎理論を構築して、アジア*2 をそのなかに位置づけ、日本のとるべき戦略を導き出すことが、本章の課題である。

　日本の少子化・人口減対策として移民受け入れ政策が必要であるとする議論が、最近さかんになってきた。しかし、移民に否定的なナショナリズム・愛国心が国を滅ぼすという逆説に、私たち日本国民は直面している。国家百年の計に基づいて日本が移民政策を進めてゆくためには、偏狭で教条的なナショナリズムを打破するような、視界の広い地政学による戦略の提示が不可欠であると思われる*3。本章は、戦後日本のナショナリズムを支えてきた通説・常識を覆すことによって、そのような目的に資することをめざしている。

　1節では、人口と経済を巡る新しい理論をもとに、欧米や儒教圏と比較しつつ日本の現状を考察し、それをふまえて2節および3節では、移民受け入れを拒むような日本人の愛国心を支えてきた代表的諸説を批判しつつ、今日におけ

る地球・アジア・日本を適切にとらえることができるような地政学を提示してみたい。

1．人口と経済

（1）通りゃんせ効果の理論

現代日本がかかえる最大の問題は、急激な高齢化・人口減少である。

図表1　我が国の人口構造の推移と見通し

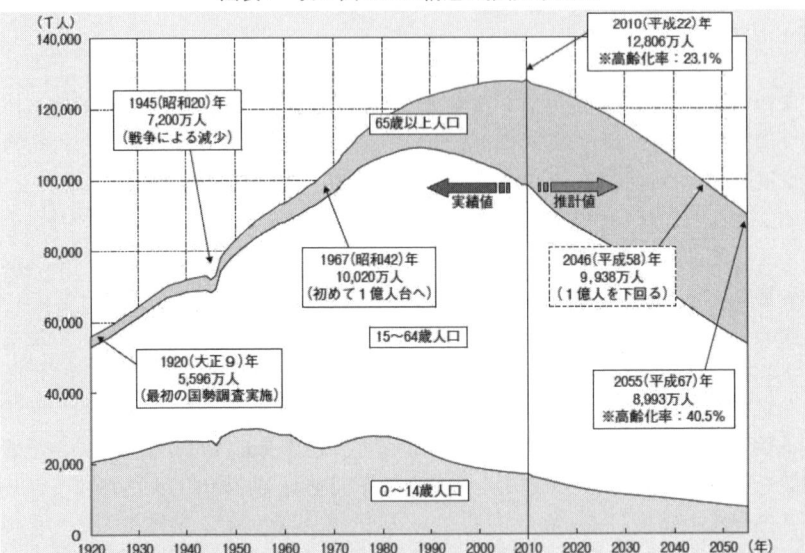

出所：内閣府編(2011) 41頁, 第1-2-28図。内閣府(2015) 7頁, 第1-1-4図に至るまで、この図がそのまま踏襲されている。（百分比を含む数値表は http://www8.cao.go.jp/shoushi/shoushika/whitepaper/measures/w-2011/23webhonpen/csv/zh1_2_28.csv にある。2015年8月10日閲覧。）

　図表1およびその数値表によると、日本の総人口のなかに、生産年齢とされる15〜64歳が占める比率は、1991〜93（平成3〜5）年の69.8%に至るまで増加

第2章　文明の地政学からみた地球とアジア

してきたが＊4、その後減少に転じている。高度成長からバブルまでの日本経済は、人口増加と都市化による地価上昇を当て込んだ、土地を担保とする金融によって発展してきた（笠（1968）128〜138頁を参照）が、生産年齢人口比が頂点を迎えたのとほぼ同時、1990（平成2）年10月に景気動向指数（一致 CI）がピークに達し、地価公示の全国平均価格も調区内宅地を除いて1991（平成3）年がピークである（http://www.pref.nagasaki.jp/tochi/chika/yotobetsu/koji/zenkoku_price.html　2015年8月10日閲覧）。生産年齢人口の割合が減少し続けていることが日本経済長期停滞の根本原因であるということは、この年齢層が生産だけでなく貯蓄や財・サービス・資産購入の主役であることからして、直観的に明らかなことと思われる。

　このことを、理論的に説明してみよう。ある年の出生数減は、その年以降の15年間、生産年齢人口比を引き上げる要因として働く。これは「人口ボーナス（贈り物、配当）」と呼ばれ、経済成長を促進する（Mason（1997），Bloom et al.（2003），大泉（2007）53〜65頁、青木（2010）を参照）。しかし、出生数減は15年後以降の50年間、生産年齢人口比を引き下げる要因でもあるのだから、それは将来の経済成長にとってマイナス材料なのである。したがって、少子化初期の成長促進効果はボーナス（贈り物、配当）ではなく、少子化世代の将来の働きを担保とした借り入れであり、子供が成長して生産に従事するようになるとその返済を迫られる、奨学金のようなものと考えなければならない。このことに着目し、現代の先進国では高校以上を卒業して就職する人が多い（Mason（1997）は20〜65歳を working age としている）ことを考慮すると、少子化の経済へのマイナスの影響は20年程度のタイムラグを伴うと思われる。

　生産年齢人口比が上昇する局面は人口ボーナスと呼ばれてきたが、その下降する局面を人口オーナスと呼ぶことが多くなってきた。しかし、少子化による経済へのプラスの効果が約20年後にマイナスの効果に転ずるということは、人口ボーナス・オーナス論においては見過ごされてきた。

　少子化による経済パフォーマンスに対する当初の効果を、人口奨学金受給効果、のちのマイナスの効果を、人口奨学金返済効果と呼ぶことにする。また、これらは、子どもの七つのお祝いに天神様にお札を納めに参るのと同様、「行きはよいよい　帰りは恐い」（作詞者不詳わらべ唄「通りゃんせ」）という一連の現象なので、両者をあわせて「通りゃんせ効果」と呼ぶことにする。昔々、日本でも子どもは七つになると労働力として期待されたので、今の20歳のお祝いに相当する＊5。

以上の理論をもとに、日本のケースをさらに詳しく見てみよう。日本の出生数は、第2次ベビーブームの盛りである1973（昭和48）年の209万人をピークに1990（平成2）年の122万人まで激減し続けた(http://www8.cao.go.jp/shoushi/shoushika/whitepaper/measures/w-2011/23webhonpen/csv/zh1_2_01.csv　、2015年8月10日閲覧)。丙　午(ひのえうま)の1966（昭和41）年とその前後の趨勢からずれる変化を無視すれば60年代から70年代はじめにかけて出生数・合計特殊出生率ともに上昇傾向にあったが、74（昭和49）年から下降に転じたため、石油危機のマイナス効果を打ち消すように人口奨学金受給効果がみられはじめた(同上csvファイル)。

　1974年以降の少子化とそれに伴う奨学金受給効果は、注4で述べた要因による生産年齢人口比減少と、石油危機の経済へのマイナス効果を相殺し、1982（昭和57）年以降1991（平成3）年までの間、0～14歳人口比減少が65歳以上人

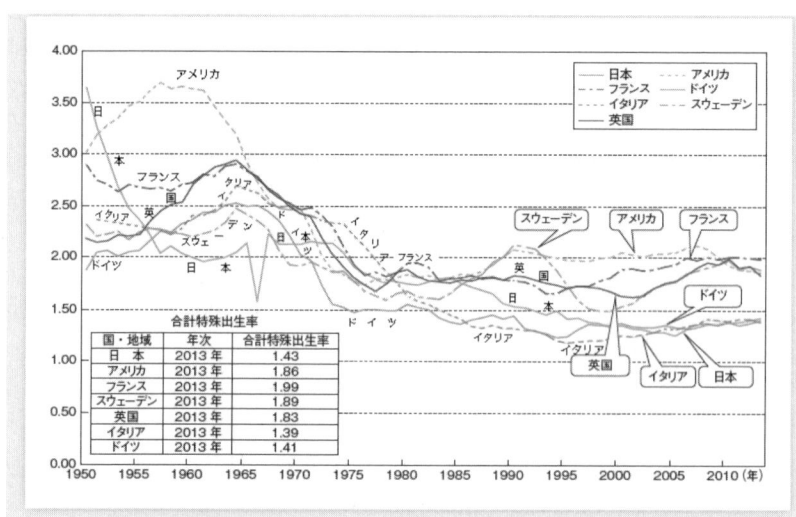

図表2　主な国の合計特殊出生率の動き（欧米日）

資料：ヨーロッパは、1959年までUnited Nations "Demographic Yearbook"等、1960年以降はOECD Family database（2013年2月更新版）による。ただし、2013年は各国の政府統計機関等。アメリカは、1959年までUnited Nations "Demographic Yearbook"、1960年以降はOECD Family database（2013年2月更新版）による。ただし、2013年は"National Vital Statistics Report"。日本は厚生労働省「人口動態統計」。

出所：内閣府編（2015）23頁、第1-1-26図（2012年までの数値表はhttp://www8.cao.go.jp/shoushi/shoushika/whitepaper/measures/w-2014/26webhonpen/csv/zh1-1-24.csvにある。　2015年8月12日閲覧。）

第2章　文明の地政学からみた地球とアジア

口比増加を上回って生産年齢人口比を増加させ、アメリカを脅かすほどの日本経済の絶頂期をもたらした。80年代のアメリカは、エコー・ベビーブームの盛りであり、合計特殊出生率が加速度的に回復して2.0を超えるに至っており、乳幼児を育てるコストが重くのしかかったのみならず、出生率が急激に低下した1962年生まれ以降の世代が生産年齢に達する時期とも重なり、生産年齢人口比が低下する、臥薪嘗胆の時代であった。

日米の80年代が日本の勝利・アメリカの敗北の時期であるなどと言うのは、表面的な同時代現象だけにとらわれた誤解であり、真の勝敗は20年後明らかになった。2008年リーマンショックの背景には前年にアメリカの生産年齢人口（20～64歳）比がピークを迎えたことがあり、日本のバブル崩壊と似ている（Iwata(2009)を参照＊6）。しかし、その後のアメリカ経済の回復は大恐慌期とは違って順調であり、そのころ、生産年齢人口比が日米で逆転していた（図表3を参照）。

図表3　人口の変化とバブル：日本とアメリカ

Inverse Dependency Ratio: Ratio of Working-Age Population to the Rest
= How many people of working age have to provide for one dependent person?

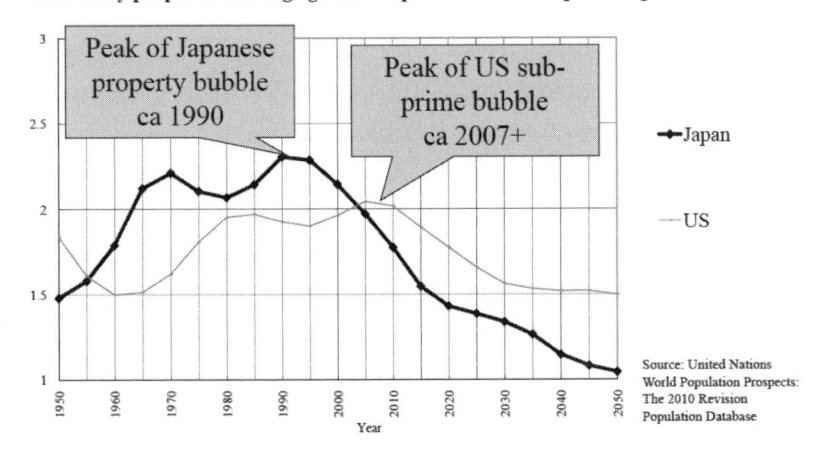

（グラフ：Japan と US の Inverse Dependency Ratio、1950–2050年。Peak of Japanese property bubble ca 1990、Peak of US sub-prime bubble ca 2007+）

Source: United Nations World Population Prospects: The 2010 Revision Population Database

上図縦軸の Inverse Dependency Ratio は生産年齢人口比÷（1－生産年齢人口比）なので、一方の値が上昇（下降）するとき他方の値も上昇（下降）し、一方の値が日米で等しいとき他方の値も日米で等しくなる。
出所：Nishimura(2011) Figure 1.1

石油危機を一つの背景として、1974（昭和49）年6月の『人口白書』で政府は二人っ子政策を打ち出し、その後大々的な宣伝がなされた（鬼頭(2011)27～29頁を参照）が、その年の合計特殊出生率は2.05で、約260～270日という妊娠期間を考慮すればその年に生まれた子供は『人口白書』が出る前に着床していたので、政府の宣伝がなくても一定の総人口を維持できる人口置換水準の2.07をすでに下回っていたことになる。石油危機は1973年10月にはじまるので、1974年後半に出生率が急落したと思われる。さらに翌1975年には1.91となり、1993（平成5）年の1.46まで下降趨勢にあった（ただし1982～84年は微増である。図表2の数値表を参照）。このことは、人口置換水準に誘導しようとした二人っ子政策による歯止めが利かないほど石油ショックへの反応が強烈だったと解釈するしかない。石油危機を相殺する少子化の人口奨学金受給効果が、日本経済の一人勝ち黄金期をもたらしたのである。

　そして、1974年以降に生まれた人達が高校を卒業して労働市場に現れはじめた時期がバブル崩壊とほぼ一致する。つまり、少子化が人口奨学金返済効果を与えだした時期にバブルがはじけ、日本経済は長期停滞局面に入ったのである。詳しく見ると、1973年4月～74年3月に生まれた（したがって、石油危機より前に着床した）人達が92年春高卒予定者として労働市場に現れはじめた時期がバブル崩壊と一致する。高卒者数は92年がピークであったが、そのうちの就職者数は前年より減少し、大学等進学者数が前者をはじめて上回った（厚生労働省(2011) 117頁を参照）。92年卒予定者が就職活動に入った時期に、93年から始まる高校新卒者数の減少より1年早く高卒予定求職者の縮小が始まったことは、浪人すれば目標校に届くかもしれないという目論見によって生じた進学志向の高まりのためと思われるが、多くの日本企業にとって想定外の出来事だったはずであり、このことがバブルを決定的に崩壊させたと思われる。このように、石油危機からバブルに至る日本経済の強さと、バブル崩壊後の弱さは、急激な少子化に伴う人口奨学金の受給と返済という、通りゃんせ効果の一連の現象なのである。

　少子化による人口奨学金は、子どもたちが生産年齢になったときにそれを返済するための能力を子どもたちが身に付けるように使わなければならない。しかし、小学校では1981（昭和56）年度、中学校では翌年度、高等学校では翌々年度からゆとり教育がはじまり、公立小中高で土曜休業が、1992（平成4）年度に月1度、95（平成7）年度に月2度となり、2002（平成14）年度からは完全週5日制になった。少子化には受験競争率を引き下げて子どもたちの勉学意欲

第2章　文明の地政学からみた地球とアジア

や向上心を削ぐという効果があり（ただし、進学率が上がるという効果もある）、ゆとり教育とあいまって、日本の子どもたちの基礎学力は著しく低下した。このように、1974年以降に生まれた子どもたちにかかわる人口奨学金の経済的意味に反する教育が、その世代の子どもたちに対して行われ、人口奨学金返済力を大幅に削ぐ結果になり、バブル崩壊後の日本にとって大きな負債になっていると思われる。

　アメリカの合計特殊出生率は1960年以降低下しはじめたが1976年の1.74で下げ止まり、1985～86年の1.84から1990年の2.08まで加速度的に上昇し、1991年から1995年までは減少しており、ピークである1990年のちょうど18年後である2008年にリーマンショックが起こった。これも通りゃんせ効果の例と言えよう。

　歴史を遡ると、日本では戦後ベビーブームが終わって出生率が人口置換水準まで急落しはじめたのは1950（昭和25）年である。そして、日本の実質GDP成長率は1969（昭和44）年度の12.0％を最後に10％に達しなくなり、70～73年度は8.2、5.0、9.1、5.1％であり（http://www2.ttcn.ne.jp/honkawa/4400.html　2015年8月12日閲覧）、石油ショックがなくても1969年度に日本の高度成長は終わっていたのである。ここにも、約20年のタイムラグを伴う通りゃんせ効果が明瞭に現れている。

　さらに歴史を遡ると、大恐慌も通りゃんせ効果によって説明できる。アメリカの粗出生率は各年データが始まる1909年から1914年までの間30‰程度でほぼ横這いだったが、1915年から1933年の18.4‰まで急下降趨勢となり、第2次世界大戦が始まるまで低迷していた（Carter et al.(2006) Table Ab40-51を参照）。1900、14、15、29年の粗出生率はそれぞれ32.3、29.9、29.5、21.2‰であるから、最初の14年間はほぼ横這いで、次の14年間で急落し（同、Table Ab52-117を参照）、アメリカ史上はじめて人口置換水準を下回った（http://www.eyewitnesstohistory.com/snprelief1.htm 2015年8月10日閲覧）。

　第1次世界大戦で共倒れとなったヨーロッパ列強に代わってアメリカが世界のトップに躍り出た要因の一つは、第1次大戦とほぼ同時にはじまった出生率低下による人口奨学金受給であり、繁栄の極みにあったアメリカを襲った1929（昭和4）年10月24日の株価大暴落は、1915年生まれの人が14歳になったころのことである。当時は8年間のエレメンタリースクールを14歳で終えて就職する若者が多かったので、1915年以来の出生率減少が14年後以降の大恐慌を帰結したのである。

　アメリカにおける1915年からの出生率低下の主因が第1次世界大戦でないこ

37

とは、開戦後出生率が顕著に下がった英仏独伊では、1920年には戦前の水準前後まで回復している（Lotka (1936), Mitchell (2007) を参照）のに対して、アメリカでは1920～21年の回復はわずかで1915年からの下降趨勢が支配しつづけたことから明らかであろう。マーガレット・サンガーが、1914年に The Woman Revel 紙を創刊して以降のアメリカにおける産児制限運動（チェスラー (2003) を参照）が出生率低下の主因と思われる。加藤シヅエ（ホッパー (1997) を参照）が渡米したおりに彼女と知り合って産児制限運動を始めたため、日本でも1927（昭和2）年から39（昭和14）年まで出生率低下の趨勢が生じ（www.stat.go.jp/data/chouki/zuhyou/02-24.xls　2015年8月10日閲覧）、戦後ベビーブームも加藤らによる優生保護法成立によって早期に終息し、1950年代後半には人口置換水準に至った。このように、産児制限・女性解放運動が出生率の変動を通して日米の経済変動を根本的に規定してきたことが、通りゃんせ効果の理論によって明らかになる。

　通りゃんせ効果は人口ボーナスの好例とされるアイルランドや儒教圏でもみられる（台湾をのぞき、世界銀行の世界開発指標 http://www.google.co.jp/publicdata/explore?ds=d5bncppjof8f9_　2015年8月10日閲覧）。アイルランドでは人口置換水準に至る合計特殊出生率下落は1981年からはじまり、実質 GDP 成長率は95～2000年が10％前後、2001～07年が5％前後である。韓国では1972年から人口置換水準を下回るに至る出生率急落がはじまり、成長率は1991年の9.71％から92年の5.77％に落ちて以降、かつての勢いはない。中国では人口置換水準を下回るに至る出生率下落は1988年ころからはじまっており、2007年の14.2％から08年の9.6％へという成長率の大幅な落ち込みは、同年9月のリーマンショックだけでは説明できない。08年から09年にかけてアメリカや世界全体では成長率が急落したが、中国では09年の成長率は9.2％と微減にすぎない。台湾では、1950年代なかばから1980年代なかばまで長期にわたって粗出生率低下の趨勢があるが、1965年に家族計画政策がはじまった後、1966年の32.40‰から翌年の28.01‰への下落が目立ち、その前後で趨勢に変化があるとみることができ、それに対応して実質成長率は1988年以降10％に達しなくなっている（伊藤 (2009) 30～31、33頁を参照）。

　儒教圏の香港やシンガポールでは、通りゃんせ効果を反映したマクロデータの動きは見出せない。それは、都市であるため、周囲からの移住・移民による人口調整の影響が大きいからであろう。また、1965年以降の西欧諸国においては出生率下落の20年程度のちにはっきりした経済の持続的不調がみられない。

第2章　文明の地政学からみた地球とアジア

これは、1985年のシェンゲン協定調印や翌年の単一欧州議定書調印によってEUの経済統合が進展した効果が通りゃんせ効果を打ち消したためと思われる。通りゃんせ効果はある社会における人口置換水準に至るような出生率低下に伴って、その社会のマクロ現象としては一度限りしか見られないことの多い現象で、1915年以降と1991年以降のアメリカ、1950年以降と1974年以降の日本のように、二度以上見られることは、これまでのところ稀なようである。日本は一度目の人口奨学金返済が始まってまもなく二度目の人口奨学金受給をはじめたため、雪だるま式に負債が膨らみ、その返済にバブル崩壊後の日本は苦しむことになったのである。

（2）少子化と高齢化の悪循環理論

「人口ボーナスの終わりは、すなわち高齢化の始まりである」（大泉(2007)92頁）などとしばしば論じられているが、通りゃんせ効果は生産年齢層が引退することを主たる原因とする高齢化とは別の問題であるから、通りゃんせ効果の理論によって高齢化について論ずることはできない。しかし、少子化と高齢化には、以下のような相互関係がある。

年齢別死亡率が時間を通じて一定とすれば、親1人当たりの子どもの数の減少は、子ども1人当たりが老後の面倒をみるべき親の数の増加にほかならない。しかし、少子化と高齢化との関係はそれにとどまらない。子ども1人当たりの親の数が増加するだけでなく、衛生状態や医療の進歩の結果、親の寿命は伸び、医療費も嵩むので、親1人当たりが老後に生きて行くための総費用も増える。このようにして、少子化は子どもにとって父母や祖父母の扶養・介護費用の著しい増加をもたらす。その費用として少子化によって得られる人口奨学金の一部が流用されるという風にして、通りゃんせ効果が累積するのである。

出生率が顕著に低下しだしたころに生まれ、1人当たりの直系親扶養・介護負担が重くなる人々が結婚・出産を考えるようになる際、少子化の結果としての高齢化がさらなる少子化を促進する可能性がある。この場合には、出生率の顕著な低下はベビーブーム同様、25年程度の周期で訪れると思われる。

出生率の低下は長男長女の比率を高め、そのころ生まれた女性の結婚相手が長男となる可能性が従来よりも高まるので、日本のように直系家族が主流の社会では長男の嫁に婚家の高齢者（夫の父母や内祖父母）介護の負担が重くのしかかるので、女性は結婚相手として長男をさけようとしがちになって晩婚化し、結婚しても長男夫婦は父母や内祖父母の扶養介護負担のため子供の数を減らし

がちになる。長男の嫁が婚家の老後を引き受けるのは、長男が遺産相続において優遇されることを期待した行動なので、石油危機が不動産をはじめとする資産価値の下落をもたらしたことは、長男の嫁となるベネフィットが減ったことを意味し、女性が長男の嫁となりたがらなくなる傾向を強めたと思われる。

また、男兄弟のいない長女は、自分の親の面倒をみることのできる（昔風に言えば婿養子となってくれる）長男以外の男性を求めがちだが、そのような相手と出会うチャンスが減ることも、晩婚化・少子化・非婚化を促す。さらに、出生率が低下した世代が生産年齢に達するにつれてあらわれる労働力不足も女性の就労率を上げ、晩婚化を促す。

日本女性の平均初婚年齢は、1960年代末には漸減傾向にあったが、1973（昭和48）年から増加に転じ（http://www8.cao.go.jp/shoushi/shoushika/whitepaper/measures/w-2011/23webhonpen/html/furoku08_05.html 2015年8月10日閲覧）、妊娠期間を反映して翌年から合計特殊出生率も粗出生率も下落しはじめた。1973年の女性平均初婚年齢である24.3歳の人が生まれたのは、1949（昭和24）年であり、1950年から合計特殊出生率が4.0を割って大幅に下落しはじめていた（http://www8.cao.go.jp/shoushi/shoushika/whitepaper/measures/w-2011/23webhonpen/csv/zh1_2_01.csv 2015年8月10日閲覧）。つまり、1974年からの出生率低下には1950年からの出生率低下の結果として説明できる部分がかなりある。

日本においてはそれらよりも前、1927（昭和2）年ころから出生率低下の趨勢が始まっており、その23年後が1950（昭和25）年ころである。したがって1927～39年の出生率低下が1950年以降の出生率低下の原因であるとみることができる。前者は産児制限運動のはじまり、後者は1948（昭和23）年の優生保護法成立など同運動の成果によるところが大きく、同運動が成功した一因として、出生率が低下しだしたころ生まれた世代が結婚・出産するようになったことを挙げ得るだろう。親からの産児制限思想・知識の伝達もあったと思われる。戦後の合計特殊出生率は1947（昭和22）年が4.54で、その後4.4、4.32と下がり続け、1950年には3.65と急落している*7。

また、2000年前後の第3次ベビーブーム期に粗出生率がほとんど上がらず、2005（平成17）年に合計特殊出生率が日本史上最低の1.26まで下がったのは、石油危機のころの出生率急落の結果と思われる。以上をまとめると、日本の場合、1927年ころにはじまった出生率減少を初例とし、1950年ころ、1970年代なかば、2000年代前半に、ベビーブーム抑制と出生率低下が繰り返されたというように、25年程度だが晩婚化のため徐々に長くなる周期で、少子化と高齢化の

第2章　文明の地政学からみた地球とアジア

悪循環があらわれたと思われる。その周期にちょうど一致する形で1973年に石油危機が起こってその後の出生率低下を加速させ、出生減に伴う人口奨学金受給効果が周期的変動分を大きく超え、石油危機以後の日本経済の良好なパフォーマンスを帰結したのである。

　ドイツでは、19世紀末から出生率低下がはじまっていたが、第1次世界大戦がはじまると急落して合計特殊出生率が1.5まで下がっており、1940年代前半、1960年代後半と1990年代前半にも出生率低下がみられた（Marschalck(1984) p.186を参照）。オーストリアでも同じ周期で出生率低下がみられる（http://en.wikipedia.org/wiki/Demographics_of_Austria　2015年8月10日閲覧）。スウェーデンでは1921年以降、1946年以降、1965年以降と1991年以降（https://en.wikipedia.org/wiki/Demographics_of_Sweden　2015年8月10日閲覧）、ノルウェーでは1921年以降、1947年以降、1965年以降と1992年以降（http://en.wikipedia.org/wiki/Demographics_of_Norway　2015年8月10日閲覧）、スイスでは1921年以降、1947年以降、1965年以降と1992年以降（http://en.wikipedia.org/wiki/Demographics_of_Switzerland　2015年8月10日閲覧）、イギリスではイングランドおよびウェールズとスコットランドのいずれについても、1921年以降、1948年以降、1965年以降と1991～92年以降（Mitchell(2007) pp.110、117を参照）に出生率低下がみられる。

　日本のほか、ドイツ、オーストリア、スウェーデン、ノルウェーとスイスは伝統的に直系家族の地域が多く、イギリスは伝統的にイングランドが核家族、ウェールズやスコットランドが直系家族であり、全域的に長子相続慣行はかなり普及していた（ヨーロッパ内諸地域の家族形態については、トッド(1992～93)を参照）。このように、25年程度の周期の出生率低下は、直系家族など長子相続的慣行が伝統的に見られる地域にあらわれやすいと思われる。

　第2次大戦直後に出生率が下がった地域では1965年にはじまる周期が5年程度早まっているが、一般に1965年ころから西欧諸国の多くで一斉に出生率が下がり始めており、晩産化がその実態であるとされている（守泉(2007)を参照）。アメリカと西欧先進国において、女性、とりわけ既婚女性の就労率の急速な上昇は、20世紀後半にみられる特徴であり（Davis(1984)、ブリントン(1998)、Iを参照）、戦後しばらくの間女性の就業率の上昇が出生率の上昇を伴っていたが、アメリカでは1960年以降、多くの西欧諸国では1965年以降一斉に、出生率が急落したので、女性の就労率の上昇が出生率低下の原因であるとは考えられない。新たな避妊方法であるピル（経口避妊薬）の登場以外にその原因はありえない。

　アメリカではピルが生理不順用として1957年に認可されて一般に使われるよ

41

うになったのち避妊用にも1961年に認可され、西欧でも西ドイツとイギリスで1961年に認可された（http://en.wikipedia.org/wiki/Combined_oral_contraceptive_pill#Public_availability　2015年8月10日閲覧）。1960～65年のアメリカではピルの普及とともに出生率が下落しており（Ryder and Westoff(1967) Table 5 を参照）、西欧先進諸国でも同様に、1964年ころからピルが急速に普及して、女性が望まない妊娠の可能性が低下したため、1965年一斉に出生率が下がりだしたのであろう（Leridon(2006)を参照）。女性が自らの意思で容易に受胎をコントロールできるようになったことが、意図せざる妊娠による早婚と、意図せざる出産育児の負担を減らすことを通じて、就労率上昇など社会的地位を高める大きな要因になったとすれば、女性の雇用機会が増えて子育ての機会費用が高まったために出生率が下がったとするような、従来の経済学にみられる妊娠出産の合理的選択説は、高齢者扶養介護と子育てのトレードオフを見逃しているばかりでな

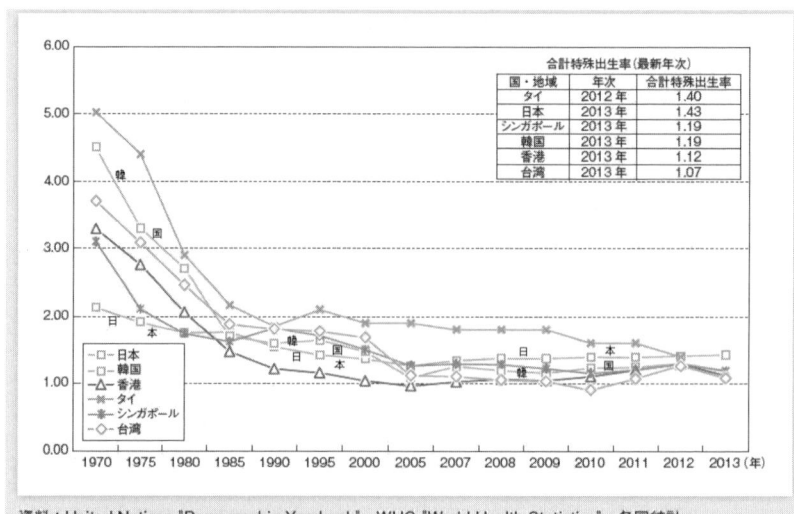

図表4　主な国の合計特殊出生率の動き（アジア）

国・地域	年次	合計特殊出生率
タイ	2012年	1.40
日本	2013年	1.43
シンガポール	2013年	1.19
韓国	2013年	1.19
香港	2013年	1.12
台湾	2013年	1.07

資料：United Nations "Demographic Yearbook"、WHO "World Health Statistics"、各国統計。
　　　日本は厚生労働省「人口動態統計」。
　注：台湾の1970年は1971年、1975年は1976年、1980年は1981年の数値。
　　　タイの2005年は2004年の数値。

出所：内閣府編(2015) p.30,第1-1-27図　（http://www8.cao.go.jp/shoushi/shoushika/whitepaper/measures/w-2015/27pdfhonpen/pdf/s1-5.pdf、2012年までの数値表は http://www8.cao.go.jp/shoushi/shoushika/whitepaper/measures/w-2014/26webhonpen/csv/zh1-1-25.csv にある。）

第2章　文明の地政学からみた地球とアジア

く、主要な因果関係を取り違えている。

　高齢者扶養・介護に対する家族の負担が、現実にも社会的価値観としてもかなり重い日本においては、英米仏などより少子化と高齢化の悪循環も顕著である。また、図表4のように韓国、台湾、香港、シンガポールの出生率がタイや日本より低いのは、儒教圏家族の高齢化における特徴であろう*8。独りっ子政策の影響もある儒教圏の本家・中国は今後さらに深刻な事態に陥りかねない*9。儒教的価値観のもとでは兄弟とその嫁たちが連帯して親の老後の責任を担いがちなので、跡継ぎ長男以外の男子の責任が軽い直系家族と比べて、女性は婚家の老後に確実にかかわらなければならなくなる。兄弟やその嫁同士による父母・舅姑への忠誠競争も少なくないだろう。また、婿養子を認めない儒教的家族において男兄弟のいない女性は、結婚すれば婚家と実家の両方の年長者の老後の世話をしなければならない。このような理由で儒教的家族観のもとでは日本以上に親・祖父母世代の扶養・介護が大変なため、出生率が著しく低くなりやすいと思われる。

　出生率を上げるための政策には限界があり（河野(2007)257～260頁を参照）、これからの日本には、かなり大規模（年平均数十万人）で長期にわたる移民受け入れ政策が必要であると論じられることが多くなってきた（田中(2001)、鬼頭(2011)第5章、毛受(2011)、北脇編著(2011)、青木(2012)を参照）。それだけでなく、仮に近い将来出生率が顕著に回復しだしたとしてもその世代が社会に出て活躍するようになるまで20年程度はかかるのであり、その間増加した被扶養人口を育てるための費用をやりくりする見通しが立たなければ、カップルあるいは女性が出産頻度を上げるようなインセンティブも生まれない。つまり、出生率が上がることはマイナスの人口奨学金受給を伴うのであるが、それは将来の生産年齢人口増を通して報われるだろうから、損失ではなく投資費用にほかならず、その投資が低出生率社会では不足しているのである。

　アメリカ史上はじめて人口置換水準を下回った大恐慌の産物であるケインズ経済学が強調する有効需要・投資不足は、このような人口学的内実を伴うものと解釈しなければならない。そして、財政・金融政策も目先の失業率（完全雇用水準）や GDP 成長率よりむしろ出生率（人口置換水準）を優先的な目標変数（目標値）とすべきなのである。

　しかし、高齢者率が急上昇するなかで、生粋の日本人だけで人口置換水準への回復のための投資費用を捻出することは、絶望的であろう。いくら日本が豊かでも、金銭で解決する問題ではなく、成果が上がる前に政府財政は間違いな

く破綻するだろう。そのような漠然とした予想が日本人の間に広がっているために、出生率が上がらないのであり、このトラップを脱出する道は、大規模な移民受け入れ以外になかろう。日本が移民に門戸を開けば、今後百年以上にわたって、希望者数は日本にとっての必要数を大幅に上回り続けるに違いないので、それは実現可能な政策であるし、質の高い移民も期待できる。しかし、移民受け入れを拒むような、誤った愛国心が日本のなかには広まっており、その障害を除かなければならない。

　また、少子化と高齢化の悪循環がどこまで出生率を下げるかについては、文明・文化圏ごとにかなり差異がみられ、それぞれの文明・文化圏の伝統的な家族形態やその価値観、とりわけ親や年長者の権威の強弱に強く影響されていると思われる。図表2の諸国についてみると、出生率が1.5を下回ったことがなく、2程度まで回復しているのは、伝統的に核家族が主流のイギリス、フランス、アメリカと、伝統的には直系家族だがその価値観の産物でもある福祉国家体制が整っているスウェーデンである。スウェーデンでは出生率上下の振幅が激しいのは、家族的価値観の作用によって出生率低下が進むと上昇のための福祉政策が動員されるためであろう。出生率が1.5以下で低迷しているのは伝統的に直系家族が主流だった日本、ドイツ、オーストリア、スイスと、直系家族や儒教圏に似た父系大家族がみられるイタリアである*10。日独伊や儒教圏は、これまで経済力の強みの要因とされてきた自らの伝統に対する批判的検討を怠れば、この蟻地獄から脱出することも困難となるだろう*11。

　日本では、出生率低下とともに、男児の嫁が婚家の高齢者を介護するという通念が崩れて、女児に自らの老後の支えを期待することを理由の一つとする女児選好が80年代以降強まってきた(守泉(2008)を参照)。また、図表5のように、少子化とともに老親扶養のコストが高まるにつれ、1986(昭和61)年ころまでの趨勢として、それを①「よい習慣」とする積極的肯定が減って②「子供として当たり前の義務」とする消極的肯定が増えてきたが、それ以降②が急減して③「よい習慣ではない」や④「施設・設備の不備ゆえ止むをえない」とする見方が増えた。

第2章　文明の地政学からみた地球とアジア

図表5　老親扶養についての考え方

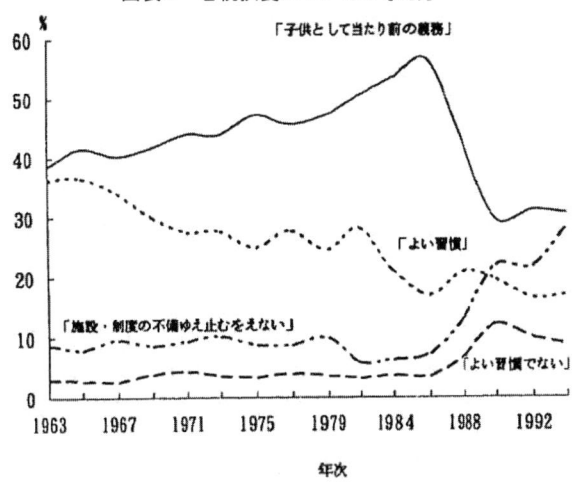

（注）「その他，無回答，分からない」は除く
（資料）毎日新聞人口問題調査会『新しい家族像を求めて：第22回全国家族計画世論調査』1994年

出所：阿藤（1997）12頁　図6

　図表5をやや詳しくみると、石油危機で出生率が下がりはじめた1975年ころに①の小さな谷と②の小さな山があることは、老親扶養を肯定する価値観が揺らぎはじめたことを示している。出生率が微増だった80年代前半に①の激減、②の激増が見られることは、老親扶養のコスト上昇に対して不満を募らせつつも、出生率のわずかな回復を許すような経済的余裕を前提に、それを義務として引き受け続けようとする人々が多くなったことを示唆する。しかしついに、丙午（1967年）の1.58を下回った1989（昭和64＝平成元）年（数値が発表されたのは翌年）の1.57ショックに象徴されるような80年代後半の出生率低下とともに、老親扶養の価値観が急激に崩壊したことが読み取れる。出生率低下というコストを払って直系家族的価値観をそれまで守り続けようとしてきたが、それも限界に達し、その価値観が多くの人々によって維持不可能となって捨て去られたころに、昭和が終わってバブルも崩壊し、日本人は拠るべき価値を失って彷徨いはじめたのである。
　今後儒教圏でも高齢化とともに、日本と似た伝統的価値観の行き詰まりを経験するものと思われる。儒教圏の少子化に伴われがちな性比の大きな不均衡が、

稀少な女性の力を強め、それを助長するだろう。したがって、今後の日本や儒教圏にとって、従来の定説・常識の誤りを正しつつこの地上における自分たちの位置を正しく認識し、低出生率と急速な高齢化に対処するために自分たちのなすべきこと、なしうることは何かを考え直すことが、最も大切な課題であろう。

2．マッキンダーの地政学と、梅棹・川勝の文明史観

（1）ハートランドと遊牧騎馬民族

　現代地政学の祖とされるマッキンダーは、祖国イギリスが二つの世界大戦を通じて覇権国としての地位を失った時代を生きた人であり、西ヨーロッパの没落に伴い、西ヨーロッパ中心主義を克服するような空間・時間認識のための理論的枠組を提起した。欧米ないし西洋中心の観点が強い従来の地政学に代わって、アジアを適切にとらえることのできる新たな地政学を求めるという、本書の企図にとって、このようなマッキンダーの理論は、欧米における彼の直接の継承者たちの地政学を超え、今日においてもなお示唆に富むものであろう。

　このことは、マッキンダー地政学の鍵概念である「ハートランド」について検討することによって、具体的にみることができる。

　彼がハートランドと呼ぶことになるアイデアを最初に提起したのは、日露戦争直前の1904年1月に行った「地理学からみた歴史の回転軸」と題する講演であり、そこで彼は、「私が今夕特に諸君にお願いしたいのは、しばらくのあいだ我慢してヨーロッパならびにヨーロッパの歴史を、アジアならびにアジアの歴史に従属するものとして見ていただきたいということである」（マッキンダー（2008）255頁）と述べている。

　彼がこの講演で歴史の回転軸と呼び、のちにハートランドと呼ぶことになった地域は、ユーラシア大陸中央部の大草原地帯を中心とする、かつて遊牧騎馬民族が跋扈した地域である。5世紀から16世紀にいたるまで、フン族、アヴァール人、ブルガリア人、マジャール族、ハザール族、バチナック人、クマン人、モンゴル族、カルムイク人等々が、そこから入れ替わり立ち替わりヨーロッパに侵入したことを指摘し、ハートランドを中心、ヨーロッパを周辺とみる歴史観を展開している（同、259～260頁を参照）。

　ユーラシア大陸中央部の乾燥地帯から東西に侵入する遊牧騎馬民族を中心に据えた地理学的歴史理論として、日本においては、梅棹忠夫による『文明の生

第 2 章　文明の地政学からみた地球とアジア

態史観』がよく知られている。それは、『中央公論』1957年 2 月号に掲載された「文明の生態史観序説」（梅棹(2002) 87～131頁）を嚆矢とするものであり、マッキンダー地政学とは全く独立に形成された、梅棹の独創的な議論である。

　図表 6 にマッキンダーの1904年の図、図表 7 に梅棹の1958年の図を引用してみる。二つの図を比べてみて、ユーラシア中央部の乾燥地帯を中心に世界を見るという共通点があるだけでなく、二つの大きな相違点を指摘できる。まず、マッキンダーは実際の世界地図をもとに地域区分しているのに対して、梅棹はユーラシア大陸を横長楕円で抽象化し、さらに楕円の重心を対称点とする上下左右対称的な地域区分を設定している。第二に、マッキンダーはユーラシア大陸を中心としながら、南極大陸を除いて地球表面の主要な大陸・島嶼・海洋・内海・湖を網羅しているのに対して、梅棹はユーラシア大陸のみを取り上げている。

　第一点については、マッキンダーの地政学との比較を通して、梅棹の抽象化がどのような長所と弱点とを持つのかを問うてみよう。修正前の当初の図では、東南アジアと東ヨーロッパがなく、ユーラシア大陸の東西の端に位置する日本と西ヨーロッパからなる第 1 地域と、その間にあって中国・インド・ロシア・

図表 6　マッキンダー地政学の基本的な地図

これは、あらゆる地政学の文献によく引用される極めて有名な図であるので、あえてそのまま紹介することにした。すなわち、①は"完全に大陸的"な回転軸の地域、②は"完全に海洋的"な外周の半月弧であり、③は"なかば大陸的、なかば海洋的"な内周の半月弧である、と解説がつけられている。

出所：マッキンダー(2008) 278頁

図表7　梅棹によるユーラシア大陸の模式図（修正図）
梅棹忠夫著『文明の生態史観』より
ユーラシア大陸の模式図（修正図）

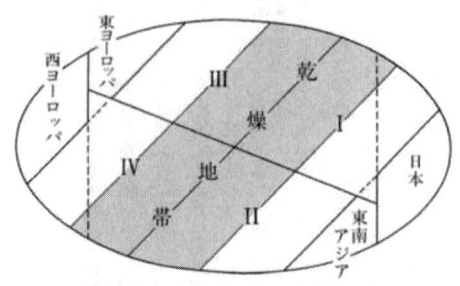

Ⅰは中国世界、Ⅱはインド世界、Ⅲはロシア世界、Ⅳは地中海・イスラーム世界

出所：梅棹編（2001）37頁

イスラムという四つの巨大帝国が興亡する第2地域とに区分されており（梅棹(2002)197頁、A図）、日本と西ヨーロッパの同質性を横長楕円大陸の東西両端の対称性をもとに論ずるということが、梅棹のモデルの根本にある。

　一度は文明開化を達成してアジアの中で西洋列強と肩を並べるまでに台頭しながら、太平洋戦争でアメリカに完敗して自信を失い、日本社会の後進性を指摘しつつ西洋化＝近代化をめざすべきだとする見方が支配的であった戦後日本の論壇のなかにあって、高度成長初期にあらわれた梅棹の議論は、脱亜入欧するまでもなく日本はもともと西ヨーロッパと同質であり、日本は実はアジアではない（梅棹編(2001)34〜36頁を参照）という、意表を突いた主張を伴うため、日本人の自信回復のいわば特効薬として機能し、西ヨーロッパ・欧米中心主義から日本人の自己認識を解放するために、多大な貢献をなしたと言えよう*12。

　楕円の重心による点対称的地域区分は、日本と西ヨーロッパの同質性を強烈に印象づけ、戦後日本の経済発展を予想・説明するというめざましい成果をあげたが、それによって、現実からの遊離という抽象的理論モデルが伴いがちな危険をも冒すことになったと思われる。そして、日本が経済的に長期停滞に陥ったのと対称的に周囲のアジア諸国がめざましく経済発展をとげた今日における地政学的配置（コンステレーション）を考える際、梅棹モデルはイレレバントになったと考えざるをえない。

　それに対して、マッキンダーは七つの海を支配し、全世界の覇権国として君臨した大英帝国の没落と、その際とりわけ脅威となったドイツやロシアといっ

第 2 章 文明の地政学からみた地球とアジア

たユーラシアの陸軍大国の存在とを意識しながら理論構築をしたのであり、英米人はドイツ人やロシア人を多かれ少なかれアジア的であるとみがちなため、アジア中心史観とでも言うべきスタンスを帰結したように思われる。

　とくに興味深いのは、マッキンダーがドイツ人を「現在のフン族」（マッキンダー(2008) 116頁）と呼んでいることである。第一次大戦のころ凶暴なドイツの軍隊に対する蔑称として英米人はフン族と呼んだが、これは義和団の乱鎮圧に向かうドイツ軍に対してウィルヘルム二世がいにしえのフン族のようにふるまうよう訓示したことに由来する(http://www.firstworldwar.com/atoz/hun.htm　2015年8月11日閲覧)。当時説かれていたフン＝匈奴説（内田(1936)を参照）をふまえ、かつて匈奴が中国人に恐れられたように、その末裔であるドイツ軍も振る舞うべしとウィルヘルム二世は士気を鼓舞した。このようにドイツ皇帝自らがドイツ人・ドイツ陸軍の祖として勇猛なフン族を挙げていたのである＊13。

　黒海〜カスピ海の北にいたヤムナヤ遊牧民が牛車、乗馬術や戦闘用馬車を発明し、4500年前の初期青銅器時代にインド・ヨーロッパ語とともにヨーロッパに移住し、現代に至るヨーロッパ諸民族の源になったとする Anthony (2007) の説が遺伝子研究によって支持されており (Haak et al.(2015), Allentoft et al.(2015)を参照)、ヨーロッパ人はハートランドを駆ける遊牧騎馬民族の元祖だった。

　梅棹は、巨大帝国が形成された第2地域はしばしば遊牧騎馬民族の掠奪と破壊とを被ったために社会進化が滞ったのに対して、ユーラシア大陸の両端である第1地域の西ヨーロッパと日本は、地理的に遊牧騎馬民族の侵入から守られているため、生態学でいう自生的遷移のごとき、内発的な社会経済の発展を遂げることができたと論じている。

　大陸とりわけ朝鮮半島からかなりの距離を海によって隔てられ、そのおかげで二度の元寇の被害も限られていた日本はまさにその通りであるが、西ヨーロッパはそうではないということを、マッキンダーのアジア中心的な西洋史理解は示している。むしろ、侵入してきたアジアの遊牧騎馬民族との戦いこそが、近代ヨーロッパを産み出したという風に、ヨーロッパの社会経済の発展にとってプラスの側面があったことを彼は指摘している。跡形もなく破壊し尽くされるほど猛烈ではなく、逆に、次第に鍛え上げられ、強くなったというわけである。ハートランド勢力の破壊的暴力を、ある程度和らげつつも受け入れてしまう地理的な条件が、ヨーロッパの台頭にとって重要であったことになる。

　このような梅棹とマッキンダーの対立点は、おそらく梅棹が、熟知している自国日本の歴史に関する知識をもとに、西ヨーロッパと日本の同質性を含意す

る抽象的理論モデルに拠って、あまりよく知らない西ヨーロッパの歴史を類推的に概括したことと、マッキンダーが自国イギリスを含むヨーロッパの歴史に関する豊富でかなり正確な知識をふまえた理論構築をめざしたこととの違いに由来するものであり、遊牧騎馬民族の影響という点では、日本と西ヨーロッパとの間にはかなり相違があるという風に、梅棹説は修正されなければならないであろう。

マッキンダーの見解に従えば、第2地域である中国やインドと第1地域である西ヨーロッパとの違いは、遊牧騎馬民族の影響の強弱によって生じたものではないことになろう。第2地域では大帝国がしばしば形成されるが、それは多くの場合、中国文明の揺籃の地となった中原のような、大河川流域の広大な沃野における大規模な人工潅漑農業を基盤として、広範囲に及ぶ権力集中が起こるからである（ウィットフォーゲル(1995)を参照）。それに対して、分権的な封建制を発達させた西ヨーロッパや日本は、気候や地形など地理的な理由から、天水農業や比較的小規模な人工潅漑農業が行われる。大帝国においては、帝室を除いて嫡子単独相続がみられず、兄弟均分相続が発達して臣下の家産は世代を通じて細分化されるという風にして、皇帝に対峙し得る世襲貴族の形成が抑制されるのに対して、西ヨーロッパや日本においては、臣下の間でも家長位や家産の単独相続が発達し、王家のみならず貴族の家も世代を通じて地位を維持し、王の権力を相対化しがちである（平山(2009b) 第Ⅰ部1、3章を参照）。

このように、農業の形態の違いに規定された大帝国的集権制と封建的分権制との違いや、それと補完関係にある兄弟均分相続か嫡子単独相続かという家族制度の違いによって、第2地域と第1地域との違いは説明でき、遊牧騎馬民族の侵入の多寡や強弱は両地域の違いをもたらす重要な要因ではないと思われる*14。

（2）ヨーロッパ vs 中国・インド

ハートランドを中心に据えてユーラシア大陸の東西を対称的にとらえる発想は、マッキンダーと梅棹とに共通している。しかし、梅棹は日本と西ヨーロッパとを対称的にとらえるのに対し、マッキンダーは地中海沿岸を含むヨーロッパと中国・インドとを含む東・南アジアとを対称的にとらえている。

「世界島［ユーラシア・アフリカ］から［ユーラシア大低地帯とサハラ以南のアフリカ］二つのハートランドとアラビアおよびサハラの部分を取り除くと、あとは二つの比較的小さな地域しか残らない。……地中海の周辺からヨー

第2章　文明の地政学からみた地球とアジア

ロッパ諸島ならびに附属の島嶼群にかけては約四億人……アジアの南部および東部の海岸諸国……には、約八億人……両地域に全人類の四分の三」「この二つの地域は、……河川がいずれも大部分外洋からじかに遡航できる」（マッキンダー(2008)100頁、[　]内は引用者）。さらに、両地域はいずれも「降雨量が一般に豊富」であり、「こうしてヨーロッパとインド以東の人達は、農民であると同時に船乗りにもなることができた」（同、101頁）。

　このような、ヨーロッパと東・南アジアの共通性を指摘した上で、さらにマッキンダーは両地域の差異について、次のように論じている。「隘路・険路をつうじて、中国やインドは何回となくハートランドからの侵略にさらされてきた。しかしながら、こうしてできあがった帝国は、たいてい、まもなくステップの支配者の手を離れてしまった」（同、120頁）「ハートランド──それも特に西寄りに開かれたイラン、トルキスタンおよび西部シベリアなど──とヨーロッパないしはアラビアとの関係のほうが、これと中国ないしはインドとの関係よりも、ずっと密接だった……サハラ砂漠やチベットの山々に匹敵するような自然の強烈な障害物がない。……ハートランドとアラビアおよびヨーロッパとの……境界線は多分に変動しやすい、一時的な性格をもっている」（同、121頁）。これらの議論も、図表8など、実際の地形図をもとに展開されている。

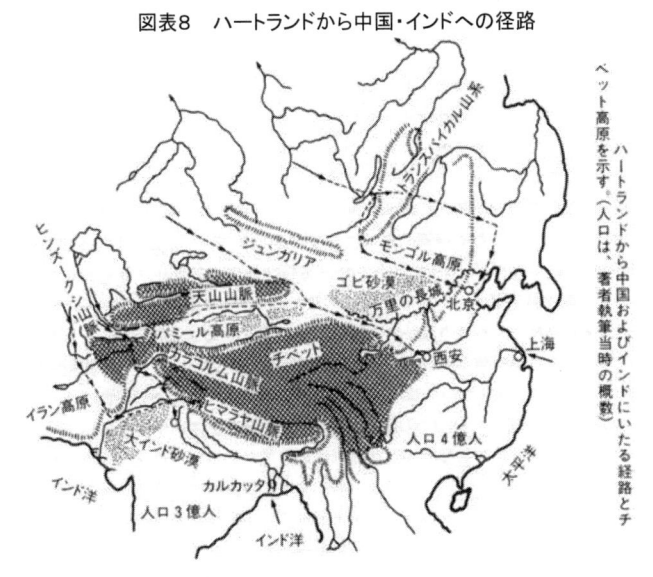

図表8　ハートランドから中国・インドへの径路

出所：マッキンダー(2008)　119頁

このように、マッキンダーによれば、ハートランドから侵入する遊牧騎馬民族の脅威に、インドや中国はヨーロッパほど曝されてはおらず、その影響は散発的・限定的なものにすぎなかった＊15。実際、中国もインドも古代以来自己同一性を保つような文明を維持・発展させてきたのであり、古代の聖典が現在に至るまでその中核に位置し続けてきた。それに対して、ビザンツ帝国より西のヨーロッパにおいては、古典古代の文明は蛮族の侵入によって滅んでしまった。中世を暗黒時代とし、近代を古典古代の復興とみる西洋史の伝統的な見方はそのことをふまえたものである。マッキンダーも、そのような中世理解と独自のアジア中心的史観とを結びつけている（マッキンダー(2008)116・117・211頁)。
　遊牧騎馬民族の侵入に起因する混乱のなかで西ローマ帝国が滅びたのち、ヨーロッパが古典古代の文明度に再び戻るまでの期間に相当するような、暗黒の中世と呼ばれうる時代は、インドや中国にはない。逆に、とりわけ中国は、経済・技術水準の最先端を長い間維持しつづけ、紙をはじめとする多くの新技術が東から西へと伝播している。ルネサンスの三大発明とされる火薬・羅針盤・活版印刷術は唐～宋代中国で発明されており、科挙による官僚制も整備された宋代中国は、世界ではじめて近代と呼びうる時代に到達したと評価することができる。内藤湖南は「近代支那の文化生活」（内藤(1969a)所収）や「應仁の亂に就て」（内藤(1969b)所収）で、中国史においては宋代、日本史においては応仁の乱以降が近代であるとしており、それは、マッキンダーのヨーロッパ史理解と対をなす東アジア＊16 史観と評せるのではなかろうか。

（3）東南アジアと、海から見た二つの近代
　マッキンダーは「ハートランド」という概念に、海洋や海から遡航しうる河川からのアクセスが及ばないような、大陸の内奥という意味を込めており、主著『デモクラシーの理想と現実』（マッキンダー(2008)所収）のなかでも、第3・4章において船乗りの世界像と内陸の人間の世界像とを対比している。川勝(1997)は梅棹の生態史観が海洋への言及を欠いていることを指摘し、生態史観を補完するものとして文明の海洋史観を提唱している。
　川勝は、戦後日本の歴史観を陸地史観として特徴付け、ブローデルの『地中海』（ブローデル(1991-95)）の翻訳が大きな契機となって、ようやく歴史を海から眺める見方がさかんになったとしている（川勝(1997) 139～145頁を参照）。島国でありながら海洋を無視した歴史観を好むという戦後日本の歴史認識のあり方は、江戸時代の鎖国の影響もあろうが、米英に次ぐ世界第三の海軍力を誇っ

第2章 文明の地政学からみた地球とアジア

た戦前・戦中の日本人の世界観と対比すれば、敗戦コンプレックスの所産であることは否定できない。海洋を持ち出すと古傷が疼くのでそれをさけ、さらに、日本はアジアではないと割り切ってアジアの盟主たらんとした過去と訣別することが、敗戦コンプレックスに苦しむ日本人にとって心地よかったのであろう*17。

　川勝は、東南アジアからもたらされる物産を自給しうるようになることを近代の画期ととらえて、その最初の例は11〜12世紀の中国江南地域における青花（陶磁器）と木綿の誕生であるとし（川勝（1997）207〜208頁を参照）、東南アジア起源の物産を自給するシステムとして、中国・朝鮮・日本の鎖国システムと、環大西洋商業世界（大西洋経済圏、ウォーラーステインのいう近代世界システム）とをパラレルにとらえている（同、28〜43頁を参照）。

図表9　川勝による文明の海洋史観の図

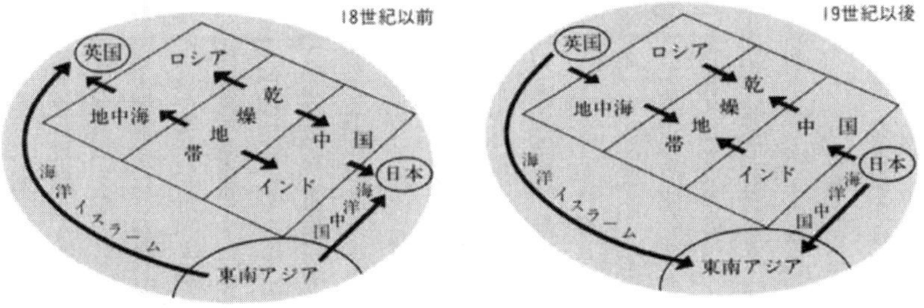

出所：梅棹編(2001) 53頁

　川勝のこのような議論は、梅棹の生態史観を正面から批判することを避けつつ、それを補完するような形で展開されているが、梅棹が遊牧騎馬民族との関係から日本を第1地域、中国を第2地域と峻別するのに対して、東南アジアとの関係において中国・朝鮮・日本という東アジア三国の同質性や、それら三国とヨーロッパとの差異とを説いているように、生態史観と海洋史観は明らかに矛盾しており、海洋史観はむしろ、マッキンダーのヨーロッパ・中国・インド理解との整合性が高いように思える。ハートランドからのかなり強い脅威に曝されたヨーロッパは、積極的に海外に進出して自己を拡大することによって東方（ハートランド勢力やイスラム勢力）に対抗するという方向で発展したのに対して、その脅威の弱い東アジアは、自国内での分業の深化という、生態学でいう自生的遷移に擬えうるような径路を志向することができたのであり、東南アジア起源の物産をめぐる大西洋と東アジアの反応の相違も、その例として説明

53

することが可能ではなかろうか。

(4) アジアの台頭と、アメリカ・ロシアの役割

　火薬を使用した火器と、羅針盤による航海技術の発達とが、やがて遊牧騎馬民族の軍事的優位を崩し、ハートランドを拠点とするランドパワーに対するシーパワーの優位をもたらした。マッキンダーのハートランドへの着目は、ユーラシア内陸部における鉄道網の整備によって再びランドパワーが優勢となり、ドイツあるいはソ連がユーラシア大陸全域を支配するのではないかという、シーパワーに依拠して覇権を行使してきたイギリス人ならではの危惧を背景としている。ソ連がハートランドに依拠して周囲に勢力圏を拡大しようとするのに対して、イギリスの覇権を継承したアメリカがユーラシア大陸周辺の海洋の大部分を抑えてハートランドに依拠するソ連を封じ込めようとするという、米ソという二超大国間の冷戦戦略は、いずれの側においても、マッキンダーの地政学に基づいて打ち出された*18。

　このように、マッキンダーの地政学は、第二次世界大戦後においては、米ソ冷戦をうまく説明し、両陣営の戦略立案の基礎になる理論として、使われてきたが、1947年に亡くなったマッキンダー自身は、第二次世界大戦ののちの世界をこのような冷戦構造が支配するとは、予測していなかったようである。

　『フォーリン・アフェアーズ』1943年7月号に寄稿した「球形の世界と平和の勝利」は、第二次世界大戦後の平和について論じ、ドイツと日本の敗戦を織り込んで、アメリカ東部からロシア西部に至る約10億の人びとからなる地域と、インドや中国を中心とする、同じく約10億の人びとからなる地域とが、後者の繁栄の結果、均衡するに至るという未来を描いている（マッキンダー(2008) 304頁を参照）。この見方を敷衍すれば、アメリカ東部とヨーロッパとを中心とする環大西洋世界と、ロシア東部とアメリカ西部と東・南アジアなどからなる環太平洋・インド洋*19 世界との間の均衡という見方が成立するだろう。

　ここでは、ハートランドはエニセイ川流域以西とその東とに分けられてしまい、もはや歴史の回転軸としての生命を終えているように思われる*20。遊牧騎馬民族と農耕海洋民族の確執から米ソ冷戦に至る、ランドパワーとシーパワーの対立とは全く異なる秩序を、マッキンダーは思い描いていた。

　東西冷戦という第二次世界大戦後の2極対立の中心であった、アメリカとロシアが、マッキンダーの描いたような平和な世界では、環大西洋と環太平洋・インド洋という二つの世界に両属すると解釈することもできる。冷戦のもとで

第2章　文明の地政学からみた地球とアジア

は、ドイツと朝鮮が両陣営に分断されたが、アメリカやロシアが、自国内での西部と東部の利害対立が昂じて分断されるに至るとは考えにくい。逆に言えば、アメリカとロシアは、二つの世界に両属することによって両者が対立しないように均衡を維持する役割を担うと期待されえるであろう。このような見通しは、冷戦後、東西ドイツ・ヨーロッパが一体化し、中国やインドをはじめとするアジアがめざましく発展しつつあるこれからの世界秩序を考える上で、示唆に富むものではなかろうか*21。

　第一次大戦まではヨーロッパが世界の中心であり、米ソ冷戦期にはアメリカとロシアの二つの極があったことから、アジアは世界の中心や極からみて周辺の、遅れた地域とみなされがちで、経済発展も日本を除いて最近のこととみられがちである。しかしこのような見方は果たして妥当なものであろうか？　ウォーラーステインの議論を手がかりに、その点について考えてみよう。

3．近代世界システムとアジア

（1）アジアは周辺か？

　ウォーラーステインは、ある程度自己完結的なまとまりをなす分業体制である世界システムとして、世界帝国と世界経済の二つを挙げており、前近代においては世界帝国が優勢であったが、近代になると西ヨーロッパを中心とする世界経済が拡大し、ついにはその単一の世界経済が地球上を覆い尽くすに至ったとする（ウォーラーステイン（1981）などを参照）。

　ウォーラーステインのいう世界帝国は、梅棹のいう第2地域に出現したものであり、他方、梅棹のいう第1地域である西ヨーロッパと日本は資本主義先進国として、地球上を覆い尽くした世界経済の中心に属する。このように、ウォーラーステインの世界システム論は梅棹の生態史観とよく照応している。

　地球上を覆い尽くすに至った世界経済は近代世界システムと呼ばれる。それは、近代西ヨーロッパを中心とし、準周辺と周辺の諸地域を従属させた資本主義的分業システムとして成立した。中心は複数の国民国家からなり、そのなかの一つが覇権国として君臨するが、覇権国はポルトガル・スペイン、オランダ、イギリス、アメリカというように、長期的なある程度の周期を描いて交代してきたとされ、イギリスやアメリカの盛衰の周期は景気循環のコンドラティエフ波によって説明される。

　近代世界システムとしては、西ヨーロッパ中心の拡大型と、中国・朝鮮・日

55

本といった東アジアの鎖国型との二つを挙げるべきだという、川勝流の観点からすれば、以上のようなウォーラーステインの見方は西ヨーロッパ中心史観の一種であると評さざるをえないように思われる。そして、この二つの近代が強く接触したとき、果たして東アジアが日本の内地をのぞいて西ヨーロッパを中心とする世界経済に周辺として従属することになったと言えるか否かという風に、問う余地があるのではなかろうか[22]。

アヘン戦争を経た1850年代には、茶の欧米への輸出を巡る中国・日本・インドの競争関係が形成され、ヨーロッパへの茶や生糸の輸出の対価としてアジアに銀が流入して、アジアはヨーロッパの金本位制移行と表裏の銀本位圏として編成され、中国人・インド人の移民労働力（苦力）が輸出されて労働市場が形成され、彼らの本国への送金網をもとに金融市場が形成されるという風に、近代アジア市場が形成された（浜下(1990)11～15頁を参照）。アジアはアヘン戦争後西ヨーロッパに従属する周辺になったとは言い難い[23]。アヘン戦争以降第二次世界大戦前のアジアにおいて、日本・中国・インド・東南アジアの4地域間貿易は対欧米貿易よりもはるかに速く拡大している（杉原(1996)を参照）。

また、第二次世界大戦後、日本に続いてアジア NIES が発展した際の特色とされるようになる雁行形態の発展パターンも、戦前の日本と中国との間の綿糸生産や第二次大戦前後の日本とインドとの間の綿布生産においてみられた（Akamatsu (1962) p.20を参照）。

昭和16(1941)年7月の南部仏印進駐以降、日本の南進策はソ連を存亡の危機から救うとともに日本自身を勝ち目のない対米開戦へと追い込んだ[24]。そして、第二次世界大戦の勝者である米ソによる戦後の冷戦に至った。中国本土を共産党が支配してから1978年に改革開放政策がはじまるまでの間、冷戦によって分断されたアジアは、その潜在的な発展可能性を抑圧されつづけたと言えよう（杉原(2003)を参照）。とりわけ、中国とインドが市場を抑圧する社会主義的経済政策を採用したことが、大きな足枷となっていたのである。

梅棹は、文明の生態史観を唱えた高度成長前夜から「旧世界において……国全体として高度の文明国になったのは、日本と、その反対側の端にある西ヨーロッパ数カ国とだけである」（梅棹(2002)107頁）とし、1974年にも「西洋文明の衝撃をうけて、おおくは挫折か停滞かの道をたどり、じょうずに近代化に成功したのは西洋文明と日本文明だけであるようにおもわれます」（梅棹(1990)490頁）と述べている[25]。しかし、日本だけでなく、中国、インド、東南アジアも含むアジアは、ウェスタン・インパクトにうまく反応して近代化をすすめて

第2章　文明の地政学からみた地球とアジア

いたのである。

19世紀半ばに、中国を中心とするアジアは近代世界システムに周辺として編入されたという見方では、そのころ始まったアジアのめざましい経済発展を説明することはできない。そのころ「イギリス自由貿易帝国の成立とともにイギリスと華僑ネットワークの同盟が成立し、華僑の経済的発展はイギリスの帝国的利益となった」（白石(2000)33〜34頁）という風に、華僑（在外中国人）ネットワークの役割を認める必要がある*26。伝統的な通商圏を継承したインド・印僑商人についても同様のことがいえる（杉原(1996)52〜53頁を参照）。

（2）華僑商人の役割

華僑ネットワークは中国と周辺諸国との間の朝貢－回賜関係を通して生まれたものである。朝貢－回賜関係は単なる外交ではなく、中国国内（首都）市場の価格を基準とする商取引関係・貿易の一形態であって、朝貢交易網と華僑商人の交易網は表裏一体であり、民間商人による通商（私貿易）が朝貢貿易関係を介して拡大してきた（浜下(1990)34〜38頁を参照）。朝貢交易網が華僑商人の交易網を拡大させたということは、朝貢する周辺国が華僑商人の活動を歓迎したということであり、朝貢－回賜よりも周辺国に有利な条件での取引を華僑商人がもたらしたのである*27。

中原の華夏族を核に、農耕地区に侵入してきた者を同化吸収することによって、漢帝国のころ漢族が形成され、その後も同様にして、中華民族は近現代に至るまで雪だるま式に拡大してきた（費(2008)を参照）。これと対称的に、「他民族の地域に移入していった漢人の多くは、当地の民族と通婚し、さらに社会生活や自然環境に適応するため、生活方式や風俗習慣などの面において変化が起こり、数世代後には、当地の民族と融合していった」（同、3頁）。朝貢貿易に随伴する私貿易を行った東南アジアの中国商人は服装や髪型を変え、朝貢国の王の家臣となって、ジャワ人、シャム人などになった（白石(2000)49頁を参照）。長崎の中国人も、元禄2(1689)年に唐人屋敷ができるまでは日本人と何の区別もなく雑居・通婚し、日本名を名乗っていた（安野(1994)(1996)を参照）。

華夷秩序において実質的に中央と周辺とを媒介する中国・華僑商人は、必ずしも母国の利益を優先せず、渡航先に同化してその社会の利益に大きく貢献しえた。タイでは出世してタイ人上層部に入る道があったため、3〜4世代でタイ姓を名乗るが、インドネシアではオランダの統治策で白人統治者とジャワ人農民の間に置かれたため、中国姓を棄てず系図を編み続けるというふうに、受

57

け入れ側が華僑をどう処遇するかに応じて、同化の程度・速度は柔軟に変わった（斯波(1995)18頁を参照）。

孫文は華僑をナショナリズムへと動員することで辛亥革命を成し遂げたが、そのことで、上述のような華僑の基本的性格がなくなったとは思えない。大正2(1913)年に孫文の表敬訪問を受けた神戸華僑の呉錦堂は、日露戦争前に軍債45万円を献納して中国人としてはじめて叙勲され、日本国籍を得て二重国籍となっており、日中双方のナショナリズムに積極的にかかわった在日華僑は少なくないのではなかろうか。

このような華僑を生んだ朝貢貿易システムは、東南アジアにおいてはポルトガルやオランダによって破壊されていたが、日本の鎖国、鄭成功によるオランダ勢力の台湾からの放逐、清の海禁によって、東アジアにおいては19世紀まで生き延びた（白石(2000)51〜52頁を参照）。したがって、東アジアにおいて朝貢貿易システムとともに存続してきた華僑ネットワークが、19世紀半ば以降、東南アジアも含む近代アジア貿易発展の主役になった。日本においては、「明治初期から中期にかけて、江戸時期の長崎貿易における寧波幇、福建幇、広東幇の三幇の協力システムが人材、技術の面で神戸の華僑社会に直接に移植させられ、さらに継承、発展された」（中村(2004)15頁）。明治前期の日本人は中国に対する商業的進出に失敗し、日本の輸出品の多くを神戸華僑ら中国人商人が扱い、彼らは日本製綿布の製造元にまで影響を及ぼし、彼らの手で中国市場向けに洋布を日本で代替的に生産するようになった（浜下(1990)41〜42頁を参照）。

当初は輸出入ともに華僑に依存していた日本の綿工業は、1890年代になると中国内での紡績業の発展によって中国産綿花価格が上昇したため、明治26(1893)年以降インド綿花の日本人輸入商による直輸入が盛んになり、他方日本から中国への綿製品輸出については日清戦争後、日本の華北支配の拡大の結果小規模で競争的な山東系の大阪華僑商人が参入し、浙江・広東系の神戸有力商は綿糸取引から退出し、日本の上位紡績企業は日本人輸出商に輸出させ、下位企業が大阪華僑に輸出させるようになり、輸出先は華北と華中西部に集中した（籠谷(2000)128〜129、139〜141頁を参照）。華南とのつながりの強い神戸華僑が綿糸取引から退出したのも、上海を中心とする中国における紡績業の発展とともに華南中心に自国産綿糸が広まり、日本への需要が減退したからである。神戸華僑が蓄積した資本や知識が華南における紡績業発展を支えたと思われる。

明治の日本が華僑に貿易の多くを委ねたことは、大局的にみて、工業化をはじめとする日本の国益を損ねることではなかったと思われる。たとえば、「呉

第2章 文明の地政学からみた地球とアジア

錦堂はカネボウとの取引では中国から綿花を輸入し綿製品を中国へ輸出したが、三井財閥が売却した鐘紡株を取得して大株主となり、明治34(1901)年には取締役に就任し、一介の華僑が日本における大きなステイタスをうるところとなった」(武藤(2011))。日本の大手紡績会社・鐘紡は、日本・華僑共同資本・共同経営だったのだ。

また、九州の炭鉱主は華僑と提携して上海に石炭を運び、彼らが犬養毅を支援し(中村(2004)27頁を参照)、犬養は亡命中の孫文に屋敷を斡旋し、孫文の呼びかけで設立された神戸華僑同文学校・横浜中国大同学校の名誉会長になっている。このように、戦前の日本と中国は華僑を介して相乗的に近代化・工業化への道を歩んだと言うべきであろう*28。日英同盟(1902～23)もイギリスと華僑ネットワークの同盟を基盤としていたとみるべきだ。

以上のように、中国・華僑商人の活躍は、欧米商人のみを介した中心と周辺との関係よりも公平な貿易利益の配分を実現しがちであろう。朝貢システムの伝統的観念が強く、華僑が活躍する東アジアにおいては、中心国による周辺国の収奪が弱いため、中心国から周辺へと経済発展が波及してゆく雁行形態が見られやすくなったと言えるのではなかろうか。

(3) 中心～周辺関係の東西比較

近代ヨーロッパ起源の世界経済は、海軍の海外拠点基地を確保するという軍事的拡張によって発展してきたが、中国は海外(陸続きの地やその沿岸島嶼の外)を征服したり、そこに海軍拠点基地を置いたりすることはなかった。元のジャワ遠征や日本遠征は失敗に終わっており、しかも元はモンゴル民族の征服王朝である。農耕を主たる生業とする漢民族の王朝には大陸と地続きでない領域を征服するという発想が希薄なようだ。663年に白村江で日本が完敗したのちも唐の日本への遠征はなく、鄭和の遠征も朝貢を促すにとどまっている。欧米列強と比べて中国は、海路による周辺地域との関係において平和友好志向であり、そのことによっても、中心による周辺の収奪が華夷秩序においてはより緩やかなものにとどまったと言えよう。また、西ヨーロッパ諸国の進出に対して東アジア諸国が鎖国・海禁という受け身の対応をしたのも、両システムの周辺が重複するような、海外周辺地域への姿勢の違いによって説明できる*29。

ウォーラーステインは、世界システムを世界経済と世界帝国とに分けており、伝統的な中国は一国で世界帝国であるとしている。しかし、中国を中心とする伝統的な華夷秩序は、西ヨーロッパを中心として生まれた近代世界システムと

同様に、中心と周辺からなる世界経済とみることもできる。中国国内の中央と地方、官と民との間の関係は従来中央集権的とされてきたが、統治機構の運用面においては並存性・地方主導性が見られ、原籍回避の制などのため官僚機構は民間秩序に介入せず、そのような地方分権と民間の自生的秩序とを尊重することとの延長上に朝貢関係も位置づけられていた（浜下(1990)26～30頁、同(1997)12～16頁を参照）。16～18世紀において中国は世界で最も自由な市場経済が発達した地域であり（黒田(1994)1頁を参照）、フランス重農主義には中国思想の影響が少なからずみられ（Bodde(2004)、Gerlach(2005)を参照）、自由放任思想にも中国の中央官僚機構の民間秩序に対するスタンスに学んだ面がある。

清朝の市場経済は、地域内市場と地域間交易とからなる「地域連結型」（岸本(1995)33～34頁）であり、中華帝国の周辺も含む「地域間交易の連鎖として、いわゆる国際貿易が成り立っていた」（浜下(1997)100頁）。

このように、中国国内の中央と諸地方との関係も含めて、中国の中央を中心とする世界経済が存在し、それは自生的秩序の性格を濃厚に持っていたと見ることができる。中国とその周辺は、世界帝国と世界経済のいずれかに分類できない地域であると言うべきではなかろうか。逆に、西ヨーロッパのほうが中国よりも海外周辺への軍事的政治的支配が強く、英米の覇権も海の帝国とみなせる（白石(2000)を参照）とすれば、欧米中心の世界経済も世界帝国であるとしたほうがよいように思われる。

ところで、華夷秩序に基づく朝貢関係は、儒教を前提としたものではない。東南アジアからの朝貢をもたらした鄭和はイスラム教徒である。したがって、華夷秩序の及ぶ地域を儒教圏とみなすことはできない。朝鮮・沖縄・ベトナムといった儒教圏だけでなく、東南アジアの上座部仏教圏、モンゴル・チベットのラマ教圏（清の皇帝自身ラマ教に帰依）、ウイグル族・回族などのイスラム圏、インド圏のネパール、ポルトガル・オランダ・イギリス・ロシアといったキリスト教圏・西洋との関係も朝貢関係とされた（浜下(1990)31～38頁、浜下(1997)30頁注10を参照）。それに対して、ポルトガルとスペインの海外進出にはカトリック布教が伴い、英米の覇権も「自由主義プロジェクト」というミッションを伴っている（白石(2000)を参照）。優れた文明は腕尽くで周辺に広めなければならないという発想が欧米においては強いのに対して、押しつけるまでもなく周辺は優れた文明に慕い寄ってくるという発想が華夷秩序においては強くみられ、その極限が江戸時代日本の鎖国体制であると解釈できる。

第2章　文明の地政学からみた地球とアジア

（4）江戸の国際関係

　華夷秩序は、中国とその周辺国との間だけにみられるものでなく、日本、朝鮮、越南など中程度の規模の周辺国が自らを小中華としつつ模倣した。そして、小中華を自認する国家は自国民の海外渡航を規制する海禁政策をとりがちになった＊30。

　日本を小中華とする華夷秩序は、武家政権という特異性を反映し、非儒教的・武士道的な特色を有した。「先年大坂落去ノ時、扨又今度有馬・天草ノ謀叛人、らうまノはつはノ下知ニしたかふ者共退出ノ時も、おらんだ事、御譜代ノ寄衆同然ニ、くろ舟ニて罷越、抛身命、御奉公申上度念望不浅事＊31」（金井（1986）369頁所載、寛永19(1642)年6月2日付「和蘭東印度総督案当仁半天満訴状」）というように、オランダは大阪の陣と島原の乱に砲艦で参戦し、幕府の勝利に貢献した譜代同然の臣下と自己を位置づけており、オランダ商館長（カピタン）の江戸参府・将軍謁見も、そのような主従観念に従っていた（金井（1986）第8章を参照）。

　日本が海禁を強化した時期は、ちょうどヨーロッパにおけるスペイン・ポルトガルからオランダへという覇権国の交代期である。覇権争いがオランダ独立戦争(1568～1609)や30年戦争(1618～48)のように宗教戦争の様相を呈していたのはヨーロッパ内だけのことではない。慶長17(1612)年に家康のとった禁教は、「西国武士の徳川氏に対する忠誠の踏み絵の機能を果たし」、「大坂の陣に際しては、弾圧を逃れたキリシタンが幾人か牢人衆として豊臣方に属し」（浅尾（2002）27頁）た。このころから日本国内の問題はカトリック対プロテスタントの対立と強い相関を示していた。島原の乱の際、幕府はオランダ船に原城を砲撃させ、オランダのマニラ攻略を望んでおり、日蘭関係には反カトリック軍事同盟という性格があった（服部（2003）195～197頁）。

　禁教の時期は、日本が1612～1873年、中国が1723～1844年、朝鮮が1791～1882年であり（荒野（1988）viii頁表2を参照）、17世紀前半から禁教したのは日本のみである。中国における禁教は、中国の習慣や文化を尊重してきたイエズス会に対する批判を教皇が1704年の勅書で認めたことに起因しており、それまで、カトリック排除のためにオランダと結んだ日本とは対照的に、イエズス会の宣教師たちは明清皇帝に仕えて活躍した。

　したがって、中国と比べて日本には、イエズス会も含めたカトリックとの相性が悪いという事情があったことになろう。ヨーロッパでカトリックの広まっている地域は概して第2地域に属する地中海・イスラム世界であり、世界帝国

61

としてかつて栄えたローマの遺産が根強く残っており、同じく第2地域である中国とある程度同質的であるのに対して、プロテスタントが広まっている地域は日本と同様第1地域であるということが、カトリックとプロテスタントの間の宗教戦争において日本がプロテスタントと共にカトリックを排除した背景にあるといえよう。

1609（慶長14）年、徳川家康がオランダに与えた朱印状は自由で対等な日蘭貿易を規定していたが、寛永期（1624～44）になると上下服属的なものになった（片桐(2000)7頁を参照）。日蘭の軍事的連繋は対等な同盟ではなく、日本およびその周辺においてオランダの軍艦が将軍と主従的関係を結んでカトリックに対抗するようになったことを意味しており、東アジアに共通する華夷観念と日欧に共通する封建的な主従観念とが、日蘭関係では重なっている。

大坂の陣や島原の乱のさいオランダが幕府方に加勢し、その恩賞として貿易特権を得たという双務的な主従意識も日蘭双方にあったようにも思われる。オランダが軍事的な手柄によって得た恩賞は、日本の武士道においてもヨーロッパの騎士道においても、所領に準ずるような権利であり、幕府はそれを保証する義務を負ったことになろう。そのことが大きな要因となって、ポルトガル船渡航禁止ののちに朱印船を復活させることを幕府は諦めたのではなかろうか。カトリック排除という共通目的にオランダは貢献してきたし、今後も十分役立つと幕府は評価していたものと思われる。また、関ヶ原合戦ののち海外との交流に地の利のある西国に多数の豊臣系武将が領国を得ており（笠谷(1994)を参照）、彼らが海外勢力と結ぶことを幕府が警戒したのも、日本人の海外渡航を禁止し、将軍に忠誠を誓うオランダとの貿易でやりくりする方向に幕府が傾斜した大きな要因であろう（平山(2009b)63～64頁を参照）。

琉球と朝鮮もオランダと同様江戸に使節を派遣した。18世紀はじめに幕府は、朝鮮を対等（敵礼）、琉球を従属国（藩国）ととらえており（紙屋・木村(2002)9～10頁を参照）、琉球は清と日本への二重朝貢国であった。

朝鮮と琉球は将軍の代替わりを祝って外交使節を派遣するが、幕府は一度も朝鮮・琉球に外交使節を派遣しておらず（紙屋・木村(2002)6頁を参照）、これは日本の優位を演出しようという意図に発するものであろう＊32。しかし、対馬藩は朝鮮釜山の倭館に館守を派遣して朝鮮との外交・貿易にあたっており（紙屋・木村(2002)6頁を参照）、対馬藩と朝鮮王朝との関係は封進と回賜という朝貢形式であった（米谷(2002)を参照）。日本側からは対馬藩が朝鮮に朝貢することで、朝鮮から日本への一方的な通信使とのバランスがとれて、日朝関係は対等

第2章 文明の地政学からみた地球とアジア

とみなされたのではなかろうか？

　それに対して、琉球は薩摩藩の琉球在番奉行に明清との進貢貿易を監督され、鹿児島城下の琉球仮屋（1784年に琉球館と改称）が対薩摩外交・貿易に従事しており（紙屋・木村(2002)6頁を参照）、琉球館は釜山の倭館や出島のオランダ商館にあたり、幕府は薩摩藩を介して琉球を藩国とみなしていた。

　江戸時代の日本国内における幕府と諸藩の関係や朝廷と幕府の関係も、同様の秩序観で貫かれていたとみることができる。諸大名は江戸と本領との間を参勤交代し、幕府直轄地である大坂で年貢米を売って諸物資を購入している。二条城は将軍任官の御礼のため京都御所に赴く儀式である将軍任官拝賀の儀のために家康が造らせたもので、御所の天皇と将軍との間の君臣関係を象徴しており（笠谷(2011)120～123頁）、幕府の京都における常駐の出先機関である京都所司代も二条城の北に置かれた。家康・秀忠・家光・家茂・慶喜ら、江戸時代初期と末期の5人の将軍は上洛・在京したが、天皇が御所近くの聚楽第や二条城に行幸することですら武家にとって最高の栄誉であり、幕府がなくなって東京とされるまで天皇が江戸に行幸することはなかった。

　以上のように、海外渡航が禁じられていた江戸時代の日本において、周辺は中央に出向くが中央は周辺に下向しないという発想が顕著にみられた。これは、しばしば冊封使が中央から周辺に派遣され、中国人商人が中央と周辺とを媒介し、海禁政策がとられても密貿易・密出国が絶えない（安井(2005)6～10頁を参照）という、中国の華夷秩序にはない特色である。

　華夷秩序には、海外の周辺に中央の人々が積極的に進出することよりも、周辺の人々が中央にやってくることを好むという一般的な性格があり、日本の鎖国はそれが極端な形であらわれたものだと言える。このような日本型華夷秩序の伝統は、今後の日本が周囲のアジア諸国などからの移民を受け入れるための素地となりえる。

（5）近代世界システムと文明

　アヘン戦争や日本の開国とともに、東アジアは欧米を中心とする近代世界システムに巻き込まれたが、アジア間貿易・アジア市場の発展が示すように、インドも含むアジアは従属的な周辺の地位に甘んじていたわけではない。第二次世界大戦後の米ソ冷戦期には、ヨーロッパもアジアも分断されたが、とりわけアジアにおいては中国本土が共産圏に入ったため、アジア間貿易を発展させてきた潜勢力は、中国が改革開放政策を採用するまでの間、抑えられがちとなっ

た。それでも、冷戦の最前線にある韓国・台湾・香港は、「アジアの兵站基地」(白石(2000)129頁)である日本に続いて、アメリカの冷戦戦略に沿って急速な経済発展を遂げた。毛沢東が米中和解へと動き、ペレストロイカの数年前に鄧小平が改革開放へと舵を切ったのも、同胞・近隣の西側諸国・地域がめざましい経済発展を遂げたためであろう。

　ウォーラーステインによれば、近代世界システムは1968年ころから衰退期に入り、それに代わるシステムが模索されだすと同時に、近代世界システムの拡大によって併合・破壊された世界帝国への関心が、欧米(北大西洋)中心の普遍主義的な単数形の文明に代わって、多数の文明を認めようとする傾向、とりわけ非欧米文明の復権要求を生んだ(ウォーラーステイン(1991)84、370~375頁を参照)。

　ウォーラーステインは、スターリン主義のソ連を、世界経済におけるアメリカの覇権を補完するべくアメリカに存在を承認された、下位の(つまり、世界経済のサブシステムとしての)ミニ帝国にすぎないという風に、冷戦を米ソ二極間の互角の対立と見ることを批判している。しかし、ウォーラーステインはここでも、欧米中心的な見方に陥っているように思われる。二つの大戦を通して共倒れ的に弱体化したヨーロッパだけでなく、19世紀後半以来台頭してきたアジアを、米ソ二極が分断することによって、アメリカと西ヨーロッパと日本を中心とする世界経済システムも、ソ連を中心とする社会主義システムも、存在しえたのではなかろうか。

　米ソ冷戦の終焉は、ハンティントン(1998)の指摘するように、しばしば文明間の対立・衝突を引き起こしたが、ハンティントンの文明論には、冷戦期のソ連に代わるような敵を設定して欧米文明の結束を呼びかけようという発想が見え隠れしており、彼は仮想敵としてイスラム・中国連繋の可能性を危惧している。しかし、中国をはじめとする東アジア・東南アジアの経済的台頭と比べてイスラムの中心地域である中近東・北アフリカ諸国の多くは政治的に不安定で経済的にも停滞しているという現状からみて、イスラム・中国の連繋はこれからも考えにくい*33。

　ハンティントン(1998)はアジアを「文明のるつぼ」(331頁)としており、これは、文明の衝突とは異なる状況がアジアで生まれつつあることを示唆しているように思われる。しかし、先にみたように、華夷秩序が多様な宗教・文明圏を包括していたという伝統を、中国(儒教)文明を相対化しつつ継承していると見ることもできるだろう。

第 2 章　文明の地政学からみた地球とアジア

おわりに

　この章では、古代中世以来の諸文明の伝統が現代アジア諸国の地政学的位置を大きく規定していることをみてきた。封建制が発達した第 1 地域と大帝国が興亡した第 2 地域の違いは、とりわけ興味深い。日本がオランダと結んでカトリックを禁教したころ、中国ではイエズス会の修道士が皇帝に重用されていたことを、日本とヨーロッパ・プロテスタント諸国が第 1 地域、中国とヨーロッパ・カトリック諸国が第 2 地域に属することによって説明できることは指摘した。2000年ころの世界価値観調査によっても、中国・韓国・台湾はヨーロッパ・カトリック圏の近くに、日本はヨーロッパ・プロテスタント圏の近くに位置している（図表10）。出生率の動きでも日本とヨーロッパ・プロテスタント圏、儒教圏と南欧カトリック圏が類似していることを、1・(2) で指摘した。

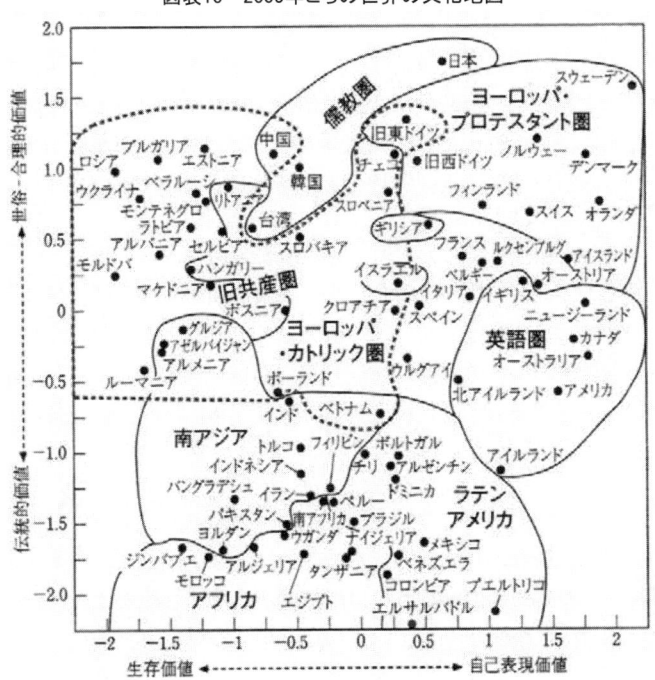

図表10　2000年ころの世界の文化地図

出所：橋本(2008)248頁．(Inglehart and Welzel(2005) p. 63, Figure 2.4.の和訳)

欧米、アジアともに一枚岩的な文明ではなく、いずれも梅棹のいう第1地域と第2地域を含む。図表10によれば欧米はヨーロッパ・カトリック圏、ヨーロッパ・プロテスタント圏、英語圏、ラテンアメリカ圏の四つ（描かれていない正教圏を入れれば五つ）に分かれ、アジアは儒教圏と南アジアの2つに分かれるが、儒教圏とされている日本はプロテスタント圏にむしろ近く*34、南アジアに含まれている東南アジアのベトナム・フィリピン・インドネシアはラテンアメリカに近い（梅棹は東ヨーロッパに近いとしたが）ので、それらを区別すれば四つに分かれる。

　図表10で南アジアとアフリカにまたがってイスラム圏を描くこともできる。旧共産圏とイスラム圏は複数の地域的区分にまたがっており、文明の地域区分を超えるようなマルクス主義とイスラム教の共通点を見出せる。いずれも、終末論的宗教性を色濃く有しており、ソ連の崩壊・マルクス主義の凋落とともにイスラム原理主義が台頭してきた。共産主義革命をめざすテロから終末論的宗教のテロへというような連続性も読み込めるだろう*35。

　図表10と同じ世界価値観調査結果の経済との関連を示したものが、図表11である。それによれば、経済発展は、生存価値から自己表現価値へという右方向と、伝統的価値から世俗－合理的価値へという上方向への推移を引き起こすようだが、上方向への変化は、図表10によれば旧共産圏、儒教圏やヨーロッパ・プロテスタント圏では大きいが、英語圏やヨーロッパ・カトリック圏では小さいようであり、文明圏ごとにかなりまとまりがみられる。以上より、経済発展の先発・後発にも、価値観上の特色にも、各国の属する文明圏の伝統が大きく影響していることがわかる。

　アジア諸国が順調に経済発展を続ければ、人口の多い中国やインドは、1人当たりGDPでは先進国レベルになるはるか前の段階で、一国の経済規模ではアメリカを抜くことになる。そうなってもなお、GDPを先進国レベルまで成長させようとしつづけるような動機付けが、国民のなかに保たれ続けるかどうか？　仮にそれが可能だとしても、環境や資源のキャパシティーがそれを許すかどうか？　このように考えると、中国やインドは、経済成長至上主義から早い段階で脱却する必要に迫られるのではなかろうか？　そのときに、それぞれの文明の伝統的な自然観や宗教・哲学を再評価する動きも本格化しえるように思われる。両国の人口が桁外れに多いということは、非凡な才能に恵まれた人の数も圧倒的に多いということであり、彼らの活躍にこの地球の将来がかかってくることになろう。

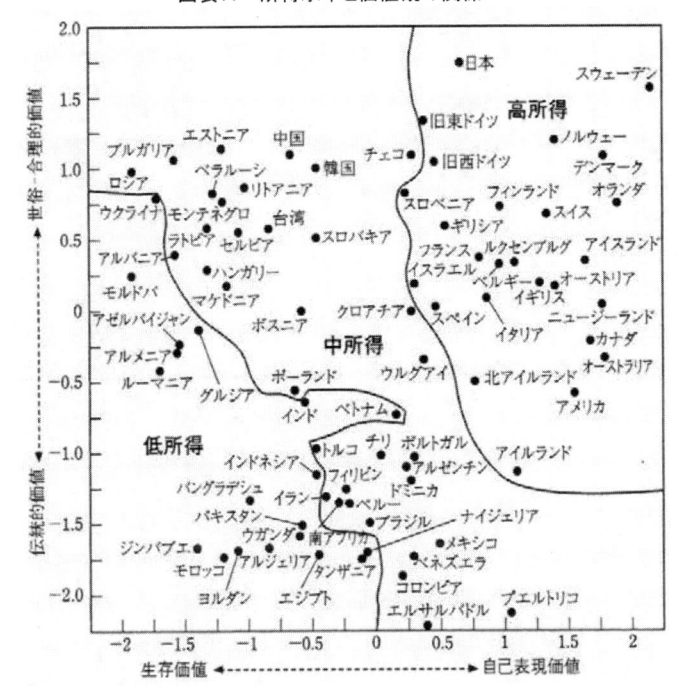

第 2 章　文明の地政学からみた地球とアジア

図表11　所得水準と価値観の関係

出所：橋本（2008）246頁．（Inglehart and Welzel（2005）p. 57, Figure 2.1.の和訳）

　EU をモデルとしてアジアの一体化をめざす論調もみられ、これはマッキンダーが描いた二つの世界の均衡論と通じるが、それが実現すれば均衡に落ち着くどころか、中国とインドを含むアジアは人口や経済規模において他を圧倒することになるだろう。EUはアフリカや中近東との一体化をめざすかもしれないが、毛沢東のころから中国はアフリカ諸国との関係を強めているので、それは容易ではないかもしれないし、キリスト教とイスラム教の宥和も困難であろう。インド・ヨーロッパ語族という基層文化を基盤として、英語を公用語とし、民主政が定着しているインドは、中国や中東と対抗するためにも欧米との結びつきの強化に前向きになるかもしれない。日米東南アジアも中国の軍事的脅威への対応を主因としてインドとの関係強化をめざすことになるかもしれない。いずれにせよ、インドと中国とを一体化させまいとする力は、両国の内部、両国間関係、両国のいずれかとその他の諸地域との関係のどれについても強固で

あり続け、それを覆してアジアが EU のごとく一体化し、世界の中心となることは、ありえないと私は思う。

とはいえ、中国・インド・イスラム・仏教（上座部とチベット密教）・日本など多数の文明のるつぼであるアジアの経済的な比重が高まり、アジア太平洋地域に新しい文明の芽が生まれる可能性はあろう。そのような見通しのもとで、日本の役割を考えてみよう。

日本文明は第1地域の特性を備えているため欧米文明に似ており、中国文明やインド文明の影響も強く受けて形成され、仏教が普及している。幕末の開国以前にイスラム教が伝来した形跡はないが、7世紀後半に伝わった東方キリスト教の影響や、それを介したイスラム教の影響が、一神教に通じるユニークな特質を日本仏教に与えたと思われる（平山(2009a)を参照）。このように日本文明は多数の文明のるつぼであった島国において形成されたのであるから、アジア太平洋地域という大規模な文明のるつぼのなかで何かが結晶する際の核となりえるように思われる。

そのためにとるべき日本の最優先戦略は、海外からの移民を柔軟に受け入れ、帰化を促進することだろう。図表1のように、少子化で人口が急激に減少して行くと予想されるという、日本が直面する最大の問題も、それによって解決できる。中国・韓国・台湾・シンガポールも低出生率問題をかかえている（大泉(2007)を参照）ので、日本はこれからも中期的に人口増が続くと予想される東南アジアやインドなど（図表12を参照）からの人口流入を促進しなければなるまい。

その際、渡航先社会に同化する伝統のある、華僑（華人）の日本移民をまず促進すれば、事態はスムーズに進展しうると思われる。日本人も、彼らから中華民族的な多元一体構造（費(2008)を参照）を学ぶことで、多様な出自の移民を受け入れる態勢を整えることができる。2世以上の華僑は中国と生まれ育った国に郷愁が分散するので、日本社会に融和する傾向も生粋の中国人より強いであろう。

中国の軍事的脅威については、大切に育てられた独りっ子が多い軍隊が命知らずの冒険を好むはずがないということから、民主化が進めば軽減すると私は思う。対外進出を促す最大の要因は人口圧であるが、現代中国にはそれがなく、早晩マイナスとなり*36、人口減と性比のアンバランスを補うため、主に若い未婚女性の移民が切実に求められるようになるだろう。軍事力で嫁を集めることは許されないだろうから、そのためにも中国は、人口増がまだまだ続くと予

第2章　文明の地政学からみた地球とアジア

図表12　南・東南アジアの合計特殊出生率(2015～55年　中位推計)

	2015-20	2020-25	2025-30	2030-35	2035-40	2040-45	2045-50	2050-55
南アジア	2.42	2.29	2.18	2.08	2.01	1.97	1.93	1.89
アフガニスタン	4.25	3.53	3.02	2.67	2.42	2.23	2.09	1.97
バングラデシュ	2.08	1.95	1.84	1.76	1.71	1.68	1.67	1.67
ブータン	1.93	1.79	1.69	1.62	1.59	1.58	1.59	1.60
インド	2.34	2.23	2.14	2.06	1.99	1.94	1.89	1.86
イラン	1.62	1.52	1.49	1.51	1.54	1.58	1.61	1.64
モルディブ	1.98	1.83	1.72	1.66	1.64	1.65	1.67	1.69
ネパール	2.09	1.95	1.85	1.77	1.73	1.70	1.69	1.69
パキスタン	3.38	3.10	2.88	2.70	2.55	2.42	2.31	2.21
スリランカ	2.03	1.96	1.90	1.86	1.83	1.82	1.80	1.80
東南アジア	2.25	2.16	2.10	2.05	2.01	1.97	1.94	1.91
ブルネイ	1.82	1.76	1.72	1.69	1.68	1.68	1.69	1.70
カンボジア	2.53	2.39	2.27	2.17	2.10	2.03	1.97	1.92
インドネシア	2.36	2.24	2.14	2.07	2.00	1.95	1.91	1.89
ラオス	2.77	2.53	2.34	2.19	2.07	1.97	1.89	1.84
マレーシア	1.90	1.83	1.79	1.76	1.74	1.73	1.72	1.73
ミャンマー	2.13	2.04	1.95	1.89	1.84	1.81	1.79	1.78
フィリピン	2.87	2.72	2.59	2.47	2.37	2.28	2.20	2.12
シンガポール	1.26	1.29	1.31	1.33	1.35	1.37	1.38	1.40
タイ	1.46	1.42	1.43	1.47	1.51	1.55	1.58	1.62
東チモール	5.33	4.78	4.30	3.88	3.53	3.23	2.99	2.80
ベトナム	1.95	1.94	1.93	1.93	1.92	1.92	1.92	1.92

出所：United Nations（2015）
http://esa.un.org/unpd/wpp/DVD/Files/1_Excel%20(Standard)/EXCEL_FILES/2_Fertility/WPP2015_FERT_F04_TOTAL_FERTILITY.XLS　2015年8月11日閲覧、
の一部、地名は日本語の慣用に従った）

想され、華僑が多い東南アジアとの友好関係を今から築いておかなければならないはずであり、南シナ海進出はそれに逆行する愚策ではなかろうか？
　将来、日中間で東南アジアからの移民の奪い合いが生じることになるかもし

れないので、中国が大規模な華僑のUターンを求めるようになる前に、日本は東南アジアからの移民をできるかぎり受け入れておくべきである。そうすれば、中国が華僑移民を求めるようになっても、日本は移民の出身地の多様化で対応できる。

　1・(2)では、出生率の動向がその社会でかつて支配的だった伝統的家族形態の影響を受けていることをみた。しかし、伝統の規制力は絶対不変のものではなく、各時代においてたえず再解釈され、新たな意味を帯びて活性化するようなものでもある。伝統的には直系家族が支配的で、出生率が日本やドイツなみに下がるはずのスウェーデンが、その伝統を生かした福祉国家体制によって核家族の英米仏なみにまで出生率を上げているのは、その好例であろう。また、南欧カトリック圏や儒教圏にとってはアイルランドにおいて出生率が人口置換水準に留まっていることから学ぶべき点が少なくないと思われる。

　現代日本の置かれている国家財政の現状と出生率の低さのもとでは、これからスウェーデンの真似をすることは困難であろう。出生率を上げるための福祉政策は補助的なものにしかならないとすれば、メインの対策は移民受け入れやロボット技術の進歩しかないと思われる。したがって、日本の伝統が移民受け入れに向いていないわけではないことを確認することが、必要であろう。これについては、3・(3)でみたように、江戸時代の鎖国のあり方との適合性を指摘できる。

　西欧の経済統合の進展が1980年代半ば以降の通りゃんせ効果を相殺したように、経済統合を進めることも効果的であり、日本の場合、EU に属さず、EU 諸国より人口の多い唯二つの先進国という共通点があるアメリカと、ある程度の経済統合をめざすメリットは大きいと思われる*37。ドルと円との為替変動を抑えて固定制に移行した上で、1ドル＝1円（1セント＝1銭）となるように円の単位を切り換えることによって円を国際通貨化し、日米間の為替リスクを取り除くことができれば、政治的利害の対立を伴いがちな貿易自由化と比べものにならない Win-Win の経済的効果が生じ、日米間での財政金融政策調整のコストを大きく上回ると思われる。また、GDP 1位のアメリカと3位の日本が組めば、中国やインドに GDP の規模で抜かれる危惧もなくなり、ドル＝円の国際通貨としての地位強化は、アジア太平洋地域全体の経済的政治的統合を促進し、国際政治や安全保障も含めた世界秩序を安定化し、世界の恒久平和実現と貧困除去のための基礎ともなりえよう。しかし、円の単位をドルに合わせるためにも移民受入と同様、日本には民族主義を相対化するような柔軟さが必

第2章　文明の地政学からみた地球とアジア

要であろう。

　日本の伝統的なイエ制度においては、父系血縁を重視する儒教圏とは異なり、父系同族ではない者を娘婿とし、あるいは非血縁者である夫婦を共に養子として、イエに代々伝わってきた家業、職能を継承させることが少なくない。イギリス人航海士ウィリアム・アダムス(1564〜1620)も家康の御用商人の娘と結婚し、旗本となって三浦按針と名乗った。また、師弟の擬制的親子関係を重視し、親方株も師弟間で継承されることが多い日本の国技・大相撲には、外国人力士が多い。これらのことは、血縁にとらわれることなく技能の優れたものに跡を継がせるというイエ制度の伝統が、日本人に限定されたものではないことを雄弁に語っている。

　日本民族そのものに関する自己イメージを改めることも肝要である。平成22(2010)年10月8日に行われた平城遷都1300年記念式典における天皇陛下のお言葉に、「平城京に在位した光仁天皇と結ばれ、次の桓武天皇の生母となった高野新笠(たかののにいがさ)は続日本紀によれば百済の武寧王(ぶねいおう)を始祖とする渡来人の子孫とされています」(http://www.kunaicho.go.jp/okotoba/01/okotoba/okotoba-h22e.html#D1008　2015年8月11日閲覧)とあるように、皇室にも渡来系の血が母方を通じて入っているだけでなく、『古事記』『日本書紀』を読み解くと、継体天皇の父方の男系の祖先は新羅王家であることもわかる＊38。「日本国民統合の象徴」(日本国憲法第一条)たる皇室は渡来系の血を濃厚に受け継いでいる。

注
1　「文明開化」を唱え、日本における文明論の原点となった福沢諭吉の『文明論之概略』(1875)は、「西洋文明」「日本文明」というように複数形の文明を認めている。「文明開化」という言葉はその「巻之一　第二章西洋ノ文明ヲ目的トスル事」の冒頭に登場し、そこではヨーロッパとアメリカ合衆国は最上の文明国、トルコ・中国・日本などアジアの諸国は半開の国、アフリカとオーストラリアなどは野蛮の国とされている。つまり、世界各国・地域の状態を文明度(野蛮から文明への開化度)という一次元の尺度で測ることができ、それによれば欧米が最上になるとしていると解釈できる。これを簡略に表現すれば、単数形の文明の立場と表現できるだろう。複数形の文明とは、文明度の高低という一次元尺度によって諸国・地域を全て順位づけすることは、必ずしもできない、という意味になろう。今日では、文明度によってある程度グループ分けできるにしても、同じグループ内の異なる文明のいずれがより優れているか、あるいは同等か、などという風に問い、誰もが納得する順位づけを得ることは必ずしもできない、という見方が普通ではなかろうか。文明と未開ないし野蛮との間の優劣すら自

明ではないので、文明度が高いほどよいということも今日では疑問視されがちである。しかし、今日でも福沢流の3分類はなお説得力を持つ。たとえば、田中(1996)は、近代化の終了した「新中世圏」、近代化途上の「近代圏」、現時点では近代化に失敗している「混沌圏」の3つに世界を分けるが、「新中世圏」には欧米オセアニアの先進諸国のほかに日本、イスラエルも含まれ、「近代圏」には中国、インドなどが含まれ、経済では中国、政治ではインドが上位に置かれるなど、同じ圏に属する文明間の序列付けは必ずしもできない（田中(1996) 195頁を参照）ので、複数形の文明論と整合的であろう。

2 「アジア」とは、語源的にはエーゲ海の東方であり、ヨーロッパを除くユーラシア大陸を意味するが、国土の大部分がエーゲ海の東方に属するトルコがEU加盟を求めているように語源的意味はゆらぎ、ヨーロッパとアジアの境界は明確ではなくなりつつある。また、イスラム教というキリスト教と同系の一神教が優勢な中近東はヨーロッパと区別すべきでないという立場もありえる。そうした場合、アジアからパキスタン以西を除くべきで、中近東も含めて広義のヨーロッパないし西洋を考えるべきだということになる。東南アジアのイスラム教は表面的で、仏像を拝んだり祖先祭祀をしたりヒンドゥーの神や精霊に祈るなど、イスラム化以前の文化・宗教が根強く残っており（矢野編著(1983)101～102頁を参照）、バングラディシュのイスラム教も地元の習慣と混淆しており、中東のイスラム教とは異なるので、インド以東のイスラム圏はアジアに入れてよいだろう。日本人がアジアと言う場合、パキスタン以西は暗黙の内に除かれていることが多く、本章でも私は、ユーラシア大陸からヨーロッパ・中近東を除いた地域をアジアと呼ぶ。西欧・東欧・中近東・インドは連続的だとする立場(定方(2011)413～414頁を参照)を重視すれば、アジアからインド・バングラディシュ・スリランカを除いたほうがよいとも思われるが、東南アジアとインドなどとも連続的であるから、私はアジアにインドなどを含める。アジアからロシアを除くことも多いが、私はロシア東部(大雑把に言って非イスラムのアジア系少数民族がいる地域)を含める。ところで、かつて日本人はアジアから日本自身を除くことが少なくなかったが、最近は日本を含めてアジアと呼ぶ傾向が強まっており、私は日本をアジアに含める。ただし、他人の説の引用・紹介・批評においては、おおむね原著者の用法に従った。原著者のいう意味については文脈から推測できるか、推測できなくてもたいした問題はないと思うので、それについての私の解釈は記さなかった。

3 「ナショナリズムをいかに克服するか、ということに関しては、一つは、市民が、ナショナリズム・リテラシーを身に付けることだと思います。それは、歴史を学ぶこと、世界情勢を学ぶことで、日本の地政学的な位置というものを考えることです。そういう知恵が、求められているのではないでしょうか。」と、北脇編著(2011)巻頭の「座談会　日本の将来像を描く」で、渡戸一郎は述べている(26頁)。

4 1950(昭和25)年以降生産年齢人口比は1968(昭和43)年まで増加してきた(1960、69年は

第2章　文明の地政学からみた地球とアジア

前年と同じ）が、1970（昭和45）年から1978（昭和53）年までの間は減少している。これは主に、出生率が顕著に低下しだした1950年以降に生まれた世代が1965年以降生産年齢を迎えたことと、1970年ころからの第2次ベビーブームとによる。1982（昭和57）年以降1991（平成3）年までの間、生産年齢人口比は毎年上昇している。

5　育てた子どもが親を養うようになる際の問題がこのわらべ唄のテーマであることは、京都地方の次のような遊び方からわかる。「最初子供の並ぶ順序を決めるために、やはり組長格の児が二人向かい合って両手を握り合い上に挙げている。そして輪になった他の児らがこの手のアーチの下をくぐりながら『桜、桜、弥生の空は見渡す限り、霞か雲か、朝日に匂う』の歌をうたい、歌が終わったとたんに、二人は挙げた手を下ろして下をくぐっていた児をとりこにする。そのとりこにした子供から順々に並べておいて、全部並んだら親（鬼？）はそのまま両手をアーチに組んで立っており、子供達はそのアーチの下を走ってくぐる。親は急いで手を下ろして走り抜ける子を捕えようとする。捕えた時『此の児はよい児、親に何食わす』と聞き、聞かれた児が『鯛の身』とか『ひじきに油揚げ、雁もどき』または『お寿司に柏餅』と答える。親は『この児はよい児、親に何着せる』と聞く。児は『絹物』といった風に答える。それで合格すれば、親は、『この児はよい児、親の許い帰れ』とか『……元の家へ帰れ』『極楽へ飛んでゆけ』と言って元の方へ返す。もし合格しなかったら、『此の児は悪い児、地獄いとんでいけ』または『……針の山いとんでいけ』と言って反対側へ送る。これを繰り返すのだが、一度捕えられて判定を受けた児は、それ以後は加わらず、加わる者の数は次第に減る」（楳垣（1947）、稀観書のため浅野（1970）207～208頁から再引用）。子どもの立場からすれば、親の恩に酬いなければ天神様の罰が当たるということだが、親の立場からすれば、子育てに手抜きして楽をしてきたら罰が当たるということでもあり、一般化すれば、子育てに手抜きをした社会はその子が働くようになると報いを受けるということになる。なお「通りゃんせ」には川越起源説、関所遊び説などがあるが、京都の遊び方がその本旨をよく伝えていると思われる。受験生が天神様にお参りして合格祈願の絵馬を納め、合格・不合格の判定を受けるのも、京都の遊び方の延長上にあると言えよう。

6　2006年ころのアイルランド、2008年ころのスペインについても同様のことが言える（Nishimura（2011）を参照）。ただし、日本の1992～93年、アメリカの2008年はいずれも通りゃんせ効果によるのに対して、これらは、戦中戦後のベビーブームが始まったころに生まれた世代の引退によるものである。

7　アメリカでは第2次大戦開始とともにベビーブームが始まって1960年代半ばに及んでおり、フランスやスウェーデンでも、第2次世界大戦中の1942年に合計特殊出生率が2.0を超えてのち、1960年代なかばまで比較的高い水準を維持している（http://en.wikipedia.org/wiki/Demographics_of_France, http://en.wikipedia.org/wiki/Demographics_of_Sweden　2015年8月10日閲覧）。日本においても1940（昭和15）年か

ら出生率は高まり、その趨勢が戦後ベビーブームに引き継がれていると思われるので、日本で戦後ベビーブームが米仏スウェーデンと異なって急速に終焉したことは説明を要する。

8 日本では武士道の影響のため儒教的徳目のうち孝よりも忠が大事だとされ、歌舞伎など大衆的な古典芸能でも親子は一世、夫婦は二世、主従は三世と繰り返し説かれ、『一谷嫩軍記』『菅原伝授手習鑑』など、主君・恩人への忠のために我が子を犠牲にする話が好まれたように、親子関係の価値はそれほど高くないが、儒教では忠よりも何よりも親への孝、年長者への奉仕が尊ばれる。なお、ベトナムは儒教圏であるが、経済成長の著しい南部では父系宗族の伝統がなく、他の東南アジア諸国と共通する社会・家族・親族構造がみられる(岩井(2005)を参照)。2009年の国勢調査によるとベトナムの出生率は2.03で、女児100に対して男児111という性比である(http://www.vietnamguide.com/newsdetail.php?catID=1&cat1ID=19&cat2ID=73&newsID=1970　2015年8月10日閲覧)。ベトナムの出生率は今後も1.5を割ることはなさそうだ(図表12を参照)が、男／女比の高さは最近のことで、儒教の影響と性別による中絶の急増とを意味している。

9 2010年の第六回中国国勢調査から、中国の合計特殊出生率は1.3〜1.5と推定されている(http://jp.eastday.com/node2/home/xw/sh/userobject1ai59366.html　2015年8月10日閲覧)が、これは全国平均であり、シンガポールや香港と比較しうる上海の粗出生率は4.3‰であると2004年に報じられている(http://jp.eastday.com/node2/home/xw/sh/userobject1ai12620.html　2015年8月10日閲覧)。同年の日本の合計特殊出生率は1.29、粗出生率は8.8‰である。

10 スペインはフランスと同様平等主義核家族が主流だが、出生率は儒教圏と同じように1970年代以降急落した。ポルトガルは直系家族が主流だが、25年周期はみられず、出生率低下はスペインと同様である。カトリックの伝統が強い家族主義的な地域で、1970年代になって出生率が下がりだしたため、伝統的家族形態にかかわりなく急激な出生率低下を招いたと思われる。避妊を敵視するカトリック圏では出生率低下は信仰の衰退を意味する(トッド(1993)276〜280頁を参照)。避妊を許容するような、極めて意識的なレベルの信仰の衰退よりも、家族主義的価値観の衰退はゆっくりと進行するため、出生率が極端に低下するのであろう。儒教圏においても儒教思想そのものの衰退とその家族的価値観の衰退に同様のタイムラグが存在すると思われる。また、儒教の族譜を作る韓国は直系家族であるが25年周期はみられず、ほぼ一気に出生率が急落した。したがって、カトリックと儒教の信仰・思想とそれらの家族主義的価値観の関係には、家族形態の違いを超えた共通性を指摘でき、それによって同じような出生率低下パターンを説明できるだろう。教皇はラテン語で父を意味する papa であり、司祭も父を意味する pater と呼ばれ(そのポルトガル語 padre の漢音訳が伴天連)、女性は教皇・司祭になれないなど、家父長的大家族主義・男性中心主義という点でカトリックは儒

第2章 文明の地政学からみた地球とアジア

教と似ている。なお、カトリック圏のアイルランドでは人口置換水準に至る出生率低下が1980年代に入ってからと遅かったが、合計特殊出生率は1.9程度で下げ止まり2.0を超えるまで回復しており（http://en.wikipedia.org/wiki/Demographics_of_the_Republic_of_Ireland 2015年8月10日閲覧）、2014年の1人当たりGDP（USドル換算）は、IMF、世銀のいずれによっても独英仏日より高い。儒教圏にとってアイルランドは学ぶべきお手本であろう。

11 守泉（2007）18頁で紹介されている諸研究において、家族システムや家族連帯の強さが現代における低出生率の原因であることが示されている。

12 「日本文明」という言葉を福沢と違って肯定的に使い始めたのも梅棹であろう（梅棹（1990）を参照）。

13 大陸のヨーロッパ人には侵入したアジア人の血が混じっていることを、マッキンダーは次のように論じていた。「人類学者達がいわゆる短頭型（brachy-cephalic）と名づけている骨格は、もともとアジア人に特徴的なものだが、これが中央ヨーロッパからフランスにかけて、いわば楔（くさび）状に浸透しているのが見受けられる。が、ヨーロッパの北部、西部および南部では長頭型（dolicho-cephalic）が典型的である。これからみても、前者はおそらくアジアから来たものとみて、まずまちがいなかろうとおもわれる。」（マッキンダー（2008）264頁）ドイツ軍をフン族になぞらえる主張は、科学的な根拠に基づく血統意識を伴っていたと思われる。遺伝子研究によればヨーロッパにおけるY-DNAハプログループQ1bとQ1a2がフン族に由来するとされている（http://originhunters.blogspot.jp/2012/07/attila-native-americans-and-dna-hunny.html 2015年8月11日閲覧）。

14 梅棹は、西ヨーロッパを第1地域、地中海沿岸の南ヨーロッパを第2地域としているが、遊牧騎馬民族にとって、アルプス・ピレネー山脈を超えてイタリア・スペインに侵入するのはかなり困難であるから、ヨーロッパの西と南の差異は遊牧騎馬民族侵入の難易によって説明することはできず、これも梅棹理論の反証となる。ローマが東方に拡大してオリエントの世界帝国システムを採用し、それが地中海沿岸部に強く根付いたため、地理的には大河川流域の大平野などないにもかかわらず第2地域的特徴を多く備えるようになったのである。イタリア・フランス・スペイン・ポルトガルといった古ラテン語から分かれた言語が広まっている諸国には、家族構造に関してもローマ帝国の遺産が各地に残存している（トッド（1992～93）第8、11章を参照）。

15 インダス河・ガンジス河・黄河・揚子江流域の農業は、高度な人工灌漑システムを必要とし、遊牧騎馬民族はそこから産み出される巨万の富を目的としてインドや中国に侵入したのであるから、そのシステムを破壊せず、それに寄生することを選んだという事情もあろう。

16 東南アジアを含めて東アジアとされることがあり、まれに東南アジアを含めて南アジアとされることもあるが、東アジア、東南アジア、南アジアの3つを私は区別する。

75

17 梅棹は「日本が大陸に手を出したら、七世紀の白村江の戦いから負けばっかりや、やっぱりあかんということです。」(梅棹編(2001)56頁)と述べており、日清・義和団の乱・日露と大陸で連戦連勝を重ねた奢りもあって、第一次大戦の青島攻略ののちに歯止めが利かなくなって中国の主権を侵しはじめたという、第二次世界大戦に至る歴史の流れが忘れ去られている。しかし、日中戦争開始後も、石原莞爾らがめざしたように、日本には国民党政府と講和して北方に備える選択肢があった。日本の敗因は大陸進出ではなく、南進して太平洋上でアメリカと戦うに至ったためだということも梅棹には見えていないらしい。

18 戦前ドイツ地政学の大家ハウスホーファーは、ドイツとソ連のハートランド同盟による世界支配をめざし、1920年代初期からスターリンに、マッキンダーのランドパワー論、ハートランド論をとりいれた地政学を伝授していた(奥山(2004)42～50頁を参照)。

19 インド洋とはインド～アラビア半島～アフリカ東岸～南極大陸～オーストラリア～東南アジアに囲まれた大洋であるが、ここではその東半分を念頭に置き、(狭義の)インド洋と呼ぶことにする。広義のインド洋の西半分は、その北部の名称を拡大適用してアラビア海と呼ぶことにしたい。さらに、(狭義の)インド洋と(広義の)アラビア海の境界は曖昧なものとしておく。

20 マッキンダーはエニセイ川より東の山が多い地方をレナ川流域であることからレナランドと呼び、エニセイ川から西に広がる人口密度の高いハートランド・ロシアと区別している((2008)292頁)が、両者は1919年の著書『デモクラシーの理想と現実』においてはハートランドと一括されていた((2008)122頁第23図)。歴史の回転軸としてのハートランドが1943年論文においては真っ二つに引き裂かれてしまったのである。連合国として共にドイツ人(フン族)と戦うロシア人を、遊牧騎馬民族の後継としてではなく、ヨーロッパ人としてとらえた結果、ハートランド概念もヨーロッパ化されたのではなかろうか。なお、マッキンダーはエニセイ川流域以西とその東でロシアを分けるが、注2で述べたように私はもっと西側で分ける。

21 冷戦で分断されたアジアとヨーロッパがそれぞれまとまることが、冷戦後の平和な秩序の要諦だという仮説は、ペレストロイカ以前から私が密かに抱いていたアイデアである。

22 黒田(1994)は、自由主義的市場経済が発達していた中国がなぜヨーロッパ世界経済との競争に負けてそれに飲み込まれてしまったのかという問いを立てているが、その問いが拠って立つ前提に私は疑問を感じるのである。

23 西洋中心史観に立つ従来の通説は、アヘン戦争後の南京条約締結で、朝貢体制は終焉し、アジアは西洋の条約体制のなかに組み込まれたとするが、清朝にとってアヘン戦争は回教徒や白蓮教徒の乱と同様の地方的な事件であり、南京条約も夷狄に対する懐柔策とされ、華夷秩序の枠組で処理され、条約が遵守されないことに西洋は強い不満を示した(浜下(1997)25頁を参照)。

第2章　文明の地政学からみた地球とアジア

24　日本の国民党否認・日中戦争拡大・南進・対英米開戦は、近衛ブレーンのコミュニスト尾崎秀実らが日本の敗戦革命をめざして誘導しており(三田村(1988)を参照)、日本の北進がないとの尾崎情報に基づいて極東ソ連兵力の一部がモスクワへ移り、ソ連はモスクワ攻防戦に勝利した(白井(2008)382頁を参照)。南部仏印進駐に至る日本の戦略選択が、第二次世界大戦の帰趨にとって決定的に重要であり、日本国内におけるコミュニストの言動がそれに大きな影響を与えたことは、否定し難いであろう。

25　アジアNIESの高度成長は1960年代半ばころからであるから、1970年代半ばの現状認識としても、梅棹の見解は首肯しがたい。

26　白石は、東南アジアではポルトガルやオランダの進出の結果として華僑ネットワークは寸断されていた(白石(2000)52頁を参照)とし、海峡植民地の創設者ラッフルズはブギス人と同盟しようとしたと論じるが、1819年ラッフルズのシンガポール上陸を先導した曹亜珠は、台山県出身で、広東省東部を中心に活動した台湾鄭成功の流れをくむ天地会に属する結社・義興公司を創設した(田中(1990)2〜4頁[陳(1970)などの内容紹介]を参照)。このころから中国本土と関係を持つ華僑ネットワークがイギリスと同盟し、シンガポールを中心に発展したと思われる。その背景としては、中国国内において18世紀後半から19世紀にかけて人口が爆発的に増加したことがまず挙げられ(安井(2005)8〜10頁を参照)、シンガポールの総人口に占める華僑人口の割合は、1824年から60年までの間に31.0％から61.2％まで急増したが、その後1891年までは横這いになっている(Saw(1970)57頁を参照)。シンガポールは1819年以降19世紀半ばにかけて、主に中国国内から直接渡来した華僑によってその礎を築いたのである。

27　回賜の価格は市場価格より低く見積もられ、紙幣給付の場合は紙幣価値の下落が生ずるため、民間私貿易の拡大や銀流通の拡大が帰結した(浜下(1990)37頁、同(1997)27〜28頁を参照)。

28　黒田(1994)は1911年における人口100万人当たり紡錘数を各国で比較し、メキシコ47780、日本46820、ブラジル40650と比べて中国は1178にすぎないことを示し(4頁表1を参照)、中国の工業化は日本、中南米より遅れていたとする。しかし、「中国の数値は第一次大戦に伴う紡績業の『黄金期』直前のものであり、……上海を抱える、人口2400万人弱とされた江蘇省に限ってみると、この数値が三万錘強になるという点もみのがしてはならない」(同、4頁)とも述べている。

29　朱印船から奉書船へ、さらには日本船の海外渡航禁止へと至る江戸幕府の対外消極策には、朱印船が海外でスペイン・ポルトガルやオランダとの紛争に巻き込まれて朱印を発給した将軍の権威が毀損されるのを回避するための措置という一面がある(加藤(2002)を参照)。

30　海禁政策と華夷秩序との補完性については、荒野(1988)「序」を参照。

31　「らうまノはつは」はローマのPapaすなわちローマ教皇。小活字の「イ」は異本。

32　丁酉倭乱=慶長の役後の日本との国交回復の前提として、朝鮮は対馬との関係を旧来

の朝貢形式に戻し、日本との関係は乱に対する謝罪を家康がするなど、日本の将軍が国王としてまず朝鮮国王に国書を発し、それに回答する使いを朝鮮国王が派遣するという手順でなされた(家康・秀忠の国書は対馬が偽造したものであることがのちに暴露された)が、寛永元(1624)年に朝鮮が家光の将軍襲職を祝賀する使節を派遣したのは、当時朝鮮においてはクーデターで仁祖が即位したばかりで政権基盤が固まっておらず、明が弱体化した当時の東アジアにおいて日本への使節派遣は政権の正統性を高める効果があったことや、後金(のちの清)の台頭しつつある北方に備えるために日本から銃剣を輸入する必要があったというように、朝鮮側の弱味が重なったためである(仲尾(2006)50頁を参照)。しかし、その後家斉まで将軍襲職祝賀の朝鮮使節は慣例化した。

33 モイジ(2010)はハンティントンの『文明の衝突』を批判して、アジアの希望、イスラムの屈辱、欧米日の恐れという支配的感情の差異が衝突を生みがちであり、支配的感情はそれぞれの置かれた経済状況に規定されていると指摘している。

34 科挙がなく、儒教的祖先祭祀もない日本は儒教圏ではないということは、日本においては通説として認められている(注8も参照)。日本で祖先祭祀を司る伝統仏教のなかでも信者(檀家)の多い浄土宗・浄土真宗がプロテスタンティズムとよく似ていることも、しばしば説かれてきた。

35 日本のオウム真理教の開祖・麻原彰晃は、ゴルバチョフがソ連共産党書記長となってペレストロイカが始まった1980年代半ばころからハルマゲドン思想に興味を持つようになり、ゴルバチョフが1988年3月に新ベオグラード宣言を出したことに端を発する東欧社会主義・ソ連の崩壊と同時並行的に、オウム真理教は終末論的な暴力へと傾斜しており、マルクス主義に失望した終末論的暴力志向の人びとの少なからずが宗教に活路を求めたと思われる。

36 国連予測によれば、中国の総人口のピークは2028年ころになりそうである(United Nations (2015))。

37 EUやNAFTAは新中世圏、ASEANは近代圏の諸国からなるように、地域統合はある程度同質的な諸国間で成功しやすく、アジアや東アジアは、新中世圏と近代圏にまたがり、一人当たりGDPや体制の政治的自由度のばらつきが大きいため、その枠内での地域統合は困難であろう(坊野(2005)73頁以下を参照)。まず、新中世圏の日米豪ニュージーランドの統合を進め、NIES、東南アジア、中国、インドをも包摂してゆくようなアジア太平洋の地域統合が現実的ではなかろうか。

38 神功皇后は新羅王子・天之日矛の血をひくという『古事記』の系譜記事によれば、応神天皇の母方は新羅王家の末裔ということになるが、それだけではなく、継体天皇五世祖とされる応神は天皇になったことはなく、神功は仲哀ではない夫との間の子・応神を新羅において懐妊し、応神の男系子孫である継体の即位は易姓革命とされていたことが、『古事記』『日本書紀』から読みとれる(平山(2011)(2012)を参照)。

第2章　文明の地政学からみた地球とアジア

【参考文献】

青木伸行(2012)「『日本のようにならない』少子化対処で移民受け入れ継続　シンガポール」『msn産経ニュース』2012年2月9日
　(http://sankei.jp.msn.com/world/news/120209/asi12020908460001-n1.htm)。
青木昌彦(2010)「雁行形態パラダイム　ver.2.0──日本、中国、韓国の人口、経済、制度の比較と連結」(http://www.vcasi.org/page/718)
浅野建二(1970)『わらべ唄風土記　下』塙新書。
阿藤誠(1997)「日本の超少産化現象と価値観変動仮説」『人口問題研究』第53巻第1号
　(http://www.ipss.go.jp/syoushika/bunken/sakuin/jinko/221.htm)。
安野眞幸(1994)「長崎の唐人屋敷」(http://hdl.handle.net/10129/2060)。
────(1996)「近世初頭長崎の華僑社会と唐人貿易の研究」
　(http://hdl.handle.net/10129/2063)。
浅尾直弘(2002)「鎖国制の成立」紙屋・木村編(2002)所収(初出は1970年)。
荒野泰典(1988)『近世日本と東アジア』東京大学出版会。
伊藤正一(2009)「台湾の少子化のマクロ分析」『人口問題研究』第65巻第4号
　(http://www.ipss.go.jp/syoushika/bunken/sakuin/jinko/271.htm)。
岩井美佐紀(2005)「ベトナムの家族・親族と近代化に関するレビュー」
　(http://www.kuis.ac.jp/icci/publications/pj_results/eastasia2005/VietNam.pdf)。
K. A. ウィットフォーゲル、湯浅赳男訳(1995)『オリエンタル・デスポティズム──専制官僚国家の生成と崩壊』新評論。
I. ウォーラーステイン、川北稔訳(1981)『近代世界システムⅠ・Ⅱ──農業資本主義と「ヨーロッパ世界経済」の成立』岩波書店。
────、丸山勝訳(1991)『ポスト・アメリカ──世界システムにおける地政学と地政文化』藤原書店。
内田吟風(1936)「匈奴西移年表──附・フンネン＝匈奴に關する再考察」『東洋史研究』第2巻第1号。
楳垣実(1947)『京都のわらべ唄』関書院。
梅棹忠夫(1990)『梅棹忠夫著作集　第7巻　日本研究』中央公論社。
────(2002)『文明の生態史観ほか』中央公論新社。
梅棹忠夫編(2001)、『文明の生態史観はいま』中央公論新社。
大泉啓一郎(2007)『老いてゆくアジア──繁栄の構図が変わるとき』中公新書。
奥山真司(2004)『地政学──アメリカの世界戦略地図』五月書房。
籠谷直人(2000)『アジア国際通商秩序と近代日本』名古屋大学出版会。
笠谷和比古(1994)『関ヶ原合戦──家康の戦略と幕藩体制』講談社。
────(2011)『武家政治の源流と展開──近世武家社会研究論考』清文堂出版。
片桐一男(2000)『江戸のオランダ人──カピタンの江戸参府』中公新書。

加藤榮一(2002)「八幡船・朱印船・奉書船——幕藩制国家の形成と対外関係」紙屋・木村編(2002)所収(初出は1986年)。
金井圓(1986)『日蘭交渉史の研究』思文閣出版。
紙屋敦之・木村直也編(2002)『展望日本歴史14　海禁と鎖国』東京堂出版。
紙屋敦之・木村直也(2002)「総説・海禁と鎖国」紙屋・木村編(2002)所収。
川勝平太(1997)『文明の海洋史観』中央公論社。
岸本美緒(1995)「清朝とユーラシア」歴史学研究会編『講座世界史2　近代世界への道』東京大学出版会。
北脇保之編著(2011)『「開かれた日本」の構想——移民受け入れと社会統合』ココ出版。
鬼頭宏(2011)『2100年、人口3分の1の日本』メディアファクトリー新書。
黒田明伸(1994)『中華帝国の構造と世界経済』名古屋大学出版会。
河野稠果(2007)『人口学への招待——少子・高齢化はどこまで解明されたか』中公新書。
厚生労働省(2011)『平成23年版　労働経済の分析——世代ごとにみた働き方と雇用管理の動向』(http://www.mhlw.go.jp/wp/hakusyo/roudou/11/)。
定方晟(2011)『インド宇宙大全』春秋社。
斯波義信(1995)『華僑』岩波新書。
白石隆(2000)『海の帝国——アジアをどう考えるか』中公新書。
白井久也(2008)『ゾルゲ事件の謎を解く——国際諜報団の内幕』評論社。
杉原薫(1996)『アジア間貿易の形成と構造』ミネルヴァ書房。
———(2003)『アジア太平洋経済圏の興隆』大阪大学出版会。
田中明彦(1996)『新しい「中世」——21世紀の世界システム』日本経済新聞社。
田中一成(1990)「粤東天地会の組織と演劇」『東洋文化研究所紀要』第111冊(http://hdl.handle.net/2261/43722)。
田中信世(2001)「ドイツの人口問題と移民政策」『ITI季報』46号(http://www.iti.or.jp/kiho46/46tanakan.pdf)。
M.チェスラー、早川敦子訳(2003)『マーガレット・サンガー——嵐を駆けぬけた女性』日本評論社。
陳育崧(1970)「新加坡開埠元勲曹亜珠攷」『南洋商報』1970年1月1日。
I.トッド、石崎晴己訳(1992～93)、『新ヨーロッパ大全　I・II』藤原書店。
内閣府編(2011)『子ども・子育て白書　平成23年版』勝美印刷。
———(2015)『少子化社会対策白書　平成27年版』日経印刷。
内藤湖南(1969a)『内藤湖南全集　第8巻』筑摩書房。
———(1969b)『内藤湖南全集　第9巻』筑摩書房。
仲尾宏(2006)『朝鮮通信使をよみなおす——「鎖国」史観を越えて』明石書店。
中村哲夫(2004)「呉錦堂——寧波幇の主導した実業愛国の革命」神戸華僑華人研究会編『神戸と華僑——この一五〇年の歩み』神戸新聞総合出版センター。

第 2 章　文明の地政学からみた地球とアジア

橋本努(2008)『経済倫理＝あなたは、なに主義？』講談社.
服部英雄(2003)「原城の戦いを考え直す――新視点からの新構図」、『歴史を読み解く――さまざまな史料と視角』青史出版(http://hdl.handle.net/2324/17117).
浜下武志(1990)『近代中国の国際的契機――朝貢貿易システムと近代アジア』東京大学出版会.
―――(1997)『朝貢システムと近代アジア』岩波書店.
S. P. ハンティントン、鈴木主税訳(1998)『文明の衝突』集英社.
費孝通、西澤治彦訳(2008)「中華民族の多元一体構造」、費孝通編著、西澤治彦ほか訳(2008)『中華民族の多元一体構造』風響社.
平山朝治(2009a)『平山朝治著作集　第 3 巻　貨幣と市民社会の起源』中央経済社.
―――(2009b)『平山朝治著作集　第 4 巻　「家」と個人主義――その伝統と今日』中央経済社.
―――(2011)「記紀皇統譜の女系原理――天日槍(＝天彦火)王家の復元」『筑波大学経済学論集』第63号(http://hdl.handle.net/2241/113528).
―――(2012)「日本神話にみる自由主義のなりたち」『筑波大学経済学論集』第64号(http://hdl.handle.net/2241/117180).
M. C. ブリントン、粒来香訳(1998)「事務職の拡大――女性の就業パターンに関する米国と東アジアの比較歴史的研究」『日本労働研究雑誌』453号
　(http://db.jil.go.jp/db/ronbun/zenbun/F1998110074_ZEN.htm).
福沢諭吉(1875)『文明論之概略』国立国会図書館所蔵の著者蔵版は、http://dl.ndl.go.jp/hkindai で閲覧できる.
F. ブローデル、浜名優美訳(1991～95)『地中海　1 ～ 5』藤原書店.
坊野成寛(2005)「東アジアをめぐる地域主義と国際地域統合理論の考察」『政策科学』第12巻第 2 号　(http://ci.nii.ac.jp/naid/110006385653/).
H. M. ホッパー、加藤タキ訳(1997)『加藤シヅエ百年を生きる』ネスコ.
H. J. マッキンダー、曽村保信訳(2008)『マッキンダーの地政学――デモクラシーの理想と現実』原書房.
三田村武夫(1988)『大東亜戦争とスターリンの謀略：戦争と共産主義』自由社(旧版『戦争と共産主義――昭和政治秘録』民主制度普及会、1950年).
武藤治太(2011)「武藤山治をめぐる群像」(武藤記念講座)2011年3月5日
　(http://www.kokuminkaikan.jp/chair/detail20110305.html).
毛受敏浩(2011)『人口激減――移民は日本に必要である』新潮新書.
D. モイジ、櫻井祐子訳(2010)、『「感情」の地政学――恐怖・屈辱・希望はいかにして世界を創り変えるか』早川書房.
守泉理恵(2007)「先進諸国の出生率をめぐる国際的動向」『海外社会保障研究』160号
　(http://www.ipss.go.jp/syoushika/bunken/sakuin/kaigai/160.htm).

――――(2008)「日本における子どもの性別選好――その推移と出生意欲との関連」『人口問題研究』第64巻第1号(http://www.ipss.go.jp/syoushika/bunken/sakuin/jinko/264.htm)。

安井三吉(2005)『帝国日本と華僑――日本・台湾・朝鮮』青木書店。

矢野暢編著(1983)『東南アジア学への招待(上)――新たな認識を求めて』日本放送出版協会。

米谷均(2002)「近世日朝関係における対馬藩主の上表文について」紙屋・木村編(2002)所収(初出は1995年)。

笠信太郎(1968)『笠信太郎全集　第3巻　成長経済のゆくえ』朝日新聞社。

Akamatsu, K. (1962), "A Historical Pattern of Economic Growth in Developing Countries," *The Developing Economies*, Vol.1 Issue Supplement s1.

Allentof, M. E. et al. (2015), "Population genomics of Bronze Age Eurasia," *Nature*, Vol.522. (doi:10.1038/nature14507)

Anthony, D. W. (2007), *The Horse, the Wheel, and Language: How Bronze-Age Riders from the Eurasian Steppes Shaped the Modern World*, Princeton University Press.

Bloom, D. E., D. Canning and J. Sevilla(2003), *The Demographic Dividend : A New Perspective on the Economic Consequences of Population Change*, Rand. (http://www.rand.org/pubs/monograph_reports/2007/MR1274.pdf)

Bodde, D. (2004), "Chinese Ideas in the West," (http://afe.easia.columbia.edu/chinawh/web/s10/ideas.pdf)（初出は 1948 年）

Carter, S. B. et al. [Editors in Chief] (2006), *Historical Statistics of the United States : Earliest Times to the Present v.1, pt. A, Population*, Cambridge University Press

Davis, K. (1984), " Wives and Work: The Sex Role Revolution and its Consequences," *Population and Development Review*, Vol. 10, No. 3. (http://www.jstor.org/stable/1973512)

Gerlach, C. (2005), "Wu-Wei in Europe: A Study of Eurasian Economic Thought" *Working Papers of the Global Economic History Network (GEHN)*, 12/05. Department of Economic History, London School of Economics and Political Science. (http://eprints.lse.ac.uk/22479/)

Haak, W. et al. (2015), "Massive migration from the steppe was a source for Indo-European languages in Europe," *Nature*, Vol. 522. (doi:10.1038/nature14317)

Inglehart, R. and C. Welzel (2005), *Modernization, Cultural Change, and*

第2章 文明の地政学からみた地球とアジア

Democracy: The Human Development Sequence, Cambridge University Press.

Iwata, K. (2009), "Bubbles and Demographics: Is China following Japan and the US?," *East Asia Forum*, 22 June 2009.
(http://www.eastasiaforum.org/2009/06/22/bubbles-and-demographics-is-china-following-japan-and-the-us/)

Leridon, H. (2006), "Demographic Effects of the Introduction of Steroid Contraception in Developed Countries," *Human Reproduction Update*, Vol.12, No.5. (doi: 10.1093/humupd/dml025)

Lotka, A. J. (1936), "Modern Trends in the Birth Rate," *Annals of the American Academy of Political and Social Science*, Vol. 188 (doi: 10.1177/000271623618800102)

Marschalck, P. (1984), *Bevölkerungsgeschichte Deutschlands im 19. und 20. Jahrhundert*, Suhrkamp.

Mason, A. (1997), "Population and Asia Economic Miracle," *Asia Pacific Population & Policy*, No.43.
(http://scholarspace.manoa.hawaii.edu/bitstream/handle/10125/3926/p%26p043.pdf?sequence=1)

Mitchell, B.R. (2007), *International Historical Statistics : Europe, 1750-2005*, Palgrave Macmillan.

Nishimura, G. K. (2011), *Population Ageing, Macroeconomic Crisis and Policy Challenges*, Bank of Japan.
(http://www.boj.or.jp/en/announcements/press/koen_2011/data/ko110621a1.pdf)

Ryder, N. B. and C. F. Westoff (1967), "The United States: The Pill and the Birth Rate, 1960-1965," *Studies in Family Planning*, Vol. 1, No. 20.
(http://www.jstor.org/stable/1965322)

Saw Swee-Hock (1970), *Singapore Population in Transition*, University of Pennsylvania Press.

United Nations (2015) *World Population Prospects: The 2015 Revision*.
(http://esa.un.org/unpd/wpp/index.htm)

第3章 方法論としての地政学、アジアから見た「回転軸」

川口　満

はじめに

　地政学は20世紀初頭、英国の地理学者マッキンダーに始まるとみてよいだろう。彼はユーラシア大陸にハートランドを想定することで、世界史を動かす理論的枠組みを示した。それ以前にも戦争論、軍事史といった分野の名著は数多いが、彼は近代史を地理学的知見から大胆に総括し注目を集めた。帝国主義国家によって勢力圏の再分割争いの中にあるヨーロッパでは、彼の理論は政治家、軍関係者などに広く受け入れられることになった。地理学を経済学、政治学と統合する考えは、地政学として大西洋をはさんで米国でも発展することになる。

　しかし第一次世界大戦から第二次世界大戦、そして冷戦とヨーロッパを中心とした国家の対立、抗争が続いた激動の時代は、1991年ソビエト連邦の崩壊によって一つの区切りがついたのではないか。ハートランドとする地域、ロシアの衰退によって、マッキンダーの理論枠組みの前提が変わってしまったのではないか。

　この小論はその疑問から生まれたものといえる。振り返ってみれば、コロンブスのアメリカ大陸到達、ヴァスコ・ダ・ガマの喜望峰回りのインド到達などから始まる、ヨーロッパ諸国が世界を制した時代は500年間続いたことになる。スペイン、ポルトガル、オランダ、フランス、ユナイテッドキングダム（英国）と主役は入れ替わりながらも、南北アメリカ、アフリカ、アジアの諸地域を次々植民地化し、世界をひとつの政治経済圏としてきた。そうしたヨーロッパの強国が他の地域、国家、集団を経済的に、政治的に、軍事的に支配する時代が終わったのだ。産業革命以降の生産技術の進歩と生産力の飛躍的拡大は、経済的な立地条件を大きく変化させてきた。市民革命以降の民主主義政治体制の発展は、軍事力の強大化とあいまって、イデオロギーの争いが破滅的な社会の崩壊をもたらすようになった。植民地が次々独立し、人口が停滞し、経済的

な優位性を失いつつあるヨーロッパは、ユナイテッドステイツ（米国）という西欧文明の後継者を残し、世界史を主導する地位から退いたように見える。

そこでこの小論では、以下の仮説を考え検討してみたい。マッキンダーの絶筆となった論文で、最後にインドや中国等のモンスーン諸国について触れられている。この地域に住む約10億人の人々が、他の地域の10億人の人々と経済的な繁栄の意味で、均衡を達成することが幸福な世界の基礎となるというものだ。人口の規模は当時と現在ではずいぶん違うが、モンスーン諸国をアジアに置き換えて考えることができるだろう。アジアの繁栄を他の地域とのバランスを保ちながら実現するための条件は何か、が地政学上の大きなテーマのひとつとなるのではないだろうか。

またこの小論は、ヨーロッパのこれまでのダイナミズムを解き明かすこと使われた、地政学の理論的枠組みをアジアに置き換えて使うと、どうなるかを試みるものである。いわば地政学を、政治経済的な利害がからまった社会集団への地理的条件の及ぼす影響力を分析するツール、方法論として使う試みである。

1．地政学の転換をもたらすアジア

（1）アジアが「熱い」

有史以来、アジアは常に世界人口の「重心」であり続けている。アジアはインダス文明、黄河文明をかかえ、早くから農業が始まり、多くの人口を養うことができたからだ。それは十分な大きさの河川があり、開けた平野部をもつことでもある。農業の必要から人が集まり、暦、農具が発明され、文明が興り集落ができる。分業が始まり、生産力が高まりさらに人が増える。

ここでこの小論での、アジアの範囲について簡単に定義しておきたい。国際機関によってもアジアの定義はばらばらであり、ヨーロッパ以東はすべてアジアと呼んでいた時代もある。マッキンダーによってハートランドとされたユーラシア中央部の、東から南にかけての半月弧に特定すれば、東アジアから東南アジア、南アジアにかけての諸国、諸地域の範囲となる。海から離れた中央アジア、南アジアとのつながりの薄い西アジアを除くことになる。この地域はモンスーンアジア、湿潤アジアとも呼ばれる。

モンスーンアジアは海に面した地域である。インド、中国は亜大陸なので険しい山岳部も抱えているが、概ね多くの国は海によって他の地域と結ばれている。日本海、黄海、東シナ海、南シナ海、タイランド湾、ジャワ海、セレベス

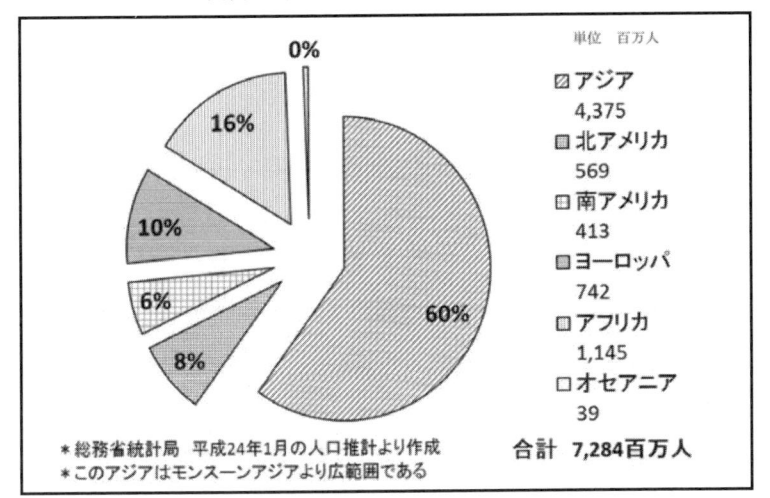

第3章　方法論としての地政学、アジアから見た「回転軸」

図表1　世界人口の州別内訳(2015年)

単位　百万人
- アジア　4,375
- 北アメリカ　569
- 南アメリカ　413
- ヨーロッパ　742
- アフリカ　1,145
- オセアニア　39

合計　7,284百万人

＊総務省統計局　平成24年1月の人口推計より作成
＊このアジアはモンスーンアジアより広範囲である

海、アンダマン海、ベンガル湾など豊かな海が、マラッカ海峡、スンダ海峡、ロンボク海峡、ルソン海峡、台湾海峡、対馬海峡などを通じて連なっている。歴史の早い時期から海を通じた各地域の交流は盛んだった。この海の道を通じた交易が、アジアの経済、文化・文明の拡大、深化を支えているのではないか。ユーラシア大陸内のシルクロードのような内陸の道は、絶えず断絶の危険があり、運搬にともなう対費用効果を考えても効率的ではない。海を通じての交易は、船の耐久性と航海の技術の向上さえあれば、地域は問わず有利な手段である。それと地域に大量の雨をもたらすモンスーン気候は、季節ごとに風向きを変え、帆船の航行に都合がよい。ヨーロッパの興隆も外洋航海術、大型帆船の発達によってアメリカ、アジアとの通商の道が開けたことが大きく寄与している。

　16世紀にヨーロッパ人がインド洋に入り込むまで、アジアの海はアラビア人、インド人、中国人の他、多種多様な人々が行き交い、各地に交易地があった。その時点では、ヨーロッパよりも圧倒的に豊かな物資をアジアは産出していたのである。ヨーロッパの植民地になった時期に、一部では自然破壊を伴う開発が進みプランテーション経営が広がったが、全体としてアジアの経済は停滞することになった。独立後、産業基盤の整備、投資が始まったところでは生産力を取り戻すことに成功し、経済成長の波に乗ることができた。米ソの冷戦の時期は、イデオロギーの対立が血なまぐさい抗争、内乱を引き起こすところもあ

図表2 アジアモンスーンがつくる海の道

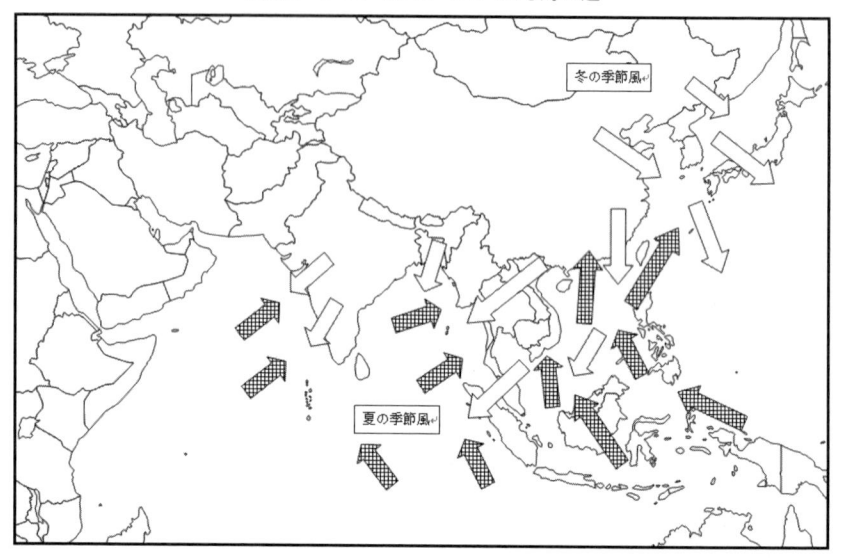

ったが、対立を免れた地域ではむしろ経済の刺激を受け、生産力を高めている。冷戦構造が後退した現時点では、アジアは広い地域で本来の豊かさを取り戻そうとしている。さまざまな経済データを見ても、アジアが大きな力を蓄え始めていることは明らかだ。なんといっても世界人口の過半を占める人々が経済的に離陸し、豊かになろうとしていることは、経済的に大きなインパクトを与える。量的な拡大はもちろんだが、それを達成するスピードが他の地域を圧倒している。

　海を通じての交易が重要な意味を持つとしたら、アジアの多くの海の中でも南シナ海が焦点になる。それは単純に南シナ海を経由する航路が多く、その航路が物流の大動脈になっていることに起因する。ちなみに世界最大の貿易量をもつ中国沿岸部の港、上海港、舟山（寧波）港、広州港、天津港、青島港、大連港、唐山港から発する外洋航路と、同じく世界一、二を争うシンガポール港をハブとする外洋航路とは南シナ海で交差し密度を濃くする。アジアの経済成長は、南シナ海を経由する交易の拡大そのものだ。さらには、東アジア、東南アジアの経済圏と南アジア、中東さらにはアフリカをつなぐ航路は南シナ海のインド洋への出口、マラッカ海峡に集約される。自由な通行を許される国際海峡は、スンダ海峡とロンボク海峡もそうなのだが、水深が浅く迂回も甚だしい

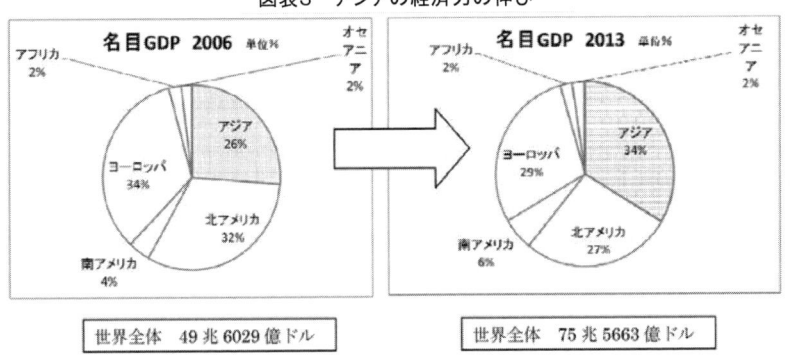

第3章 方法論としての地政学、アジアから見た「回転軸」

図表3 アジアの経済力の伸び

名目GDP 2006 単位%
- アフリカ 2%
- オセアニア 2%
- アジア 26%
- ヨーロッパ 34%
- 北アメリカ 32%
- 南アメリカ 4%

世界全体 49兆6029億ドル

名目GDP 2013 単位%
- アフリカ 2%
- オセアニア 2%
- アジア 34%
- ヨーロッパ 29%
- 北アメリカ 27%
- 南アメリカ 6%

世界全体 75兆5663億ドル

＊総務省統計局の統計データ「世界の国内総生産」より作成。

ということで、貿易航路はマラッカ海峡に集中している。

したがってアジアの興隆は、南シナ海の地政学的な重要性を高めている。南シナ海の利用を避ける交通は、大きな経済圏であるインドと中国を結びつける陸の道となるが、現実的にはヒマラヤ山脈、チベット高原が立ちはだかり、歴史的にも北を迂回するシルクロードがある程度で、物流の大動脈にはなりえない。中国から見れば雲南省からラオスあるいはミャンマーと抜ける道はあるが、少数民族の居住地を貫くことになるため、開発、拡張には大きな制約がともなう。最近もミャンマーの民主化の動きの中で、これまで中国が培ってきた道路、港湾、発電施設などの先行投資が、必ずしも中国の意図するインド洋へのバイパスの独占にはならないこともわかってきた。同様にインドシナ半島を貫き、ベトナム、ラオス、カンボジア、タイ、ミャンマーを結ぶ陸の道も、マラッカ海峡をバイパスできるのだが、構想段階からルートを巡っての各国の利害の対立は大きい。南シナ海の、海の道をしのぐ陸の道は、見果てぬ夢に終わりそうだ。

（2）アジアの戦略的価値が高まった

アジア、特に南シナ海周辺の戦略的な価値が高まっていることは、米国の戦略構想の変化をみればよくわかる。2011年11月、Foreign Policy誌に掲載された、ヒラリー・クリントン元国務長官の論文"America's Pacific Century"では、オバマ大統領のアジア・太平洋重視戦略が明確に述べられている。その中で、アジア太平洋地域の戦略的価値について、世界の半分の人口を誇り政治経

済の主要なエンジンであり、米国及び同盟国と共に、重要な新興国である中国、インド、インドネシアの本拠であるとする。そこで今後はこの地域で、外交戦略で主導権を保ちながら国益を守り、各国からの評価を高めるため、外交舞台の中央を占めることを宣言している。つまりは外交的、経済的、戦略的その他の重要な資源を投資続けるという。以下の活動指針があげられている。
　①国間安全保障同盟の強化
　②中国など新興国との実務関係の深化
　③多国間機関への関与
　④貿易と投資の拡大
　⑤広範囲の軍駐留の受け入れ実現
　⑥民主主義と人権尊重の推進
　その後の展開を見ても、環太平洋戦略的経済連携協定（TPP）の構築、オーストラリアのダーウィンへの海兵隊の駐留、南シナ海に面する諸国への艦船の配備、軍事演習の実施など、活動指針に従い、着々と進められている。
　特にミャンマーへの政治的接近は、戦略の変化をよく示すものといえよう。ミャンマーの側に呼び水となる軍事政権の態度軟化があったことは確かだが、国務長官が自ら乗り込んで民主運動家に会い、経済制裁の解除条件を満たそうとする積極性はこれまでになかったことだ。冷戦が終わる前に、ベトナムでの軍事介入の失敗にこりて東南アジアからは手を引いた格好だった、これまでの政権からは様変わりといってよい。地政学的な見地からも、ミャンマーの民主化は、アジア全域に大きな影響を与える可能性がある。前述のように、海の道ではなく陸上の資源、物流、エネルギー等の交通網にとってミャンマーは要石となる。ミャンマーが経済交流のハブになれば、中国の昆明も地域のハブとなりえる。それは、昆明がラオス、ベトナムにも通じ、大きな生産基地、消費市場を背景に持つからだ。また、ベンガル湾をめぐる、インドのコルカタ、バングラデシュのチッタゴン、そしてミャンマーのヤンゴンが海の道を通じて経済的に結ばれれば、地域の生産力があがり、貧困から脱出も可能となる。さらに経済破綻国に隣接することの負担を減じることでインドを東南アジアの経済圏に引き込むことも考えられるのだ。
　しかし、前掲論文で多くのページを割いているのは中国に対する記述である。今回のアジア・太平洋重視の戦略への転換は、中国の台頭が呼び込んだものといってもよい。米国現政権が最初に中国にアプローチしたときは、「戦略経済対話」と称し一種のパートナーシップが成り立つものと期待していた節がある。

第3章　方法論としての地政学、アジアから見た「回転軸」

安全保障からエネルギー、人権問題などの問題で、二国間の調整ができるのではないか、という期待である。ところがその期待は、中国の東シナ海、南シナ海、インド洋における軍事的進出で突き崩されてしまった。中国の居丈高な姿勢は、アジア周辺国に深刻な不安と反発を引き起こし、地域の安定を脅かすことになったのだ。東アジア、東南アジアにおいて、経済成長と歩調をあわせた軍備拡張により、中国の存在感は圧倒的である。2010年の北京オリンピック開催によって、ピークを迎えた国威高揚感は、国内辺境地域の少数民族抑圧、国

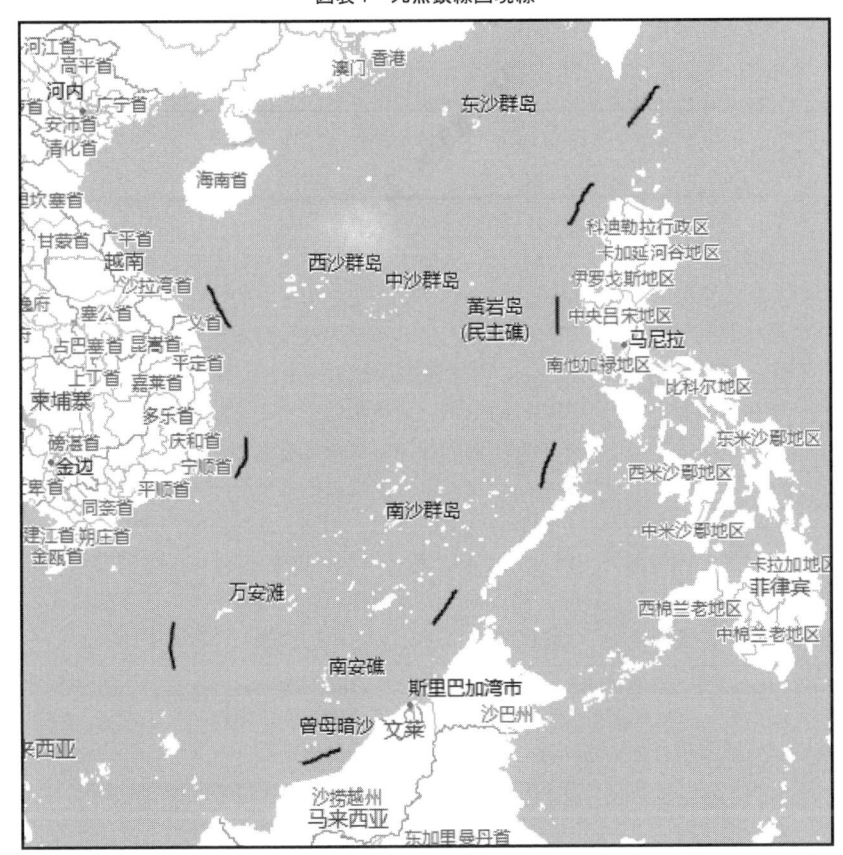

図表4　九点鎖線国境線

＊中華人民共和国国家測量局（国家測絵局）により提供されている、一般ユーザー向けの世界地図より切抜き、鎖線を強調したもの

境紛争、海洋権益の主張などで唯我独尊の対外姿勢となっている。特に甚だしいのは、2009年に南シナ海の「九点鎖線国境線」を国連に提出したことだ。

歴史的には中華民国の時代にあった主張ではあるが、国際的に何の協議もなく一方的に、南シナ海をすっぽり囲い込む国境線を持ち出してきたのでは、周辺国の反発をうむばかりだ。現実にこの国境線に従い、ベトナム沖合の西沙（パラセル）諸島で2011年に軍事衝突をおこし、過去に何度も周辺国と軍事衝突を起こしている南沙（スプラトリー）諸島の一部を占拠するなど、強大化した軍事力を背景にゴリ押しが目立っていた。

このままでは南シナ海の安定、力の均衡が崩れてしまう。そこで米国は態度を変えた。論文では、さまざまな論点があげられているが、この海域、地域については、中国の軍事力への対抗措置をとることが最優先となる。実際にも、周辺国との共同演習、艦船の提供など軍事的配慮が先行している。もちろん、一方で中国と米国とは経済関係も深化しており、貿易量は大きく、中国が米国連邦債の最大保有国でもある。冷戦時代のような「封じ込め」ができるはずもない。国務長官の言葉を借りれば、失敗するにはリスクが高すぎる対中関係について、安全保障同盟、経済ネットワーク、そして社会的つながりという、より広範な地域の枠組みの中に組み込んでいく努力を重ねるということになる。

TPP の構築の働きかけも、この文脈で理解すべきだ。経済の連携協定とはいっても、上記の中国の突出に対して、対抗勢力をつくるための仕掛けであることが核となっている。米国が圧倒的なプレゼンスをもっていれば、単独で対抗することも可能だったかもしれないが、すでにそこまでの力はない。何より、中東、南アジア地域で力を分散させているし、本国からの距離も遠い。この地域のアジア各国の協力が何としても必要なのだ。TPP が対中国の国際協定であることを示しているのは、開放され、透明性の高い市場を求める主張にある。規制が多く、国営企業が支配する市場といえる中国に厳しい変革を求めている。さらに、人権に関する深刻な懸念を掲げている。中国にとって、共産党独裁体制を揺るがし、辺境地域の政情不安につながる言論の自由はありえない。経済協定で人権問題をとりあげることは、中国の政治体制にとってのむことのできない主張といえよう。こうした中国がのめない主張を掲げて連携を求めることは、環太平洋のアジア諸国に中国に対抗する経済的な連携を進めようとするものだ。また、それによって、今日の急速に変化するアジア地域の課題に対処するにあたり、同盟国を糾合し政治的に持続可能な米国を中心とした有事即応態勢を構築しようとするものである。

第3章　方法論としての地政学、アジアから見た「回転軸」

（3）中国の海洋膨張は必然か

　南シナ海をはじめ、周辺の海に軍事的突出を見せる中国の姿勢は、政治の力学というよりも、人口増、経済力向上がもたらす必然的帰結にも見える。多数の国民を養うための経済成長を可能とする、資源、エネルギーはすでに中国本土では賄えきれず、資源国からの輸入に頼らざるを得ない。となれば中国を囲む海へ出ていくしかない、というものだ。しかしながら、中国の地理的条件、過去の歴史をみれば、中国の海洋への膨張は極めて稀なことでもある。

　モンスーンアジアにおいて、中国とインドの両大国はともに本来は周辺地域の資源に頼る必要のない、豊かで自己完結した世界を構築していたといえよう。周辺とかけ離れて多くの人口をかかえることができたことがなによりの証となる。中国についていえば、広大な国土というよりは、黄河、揚子江流域とその間の華北平原に集中して、文明、国家の興亡が続いていたことが特徴的だ。この「中原」を囲む東北部、内モンゴル自治区、新疆ウィグル自治区、チベット自治区などは人口密度が低く、少数民族、遊牧民が散在するばかりだった。中原を制する征服王朝は、秦の統一王朝から始まり次々登場してくるが、概ね辺境にあたる地域から、豊かな中原をめざして進出する形をとる。しかし、人口が周密で、文明の発達した中原を制することは、かなりの統治能力を必要とする。漢民族がすでに統治のための、文字や文書、それを使いこなす官僚制度をつくりあげていたことは、彼らにとって大きな強味だった。武力で中原を征服した民族であっても、結局は漢民族の文明に取り込まれていかざるを得なかった。モンゴル族の元王朝がそうであり、満州族の清王朝も同様に、異民族でありながら内実は中国の王朝そのものである。そうした征服王朝は、建国当初こそ周辺地域を圧倒し侵略することはあっても、代を重ねて中国文明になじむほどに中原を保持することで満足するようになる。貧しく餓えた野人は好戦的だが、豊かな文明人は概ね保守的となる。暮らしに困らなければ、あえてつらい征服戦争に赴こうとはしない。

　たとえば元王朝を倒して、久しぶりに漢民族主体の統一王朝を実現した明は、広大な版図を引き継ぎはしたものの、周辺勢力との交流に熱心ではなかった。当時としては空前の大艦隊を率いた将軍鄭和の大航海こそ有名だが、明王朝にとっては、その後の鎖国が常態だったのである。その後を継ぐ清王朝も、周辺国への示威行為はあっても、征服地を広げようとはしない。すでに海洋からアジアに進出していたヨーロッパ人に対しても、尊大な姿勢を示し、朝貢は認めても交易などは必要としなかったのだ。

したがって中国の地政学的な要請（Imperative）は、なによりも中原の漢民族中枢地域の統一を保つことであり、モンゴル、ウィグル、チベットなどの内陸の周辺地域は中枢を守るための緩衝地域となる。緩衝地域として機能させるためにこの地域、少数民族を中央集権的に支配することになる。一方で海岸線の地域は開放政策以降、海外からの投資をえて著しい経済成長を果たした。周囲から人口を吸収し大都市が次々誕生し、中原地域よりも豊かな地域となった。日本において、太平洋沿岸のベルト地帯に産業が立地し、高度成長を成し遂げたと同様の構図である。

　しかし、中国にとって沿岸部の繁栄は、帝国主義時代にヨーロッパ列強によって植民地化され続けた苦い歴史を思い起こさせるものである。さらに過去をさかのぼれば、明の時代、倭寇によって沿岸部はさんざん悩まされ続けた。明が衰退する原因のひとつとなったといわれる。中国にとって、沿岸部は絶えず海外からの脅威にさらされており、不安定要素とみなされる。つまり中国を巡る海への、軍事的な進出は、攻勢というより防衛の意味が強いのではないか。内陸部で緩衝地域を設けているように、沿岸部についても海洋の緩衝地域を得ようとしているとみなせるのではないか。陸上と違い、海上の緩衝地域は外部からのアクセスを限定することはかなり困難だ。港湾都市への海上戦力の接近を防ぐためには、領海のみならず排他的経済水域まで哨戒域を広げたとしても十分とは言えない。この排他的経済水域は、海岸線が長く、多くの島を抱える国が広くなるのだが、中国はこれだけの国土を持ちながら、アジア、オセアニアの中で、オーストラリア（世界第3位）、日本（第6位）、ニュージーランド（第7位）よりも下の第9位の面積でしかない。国力に見合った海域が必要というのなら、足りないことになる。

　ランドパワーに対抗するシーパワーという定義は、地政学の歴史では大きく取り上げられてきた。米国がその代表となるが、世界中のどの地域であっても沿岸部を通して打撃をあたえられる、軍事能力を持つ国は他に無い。空母、大型デッキ付揚陸艦を中心とする複数の艦隊を運用する能力を持つことで可能な業であり、単に単体としての空母、巡航ミサイルを装備することで実現できるものではない。軍事技術としてシステムを使いこなせるためには、人員養成、日常の訓練、装備の更新など莫大な費用と時間を要し、実戦経験を積み重ねていることが決定的に重要といえる。当分の間、米軍の海上戦力に対抗できる存在はない。中国も周辺の公海に艦船を進出させているが、シーパワーとして米国に対抗しようとするものではありえない。中華人民共和国建国後をみても、

第3章　方法論としての地政学、アジアから見た「回転軸」

台湾海峡での睨み合い、朝鮮戦争での義勇軍派遣、ベトナム戦争での物資支援などを通じて米軍と対峙してきた経験で、海軍、空軍の劣勢はよく認識しているはずだ。開放経済に移行し、軍備の近代化は進んだが、近海において米軍に対抗できる存在を目指しているとは思えない。むしろ、海上交易の重要度が増す中で、沿岸部の大都市、産業施設が米軍の脅威を感じるという戦略的な脆弱性をなんとか改善したい意向が中心ではないか。

　南シナ海の島々の占拠を強行したとして、それを踏み台に周辺国に侵略的な意図があるわけではない。海洋資源をめぐる経済的な意図は別として、軍事的には、米軍艦船の活動を牽制することが狙いではないかと思われる。しかしそうではあっても、アジア、特に ASEAN 諸国にとって、最大の不安定要素が中国の海洋膨張であり、南シナ海をめぐる権益の衝突は交易、交流の道を危機に陥れる。

（4）日本のシーレーンは守れるのか

　中国の海洋膨張が侵略的意図をもたないとしても、人民解放軍海軍が東シナ海から南シナ海にかけて「第一列島線」という日本の南西諸島から始まる防衛ラインを想定し、その中への敵軍の侵入を阻止する能力を構築しようとしていることは問題となる。南シナ海の交易、交流の自由を確保することが、アジアの繁栄の基盤になるとすれば、南シナ海を大国の軍事管制下におくことはできない。領海では軍事艦船について条件は付くが、基本的に公海自由の原則は保たれるべきである。

　しかしながら公海自由の原則は、国際法の祖グロティウスの「海洋自由論」からの主張であり、英国が海上覇権を制する過程で、「海洋には境界がない。ゆえに誰にも帰属せず、どの国も排他的な権利を主張できない」との論理で、敵対するスペイン、ポルトガルの海外における既得利権を奪うことを正当化したものだ。英国の海上覇権はその後米国に引き継がれたが、公海自由の原則は、そのまま国際法の原則となっている。しかし自由貿易の名で産業革命を成し遂げた国が他国の市場を奪うことにつながったように、公海自由の原則は、圧倒的な海軍を保持し、どこの沿岸部へでも軍隊を派遣できるシーパワーにとって有利な原則である。沿岸部のわずかばかりの領海を除いて、近海までシーパワーの接近を許すことは中国のような大陸国にとって脅威であることは間違いない。東シナ海、南シナ海の島々を巡って中国が引き起こす領土紛争は、資源を巡る経済的理由もあるが、この領海を巡る戦略的必要性の方がはるかに大き

いとみるべきだ。沿岸部から離れた場所で領海が設定できれば、他国の船舶、航空機に対し、無害通航権を認める代わりに、武力の威嚇、行使を国際法にしたがって差し止めることができる。領海であれば、他国の海軍の脅威を排除することができるのだ。

　上記のように南シナ海の公海自由の原則が、米軍艦船の配備にフリーハンドを渡すことであるのなら中国は容認できないはずだ。したがって、この海域の航行の自由を保障するためには別の枠組みを必要とする。先のクリントン元長官の発言にある、地域の多国間機関を通して国際的な原則を確立し、紛争については国際法にのっとる平和的解決をとることを、関係諸国のコンセンサスにするという枠組みだ。すでに ASEAN 諸国と中国の間では、このところの中国側の威嚇行為をおさえるために国際法にのっとった解決の枠組みを求める交渉が続いている。当然ながら中国は経済協力の実績をもとに自国に有利な二国間での解決にこだわり進展していない。米国のアジア重視の戦略転換は、こうした ASEAN、APEC などの多国間機関へのてこ入れとなる。米国の後ろ盾をえることで、南シナ海を巡る各国は中国との交渉で自らの立場を強化することができる。それによって外交のしのぎを削る交渉となるだろう。

　ただ南シナ海をめぐる ASEAN 諸国では、それぞれの地勢、人口、経済状況、文化、歴史的背景などが大きく違い、EU のような経済的、政治的な統合は考えることもできない。南シナ海の南沙諸島をめぐっては、中国以外に台湾、ベトナム、フィリピン、マレーシアそれぞれが島の実効支配をばらばらに進めており、対中国ということで一枚岩になれる状況でもない。南沙諸島の領土を巡る紛争は、武力に訴える解決を回避しつつ、地域の多国間機関が主導する交渉（ASEAN 地域フォーラム等）に委ねるほかはない。領土問題を離れて、交易の拡大、通航の自由を確保するための、南シナ海周辺諸国、中継基地へのさまざまな働きかけは、この航路に関わるアジア各国、特にエネルギー輸送のほとんどを依存する日本にとって死活的に重要である。

　日本は中東でことあるごとに、影響の大小はあっても石油危機に陥り、南シナ海、マラッカ海峡を抜けるシーレーンの重要さは身に染みている。1980年代の中曽根内閣は、米国のレーガン大統領との盟友関係をアピールしながら、日本列島を対ソ連「不沈空母」とし、シーレーン確保を最重要課題とした。ただ、シーレーン確保といっても内容は曖昧で、現有の自衛艦だけで船団護衛や海域の哨戒などをすべてカバーすることはできない。自国周辺を除いて外洋では、あくまでも米軍との密接な協力、むしろ米軍の艦隊運用に組み込まれることを

第3章　方法論としての地政学、アジアから見た「回転軸」

前提に、掃海、補給など特定の役割を担うこととなる。

そもそも日本の自衛隊の運用については、憲法のしばりがある。南シナ海の安全保障の問題に積極的に関与すべきとしても、軍隊を前面に出すことはできないのだ。周辺関係国との協力関係の構築が優先される。その上で、現在すでにシンガポールで実施している水上警察活動の支援、マラッカ海峡の海賊対策や海軍との共同演習など、関与の規模を広げていくことなる。しかし、こうした関わり方は見方を変えてみれば、大国の支配を避け関係国の協調で南シナ海の安全をたもとうとする、ASEAN諸国のニーズに合っている。米国にとっても、自国だけでこの地域の安全保障を確保することは不可能になっており、アジアの最大の同盟国、日本が役割を増やすことは歓迎すべきことのはずだ。この地域で軍事的な危機が起きれば、米軍が対応の中心とならざるを得ないのは当分変わらないだろう。しかし、全世界の商船トン数の半分が通過するといわれるこの海域の日常的な安全を保つことは、周辺国、関係国の協調と分担で対応するべきだろう。大きな存在となった中国も重要な関係国として、協調の枠組みに入るよう、この海域の関係国が外交努力を続けることが現時点の課題といえるだろう。

2．なぜ今、地政学なのか

（1）軍事に疎い日本人

南シナ海をめぐる国際政治情勢の変化は、テレビ、新聞などマスコミを通して数多くの情報とその解説がもたらされているが、日本の場合、その説明にかなりのバイアスがかかっていると感じられる。軍事の問題が起きれば、それなりの専門家が解説することにはなるのだが、国民として何を判断すべきか、情報の基本的なところが的外れになっていることがある。たとえば、北朝鮮の長距離ミサイル発射が大きな騒動になったが、伝えられるニュースは政府発表の繰り返しがほとんどで、その意味を解説しているものはわずかだ。そもそも日本の安全保障上の脅威だったのか。人工衛星を打ち上げる目的であれば、許される話だったのか。北朝鮮にとっての戦略的意味と日本にとっての防衛上の必要では目的と価値観が違うので同列で論ずることもできない。それでも脅威の中味は認識する必要がある。

また昨年の東日本大震災の際に、自衛隊が救難活動に活躍し、米軍もトモダチ作戦を展開し被災地の多くの人々を救うことができた。これは災害救助活動

であり、軍事ではない。ただ有事に際して、軍隊組織がいかに対応するかを知らしめることになった。今回は米軍も参加したので、その対応にあたって、組織の問題も比較されることで具体的に明らかになっている。ところが自衛隊をマスコミが正面からとりあげることは稀だ。国のカネを使って維持している組織なのだから、もっと検証が必要なはずだが。

なぜマスコミの報道に不明瞭さを感じるかといえば、軍事を正面から解説することを躊躇しているからだ。軍事のことを知ることが、あるいは知らしめることが、あたかも悪いことでもあるかのように。ところが国際情勢を分析する上では、軍事の問題を抜きにはできない。軍事に無知なままでは、国際的な事態（situation）がおきても、対応の術がない。ここではこの問題にふれておきたい。

まずは歴史をさかのぼると、平清盛が活躍した平安時代末期は、公家に対して武家が台頭する契機になったといわれる。注目すべきは、京都の政権は常備軍を持っていないということだ。中国、朝鮮との関係が深かった過去の朝廷では兵役を庶民に課していたが、遣唐使を廃止し国風文化に染まった平安朝は対外的に無防備といえる。国内の治安でさえ、大きな反乱でもない限り、中央から兵が派遣されることはないので、地方の諸国は基本的に自存自衛に任されていた。こうした中央政府の治安の放棄は、公地公民の律令体制を崩壊させ、地方の豪族は自らの基盤を守るために中央権力者の荘園の被官となり、次第に自衛のために武士を生み出すことになる。彼らを糾合したのが平氏、源氏である。

その後、南北朝の動乱から戦国時代の群雄割拠を経て、徳川氏が江戸に幕府を開くまでは武士が政治の中心にあった。この時代は、殺伐とした世情とは別に、開発が進み生産力が高まり、武士、商人が国外に進出するなど経済面では高度成長を実現していた。こうした武士の成長路線に待ったをかけたのが、徳川氏であり、鎖国により国内市場の熟成に力点を移す。その際、天下統一を成し遂げた武力の解体を意味する「元和偃武」を実現したことは特筆すべきだろう。武士を官僚に衣替えし、強力な中央の官僚制の制約のもとで諸国の自治を許す幕藩体制を確立し、近代に至るまで政権の安定を実現したのである。武装放棄による国内平和、繁栄の実現は実に日本的な歴史と言えないだろうか。明治維新以降、富国強兵の旗印で欧米の帝国主義に対抗し、日清日露の戦役を経て、米国と対決するまでの軍国の時期こそ、日本にとって異常であったとみなせるのではないか。

現在に至るまで武装しない国民を基本とする国の在り様は普通ではない。米

第3章　方法論としての地政学、アジアから見た「回転軸」

国のように建国以来、戦争を続けている国家では、独立した国民（実態は州民というべき）の武装の権利は憲法で保障される。むしろ独立戦争の経過をみれば民兵（militia）が先行し、米（連邦）軍ができるのはずっと後のことだ。民衆には反乱の権利があるというのは言い過ぎかもしれないが、人間にとって自分が属する、家族に始まる社会的な集団の安全を守るために武力を持つことは許容されるべき、と考えられている。

　日本で武装放棄が人々とそれを束ねる為政者に受け入れられてきたことは、日本の特殊な地勢がもたらしてきた国情といえる。アジアの東端から離れ、太平洋に浮かぶ島国である日本の国土は、海外からの侵略に対し絶対的に優位な防衛力をもつ。一時的な侵攻を許したとしても、日本側の協力がない限り補給が続かない。陸地において隣接する大国や他民族に絶えず脅かされる、アジアの諸国とは全く違う。そもそも武力を必要とするのは、自らの属する集団の安全を守るためであり、海外からの侵略を考慮する必要がないのは恵まれた条件なのだ。国内の治安さえ保たれるのなら、あえて武力を持つ必要がない。日本は歴史上、国内の統一が保たれていれば、海外を気にせず武装放棄が可能だったといえる。

　しかし、このように日本国内では武装放棄が可能でも、一歩国外に出れば別の環境におかれることになる。国際関係を見るに際し、軍事力を持つ多くの社会的集団がさまざまな利害関係をもって対峙していることが前提となる。お互い何に脅威を感じ、何を持って牽制、抑止しているかを理解することは、外交の基本である。経済的な利害を交渉していても、背景には上記のような軍事的配慮が伴っている。日本は幸いなことに、米国との安全保障条約のもと国家がまとまり、国内治安が保たれてきたために、軍備の必要、軍事的配慮の必要がないとみなされてきた。実際のところは、朝鮮戦争をはじめ冷戦時代のアジアの緊張の中で、軍事的対応が必要な場面もあったが、米国の外交戦略の陰にかくれて日本の外交が前面にでることがなかっただけなのだ。

　ところがこれまで述べてきたように、アジアの隆盛によって南シナ海をめぐる安全保障問題が大きくクローズアップされることになった。日本のシーレーンが脅かされる事態も起こるかもしれないのだ。それに対し、日本が米国との協調が前提とはいえ、各国の利害が対立する場面において、それなりの軍事的配慮を踏まえてどう対応すべきか、は避けられない外交的課題となるだろう。

（２）国民国家の意義とは

　ここまで国民、国家という概念を一般的な用法で使ってきたが、地政学の立場で対象となる社会的集団をどのように定義するかは重要な問題である。日本においては、自分が属する国家について意識することはあまりないのかもしれない。海に囲まれ他のユーラシア地域と断絶しており、人種的にはすでに混血がすすみ、一部の例外を除いては日本人という名称に違和感はない。言語の上でも方言のバリエーションは豊富であっても、統一的に日本語をしゃべり、聞き取り、読み書きすることに不便はない。しかしこれも、日本の特殊性のひとつといえるのだ。世界的には、国家領域と居住地の一致は前提にならない。言語は文化、宗教、社会慣習に密着しているが、これは多様であることがむしろ通常だろう。日本のように、日本人であることが属する社会的集団、居住地、人種、言語の自然な一致を意味することは例外なのだ。他国ではそうはならないことを意識していないと海外では誤解を招くことになる。

　まずは、人間が属する社会的集団という地政学の対象の定義が、国家（Nation）とどう違うのか述べておきたい。むしろ歴史、戦略、軍事論などでは主役の国家という存在を、あえて外していることに意味がある。国家は自然に発生するものではない。国家は統治者の意図をもって、国家に属する人間に強制力を及ぼすことができる絶対的な権威を賦与された存在である。国家は国民を縛りもするが、国内において自由を、国外において保護を与えるものだ。たとえば日本のように出生と共に自然に取得する国家の所属、国籍ばかりではない。国家が人為的に造られた場合の国民の帰属や、移民が入国にあたって受ける審査では、自ら属するべき国家の選択を迫られることになる。ヨーロッパの歴史では、絶対的な王権に対し有産階級ブルジョワが自らの権利を守るために、法治国家という王権に優越する権威、主権者を持ち出してきたのである。現代でも抑圧された集団、植民地が独立するためにつくられる新たな国家も同様な狙いである。そして国家を立ち上げる際に使われる主張がナショナリズムなのだ。民族自決の原理というナショナリズムの主張は、植民地の独立に際し叫ばれたものだ。しかしこのナショナリズムの主体というべき民族の実体は、実に曖昧だ。人種的な差異をあげつらっても、歴史的にはほとんど意味がないことが多い。たとえばパレスチナの地に建国されたイスラエルはユダヤ人のものだが、そもそもユダヤ民族とはどういう集団なのか、一向に明確ではない。国家とそれを支える民族の概念は至って政治的な存在といえるだろう。そして国際的に認められた存在となった国家は、他国の干渉を排除できる絶対的な統

第3章　方法論としての地政学、アジアから見た「回転軸」

治権、主権を有することになる。独立国家に対し強制力を及ぼそうとしても、国際連合加盟国については、安全保障理事会で一致した決議によって国連軍が結成されでもしない限り、不可能なのだ。ある意味で厄介な存在ともなりえる。国民に対して暴虐をはたらく国家があったとしても、これを取り締まる世界警察はない。しかもこうした国家や民族を客観的に分析しようとしても、実体がつかめず、イデオロギーに染まりやすい。

　それに対し国民国家（Nation State）という概念がある。ここでの Nation は、生まれ故郷を同じくし、文化、言語、宗教や歴史を共有する人々の集団をいい、通常の使われ方では民族の意味となる。それに State がついているが、State とはもともと国王の財産という意味で、国の単位では州となる。いわば国家内国家の位置づけだが、ここではひとつの Nation で構成される国家を State と想定する。もちろん、米国のように州そのものが多民族国家を形成しているものもあるので、理念的な国民国家と実際の州とを同一視はできない。そこで地政学の分析の対象として、民族、国家のように曖昧な定義にしばられることを避けようとすれば、実体的に意思決定の主体を国民国家と定義しなすことが有益と思われる。地政学では、この国民国家が地勢の制約のもと、集団の持つ特性から生じる傾向、これまでの経緯によって、外部の作用からどのような影響を受け、どのように反応をするのかを考察することになる。国民国家という社会的集団は、ただ生まれ故郷と同じくするだけではない。その集団に属する人々の帰属意識が問われる。人間はさまざまな感情に動かされる動物だが、集団としては「愛郷心」とでもいうべき強い帰属意識が人々を駆り立てている。具体的には、現在でもアジア、アフリカに残る部族社会が典型的かもしれない。日常の生活の生産、消費活動は、いまや国境を越えた経済活動に支えられており、国や地方が変わっても大きな差はない。ところが大災害や戦争などの非常時になると、古い部族社会が顔をだす。近代的な立憲国家の体制であっても、中央の権力が崩壊してしまえば、人々が頼りにするのは地縁、血縁でむすばれた互恵的な集団であり、人々は理屈ではなく感情的に共感できる絆によって結ばれている。米国のような部族社会の記憶を持たない国においては、キリスト教の教会をコミュニティの中心にしたり、星条旗に重たい誓約を奉げることで帰属意識を強化したりすることになる。この帰属意識はたいへん重要なものであり、人間として帰属する集団を持たなければ、社会的に、はなはだ弱い存在となってしまうだろう。

　国民国家が、まず最小単位として、いざという時に頼るべき社会集団である

としたら、少なくとも集団として自存自衛できる力が必要だ。しかし同一地域のなかで、複数の集団がそれぞれ武装するとなると秩序を維持する上では不安定だ。この状態を改善する、不安や脅威を減じる方策として、集団の上位にたつ神権や王権のような権威が求められることになったのではないか。同じ権威に服する集団であれば、ひとまわり大きな集団のもとで生存できる。こうして社会的集団が自ら武装しなくとも存続できる機能を持つ国民国家が形成されてきたのではないか。人々をつなげる帰属意識が身近なものから、次第に文化や宗教など抽象的なものまで広がってくることで、国民国家が成長してきたと思われる。したがって、その帰属意識が何かによって多様な国民国家がありえる。

　こうした視点を持ってたとえば中国を見れば、長い歴史を経て中原にあることで世界の中心にあるという中華思想を持つ漢民族が圧倒的多数をしめる特異な国民国家が形成されている。そして近代に入って植民地化という侵略の脅威と地方の内戦の混乱を経て、中国共産党の下で国家を再建したという歴史が、現在の強烈な自尊心をもつ中原の国民国家につながったようにみえる。他方、周辺の緩衝地域とされたチベットの人々の集団は中原に属することができず、独立もかなわず抑圧状態が続いている。同様な状況が内モンゴル、新疆ウィグルでも起こっており、中国にとって大きな不安定要素である。

　一方でモンスーンアジアの並び立つ大国、インドでは中国同様に古い歴史を持っているが、対照的に中央集権化した統一王朝の時代は短い。絶えず北西の遊牧民に侵される北インドこそ、イスラムの王朝が続いていたが、中央高原、沿岸部までは支配が及ばない。民族的にも宗教的にも様々な集団が重層的に共存していた。多様性を受け入れる文化的伝統の延長に職業、身分を固定化するカースト制があったようだ。やがてインド洋に西洋人が進出し、英国がインドを勢力圏におさめ、何度かの反乱はあったものの大英帝国にそっくり組み込まれ、帝国を支える屋台骨までになっていた。世界大戦後、帝国の衰退により平和裏に独立が実現するかに見えたが、宗教的対立がパキスタンの分離独立につながり今日まで続く紛争の種となった。したがって国家統一を守るために戦い、権力を掌握した国民国家は存在しない。独立したインドは社会主義を標榜していたため中央集権の形はとっていたが、かつての王国、藩王の領土が衣替えをした州が国民国家として強い力を持っている。インド洋とヒマラヤ山脈にはさまれた亜大陸は、大英帝国に属している限り、州の自立による分散を認めない強力な統一国家を必要とするほどの脅威を感じることは少なかったのかもしれない。

第3章　方法論としての地政学、アジアから見た「回転軸」

（3）国民国家の行動を分析する社会科学としての地政学

　この小論で、なぜ国家の定義にこだわるかといえば、政治に左右される国境、イデオロギーに染まった国家観を客観的に見直すため、地政学が使えると考えているからだ。客観性を担保するためには社会科学として検証、反証可能性が求められる。そのための言葉の定義であるし、歴史的事実、地理的要素の引用、参照となる。あえて国民国家というモデルを設定し、現実の国家を見直すことにより、定義の曖昧な民族を頼らず、国境、領土をめぐるナショナリズムの主張を抑えたいのだ。たとえば南シナ海の利害の対立について、国家を単位として主張の優劣を考えるのではなく、それぞれの国家の核となる国民国家、社会集団にとって地勢から生じる安全保障の意味、さらには対立による経済的損失などを比較する視点が必要だと思われる。

　前節でふれたように、南シナ海において国際的な協調の枠組みが必要というとき、中国とASEAN諸国間の交渉であれば、現在もすでにそうであるように領土、領海の問題は避けられない。国家の利害が対立する交渉で、国家の主権を認めれば、ましてや相手が国連常任理事国である中国となれば、なかなか妥協を得ることは困難だ。一方でASEAN諸国には、ヨーロッパの宗主国に抵抗し植民地からの独立を果たすために、ナショナリズムを鼓舞してきた経緯を持つ国も多い。領土を巡る紛争はナショナリズムを刺激する。またASEAN諸国には多くの華僑が定住し、経済的実権を握っており、そのことが現地の人々の妬みと怒りを買う場合がある。冷戦時代には、中国共産党に組みするものとみなされた中国系（必ずしも国籍を有しているとは限らないが）の人々が迫害された歴史もある。このように国家だけを前提に領土、領海をめぐる争いを解決することは難しい。

　しかし、国民国家をそれぞれのASEAN諸国について想定してみれば、違う視点で見ることができないだろうか。インドシナ半島の国々は、もとをたどれば中国奥地、チベット、雲南地方にいた部族が次々と移住してきた経緯を持つ。ヨーロッパ人に制圧されるまでは、諸王朝の興亡が相次ぎ、現在の国境とは無関係に国民国家が形成されていたと考えられる。それが近代にいたって英国とフランスの勢力圏を均衡させるために国分けが決まり、植民地の独立と共に現在の国家群となったわけだ。インドのように大英帝国の支配下にあったわけではないので、国民国家間の秩序は保たれず、国境について了解があったわけではない。隣接する集団で、同一の文化圏に属してないのなら、集団の存続に脅威を感じる限り、緊張関係は継続しているものと考えられる。ベトナム、

103

タイ、ミャンマーの平野部は早くから開けていたので集団の交流(または衝突)が進みより大きな国民国家の形成は進んでいたが、山岳部は概ね少数部族の支配する場所であり続けている。現在でも国境紛争が起きていることから、領土を巡る争いはそれぞれに成り立ちの違う国民国家にとって、これからも大きな課題である。

　ところが ASEAN 諸国の中でも南シナ海を巡る国々は、まったく事情が違う。海洋は陸地と違って占領されることはない。近代になって航海術が発達し大型船が遠く進出できるようになるまで、南シナ海沿岸の諸国は海からの脅威をほとんど感じていなかったのではないか。海に接して生活を成り立たせるには、漁労採集の漁場があればよいわけで、農業を基本とし大集団を必要とする国民国家とは、社会集団の条件が違う。遊牧民が都市定住民とひとつの集団になり難いように、漁労採集を中心とする集団も地域を支配する大集団にはなり難い。南シナ海の周囲には、東にフィリピン、南にインドネシア、ボルネオ(カリマンタン)の大きな島が控えているが、海域内はサンゴ礁に囲まれた岩礁が多く、人が定住できるような島はほとんどない。漁業や航海の補給基地として使われることはあっても、海洋地下資源が注目されるようになるまでは、周辺国の関心も薄かった。

　また、フィリピン、マレーシア、インドネシアに住む人々は、もとをたどれば台湾から発し、フィリピンからは南シナ海を南下し、インドネシアからは東に向かい、太平洋の島々に拡がっていった海洋部族(オーストロネシア語族)の末裔といわれる。驚くほど広範囲に移動していたわけだが、上記の理由で大集団の国民国家は形成しなかったと思われる。したがって言語もばらばらで文化の違いも大きい。大航海時代にヨーロッパ人がアジアにわざわざやってきたのは、長い間この海域の島々にしかないと見られた香辛料を求めてだった。この地域は早々に植民地とされ、プランテーション経営がひろがり多くの人口を抱えることになった。その後太平洋戦争の後、ヨーロッパ人が引き揚げ、各国が独立するのだが、言葉や文化、宗教の違う多様な国民国家を抱え込んだままだった。東南アジア諸国が植民地からの独立にあたり、ナショナリズムに訴えるのはやむを得ないことではあるが、内部に抱える社会集団、国民国家の多様性を否定する方向にも働いた。強権的に中央支配を強めれば、独立性の高い地域では分離派が台頭することになる。フィリピンではイスラム系の集団がスペイン、米国占領時代から分離独立を訴え、インドネシアでは東部のティモールが分離独立を果たし、西部のアチェにも動きがある。マレーシアは中国系のシン

ガポールと袂を分かった。こうしたナショナリズムの盛り上がりとその反動は、ASEAN諸国を揺るがしてきたが、次第に国民国家の多様性を認める方向に進んでいるようだ。こうして国民国家の単位でみれば、南シナ海に進出し領土をえようとする地政学的な要請はない。

したがって南シナ海を巡る領土、領海の争いは、中国にとって間接的ではあっても軍事的脅威だが、ASEAN諸国にとってはナショナリズムの問題といえよう。ナショナリズムを離れれば、海洋資源の確保という経済的問題につきる。本来、人の住めない岩礁しかない海の占有を争うことは、周囲の国民国家にとってたいして意味もない。海を利用し、経済的利益が得られることにこそ眼目がある。南シナ海が「無主」の領域になれば、交易、交流のハブとして最大の効用が得られるのではないか。現実離れした提案のようにみえるが、宇宙空間の国際利用の例もあるし、南極大陸は南極条約によってどこの国にも属さないことになっている。南シナ海の周辺国、特に強硬に主権を主張する中国にはこうした事情を踏まえて、安全保障の枠組みを担保した上で、領有権にこだわらない関係国共同での経済開発に進むことを期待したい。これは東シナ海、黄海などにおいても同様に考えられるのではないかと思われる。

3．方法論としての地政学

（1）理論より実践を重んじる学問

　マッキンダーの地政学は理論の書ではあっても、実践を重んじている。マッキンダー自身が学者でありながら、国会議員に立候補し一度失敗したのちに再度挑戦し、下院議員となっていた。さまざまな地政学上の問題が表面化する戦間期にあって、自らの理論の実践を考えないわけにはいかなかったと思われる。経済学が経済政策に反映され、その成果によって理論が検証されるように、地政学も軍事を含む安全保障、外交戦略に反映されてこそ、その有用性が確かめられるだろう。もちろん、他国とのかかわりを含む国家経済は複雑で、時期が違えば経済政策の当否が問えないように、地政学では、理論上は根拠がないナショナリズムひとつとっても、国家の改革や革命に際しては否定することができない。あくまでも実際の現場、ケースにしたがって理論を展開し、調整しながら、理解を深めていくことが必要だ。決して、理論を先行させ、現実を理論にはめ込むような見方をしてはいけない。地政学は理論としての論理的で矛盾がないことより、政治や経済が複雑にからむ現実に対し、視野を広く保ちなが

ら、具体的に課題を記述できる方法論として有用であることに意味がある。

　ここでは、そうした地政学の見方を実践すべく、二つばかりケーススタディを紹介する。2011年11月に筆者の有志グループは、南シナ海をめぐる諸国の事情視察のため、ベトナムとシンガポールにわたった。期間は1週間弱と短かったが、それぞれの国で、現地に長く滞在する人の話を聞き、中心都市の様子を見て回ることができた。とても全体を網羅する調査はできなかったが、ケーススタディとしてそれぞれの街角と人々から見える国の在り様について得るものは大きかった。特に、低迷を脱しようとする社会主義国ベトナムとすでに先進資本主義国となったシンガポールの対比によって、ASEAN諸国の中国との位置関係の微妙さがより印象深く感じられた。国民国家の形成の過程の違いによって、南シナ海をめぐって生じた地政学的な課題に対し、国民国家がどのように影響を受け、国民国家がどのように対応するかが変わってくるのだ。

（2）ケーススタディ：南シナ海をめぐる地政学的状況を分析する　ベトナム

　ベトナム第一の都市ホーチミン（旧南ベトナム首都サイゴン）は、人口が700万人を超え、経済面で見れば周辺の省とあわせて、ベトナム全体の外国からの直接投資の半分近くを占める存在となっている。政治の中心は北ベトナム時代からハノイであり続けているが、活発な経済活動ではホーチミンに勝るものはない。この大都市の印象は、植民地時代からの古い町並みを終日駆けまわっている、バイクの洪水だ。大きな通りがあっても、車とバイクの奔流がある限り、容易に人は渡れない。慣れるまでは、とても渡れないと絶望的になるが（交通整理信号はほとんど見当たらない）、よくしたもので決意を持って渡りはじめるとバイクの方が人をよけていく。危ないのは運転が乱暴な車の方である。

　交通事情の悪さはアジア諸国に共通する公共インフラの未整備に原因があるのは確かだ。日本でも大都市の通勤通学混雑はあるが、ホーチミン市の公共交通機関が乏しい不便さは格別で、経済成長の足を引っ張っている。しかしなぜ公共投資が遅れているのかについては、さまざまな事情がからんでいそうだ。長い間日本はベトナムへの経済援助では、中心的存在だった。日本の援助によってできた道路の快適さは素晴らしい。しかしホーチミン市の近郊の工業団地、新市街地であっても、上下水の配管が工事途中であるかのようにむき出しであり、交通渋滞を起こす道路網の未整備などインフラのバランスの悪さは隠しようもない。近代的な超高層ビルのたもとに、軒を連ねるスラム街が共存しているのだ。政府の意図をもって都市形成が進められた気配が希薄といってもよい。

第3章　方法論としての地政学、アジアから見た「回転軸」

図表5　ベトナムの基本データ（2015.2.20現在）

国・地域名	ベトナム社会主義共和国
面　積	331,689平方キロ（日本の0.88倍）
人　口	8,971万人　2013年ベトナム統計総局
首　都	ハノイ(693万人)　ホーチミン(781万人)2013年
言　語	ベトナム語、他に少数民族語
宗　教	仏教（約80%）他にカトリック、カオダイ教等
公用語	ベトナム語
GDP　実質成長率	5.4%（2013年、以下同）
名目GDP総額	171,222百万ドル
一人当たり名目GDP	1,902ドル
消費者物価上昇率	6.6%
失業率（推定値）	3.6%
経常収支	11,000百万ドル
貿易収支	9百万ドル
対外債務残高	49,100百万ドル
為替レート（対ドル期末値）	21,036ベトナムドン/ドル
直接投資受入額	22,352百万ドル

日本貿易振興機構 JETRO 国地域別情報より抜粋

この経済的効率の低さを象徴するような、都市の在り方は政府の統治が及んでいないようにさえ見える。中国と時期を同じくして共産党独裁下での対外開放政策（ドイモイ「刷新」）が進められていたが、とても成功とはいえない。東南アジアの中で一人当たり GDP の順位でみれば、ラオス、ミャンマー、カンボジアをようやく上回る程度にとどまる。さらに通貨ドンの貨幣価値の恐るべき低さが経済基盤の不安定さを示している。滞在中、ホテルの両替で日本円との交換で渡されるドンの札束の厚さ（2012年5月時点1円＝262ドン、2015年8月現在は1円＝188ドン）に驚き、飲食店の会計の数字の桁の多さに戸惑うはめになったが、インフレの進行、高金利は日本と真逆であり、高度成長前期の日本を思わせる。一方でベトナムの庶民の生活はつつましいものだ。

　ベトナムは中国の南シナ海への進出に、ASEAN 諸国の中で一番脅威を感じていることは間違いない。歴史をさかのぼっても、インドシナ半島の南シナ海沿いを占めるベトナムの前身となる数々の王朝は、絶えず中国の侵略の脅威に悩まされている。中国に中原統一王朝ができるころから現在の雲南省あたりにいた部族は、漢民族の南方進出に追われるようにインドシナに移っていたが、中原が乱れるとみるや北上し「南越国」をうちたてていた。やがて統一漢王朝に屈服させられたが、素直に属領となった訳ではなさそうだ。また中原の王朝の勢力が衰えると紅河デルタに「大越国」を建国し、モンゴル族の元王朝に占

領されるまで独立を保った。ただ元軍の侵入に都こそ占領されたが、山岳地帯でゲリラ化した将軍たちは元の三度の侵攻をしりぞけ王朝の再建に成功する。その後の歴史を髣髴とさせる抵抗力である。次に大越は南の隣国チャンパ（ベトナム中部のヒンズー系チャム族の国、交易が盛んだった）に侵攻を図るが、かえって中原の新統一国家明の介入を招き、いったんは属国化する。そこでもまた、大越は明軍に抵抗し独立を勝ち取り、チャンパを追い落とし南部に領土を広げていく。その後南部に生まれた「広南」（大越と同じキン族のグエン朝）では、日本や明との交易で力をためた豪族が反乱を起こし、ついには大越を滅ぼし今度は全盛期の清の介入を招くことになるが、撃退に成功する。ここに北のハノイから中部のフエ、南のサイゴンまでを占める「安南」が成立し、清に朝貢することで権威を確保する。カンボジア、メコンデルタを巡ってはタイ（シャム）と争うことになるが、決着がつかないうちにヨーロッパ勢力の進出を招くに至る。その後フランスの植民地下での抵抗、日本占領下での抵抗を経て、再度フランスの進出を排除し独立をえるも、南北の分裂をきっかけに米国の介入を招き、泥沼のベトナム戦争を戦い抜く。すさまじいばかりの民族自決、従属への抵抗の歴史といえよう。

　ベトナムの地勢上の特色は南北の国土の長さと、西側国境の山岳部の険しさ、東側の長大な海岸線だ。農業生産は、全土にわたり高い生産力を示し、8900万人の人口を養っている。早くから自立した社会集団である国民国家が成立したと思われる。特に紅河デルタは生産力が集中し国家形成が進んだが、北方の大国、中国の影響は大きなものであり先進の文化が伝わる一方で、武力で支配される恐れもあった。中国からの距離感、文化は受け入れるが服属は拒む姿勢は、ちょうど古代日本に似ている。日本は幸い海を隔てたために武力侵攻は免れたが、ベトナムは陸続きであり、歴史が示す通り中国からの介入とその排除とを繰り返すことなった。外部勢力の侵攻があると、国民国家の結束力は高まる。紅河デルタに定着したキン族は、平野部の生産力の高さから国力を高めるとともに、侵攻に備える武力は周辺の部族を圧倒する。これが大越国から安南までの国家形成の核となった国民国家の始まりではないか。この外部の脅威にさらされる平野部での王朝の成立は、同様な条件のインドシナ半島の諸王国に共通するものと考えられる。また山岳部の少数部族の存在が、平野部の王朝にとってプラスにもマイナスにもなりうる変動要素となっていることも共通している。ベトナムにおいては、長い継続した抵抗の歴史の中で外部勢力に連なった少数部族は排除され、主導する国民国家に従うものしか生き残れなかった。社会主

第3章　方法論としての地政学、アジアから見た「回転軸」

義の中央集権の意向が強い時代には少数部族の民族性は失われる危機にあった。

　一方、ベトナム中部、南部メコンデルタのエリアは、北部とはかなり様相が違う。そもそも熱帯サバンナ、熱帯モンスーンの気候であり、寒暖の差が少ない。北部のように平野部の開発がすみずみまで進むことはない。現在でもホーチミン市郊外のドンナイ川、サイゴン川下流域には未開拓の湿地が広がっている。労働集約型の農業でなくとも、果物は豊富だし魚介類もとれる。外敵の脅威がなければ国民国家存続はずいぶん楽になるし、強力な大集団を形成する必要もない。さらに大きな要素は、交易の拠点があったことだ。ベトナム中部は高原がひろがり平野部が狭いかわりに、良い港があった。外部との交流が多いので、社会集団はさまざまで日本人街があったこともある。この地域には先に述べたチャンパという国民国家もあったが、北部のキン族の集団に圧迫されると没落していった。その後フランス人が進出すると、南部はコーチシナ直轄地として他の地域とは別の発展を遂げることになる。ベトナム戦争のきっかけとなった南北分裂は、フランス、米国の都合ばかりではなく、この地域の国民国家形成が北部とは違ってきたことの反映でもある。そして戦争の間に亀裂は広がることになる。

　したがってベトナム戦争後の統一ベトナムは、北部の社会主義のイデオロギーをかかげる国民国家が、曲がりなりにも資本主義的成長を遂げていた南部の国民国家を、強権的に吸収する形にならざるをえなかった。帰属意識を等しくする、国民国家の拡大とはならず、イデオロギー的な主張を受け容れる者以外を排除する国民国家の解体、吸収であったことは残念な流れだったといえよう。このときに、米国はもちろんだがインド人、中国人などの定住者やベトナム人の経営、知識階層などが大挙して国を捨てることになったことは、その後の経済発展をめざすベトナムの桎梏となってしまった。

　ベトナム出国の日、筆者等はタンソンニャット空港に向かった。日本のODAで新ターミナルができているのだが、われわれは旧ターミナルで出発を待つことになった。こじんまりとした待合で、館内放送にロシア語が出てきたのはびっくりだが、実際にロシア人の集団が土産物屋に出入りしている。筆者もわずかな商店を冷かしていたのだが、ひと気の少ない廊下の陰に空港係員と思しき人物が、椅子でリラックスしている（さぼる）のを見つけてしまった。制服を乱して喫煙していたので、ばつが悪いと思うのだが、逆に睨みつけられてしまった。その前に、ベトナムに長期滞在している人物から役人、警察には

気をつけろ、と言われていたので、すぐに退散したのだが嫌な気分で旅立つことになってしまった。

　ベトナムは、南シナ海を巡る外交の戦いではしたたかさを見せつけてはいるが、国内の経済事情は先に述べたとおり、不安要素をかかえている。さまざまな要素の中でも、地政学の観点から注目するのは、北部、南部の融和が進むのか、どうかだ。役人、警察は北部の人間の独占状態にあるという。ホーチミン市内でも権力を持つ北部の人間の機嫌をとらねば、商売できないという。社会主義官僚主義の悪いところが露骨に出ている。経済の発展を願うのなら、非効率、不正を助長する制度は変えねばならない。もちろん制度の変更は大きな仕事だ。時間もかかる。しかし、急速に拡大するアジアの経済圏にあって、海外投資を呼び込むベトナムの経済的立地の強味は、それほどある訳ではない。労働者の給与の低さはすでにもっと貧しいカンボジア、ミャンマーにかなわない。もともと交通網、電力などインフラでは弱いといわれているのだ。勤勉で教育水準が高く向上意欲のある若い労働者が、大量にいることが魅力だと言われてはいた。しかし、南北格差、縁故主義、汚職などがはびこっているとしたら、どうやって人は将来に希望と意欲をもつことができるのだろう。

（３）ケーススタディ：南シナ海をめぐる地政学的状況を分析する　シンガポール

　筆者等はシンガポールのチャンギ空港に、夜明けに到着した。高度を下げる途中に空から見える島々を抜ける水路と広大な港湾施設は、まだ明けきらない時刻にもかかわらず、行き交う船舶の明かりで驚くばかりの光景を呈している。東京湾などで混雑する航路は見慣れていたが、シンガポールの航路の船舶数は圧倒的だ。世界の物流のハブ、というのはシンガポールの掛け値なしの表看板である。空港につけば、トランジットであっても24時間オープンしている商業施設を利用でき、広すぎて全体が把握できないほどの規模と施設の豊富さに呆気にとられるばかりだ。世界中の人とモノ、さらには金融の集まる場を提供することに国力を注ぎ、成功したといってよいだろう。東南アジアではいち早く、先進国入りを果たしたのだ。

　シンガポールの国の成り立ち、華人国家の現状と未来については、他の章で詳述されるはずである。ここでは、国民国家を前提とする、地政学的な観点に絞って気になるところを述べておきたい。

　都市国家シンガポールの誕生をめぐる苦労話はいろいろ聞かされるところだ。植民地になるまでは、貧しい漁村が熱帯雨林のなかに点在するばかりだったと

第3章 方法論としての地政学、アジアから見た「回転軸」

図表6　シンガポールの基本データ（2015.3.20現在）

国・地域名	シンガポール共和国
面　積	718.3平方キロ（東京23区をやや上回る）
人　口	546万人　2014年6月末、長期滞在外国人含む
首　都	シンガポール（都市国家）
言　語	マレー語（国語）
宗　教	仏教、イスラム教、ヒンズー教、道教、キリスト教他
公用語	英語、中国語（北京語）、マレー語、タミル語
GDP　実質成長率	3.9％（2013年、以下同）
名目GDP総額	297,941百万ドル
一人当たり名目GDP	54,776ドル
消費者物価上昇率	2.4％
失業率（推定値）	1.9％
経常収支	54,555百万ドル
貿易収支	67,792百万ドル
対外債務残高	0
為替レート（対ドル期末値）	1.2653シンガポールドル/ドル
直接投資受入額	9,698百万ドル

日本貿易振興機構JETRO国地域別情報より抜粋

いわれるシンガポールに、ラッフルズホテルのような施設ができ、英軍が基地を構える。独立前は中継貿易に頼った零細企業主体の経済だったところから、現在の未来的とも見える大都市への変容は、独立後にすさまじい経済成長を成し遂げたからこそである。しかし、ジョホール・バルで狭い水路を隔てたマレーシアからの物資、労働力の提供がなければ国が維持できなかったわけで、国を立ち上げる経緯からして、難しい外交（安全保障と一体）の連続であったと思われる。経済力では周辺国を凌駕するまでになっても、さまざまな人的、物的交流を保たなければ国を維持できない状況に変わりはない。国民国家を想定すれば、シンガポールの場合、最初から政治的生き残りに結束していた集団であり、人種や宗教などの自然発生的な一体感を求めることはない。シンガポールで生まれ育った人口が増えていけば、それなりに変化も見込めるだろうが、今のところ国民国家の核となる帰属意識がかなり特殊なものといわざるをえない。

　中国との関係も地政学的に気になるところだ。マレーシアとの連邦がくずれたのも、中国系の住民が増えることをマレーシア側が恐れたからだ。先祖を辿れば中国本土とつながり、また中国共産党とイデオロギー的に遠くない人民行動党が権力を独占していることを考えれば、大きな影響力を想像しがちだ。しかし、実態はいたってビジネスライクに見える。イデオロギーのつながりは皆無といってよく（でなければ高度成長を成し遂げられない）、最近でこそ中国経済

の比重が大きくなったので、投資額や交易量は増えているが、シンガポールにとって中国は頼る相手ではない。あくまでも中国とのパイプは、自分たちが中国の投資家と組む必要からか、逆に中国市場へ海外資本を誘うツテとして利用しようとしたためか、または国際競争において中国との親密さをアピールするための手段であるように思える。南シナ海への中国の進出も、自国への脅威とは感じてはいないはずだ。もちろん ASEAN 諸国の中で、足並みを乱すことはせず、米軍との共同演習などで軍事的なバランス維持に努めることは変わらない。

　建国の父、リー・クアンユー首相は自国を「止まることが許されない都市国家」とし、自国単独では存続できないことを訴えている。それでは何を持って支えるのか。まずいつ亡国の淵に立つかわからぬ、という危機感をもって外部の世界に対するセンサーを働かせること。そして政策の展開にあたっては徹頭徹尾、戦略的（政治的）であること。ここでの戦略的とは、自分たちの主義主張だけで政策を打ち出すのではなく、対象との関係（それが国外であれば配慮すべき範囲が広がる）の中で有利な選択を志向することを指す。実にプラグマティックといってもよいだろう。良いと思えば、速やかに実施し、思わしくなければ、速やかに廃止する。国土の狭さ、人口の少なさが機動的な政策実施を容易にしているだろうが、それ以上に権力の集中、少数エリート層による意思決定システムが効いている。これまでは実績が示す通り、うまく機能してきたといえる。しかしこのシステムは、これからも同様に機能し続けるという保証はどこにもない。

　筆者たちがシンガポール内を移動する際は、手頃で便利なタクシー（時間借りのハイヤーというべきか）で広く快適な自動車道を使うことになる。町のきれいさ（美的というより整頓された風情）は感心するばかりだが、ときどきやや汚れたトラックと行き交うことがある。その中に、なんと荷台に労務者風の男性を大勢載せたものがある。近場を動く一般道ならともかく、そこは高速移動の自動車専用道路なのだ。こちらの運転手に危ないではないか、と指摘したところ、荷台に人を乗せるのは法律違反だという。しかし工事現場に人を運ぶ業者の車は例外なのだ。同じ集団の中で、差をつければ差別といわれるが、そもそも集団が別であれば、「区別」しているだけということになるのだろうか。

　またシンガポール自慢の公団住宅（HDB）が高層で連なるすぐ近くに、フェンスで囲まれた日本の飯場のようなみすぼらしい建物を目にすることがある。

第3章　方法論としての地政学、アジアから見た「回転軸」

やはり、出稼ぎ労働者の宿泊所だという。彼らは永住権を持たない。シンガポール国民ではないのだから、公団住宅に入ることはできないのは当然だろう。人種は様々だが、中国系が多いシンガポール人との接点の場は少ないように思われる。こうして、国に対して一体感を持たない、当然ながら国民国家には属さない人々がかなりの割合で生産労働、サービス提供にあたっていることは、国民国家の安寧維持にとって不安要素にならないのだろうか。

　国民国家の存続にとって帰属意識、いざとなれば命を懸けるだけの価値を認めることが決定的に重要だとすれば、シンガポールの最大の問題は、独立時の国家喪失の危機感が薄れていく中で、多民族、多階層の人々の国民国家への帰属意識をいかに保つことができるか、ではないだろうか。

【参考文献】

ウィリアム・バーンスタイン、鬼澤忍訳（2010）『華麗なる交易　貿易は世界をどう変えたか』日本経済新聞出版社。
桐山昇・栗原浩英・根本敬（2003）『東南アジアの歴史　人・物・文化の交流史』有斐閣アルマ。
久留島浩・趙景達編（2010）『国民国家の比較史』有志舎。
立石博高・篠原琢編（2009）『国民国家と市民　包摂と排除の諸相』山川出版社。
ハーム・ドゥ・ブレイ、内藤嘉昭訳（2010）『なぜ地理学が重要か』学文社。
フェリペ・フェルナンデス＝アルメスト、関口篤訳（2010）『1492　コロンブス逆転の世界史』青土社。
H.J.マッキンダー、曽村保信訳（2008）『マッキンダーの地政学　デモクラシーの理想と現実』原書房。
マット・リドレー、大田直子、鍛原多恵子、柴田裕之訳（2010）『繁栄　明日を切り拓くための人類10万年史』上・下巻、早川書房。
三橋広夫（2005）『これならわかるベトナムの歴史　Q&A』大月書店。
GEORGE FRIEDMAN (2008)、The Love of One's Own and the Importance of Place. （インターネットマガジン STRATFOR 掲載論文）
　http://www.stratfor.com/analysis/love-ones-own-and-importance-place
HILLARY CLINTON (2011)、America's Pacific Century. (Foreign Policy 誌掲載論文)
　http://www.foreignpolicy.com/articles/2011/10/11/americas_pacific_century
H.J.MACKINDER (1919)、DEMOCRATIC IDEALS AND REALITY, A Study In The Politics Of Reconstruction.
　http://www.archive.org/details/democraticideals00mackiala（米マイクロソフト社のインターネットアーカイブ）

PAUL KENNEDY (1987)、THE RISE AND FALL OF THE GREAT POWERS、
Economic Change and Military Conflict from 1500 to 2000.

第2部

❖

事例編

第4章 南海の王国にみた物産による生き残り戦略とその俯瞰考
―大交易時代の琉球王府の物産の平和的伝播を考察する―

金城 誠栄

はじめに

　琉球（沖縄）は四方を海に囲まれ、船が交通手段であった頃、地理的環境により交易の重要な中継地点としての役割を担っていた。そのため中国、朝鮮、日本本土や東アジアなどの文化の影響を受けた。南方諸国の文物を、るつぼの中で混ぜ合わせたように消化吸収して特異な政治・経済・文化を築き上げた。かつては、琉球王国と呼ばれ1429年から琉球処分された1879（明治12）年まで薩摩支配下にありながらも、対外的には独立した王国として450年間、沖縄本島を中心に存在した。

　1609年（慶長14年）に島津氏（薩摩藩）の実質的な支配下に入った後も独自の文化を構築してきた。12世紀にはグスクという共同体組織ができ、各地で指導者が生まれ、自らのグスク（居城）を築いた。その時期をグスク時代と称している。14世紀の初めには北山・中山・南山の三つの国ができ、沖縄本島に三つの大きな勢力が誕生する。

　三山とも、明朝に朝貢し冊封・朝貢体制下に入った。14～15世紀初期、抗争を続けてきた三山は、南山の一角の佐敷から登場した尚巴志によって統一され、琉球王朝が成立する。

　三山時代から、中国明朝の冊封・朝貢（進貢）体制下に入っていた琉球は、15～16世紀と明朝への進貢貿易を軸に日本、東南アジアと盛んに海外交易を展開し、東アジアの一大交易国家へと成長していった。明朝は、入貢する国を朝貢国として王を冊封し、併せて交易を許した。琉球も明朝に入貢し朝貢国の一員となり、進貢に伴う貿易を許されたのである。

　明朝は進貢、交易の体制を機能させるため海禁策をとり自国の商人の海外渡

航を禁止した。これにより従来、東アジア、東南アジアで活発な交易を行ってきた中国商人の活動が大きく制約されたのである。そのため中国の商品を各地に運び、各地の産物を中国へ運ぶ流通の担い手をさがしていた。地理的にも、優位な位置にある琉球がその担い手に抜擢されたのである。

その琉球に対して、光武帝は進貢回数や貢期を制限せず、進貢貿易を促進させるための大量の海船を下賜した。これは、他の朝貢国にはみられない破格の優遇処置であった。本当のねらいは、中国を荒らし回っていた倭寇対策であった。

中国から仕入れた陶磁器や絹織物、さらに日本製の刀や屏風、漆器、扇などを東南アジアへ運び、中国へは東南アジアの胡椒など香辛料、沈香などの香木、象牙、インド産の布などを運んだ。また日本へは中国の陶磁器、絹織物や東南アジアの商品を運んでいった。自国にさしたる産物を持たない琉球は、東南アジアの商品を中国や日本などに売り込むといった、中継の利を稼ぐ交易システムを作りあげていった。

ところが、15世紀後半に至ると、明朝の弱体化もあって、海禁策が弛緩し中国商人が再び海外交易に進出した。琉球と交易していた日本商人も直接東南アジアへ進出した。ポルトガルも東南アジア、東アジアに進出、スペインもフィリピンを占領して交易に参入してきた。尚元王代の1570年（元亀元年）シャムへの遣船を最後に、琉球船の東南アジア交易は幕を閉じる。琉球は、海外諸勢力との競争に敗れ、東南アジア交易から撤退中国・日本との交易を細々と続けるだけとなったのである。

琉球王府も、財政再建策を講じなければならない局面をむかえていた。王府は、これまでの交易を通して中国や日本などから色々なものを吸収し、それを独自な物につくりかえ、新しい文化を次々に生みだしてきた。このように、さまざまなアジア体験をする中で多種多様な文化受容を行い、独自の王国文化を創りあげてきた。そして、琉球の独自性を発揮して高度な芸術・文化・物産を育んできた。このような経験を生かし、琉球ならではの物産を作り出してきた。農業では食糧確保のため甘藷栽培さらに甘蔗、ウコン、物産では織物、紅型、漆器などがつくられ換金物や貢物、貢納品として王府財政を支えた。

本稿では、薩摩侵攻後に薩摩の政策で染織（絣、紬、花織、麻上布、芭蕉布、紅型）・漆器（螺鈿）などに力を入れさせられたことにより、さらに発展したという物産を中心に考察する。中国や日本、東南アジアとの交易などを通して南海の小王国がどのようにして生き残り策を展開してきたかを見ていきたい。

第4章　南海の王国にみた物産による生き残り戦略とその俯瞰考

とくに、飢えから琉球の農民などを救った甘藷（芋）の伝来。薩摩や中国皇帝への献上品や貢租品、換金作物の甘蔗（サトウキビ）、染織（絣、紬、花織、麻上布、芭蕉布、紅型）、漆器、泡盛などがどのようなルートを辿って琉球に伝播し、琉球独自の物産を生み、どのようにして生き残ってきたかについて考察していきたい。

1．琉球（沖縄）の成立

　琉球（沖縄）は、琉球弧ともいい奄美群島・沖縄諸島及び先島諸島（宮古・八重山等）が弓状に連なる島々からなっている。沖縄では旧石器時代の1〜3万年前の化石人骨が多く発見されている。6000〜7000年前、縄文時代の中頃、沖縄では貝塚時代と呼ばれる先史時代が始まる。狩猟・漁労・採集を生活基盤とする自然採集の時代である。
　10〜12世紀に至って自然採集の時代を終え、農耕社会へと転換する。人々は定住し、共同体をつくり共同作業を行い集落を営んだ。そこにやがて指導者が生まれる。指導者のことを按司などと呼んだ。按司たちは、自らの居城としてグスクを築いていくことになる。グスク時代の到来である。
　按司たちは互いに争いながら支配地を拡大し、有力な按司を生み出していった。按司たちは地域支配だけでなく海を越えてやってくる中国渡来の商人達と交易を行い経済力を高めていった。
　按司たちの抗争の結果、14世紀には、沖縄本島に三つの大きな勢力が誕生した。三山とも中国に新たに成立した明朝に朝貢し、その冊封・朝貢体制下に入っている。1429年（永享元年）に尚巴志によって統一され第一尚氏王朝を樹立した。前代にも増して中国・東南アジア・日本などとの海外交易を展開し、琉球をアジアの一大交易国家へと成長させた。居城も、察度代の浦添城から首里城へと移った。
　第一尚氏王朝の繁栄は長くは続かなかった、兄弟間で王位争いが起こり7代64年間で滅亡した。1470年（文明2年）に第二尚氏王朝が誕生し、尚円が王位についた。第二尚氏の3代の尚真王の代に中央集権化を進め、政治・文化ともに琉球王国の黄金時代を築いた。
　琉球は、王国として独自の国家を形成し、琉球（沖縄）文化と称される独自の文化を創造した。沖縄の古称は、琉球である。
　現在、確認されているところによると、沖縄は数万年前からすでに人類が居

住した、古い歴史を持つ島々であることがわかる。

　その長い歴史は、おおまかにいって第一段階は「先史時代」と呼ばれる数万年前から12世紀頃までの長い時期であり、周辺のアジア地域の影響を受けつつ沖縄の基盤を形成した段階である。第二段階の「古琉球」の時代に入ると、沖縄島を中心に島々の政治的統一が進み、1429年（永享元年）には琉球王国と呼ばれる独自の国家が存立する時代を迎えた。

　琉球は、一つの王統であったが14世紀初頭に三山に分裂し、その後、中山の尚巴志による統一王朝が樹立され、再び統一された。琉球王国形成の起点は、変革の段階であるグスク時代の活力であった。在地首長として各地に台頭した按司たちの抗争が、やがて王国形成につながることになる。14世紀に入ると、強大な按司たちによって沖縄本島に三つの勢力圏が出現した。

　今帰仁按司は本島の北部地域を擁して山北（北山ともいう）を形成し、今帰仁グスクを拠点とした。浦添按司は中部地域に君臨し、中山を樹立した（その拠点が浦添グスク）。南部地域を擁した大里按司は島尻大里グスク（時期によっては島添大里グスク）に拠り山南（南山）の覇者となった。この三人の按司はそれぞれ「王」を名乗る存在であり、三勢力の鼎立するこの時代を三山時代と呼んでいた。

　琉球の人口の推移を見てみると、薩摩侵攻時点の1609年（慶長14年）で約10万人。半世紀後の1654年（承応3年）には首里8,500人、那覇3,400人、久米村と泊村を加えて、都市部の人口は約13,700人。1609年は都市部の人口約10,000人と推測される。そのうちの約6割を首里がしめ、人口は約6,000人であり、都市とはいえない。

　1690年（元禄3年）の首里の人口は約16,200人、那覇が約5,300人、久米村・泊村を合わせ約24,000人の都市人口である。1729年（享保14年）には首里約29,000人、那覇約7,900人、都市全体で約32,800人。

　この100年間で都市人口は3.3倍。この年1729年（享保14年）の琉球の総人口は約18万人。人口の2割は都市に住んでいた。

　王国が崩壊する、琉球処分時1879年（明治12年）の琉球の総人口は約31万人で、うち都市部は約43,000人である*1。

　2011年（平成23年）の沖縄県の県土面積は2276平方kmで、全国で44位、人口は約140万人で32位、県民所得平均は約200万円で全国最下位の小さな県である。しかし、東端の北大東島、西端の与那国島、南端の波照間島、北端の硫黄鳥島を直線で結ぶと東西1000キロ、南北400キロにおよぶ広大な海域をもち、本州

第4章　南海の王国にみた物産による生き残り戦略とその俯瞰考

島の約3分の2に相当するほどの大きさである。

　沖縄県は、広い海域に分布する多くの島々で形成されている島嶼県である。広大な海域には、有人島が48ほどあり、最大の島は沖縄島で総人口の約90％の人々が住んでいる。沖縄島とその周辺の島々を総称して沖縄諸島といい、宮古島とその周辺離島を宮古諸島、石垣島とその周辺離島を八重山諸島と呼んでいる*2。

　陸地だけの面積を見た場合、沖縄県は狭い県だと思っている人も多いだろうが、「海」に目を向けて見たらどうだろうか。日本が、他国を排して経済的なさまざまな権益をもつ海域である「排他的経済水域」の広さでは日本一の県である。排他的経済水域は海の憲法といわれる「国連海洋法条約」により、沿岸から200海里（約370キロ）までの範囲内で設定することが認められている*3。

　沖縄（琉球）は、東シナ海を囲むように存在する諸地域（日本本土、朝鮮半島、中国、台湾島）の中に位置しており、古くから東アジア世界の一員として自らの歴史を形成してきた。

　最西端の与那国島と台湾島は約100キロしか離れておらず、天気の良い日には台湾島の島影を見ることができる。台湾島の南方には南シナ海が広がっており、そこから先は東南アジア地域である。

　このような、地理的位置は沖縄の歴史や文化の形成に強い影響を与えてきた。沖縄の人々は、自分たちの住む土地をウチナー（沖縄）、そこに居住する人々をウチナーンチュ（沖縄人）とよび、それ以外の土地を一括してヤマト（日本）と称している*4。

2．島津氏（薩摩藩）の琉球侵攻

　15世紀末から16世紀初め頃の尚真王代に、独自に古代的国家を形成するまでに至った琉球王国は、その内部での古代的社会が十分に展開・成熟をみない段階で島津氏（薩摩藩）の侵攻を受け支配された。

　1609年（慶長14年）、島津軍（薩摩藩）は火器を持った3,000名の兵を率いて3月4日に薩摩を出発し、3月8日には当時琉球王国の領土だった奄美大島に進軍。それに対して、琉球軍は島津軍（薩摩藩）より多い4,000名の兵士を集めて石火矢をもって応戦したが火器の前に敗れた。

　4月5日には尚寧王が和睦を申し入れて首里城は開城した。これ以降、琉球王国は薩摩藩の付庸国となり薩摩藩への貢納等を義務づけられた。

しかし、島津氏の指示で清とは朝貢を続けさせられた。薩摩藩と清への両属という体制をとりながら琉球王国は独立国家の体裁を保ち、独自の文化を維持した。侵攻後、奄美群島は薩摩藩直轄地となり王府から分離された。

戦闘が終了してひと月後に、尚寧王以下、首里王府高官らは鹿児島・駿府・江戸へと連行され、帰国したのは1611年（慶長16年）である。

琉球を支配した島津氏は、1609年（慶長14年）から3年かけて、琉球全土の検地を行い、総石高8万9000余石（のち9万4000余石）とし、これを琉球国王の知行として与え、年々一定の年貢を島津氏に納めることを義務づけた。

ただし、石高制に基づいて薩摩藩への年貢上納（仕上世）がすぐに開始されたわけではない。1611年（慶長16年）の年貢は、芭蕉布3,000反・牛皮200枚・上布6,000反・下布1万反等であった。その物納方法は、安定せず変更が相次ぎ1613年（慶長18年）から銀子32貫目の年貢となったが、数量は不明ながら一部、米納も行われていた。

1617年（元和3年）からは1石当たり銀8分として、琉球総石高に基づく年貢徴収が取られるようになり、同年の銀高は71貫余、1619年（元和5年）には89貫余、1632年（寛永9年）には124貫余、1695年（元禄8年）には272貫余と徐々に負担額が上昇していった。

その後、銀納から米納へと変化するが、18世紀初頭では、約1万1000石から1万2000石弱が薩摩藩への法定負担額となっていた。それ以外にも、薩摩藩からは臨時の課役負担が課せられた。このような、物的な負担だけでなく、人的な服属関係も行われた。

1611年（天正16年）、日本から尚寧王が戻るのと同時に「国質」制が開始された。首里王府の高官の三司官、あるいはそれに準ずる身分の人物が「国質」として鹿児島に抑留される制度である。

1614年（慶長19年）からは「十年質」として佐敷王子（後の尚豊王）が鹿児島へ送られた。1626年（寛永3年）からは3年間の「国質」制へ変更され、1630年（寛永7年）からは、三司官の一人を鹿児島へ抑留する三司官の3年詰め制となり、1646年（正保3年）まで続いた。

この人質制度の廃止後、1660年（万治3年）から中城王子の上国（朝覲）制度が新たに開始された。上国とは、鹿児島へ渡海、薩摩藩主への一種の服属儀礼であった。

1773年（安永2年）、尚哲の渡海を最後に以降は様々な理由で中止された。その他、国王以下王府高官らは、薩摩藩主の代替わり時と琉球国王の代替わり時

第4章　南海の王国にみた物産による生き残り戦略とその俯瞰考

等に薩摩藩への服属を誓約する起請文の提出を強要されていた*5。
　また「掟15カ条」など諸布達が出され、進貢貿易への関与や薩摩以外との貿易の禁止など、琉球統治の方針が示された。
　琉球は薩摩を通じて幕藩体制下にとりこまれ幕府の鎖国令、キリシタン禁令などが令達された。さらに徳川将軍の代替わりに際しては「慶賀使」を、国王の即位に際しては「恩謝使」を江戸へ派遣した*6。
　島津氏は、琉球の支配権を確固たるものにするため、秀吉の朝鮮侵略の軍役を琉球にも求めてきた。「7,000人の10か月分の兵糧米と、名古屋城建築の負担金を供出するように」という内容であった。この時期の琉球は財政的に逼迫している上、尚寧王即位の冊封使を迎えるための費用を調達しなければならず、とても要求に応えられる財力はなかった。
　米の調達が遅れ、島津氏に再三催促された。窮地に追い込まれ、半分だけ送ることにした。残りについては一切応じなかった。そのことがのちに琉球侵攻の口実のひとつになった。
　その後豊臣政権が弱体化し徳川家康が実権を握って、1603年（慶長8年）に江戸幕府を開いた。1602年（慶長7年）陸奥国に琉球船が漂着した。翌年、家康は島津氏に命じて琉球人を送還し、琉球国王に幕府への聘礼をうながした。対外貿易に積極的だった家康は、琉球を幕府に従属させ明との貿易の復活交渉に利用しようと考えたのである。
　琉球の三司官、謝名親方らはその意図をみてとり、幕府への聘礼には応じなかった。琉球は、あくまでも明との冊封・朝貢関係において、王国体制を保とうと考えていたのである。
　琉球の聘礼問題をまかされていた島津氏（薩摩藩）は関ヶ原の戦いで西軍に加担していたこともあって、信頼を回復するためにも琉球を説得する必要があった。九州制覇をめぐる秀吉との対戦や朝鮮出兵、そして関ヶ原の戦いにと相次ぐ戦乱で破綻した財政の再建と分散していた内部権力の再編という難題をかかえていた。
　こうした問題を、解決するために計画されたのが大島出兵であった。それによって領土を拡大し、幕府の信任を得るとともに、藩財政の再建と家久による権力の統一をはかろうとしたのである。
　幕府は当初、明を刺激しないよう琉球への武力行使は極力避けようとしていたが、琉球側が、幕府の要求に応じないため硬直した交渉を打開するため1606年（慶長11年）に、家久の要求を受け入れた。これが1609年（慶長14年）の、島

津氏による琉球侵攻となった。
　薩摩の侵攻の目的は、奄美諸島を直轄領とし破綻した藩財政を立て直すことにあった。事実薩摩は奄美諸島の砂糖を、専売制にして大きな利益をあげ藩政改革の原動力となった。薩摩の琉球侵攻の結果、奄美諸島が琉球から分離され、薩摩藩に編入された。
　幕府は、1710年（宝永7年）に江戸上りした第7回目の琉球使節を、東アジアにおける日本のご威光を示すため外国使節として積極的に位置づけた。琉球は清の朝貢国の中で朝鮮につぐ第2の席次の国であるとの、薩摩藩の指摘を受けて、清に朝貢する琉球の外交的価値を再確認したのである。
　この年、以降島津氏（薩摩藩）は琉球使節に清国風の装いをさせ、清に朝貢する琉球から江戸の将軍に使者が送られてきたという演出を行った*7。
　「江戸上り」と称されたこの琉球使節の参府は、薩摩の兵に護衛されながら、鹿児島から江戸まで中国風の衣装をまとい、中国音楽を奏でながら薩摩、朝賀をうける幕府の権威を天下に示すものとなっていたのである*8。
　琉球侵攻後、島津氏が琉球を直接支配せず琉球王国として存続させたのは、理由があった。島津氏は、琉球王国の旧来の対中国貿易を維持させ、それを利用し利益を収めようとするのがねらいであった。
　幕府は、中国との国交がないため中国の情報がほしかった。琉球から北京へ、進貢使が2年に1回の割合で派遣されていたので、進貢使を利用した。北京に赴いた進貢使が琉球に帰国した後、国王に報告書を提出させた。報告の内容は、中国で見聞したこと、行ったことであった。そしてその後、進貢使を務めた同じ人物が薩摩藩に派遣されて、中国での出来事を報告しにいった。
　このように、琉球は存在感を強調するため、日本が中国と国交を成立できなかったことを逆手にとり日本が必要とするものを提供した。例えば、中国の情報を提供したり、江戸上りの琉球使節の派遣を通じて日本のご威光を高める役割を演ずるという形を主体的に発揮していったとも考えられる*9。

3．明治政府による琉球処分

　琉球処分とは、明治政府のもとで沖縄が日本国の中に強行的に組み込まれる一連の政治過程をいう。1871年（明治4年）、明治政府は廃藩置県によって琉球王国の領土を鹿児島県の管轄としたが、1872年（明治5年）には琉球藩を設置し琉球国王を琉球藩王にして華族に列した。明治政府は、清国との関係を絶ち、

第4章　南海の王国にみた物産による生き残り戦略とその俯瞰考

明治の年号使用、藩王自ら上京するように再三迫ったが、琉球国王は従わなかった。

そのため、処分官松田道之が随員・警官・兵あわせて600人を従えて来琉、武力的威圧のもとで3月27日に首里城で廃琉置県布達、首里城明け渡しを命じ、4月4日に琉球藩の廃止および沖縄県の設置がなされ沖縄県令として鍋島直彬が赴任し琉球王統の時代は明治政府により崩御させられたのである。

明治政府は1872年（明治5年）9月、琉球を「藩」とし薩摩を通じての間接支配から政府の直接支配とした。そして、1879年（明治12年）琉球藩を廃し沖縄県に改めさせた。

時期については、一般的に1872年（明治5年）の琉球藩設置から1879年（明治12年）の沖縄県設置や分島問題に至る明治政府の一連の権力措施を「琉球処分」とよんでいる*10。

琉球処分は400年余にわたって沖縄に君臨した第二尚氏を「国王」の座からひきずりおろし、500年余にわたる琉球王国の歴史を名実ともに消滅せしめたのである。

王府支配層の全員が、明治政府の琉球処分の方針に盛られている全てに反対をとなえたわけではなかった。清国との冊封・朝貢・使節派遣などを含む諸関係の廃絶にしても、明治政府のほうから清国政府と「談判」しその「承諾の信書」を取り付けるならば、それに従うというのである。

清国が「承諾」しないのを、見越しての欺瞞的な戦術だったとしても一定の論理が含まれていた。幕末から琉球処分時期にかけての琉球王国内では、その内部に様々な矛盾が露呈しつつあった。

第一に、農村の荒廃・農民の窮乏化現象が、普遍的かつ慢性的に進行し、それは時が経つにつれて益々、深刻の度を深めていった。

第二に王府財政の窮乏化であった、農民の窮乏化は、王府の苛酷な収奪によるものであったが、それはそのまま王府にはねかえって余計、王府財政を危機に追いこんだ。

1802年（享和2年）の時点で、王府の負債は一万貫目余に上っていた。薩摩および鹿児島商人などからの借銀（借金）は、積もりに積もって1872年（明治5年）の時点で、新円にして25万円に達していた。

そのうち、薩摩は琉球に負い目があるため、負債5万円は免除した。商人への負債高20万円は東京国立第一銀行から借りて返済している。

第三に、支配階級である士族層内部においても、有禄士族と無禄士族の間に

は矛盾があった。また、有禄士族内部でも派閥的対立が顕在化しつつあった。
　貧窮に耐えている無禄士族のなかには、王府のポストと利得を独占する有禄士族を「我民ノ血ヲ喰フモノ何百人ノ賊徒」と呪いをこめて告発し、琉球処分の際、むしろそれが現状打開をもたらすものと期待し進んで松田処分官に協力し、諜報活動に従うものもいた＊11。
　これまで琉球を、媒介とした貿易および琉球産の砂糖専売で、甘い汁を吸い続けてきた薩摩にとって、できることなら旧来の特権をいつまでもその掌中に収めておきたかった。
　農村の全般的、疲弊化と農民生活の窮乏化は幕末・維新期に薩摩の指令による「文替り」のあおりで、さらに破壊寸前まで追い込まれた。
　琉球王府の財政も困窮し、薩摩からの「借金」も増えていった。このような状況のもとで、明治政府の琉球処分はなされるのである。
　琉球処分は沖縄の農村と農民に何をもたらし、どのような意義を持っていたのかというと、明治政府の琉球処分そのものが、そのまま民衆の解放をもたらすものではなかった。苛酷な「旧慣」諸制度からの民衆の解放ではなかった。
　明治政府は、琉球処分によって首理王府のいっさいの権力を解体したが、琉球王府によって立脚していた、一切の農民支配・収奪の機構、土地・租税・地方統治などの諸制度・慣行は、ほとんどそのまま継承・温存し利用させたのである。
　琉球処分がもたらしたものは一般農民にとって、現状の根本的改革ではなく。現状の固定化・「旧慣」温存であり、解放ではなく、あらたな隷属の強化以外のなにものでもなかった。
　農民の頭上に、そびえていた首理王府はとりはらわれたが、農民のおかれている状況は依然として元のままであった。琉球王府に、たむろしていた数百の地頭層（有禄士族）は、支配の座から引き下ろされたが、依然として旧来の経済的特権を農民の犠牲の上に保持し続けていたのである。
　琉球王府の、内政面での大きな問題は農村の疲弊化であった。農業生産の悪化で、村全体が年貢を負担する能力を失い身売りなどをする村が続出した＊12。
　1885年（明治18年）、沖縄県当局は租税物品のうち米穀および塩・棕櫚縄（浮得税）等の「代金納」を許可した。さらに1888年（明治21年）に至って甘蔗作付け制限が解除された。これらの措置は、農村における一定の貨幣経済の浸透を背景としてなされたものであった。
　農民にとって最大の換金手段である、糖業が普及し米作から甘蔗作にきりか

第4章 南海の王国にみた物産による生き残り戦略とその俯瞰考

える傾向が一般化していた。甘蔗作付制限撤廃の最大の受益者は土地を多くもっている富裕農民であった。

　米穀等租税の「代金納」許可、および甘蔗作付の制限撤廃は、一方では農村でも貨幣獲得に容易な富裕農民を利した反面、零細な一般農民をますます商業・高利貸資本への隷属化に拍車をかけた。「旧慣」制度を悪用する地方役人に怒り、不正行為を糾弾する集団行動がおこった。

　大多数の農民にとって、琉球処分がもたらしたものは「旧慣」温存以外の何ものでもなかった。すでに破壊寸前まで追い込まれていた農民の生活は、明治政府のもとで沖縄が日本の、一県として包摂されたのちも、いっこうに改善されなかった。それどころか、旧来の封建的搾取体系「旧慣」諸制度のもとで、新に持ち込まれた諸負担（学校維持費など）が加わり、さらに資本主義経済の浸透・発展によって、農民の窮乏化は拍車をかけられたのである。

　沖縄の農民は、前近代的な諸制度の上に、近代的な諸関係が最悪の形で結合された重圧のもとで、ふたたび「納税奴隷」のような地位を強いられたのである。だが、農民は現実の生活と生産のなかで、しだいに「旧慣」の矛盾をはっきり見極め、その改革を要求していった。

　農民は、「旧慣」の部分的な修正ではなく、その全面的・徹底的改革以外に生活の窮乏から脱し、生産を破壊から守れない事を悟ったのである。琉球処分から農民が学びとった教訓は、ただそれだけであった＊13。

　農民層のなかには、廃琉置県によって「積年圧政虐使」の「苦境」から救済されることを期待し、あるいは日本との経済関係の重要性を意識して「世替わり」を歓迎する者もあったが、大多数は清国の救援を期待しながらも、まちくたびれて「日本命令の通り従順するより外にしかたなし」と諦める雰囲気が支配した。首理・那覇の士族層や農村の地方役人層の主流は廃琉置県を認めず、血判誓約書に署名して隠然・公然の抵抗を続けたほか渡清亡命して琉球復国を要請し続けた＊14。

　1879年（明治12年）4月4日、明治政府から内外に廃琉置県が布告された。この布告に対して、清国から1879年（明治12年）5月と7月に、琉球は日清両属の国であるのに、日本が理由もなく一方的に廃滅したのは日清修好条規に違反すると指摘し撤回を要請した。しかし、折り合いがつかず当時、中国と日本を旅行中だったアメリカの前大統領グラントに仲介を依頼した。グラントは琉球諸島の分割案を提示して平和的に解決するよう勧告した。

　その、結果、日本側から琉球の分島改約案が提示された。1880年（明治13

年)10月21日、日清両国代表は「琉球処分条約」を妥結した。条約の内容は沖縄島以北を日本領、先島(宮古・八重山)を清国領とするものである。1880年(明治13年)9月3日清国側は日本側が提案した琉球2分割案を受け入れた。

しかし、琉球分割の危機に、直面した清国にいた琉球人たちは阻止に立ち上がった。彼らは、清国に琉球2分割案を受け入れないようにと請願をした。北京滞在中の、林世功(名城里之子親雲上)は自らの命を賭して琉球国の存続を図ろうとした。分割案に断固反対する決意を表明し清国側に決死の請願書をしたため、1880年(明治13年)11月20日に自害し果てた。38歳の若さであった。

彼らの激しい意思表示は、琉球二分割条約を容認してきた李鴻章らの清国当局に衝撃を与えた。李鴻章はついに条約調印延期・反対論者へと豹変した。これを契機に、清国政界では条約調印可否論争が展開され、1881年(明治14年)3月に至って、ついに条約調印の延期と再交渉を命ずる清国皇帝の上諭が下された。琉球分割はひとまず阻止されたのである。

その後も日本当局(井上馨・井上毅・伊藤博文ら)は琉球分割条約の復活に全力をそそいだが実現しなかった。

林世功は、官生(国費留学生)として中国の国子監に学んだ優秀な人物であった。彼らの目指した、琉球王国の復活はならなかったが、分島条約も結ばれなかった*15。

分島条約が締結されていたら、今頃は八重山の尖閣諸島は中国の領土となり日本は莫大な国益を失っていたであろう。「一人によって国は起こり、一人によって国は滅ぶ」の言葉を思い出す。

4．琉球王国の交易時代

14世紀の東アジアは各国で政権交代がおこり、あらたな政権が誕生していた。中国ではモンゴル人の元朝がおよそ100年の支配に終止符を打ち、反乱軍の指導者の一人であった朱元璋が1368年(応安元年)に明を建国した。

朝鮮では1392年(明徳3年)に、450年におよんだ高麗朝が李朝に倒された。日本でも1338年(文保22年)に鎌倉幕府から足利幕府に変わった。東アジア社会の変動は、三山鼎立の最中にあった琉球にも影響をおよぼした。

1372年(応安5年)、明朝の招諭使が琉球にあらわれ、皇帝の勅諭でもって琉球の朝貢を促したからである。中山王の察度はそれにこたえて入貢した。ここに琉球は明朝の冊封体制下にはいり、中国との600年にわたる関係が始まった

第4章　南海の王国にみた物産による生き残り戦略とその俯瞰考

のである。

「冊封」とは、琉球の王は勝手に「琉球国王」を名乗っていたのではなく、中国の皇帝から任命されてはじめて、国王となることができ。中国には、昔からみずからを中華（文化の中心地）と位置づけ、周辺の人々を未開の民族だとする中国主体の思想があった。

中国皇帝は、これを慕って貢物をもってくる国や部族のリーダーに、王位を授けていた。このように中国の皇帝に貢物を贈って服従を誓い、国王として認めてもらうことをいう*16。

明朝は、入朝してくる国にのみ進貢に付随して交易することを許可し、国内に対しては海外への渡航を禁止した。

ところで、沖縄古代国家の経済的な基盤はなんであったろうか。いうまでもなく、その第一は王国下の一般民衆からの租税や賦役という形での収奪であった。しかし、それと同じように重要であったのは外国貿易による利益である。

南海の小王国としての琉球は、その地理的位置からして中継貿易の恰好の地の利を得ていた。折しも、中国明王朝は朝貢貿易を除いて「海禁政策」という鎖国のような対外方針を取っていたために、アジアの諸国は密貿易や中継貿易という形をとらざるをえなかった。

そこで、北の日本・朝鮮、西の中国、南の南海諸国を結ぶ三角形上の最適の位置にある琉球は、アジアの各地に商船を派遣して莫大な利益を手中にすることができた。それに荒海を航行する力量や、そのために必要な科学的知識や技術を所有していたということも重要な点である*17。

しかし、知識や技術は琉球人だけではなく、渡来中国人の力があったと思われる。初期の渡来中国人は1372年（応安5年）以前には琉球に来ており、明太祖の招諭に対応する手助けをしたという記録がある。琉球から中国への進貢船は二艘で構成され、国王から辞令を受けた琉球の役人を中心に、船舶技術者や通訳、貿易業務を請け負った中国系の久米村出身の船員など200名前後が乗船した。琉球の進貢船が入港する港は最初は福建省の泉州、後に福州に変更された。そこには、宿泊施設として琉球館が用意されていた。

琉球国が、交易できた背景には東アジアの激動、海禁政策、朝貢政策があったからである。明朝は、進貢交易の体制を機能させるため海禁策をとり、自国の商人の海外渡航を禁止した。そのため明朝の朝貢体制と海禁政策は、古くから日本・南海を往来してきた中国海商の海上貿易活動に大きな規制と打撃を与えた。

琉球は、中国の打ち出した朝貢体制と私的交易を禁じた海禁政策を、逆に有利な条件として活用した。中国や日本の商品を東南アジア諸国に供給して東南アジアの産品を中国や日本などに売り込むといった、中継の利を稼ぐ交易システムを作りあげていった。明国は海禁策により海外に出ていた中国商人なども帰国が認められず国に帰れなくなった。また、各国は朝貢国として進貢を求められていたので、これらの中国商人などを外交顧問などとして用いた。彼らはその国の使節として中国と交易した、と考えられる。

　琉球の場合も、中国渡来人の力を借り進貢し、また東南アジア各国に広く存在していた中国商人らとのネットワークを利用しつつ交易を展開したと考えられる。『歴代法案』の文書は東南アジア向けもすべて漢文であり、各国政庁に中国人のいたことを示唆している。他の地での交渉も中国語で行われたことが推測できる*18。

　このように、中国渡来人の力を活用し、琉球は本格的に海外交易に参入した、14世紀後半〜16世紀と明朝への進貢貿易を軸に、日本、東南アジアと盛んに海外交易を展開し、東アジアの一大交易国家へと成長していった。

　琉球の外交文書集の『歴代宝案』によると東南アジアにおける琉球の交易相手国は暹羅（シャム）、満刺加（マラッカ）、安南（ベトナム）、旧港（パレンバン）、爪哇（ジャワ）、蘇門答剌（スマトラ）、仏太泥（パタニ）、巡達（スンダ）の8か国である。琉球が交易した国はすべて明朝への朝貢国である。朝貢国ではない国へもいった思うが、その場合、国書にも残らず『歴代法案』にも登場しないのは当然である。

　最初に交易が、確認されるのはシャムで、その交易地のアユタユはチャオプラヤー川をへて外洋と結ばれる港市であった。スマトラは現在のスマトラ島西北部にあるパサイ河を約3キロ程内陸部に向かって遡航した地点に位置するパサイ港市で、別名「サムドラ」とも称されていた。

　ジャワは、現在の東部ジャワのグレシクで、パレンバンはムシ川の上流約90キロに位置する港市であった。スンダはジャワ島西部のカラパ、パタニはタイのマレー半島東部の古くはランカスカとよばれていた港市であった。

　安南は、北部のトンキン、中部のホイアンやダナンなどの諸説がある。マラッカはマレー半島南岸の現在マレーシア連邦マラッカ州の州都で、東西商船の参集する港市として中近東やヨーロッパとアジアを結ぶ香料貿易の中心的な国際貿易港として繁栄した地域である。

　琉球は外国から物産を仕入れ、中国へは、東南アジアの胡椒など香辛料、沈

第4章 南海の王国にみた物産による生き残り戦略とその俯瞰考

香などの香木、象牙、インド産の各種の布を売り、日本へは陶磁器、絹織物、香料など東南アジアの物産を売った。 中でも特に染料の蘇木、香辛料の胡椒は中心的な商品で、この二つは南海貿易品中もっとも重要なものであった。

琉球船が、もっとも多く東南アジアに運んだのは中国の青磁であったが、青磁は航海途中の波濤による揺れで割れをおこすことが多かったことから、リスクの大きい高級な青磁は多量に運ばず、安価で硬く割れにくい小型の青磁がその主力商品であった。

琉球から、日本にもたらされた貿易品は、主に中国の緞子や甘草、東南アジア諸国産の蘇木・胡椒・丹木・象牙・沈香・檀香・木香・束香等であった。中国・南海諸国の特産物は主として高級品で貴族階級の需要が高く、盛んに輸入されては「新渡品」「舶来品」として珍重されていた。

南海の舶貨は、香料・染料あるいは医薬用として非常な高価で売買され、特に香料は聞香と称して京都の貴族、その他大名・豪商の間で使用されていた。

こうした南海産の物資は、琉球船のほかに博多や対馬などの九州商人らによって日本本土に運ばれていった。

また室町幕府は琉球奉行を設置して、兵庫に入港した琉球船の舶貨を管理させていた。琉球船の航路は北上して博多に至り、そこから赤間関（下関）を経由して内海に入り兵庫に至っていたが、そこで明への朝貢や中継貿易に必要な扇・屏風そして高雅な装飾の刀剣類を購入していた。琉球から運び込まれた商品は堺商人に代表される近畿商人によってさらに近畿地方にもたらされた＊19。

とくに15世紀にはいると、琉球商人はマラッカ・ジャワ・スマトラ・シャム・安南にまで進出して、南海産の物資を多く持ち帰り、それを朝鮮・日本・中国などに売り込み、またそこでその地の物資を買って、逆に南海諸国に高い値段で売り込んだ。

那覇は、東アジア世界の中で最も活況を呈する国際交易都市となった。また当時の日本の代表的交易港であった堺や博多には、琉球商人がひっきりなしにやってきて活況を呈したと言われている。

日本が、南方貿易を始めたのが16世紀後半のことだから琉球はそれより100年以上も早く、真南蛮で雄大な交易を展開していたことになる。

明国への入貢回数も、琉球が171回で断然トップであることを見ても、琉球の輝かしい繁栄が想像できるであろう。2位のベトナム（安南）89回、8位のジャワ37回、10位の朝鮮30回をはるかに上回っている。

日本にいたっては、わずか19回で13位にすぎない。ちなみに大交易時代、中

131

国に渡航した琉球人は延べ10万人（清代を入れると20万人）、東南アジアへの渡航者は延べ3万2300人にも達するという。

16世紀の琉球の人口が、ほぼ10万人程度だったことを考えると驚異的な数値といえるだろう。このような壮大な交易によって、琉球人たちは東アジアの各地域や国々の豊かな文化を琉球にもたらした*20。

このようなことで、15世紀半ばの琉球国王の尚泰久は1458年（天順2年）世界を舞台に、大交易を繰り広げた王国の気概を「万国津梁の鐘」の銘文として首里城正殿前の梵鐘に刻みこんだ。

「琉球国は南海の勝地にして、三韓の秀を鍾め、大明をもって輔車となし日域をもって唇歯となす。この二つの中間にありて湧出する蓬莱島なり。舟楫をもって万国の津梁となし、異産・至宝は十方利に充満せり」。その大意は「琉球国は南海の恵まれた地域に立地し朝鮮の豊かな文化を一手に集め、中国とは上あごと下あごのように重要な関係にあり、日本とは唇と歯のように親しい関係をもっている。ということである。

この、二つの国の中間にある琉球は、まさに理想郷といえよう。そのため、琉球は諸外国に橋を架けるように船を通わせて交易をしている。国内には外国の珍しい品物や宝物が満ちあふれている」という内容である*21。

琉球の、海外交易による発展を高らかに宣言した鐘名は、まさに交易の最盛期を謳歌するものだった。しかし、首理王府の華々しい光の陰の部分では、一般の民衆生活は相変わらずみじめであった。

外国貿易の莫大な利益は、民衆に還元されることはなく国王・貴族および有力商人たちが独占していた。民衆は「搾取の機関」を通じて収奪され、支配者たちのフトコロだけが潤ったのである*22。

ところが、琉球の華々しい大交易時代は長くは続かなかった。明朝への進貢が不時朝貢から2年1貢に制限された、尚真の時代である。進貢船の乗員も100人（のちに150人）に制限され、北京への上京の人員も25人に制限され進貢貿易は前代より規模の縮小を余儀なくされた*23。

16世紀になると、ポルトガル・スペインのアジア進出と明朝の海禁政策の弛緩により中国商人も南海貿易に繰り出し、日本商人も自ら南方に船を乗り入れるようになった。こうして16世紀中期になると、琉球の中継貿易の特権は失われ、以後はただ中国との朝貢貿易のみが交易上の利益を与えてくれる唯一の窓口となった。

16世紀のアジアは、15世紀の明朝を中心とした冊封・進貢体制の確固とした

第4章　南海の王国にみた物産による生き残り戦略とその俯瞰考

秩序は失われていた。琉球は、明朝の冊封・進貢体制という秩序のもとにあってこそ海外交易を展開し得たのであり、無秩序で自由な競争の下では敗退するしかなかった。貿易の担い手は異なっていても中国、日本、東南アジア諸国に運び込む商品に違いはなかったからである。

こうして、1570年（隆慶4年）に東南アジアとの公式の通商は幕を閉じたのである。その後は、明朝への進貢を細々と続けたが、それさえも航海に人を欠くありさまで、指定の福州にたどり着けず、漂着を繰り返していた。航海を担ってきた久米村人（中国渡来人）が、琉球を見捨てたのである。琉球の進貢貿易の再出発は島津侵攻を経た近世に至ってからである*24。

海外貿易の衰退の後に、日本への政治的従属化という新しいステップが現実のものとなった。それは琉球側が臨んで起きたことではないが、東アジアにおける新たな枠組みの出現であり、その枠組みのなかに琉球を編成するための冷徹なプログラムであった*25。

5．南海の小王国琉球の物産による生き残り戦略

17世紀後半から、18世紀初頭にかけて、琉球は前代とは異なる大きな社会変化を遂げることになる。それは近世琉球への転換と位置づけられるほどの変化であった。士族身分と百姓身分の明確な分離という社会現象である。

1689年（元禄2年）に、系図座が設置され士族を「系持」、百姓を「無系」とする身分制度が整備された。身分制の整備にともなう顕著な変化は士族は都市に住み、百姓は農村・離島に住むという居住空間の限定化にあった。

1654年（承応3年）と1690年（元禄3年）の、町方人口のうち約27％は士族である。1729年（享保14年）には、町方人口の約43％は士族である。18世紀に入ると、都市住民の半分弱は士族となった。士族が集中することによって、町方が巨大な消費空間に転化した。

中国との関係においては、朝貢（進貢）貿易を利用し、中継貿易の拠点作りで利益を得た。その貿易品からヒントを得て、琉球なりの独自の物産を開発した。甘藷・甘蔗等の農作物の導入、染め織物・紅型・琉球紬・絣、琉球漆器の螺鈿漆器、ウコン、泡盛等である。

中国の冊封使や、薩摩の武士らを歓待するための料理作り。彼らの口に合うよう中国や日本に料理留学をさせ、その結果、独自の琉球料理が生まれた。

また、中国からの冊封使（中国の皇帝から遣わされた使者）を歓待するため組

踊り、琉球舞踊・琉球音楽等の芸能が生まれた。組踊りは能や文楽、歌舞伎の影響、琉球古典舞踊は、日本舞踊の影響が大きいといわれている。

冊封使の、来琉は国王の一世一代の大イベントで、数百人の一行が数ヶ月滞在する。そのために王府は、接待に必要な食材の備蓄や、使者や皇帝への献上品の用意、一行の輸入品の評価（ハンガー）と買い取り、貿易品の調達等、少なくとも5、6年の準備期間を要し、そのための費用も莫大なもので、王国の財政を傾けるほどだった。

琉球王朝から、近代化に伴って社会的、経済的に大きな変化を遂げる中で、独自の物産、漆器・織物・紅型・泡盛などが生まれ近世から近代を通じて沖縄の主要な産業の一つとなった。

一般に、物産とは、特定の時代に特定の地域で特定の階層の人々が所有し使用する権利をもっているものであり、生産者であった農民さえ口にできなかった。例えば布を織っていた女性達、加工していた人々は埒外におかれながら、産出を強制的に義務付けられていたのが物産と言われるものである。

一方、商品とは、特に産業革命以降、近代技術やシステムによって物産に機能性・利便性、量の生産性、品質の均一性を付加して市場流通を可能としたものである。

その大きな違いは、物産は物々交換をベースとし、商品は貨幣経済をベースとするものである。それは発見と発明の対比、或いは地域と都市にも対峙される。歴史上、産業革命以前のグローバル世界の経済の中で琉球・沖縄の経済を成り立たせてきた。

かつての、琉球王国において市場と連関として初めて、経済を成り立たせる優秀な民が登場して、中国との進貢貿易の基盤を支えていた。

薩摩侵攻以前は、自由市場と琉球の取り扱う物産は繋がっていた。一方では進貢貿易という中国との何百年にもわたるつながりがあった。つまり、中国との関係がなければ進貢貿易とは言えず、むしろ民間貿易・自由貿易というべきである。

琉球王国が、かつてのアユタヤ（タイ）とかマラッカ、ジャワ・スマトラなどと行った東南アジア貿易は、完全なる民間貿易の範疇である。

ただ、その中に中国・明が朝貢貿易という制度を持ち出してきたものだから、琉球王国の交易があたかも全て進貢貿易と見なされ、民間貿易としての性格が埋没してしまっているのである。

グローバルな琉球の貿易活動が、半分の進貢貿易になったのは薩摩侵攻以降

第4章　南海の王国にみた物産による生き残り戦略とその俯瞰考

である。それは抑圧下の貿易であった。薩摩がしたのは、自由貿易と管理貿易の密輸に近い抜荷（密輸）貿易である。いずれにせよ本質は冊封というセレモニーに名を借りた物産交易会であった。物産の国際見本市・フェアと言えば分かりやすいが、今で言う物産展である＊26。

国土も狭く、資源もない 小国の琉球（沖縄）がどうして生き残れたかというと、人材育成や付加価値の高い物産や甘藷（イモ）、甘蔗（サトウキビ）等の農作物導入があったからである。

土地はやせ、農作物ができにくいため農民は食糧難に苦しんでいた。そのようなときに、中国から甘藷が持ち込まれて、琉球の人々を救った。

上納品や、換金作物として甘蔗の作付けや、製造方法も工夫され生産高も上がっていった。

琉球（沖縄）の、生き残りに欠かせなかった物産は、甘藷、甘蔗、さらに琉球独自の漆器や紅型などの染織品、泡盛などであった。

（1）甘藷（イモ）の導入

16世紀頃の琉球の食糧事情は、毎年襲来する気象災害によって作物の出来不出来が決まった。災害とは春の集中豪雨、初夏から晩夏・秋の干ばつと台風であった。気象の豊凶が左右されていたのである。

収穫した穀物などは、村の倉で保存して食料とした。しかし、飢饉に備えて余剰穀物を長期貯蔵するほどの収量はなく、食料が底をつく状況もあった。

春の天候異常は、春や初夏に収穫する麦、粟、黍、大豆の不作による食料不足につながり、夏に入ると饑餓や餓死となって現れた。

王府内の人たちは、作物が不作のときに人民を救済できる食料、個々人が自分の力で生産できる作物、つまり自給作物で饑餓から脱却できるものが必要と考えていた。

そのようなとき、野国総官が1605年（慶長10年）、進貢使節の随員として中国に渡り、藩薯の種苗を持ち帰り、野国村（現在の北谷町、嘉手納町）で自ら種苗を増殖して、中山北部の村々に広めた＊27。

1608年（慶長13年）に、儀間真常が野国総官から栽培法を習い、苗を譲り受けて、ただちに中山南部の実証展示圃で増殖を行った。この間に栽培法を確認して、農民が栽培できる方法を見いだした。米、粟等の二毛作をなしてようやく食糧をまかない貢納もできるようになった。

さらに、1614年（慶長19年）には、田地奉行を拝命、1614年（慶長19年）〜16

20年（元和6年）の間に地方を巡回して、もっぱら苗の配布や正しい栽培技術を普及、奨励した。

野国総官は、「甘藷」による琉球国の食料革命のきっかけをつくり、儀間真常はその「甘藷」で大地を被い、食料を確保したのである*28。

「総官」というのは進貢船の船員役職名で中国への貢船に祀ってある菩薩に香を焼く役目で、北谷間切、野国村の出だったので野国総官と呼ばれたのである。野国が、総官として中国に行ったのはそれから11年から12年後で、その頃中国南部の農村で栽培されるようになっていた。

農村民である野国が、この成熟の早い新食料作物に目をつけたのは当然であった。彼はその栽培法を習い、甘藷の種を持って故国に帰り、隣村の野国、野里、砂辺にこれを広めた。これを聞いた、真和志間切垣花（現在の那覇市）の儀間真常は、野国総官を訪ね、その苗を乞い受け栽培法を教わり、それから数年その栽培と繁殖の方法を研究し普及に努力した。

そのため15年後には、この新作物は琉球中に広がり多いに五穀の補助となったという。古来沖縄は、暴風干ばつの害がひどく、義本、英祖、尚思紹、尚円等の伝説はいずれも飢饉と関連があり、食糧問題は洋中孤立の沖縄人にとって常に重大問題であった。食糧を国内生産にたよらざるを得なかった時代には、それこそ凶作即ち餓死であった。甘藷の伝来が当時の食糧問題の解決に大きな光明をもたらしたことは明らかである。

甘藷は、干ばつの時でも収穫が多いというので凶年時の食糧として伝来したが、各地に試植の結果によると沖縄の土地、風土に最も適し収量も他の作物に比して最も多く。

且つ、食糧としても島民の嗜好に適するので、島民の常食として一日も欠くことの出来ないようになり食用作物の王座を占めるに至った。

沖縄に甘藷がなかったなら、土地はやせ台風禍の絶えない孤島で世界最大の人口密度を維持することは不可能なことである。沖縄の繁栄は、甘藷に負う所が甚大であり甘藷伝来の功労者に対し、衷心から感謝の意を捧げねばならないといえる*29。甘藷の普及は琉球の農業や人々の生活の歴史において画期的な出来事であり、琉球社会そのものを大きく変える契機となった。

（2）甘蔗（サトウキビ）の伝来

琉球への甘蔗（サトウキビ）の伝来については、いつ、誰が持ってきたかという確たる立証は今のところなされていない。しかし、古くからサトウキビは

第4章　南海の王国にみた物産による生き残り戦略とその俯瞰考

栽培されていたということである*30。

　琉球の記録に、甘蔗が出てくるのは1429年（永享元年）、尚巴志時代の朝鮮側の記録「李朝実録」が初見である。1429年（永享元年）というと、琉球国では、尚巴志王が北山・南山を亡ぼし天下を統一した年である。その頃にはすでに琉球では甘蔗が栽培されていたことになる。

　中国の冊封使、陳侃は1534年（天文3年）の使録に沖縄の果物として「芭蕉、甘蔗、石榴、葡萄、橘、柿、柚、桃等」があると記録し、陳侃以後の中国の使者の使録にも、それぞれ果物として甘蔗があげられている。

　琉球王国側の記録としては、首里円覚寺の僧全叢から熊本の相良長唯宛へ送られた書状が現存する（相良家文書350）。それによると、1542年（天文11年）、相良長唯の使者が初航海の船で種々の土産を琉球国王に進貢したのに応え円覚寺の叢全叢は国王に変わって相良長唯あて礼状を認めた。

　その書状には「不腆の方物（ほんの少しですが、この地方の産物を）砂糖150斤進献」とあって、返礼の一つに砂糖を贈っている。琉球国王尚清（在位1527年（大永7年）～1555年（弘治元年））は文船を仕立てて砂糖を進呈している*31。

　一方、島津氏支配下の、厳しい財政に対応する必要に迫られていた儀間真常は、1623年（元和9年）、家人を福州へ派遣して、換金作物の甘蔗から砂糖をつくる新製糖法を学ばさせ自宅で製造を試み、各地に奨励して一大産地とした。

　この新製糖法は、二転子すなわち二本の木を立て牛馬の力で回転させつつ、二つの車の間にキビを挟み汁をしぼる方法で、二転子三鍋法と呼ばれる。この、製糖法の進歩が黒糖生産を著しく進展させた*32。

　儀間真常が、中国から導入した新しい技術によって、黒糖が製造されてから約25年後の1650年（慶安3年）頃には、約70万斤の黒糖が製造されていたということである。

　この、換金作物である黒糖の価値を決定的にした要因は徳川幕府のとった1639年（寛永16年）の鎖国である。鎖国によって、琉球国の黒糖の価値が急に上昇した。

　鎖国の中で、長崎の平戸と「琉球国」の那覇は、制限されてはいたが外国との貿易港であったので「琉球国」は鎖国の中で価値ある存在となった。同時に「琉球王国」の換金作物である黒糖は、もっとも効率のよい特産物として急に価値を増してきた*33。

　新しい製糖技術の導入よって、固形の黒糖を生成したことは島津氏支配下で生産農家が衰微しつつあった琉球社会を、いくらか持ち直らせた。なお1647年

137

（正保4年）には、薩摩藩への貢米の一部を砂糖によって代納する貢糖として重要視された。

また、一方においては琉球王朝の財源作物として大きな役割を果たすことになった*34。しかし貢糖買上糖制がしかれた後の、糖業は農民自身のためでなく、王府の財政補強のためであり、また薩摩藩の財政立て直しのためのものであったとしか思えない*35。

また1693年（元禄6年）、突如としてサトウキビ作付け面積の制限という一大難事に遭遇し、農民に大きな衝撃を与えた。

甘蔗（サトウキビ）作付け制限の目的は、第一は栽培地域の制限であった。当時、琉球各地で栽培されていたわけではない。17世紀の中頃には沖縄本島の島尻、中頭の全部と国頭の一部で許可されていた。王府はこれら農村に対し必要量の砂糖生産を強制しそれ以外の農村には栽培を禁止した。

第二に栽培面積の制限は、百姓一人当たり4斤60目の砂糖を生産して貢糖、買上糖として王府に納めること。そのために、必要なサトウキビを栽培せよということである。

安次富は「旧琉球藩における糖業政策」の中で、サトウキビの作付け制限の理由として次の3つをあげている。

①サトウキビ作付面積の制限は食糧問題からきている。作付けを制限しなければ他の食糧作物の栽培面積を侵食し縮小させて食糧の欠乏を来すおそれがある。②作付け制限せずして自由に作付けを許可すると、農民はサトウキビ作が有利なため多量の砂糖を生産し、そのために、薩摩における砂糖の価格が下落し利益が少なくなるということ。③旧藩時代にあっては、農民はなるべく富ましめず、又貧しめず中庸であることを欲したのである。

もし、サトウキビ栽培を奨励し砂糖貿易をさせた場合、農民中に富者が生じて農民が強者になるのであろうことを恐れたということとなっているが、作付面積の制限は、国家安寧上至当なる政策としてその方法は別問題として、その精神は一大卓見であると言っている。

作付け制限は、色々な利益や糖業振興をもたらしたという。農家は作付面積の増加が出来ないので同一面積から多量の砂糖を生産せんとする意欲が高まったことや栽培の集約化により土地生産性の向上をもたらした。

また、作付を制限し共同納糖を強制したため農民に共同心が涵養されたということである*36。

周知のように封建社会では、百姓のために政治をするという為政者は、特例

第4章　南海の王国にみた物産による生き残り戦略とその俯瞰考

はあっても基本的には全くあり得ないことである。
　薩摩藩は、財政立て直しのため「琉球国」を生かさぬ殺さぬで利用し、藩の立て直しに成功したといえる。

（3）泡盛の伝来
　泡盛は、かつて琉球が海洋国家を誇り、盛んに海外に雄飛、中国や南蛮と交易していた時代に伝来したと見られている。
　東恩納寛惇は、『歴代宝案』に記録されている1460年（寛正元年）、シャム国から伝来したと見られる到来品に「香花酒」というのが泡盛でないかと推理されている。
　泡盛の語源については、ラオ・ロンという語がシャム語で火酒すなわち焼酎の意味で、沖縄でも本来は文字の上では焼酎と書き、口ではサキ（酒）と唱え、アワモリとはいわない。この唱えはサツマで、できたもので1671年（寛文11年）中山王献上品の目録に出ているのが始見である。
　アワモリの名を用いたのは、1790年（寛政2年）以後のことである。名義の出所は、醸造過程中、カニアワが盛り上がることから来たもので、度数計を使用しなかった頃には、1尺4、5寸ほどの高さから酒を注ぐ下に生ずる泡の細かさとその保ちとで酒精分の強弱を鑑定した者で、その方法を「アワを盛らせて見る」といった*37。
　従来、泡盛のルーツは東南アジアと云われていたが、福建ルートの可能性もあるという。福建省には、米の蒸留酒が存在した諸記録から、中国の宋代にはすでに蒸留酒と蒸留の技術がみられた。したがって、琉球との交流の窓口となった福建の泉州、福州にも14～15世紀には蒸留酒や蒸留の技術が伝わっていたと考えられる。また、福建をはじめとする西南中国には、沖縄と同じく「泡を盛る」習俗が存在した。
　タイのラオ・ロンをはじめとする蒸留酒には、現段階では「泡を盛る」習俗を見いだせないのに対し、福建の福州地区には「泡を盛る」技法が一般に認められており、仮に福建を経由して蒸留酒が沖縄に伝わると同時に「泡を盛る」技法も蒸留技術とともに習得された可能性も大きい。
　さらに、酒の酒造時の類別化は沖縄の伝統技法とも対応していた。蒸留した酒を度数別に初留、中留、後留に分別する技法は、福建を中心とする西南中国との共通点がきわめて高いのである。
　これらの、沖縄の泡盛と中国福建省の蒸留酒との共通点をふまえ、なおかつ

琉球王国は1372年（応安5年）以降、中国と進貢貿易を開始するにともなって、琉球国内には中国の閩人が漸次那覇に居住し、久米村を形成するようになったこと。

その一方で、進貢貿易のため多くの琉球人が中国に渡ったことなどを考え合わせれば、福建からの泡盛の道を想像するにかたくない。泡盛の伝来を考える場合、東南アジアルートとともに中国の福建ルートも射程におかないわけにはいかないのである*38。

いつ頃から、醸造が始められたかは明らかではないと云われている。昭和11年7月の熊本税務監督局「泡盛醸造の調査」によれば、「王府時代における泡盛製造に関する事務は御物奉行に属する賦方において取り扱いたるものにして首里城下、赤田、崎山、鳥堀の三箇の字に居住するものに非らざれば製造を許さず、原料は全部王家より下賜され、王家に必要の量を献上酒として御物奉行に属する銭蔵に保管し、その残余は製造人の取得となれり」と記している*39。

1853年（嘉永6年）5月に琉球王国を訪れ泡盛で歓待されている、秘書官のテイラーが「日本遠征記」の中で「小さな盃に注がれた酒は、これまでにこの島で味わった酒と比べて、はるかに豊潤だった。それは、まろやかに熟し、きつい香が甘く、ドロリとした舌触り、フランスのリキュールに似ていた」と紹介している。まさにこの表現は、古酒のことをいっている。

琉球王国から、将軍家への献上品目録には、1644年（正保元年）には焼酎となっていたが、1671年（寛文11年）の目録には泡盛という文字が現れる。泡盛は江戸の将軍への上納品として、重宝されていた。

明治に入り、1871年（明治4年）に廃藩置県が実施されると、琉球王国は1879年（明治12年）に沖縄県となる。

そして、王府の管理下にあった酒造りが、民間でもできるようになった。他の都道府県よりも、焼酎税が安かったこともあり1898年（明治31年）には製造場数が760戸にもなった。その後、全国並みの課税が適用されたために製造場の倒産があいつぎ、長い低迷の時期が続いた。

その後、1928年（昭和3年）に全国組織として沖縄県酒造組合連合会が設立され、税務署の指導によって、業績が盛り返すことになった。

（4）織物・紅型のおこり

島嶼国の琉球は、その染織にも周辺諸国の影響が大きく窺える。糸や布の素材、染色材料である染料や顔料、さらに技術などにそれぞれ中国系、南方系、

第4章　南海の王国にみた物産による生き残り戦略とその俯瞰考

大和系である。

　沖縄独自の染め技「紅型」は18世紀には技法が確立されたと見られる。

　「紅型」という文字は、大正年間に鎌倉芳太郎氏が始めてつけたとも、伊波普猷氏が命名したともいわれており、それ以前は「紅差」あるいは「紅入色型」「形付」と記されていたという。紅はもちろん一色の赤を示すものではなく、多彩な色という意味であるが、その発音が中国福建省の古名である閩からもじったともいわれている*40。

　「紅型」で作られた衣裳は琉球では尚王家一族ほか、限られた者にのみ着用の許された権力の一表象であった。

　王朝時代、紅型の衣裳は、尚王家一門・権力階級の象徴であった。国王・元服前の王子・王妃・王女が着用したほかは、上級士族婦人・功績のあった臣下の夫人若干名のみが着用を許されたにすぎない。

　紅型衣裳を、必要としたもう一つの理由は国賓・冊封使を歓待する芸能の舞台衣裳である。紅型衣裳には着装者の社会階層により模様の大小・配色内容の別が規定されていた。

　地を染める、色彩の中で最高位に置かれたのは、礼装・平裳ともに金黄色地・黄色地であり、これは中国にて黄色が皇帝の色（禁色）とされたことに準じている。黄色地の紅型衣裳を着用したのは、王子・王妃・王女・王子妃などの尚王家一族で、このほか、尚家一門が着用した地色は花色地、水色地、白地であった。

　按司階級では、水色地、白地、色物そして第三階級の親方に許可されたのは中柄以下の藍型であったという*41。

　琉球王国の、織物素材は「芭蕉」「苧麻」「絹」「木綿」が用いられた。織りの技術としては平織りの「絣」や「縞」、紋織の「花織」や「絽織」とそのバリエーションの織りがある。沖縄の織物の高い評価は、主に色使いや文様構成によるところが大きい。とくに色絣は鮮やかな先染めの糸のコントラストの効いた配色と、大胆な幾何学文様で表現されており、比類のない独特の造形美の世界を形成している。

　鮮やかな、朱色地や黄色地に織り込まれた、大柄の色絣は「御殿柄（ウドゥンガラ）」と称される華やかな絣で、高級士族のみに着用が限定されていた。沖縄の絣は「ムルドゥッチリー」と呼ばれる経緯絣が主流で、一定幅に染めた絣の緯糸を耳でずらしながら文様を表す「ティーユイ」の技法が特徴とされる。東南アジア諸国の経絣や日本の絵絣に代表される緯絣の折衷技法とも考えられる。

141

芭蕉布は「バサー」と呼ばれ戦前までは沖縄各地で織られていた。糸芭蕉の茎からとれる葉脈繊維の芭蕉布は軽くて張りがあり、高温多湿の亜熱帯に適した布として、王族から庶民まで幅広く着用されてきた。
　王族や士族の、芭蕉布に色絣や花織りなどの華やかな布や細かい繊維で織り藍で染めた士族男性の官服の「朝衣(チョウジン)」があり芭蕉布の技術レベルを示すものである。一方庶民の芭蕉布は繊維も粗めで、縞や無地が主流であった。
　苧麻で織られた上布も、琉球王国を代表する布である。『歴代宝案』には1489年に交易品としての記録があり、芭蕉布共々王国を代表する物産であった。
　宮古や八重山が主産地で、とくに最上の貢納布として知られる宮古上布は「太平布」とも呼ばれ1583年（天正11年）に稲石という女性により創始されたことが家譜や古謡に伝えられる。
　布の、品質により上布、中布、下布とランクづけされており、技術の幅の広さが窺える。
　経糸または緯糸を浮かせた織りを「花織」と呼び、奄美から沖縄諸島各地で織られていた。花織は平織を基本として、経糸または緯糸のみが浮く花織や布の表と裏の両面に紋糸の浮く花織があり、織技法には、綜絖や竹串を用いたり、手で糸を直接すくう方法がある。
　王族や士族の素材には絹や芭蕉布も見られるが、庶民は木綿が主流であった。
　これらの、花織はタイやラオス、ミャンマー、インドネシアなどにも類似の織物が確認される。また、王族や士族のみに着用が限定され首理だけで織られた「ロートン織（両緞織）」や捩組織の「絽織」「紗織」などの織技術は中国から大きな影響を受けた。
　かつて琉球では、紅型は型付(カタチキー)とよばれていた。文様を彫り透かした型紙を布地の上に置き、糊で防染し、顔料や染料を刷毛で塗り染めしていく「型染」の技法と、布の下絵に沿って糊袋から糊を絞り出しながら文様を描く、「筒描き」や「筒引き」、「糊引き」と呼ばれる技法がある。
　また、表面だけを染める「片面染」と裏面も染める「両面染」がある。両面染は表裏の文様を重ね合わす高度な染色技術が要求され、現在この技法を行える技術者は限られる。尚家継承品の単衣の紅型は全て両面染めで仕上げられており、高度な技術の染色法であったことが判る。
　紅型は、他の衣裳と同様、文様や色使い、柄の大きさなどにかなり細かい規制の中で、近世後半の琉球の貴士族の女性衣裳や童衣裳、また踊り衣裳として独特の染色世界を形成した。

第4章　南海の王国にみた物産による生き残り戦略とその俯瞰考

　紅型の文様には、大きく分けて二系統ある。一つは、中国的な意匠である。龍や鳳凰といった王権を象徴した「紅色地龍宝珠瑞雲文様紅型衣裳」や「黄色地鳳凰瑞雲霞文様紅型衣裳」などに代表される文様である。これらの、中国的な意匠は王家のみに使用が許された、非常に特殊のものであった。

　もう一つの紅型文様の系統は、日本的な意匠である。中国的な意匠が王家を中心としたきわめて限定された中で用いられたと考えられるのに対し、日本的な意匠は比較的ポピュラーに用いられていたことが現存する紅型の数量からも窺える。

　日本の、近世の絵模様との近似政を指摘され、沖縄の自然にはない紅葉や雪持竹や雪輪文様などのモチーフで文様が構成されている*42。

　日本的な意匠は、本土の自然界の植物では菊・桜・梅など。草木類では竹・柳・紅葉など。自然界の動物では鶴・千鳥・水鳥など。昆虫では蝶・蜻蛉など。獣類では亀・龍・兎・虎など。魚類では鯉など。自然界の風景では岩・波・水流・瑞雲・稲妻・太陽などである。

　人工物では笠・家・団扇・石垣・干網・楼閣・水車など。割付け文では絣・雷・亀甲・格子・唐草・網目・松菱・破れ格子などである。

　このように、自然界の植物・動物・人工物・風景・割付け幾何模様から取り入れているのが第一の特色である。

　中国的な意匠では、龍・鳳凰・唐草・牡丹・花鳥・孔雀・白鷺・鶉・錦鶏・雁・鶴などの鳥文である*43。

　古紅型の模様には、沖縄の自然・動物・人工物はモチーフとしてほとんど使われていない 。これは、琉球で生まれた紅型だが、その意匠には日本の染織意匠の影響が濃厚にみられる。また、紅型の図案は、中国の縁起物の動植物、鳳、鶴、雲など、日本向けは、日本の四季の植物、桜、菊、菖蒲、梅、桃などであった。貢物品のため支配する国の気に召すような図柄を担った*44 からである。

　この南海の小国に、なぜこれほどの物産が生み出されてきたのか、幾つかの要因がある。一つは、1600年代に薩摩の侵攻を受け、以後その勢力下におかれ年々苛酷極まる貢納布の製産をを余儀なくさせられたことである。
二つ目は、首理の尚家内に、織り模様を描く絵師をかかえ、そこで描かれたデザインを島々に送って製作を命じたことで織物のばらつきが少なくなった。

　また、15歳から50歳まで男女の区別なく織物を租税として納めさせたことである。ある織物は王家の用となったが、多くは薩摩に納められた。

この仕事は、デザイン、染色、製織に至るまで厳重な監督の下に作られたので品質を向上させ、全体の水準が常によくなったためである＊45。
　琉球は天然資源に乏しく、土地は痩せ草木は育ちにくく米や麦はよくとれない。その上、常に台風に脅かされ、「台風銀座」などと恐れられている。さらにこれに加えて、人為的にも中国と日本との両方から、泣くに泣かれぬような厳しい税金によって苦しめられていた。しかし、この苦しい沖縄の生活を支えてくれたのが苦労して作った、このような物産であった＊46。
　古い琉歌の一つに「片すでいや、あさじ、片すでいや、くんじ、いちか、むるすみて、くんじ、ちゆが」というのがある。「片袖や浅地、片袖や紺地、いつ両袖、同じ色の紺地が着られるであろうか」というのである。織り手である女性は、商売用とか、家族の着るものは織ったとしても、自分の身につけるものは、残り布をつぎ合わせて、着物を仕立てたからである。
　しかし、女性である以上、いつの世でも美しい着物を着たいというのが願望があり、その琉歌にもあるように、「片袖は浅地で、片袖は紺地の、つぎはぎの着物ではなくて、いつの日か、まともな美しい反物で仕立てた着物を着たいものだという」女性の悲願が込められた歌なのである。
　沖縄の織物は、昔の貢納品との関係で、地方により各々特別のものを作らせていた。八重山地方には、白地の絣がある。苧麻で作った八重山上布は、白薩摩として全国に知られている。ほかに、木綿の白絣は首里中心に士族階級の用に使われた宮古上布。久米島は紬の仕事で名を成した。大島紬の本家は久米島である。首里はさすがに王城の地、色どりも豊かに縞柄、格子、絣、縞と絣（あや中）格子と絣、花織（無地、縞、格子との組み合わせ）、花くら織、ロートン織など、多様な織物が作られた。
　沖縄の織物の発達を促してきたのは、琉球王朝時代の服制と貢納布の制度である。すなわち王家・貴族の階級別による服装と一般庶民の識別などで需要が増えたからである。
　一方、人頭税としての貢納布制は、美しい織物を数多く作り出してきた反面、宿命的な苦難の歴史となって、今なお宮古島などの人々に悲劇のいくつかが語りつがれる結果となっている。
　貧しい生活の中から、血のにじむ思いで作られたこれらの織物や紅型が、時代が移った今、見直してみても、不思議な力強さと迫る美しさをそなえている。
　それは、沖縄の置かれていた環境、自然、すべての苦しみを、仕事への誠実さに置き替えた沖縄の人達の力以外のなにものでもなかろう。いつも一番虐げ

第4章　南海の王国にみた物産による生き残り戦略とその俯瞰考

られてきた沖縄である＊47。厳しい社会制度と、艱難辛苦をあじわった庶民の生活の中から素晴らしい沖縄の織物が生まれてきた。これらの、織物には沖縄の物産として高い可能性を秘めていることがわかる。

（5）琉球漆器のおこり

　琉球漆工芸は、琉球王国の重要な物産であり輸出品であった。中国への進貢品、将軍家への献上品として琉球を代表する美術工芸品である＊48。

　琉球（沖縄）の漆工芸の起源は定かではないが、漆器の記録が登場するのは1372年（応安5年）になってからである。

　中山王察度が、明の太祖に初の朝貢を行ったときの献上品が、当時の日本の漆器に例がないことから、琉球産の漆器だと推定する、徳川義宣氏の見解をとれば、琉球の漆工技術の始まりは1372年（応安5年）をかなりさかのぼることができる。

　また、1427年（応永34年）の『中山世譜』尚巴志王の項に、明の宣宗は、内官紫山を遣わして琉球から生漆を買わしたという記録がある。その頃から、琉球の漆器は中国で評価の高いものであったと思われる。

　生漆のない琉球に、わざわざ使者をやって生漆を買わしたというのは、当然、琉球が優秀な漆器を製作していたと想定できる。生漆は日本から輸入した吉野漆である。沖縄には昔から漆の木はなかったので漆は関西方面から仕入れていた。そのため、現在でも生漆のことを吉野漆と呼んでいる。

　14世紀から16世紀初頭にかけては、琉球王国が中国を中心とした東アジアや東南アジアの国々と広く交易を行っていた時代である。『歴代寶案』によれば、漆塗りの腰刀や漆盤、漆皮などおびただしい数の漆工芸品を献上品や交易品として輸出していた記録がある。

　琉球漆工芸は当初、中国の技法を模範としながらも「紅漆螺鈿」や「螺鈿箔絵」などにみれるように、次第に独自の製品を生み出すようになっていった。

　『李朝実録』に、朝鮮からの漂流民が1478年（文明10年）に那覇で漆車、漆塗りの食器類、寺利内部の漆装飾の状況を見聞したという記録がある。15世紀後半には漆工技術が建築や生活用具の中で使用されていたことが分かる。

　琉球（沖縄）は、漆器製作に最も適した地域で温度と湿度が漆器の製造に向いているといわれている。

　漆乾燥は、酸化作用によってなされるがそのための最高条件とは、温度25～30度、湿度75～85％。沖縄では平均温度22.6度、平均湿度75％である。四季を

通じて漆塗りに最適に近いといえる。
　古来琉球漆器は色漆、特にその朱塗の鮮明な美しさで定評があるがこれは一にも二にも太陽の明るい紫外線の影響である。最初は漆は乳白色であるが、次第に酸化して黒ずんで乾く。漆に朱の顔料を混ぜても乾くと黒茶色になるが、それを室内の風通しのよい明るい部屋に出しておくと日増しに朱の色が美しく出てくる。
　これは酸化した漆が紫外線の反射で漂白され、次第に顔料の朱が勝ってくるためである。琉球漆器の朱の色が、日数を置くほど美しくなるのはこの辺の理由によるものといわれている。漆器の素地は色々あるが、やはり一番よいのは木材である。その木製木地としての材が、極めて優秀なものを持っていることが沖縄の強みである。
　木地はデイゴでありシタマキである。どちらも伸縮の差が極めて少なく狂いに強い。デイゴは大形の器物に、シタマキ材は蓋物用小形丸物に適し丸太材芯つきのまま割れないので気温の変化に耐えられる素材である。
　16～17世紀の琉球漆工芸は技術的に熟達し加飾も洗練され、その頂点に達したと思われるものに「沈金」がある。沈金は文様を彫り、金を埋め込む技法で、繊細な線による表現が特徴的であるが、これは中国の鋳金を学び、それを消化し「琉球沈金」として定着したものである。
　その他の、加飾技法として、切り抜いた夜光貝やアワビ貝を漆面埋め込んで発色させる「螺鈿」、漆で模様を描いて金箔を張り付ける華やかな「箔絵」、そして現代の油絵に近い「密陀絵」など多彩な技法がみられる*49。
　螺鈿というと、言葉から受けるイメージは、彫って埋め込むという感じに取れるが、琉球（沖縄）の場合は薄貝であるので「張り付ける」のである。その方法には2つの技法がある。一つの方法は、図案の上に薄い半透明の紙を被せて下の図案を透かし、不易のりを付け貝を張り、縫針で図案に従って貝を切って余分の貝をはぎとる手法である。必用な面の図案を、全部薄い紙に仮付けしてしまう。次に貝の部分に筆で漆を塗る。その漆が接着剤の役目をすると同時に、貝そのものの光を反射させる役目をする。乾燥を早くするために、漆に光明丹を入れる場合もある。塗った漆が、指先につくかつかないかという位の乾燥の時に器物面に張り付け、強く押して完全接着するわけである。貝に漆を塗って貼るので図案とは逆になるので貝を切る図案はあらかじめ逆に描かねばならない。
　琉球王朝時代の、漆芸は、貝摺奉行所の設置によって、技術的にも、芸術的

第4章　南海の王国にみた物産による生き残り戦略とその俯瞰考

にも素晴らしい発達を見せた。金銭的にも、技術的にも又、デザインの面でも、奉行所の手厚い保護を受け、大和と中国の利点をとり入れ、独自の漆を展開できた。その中でも比嘉乗昌は、中国に学び、特産の「堆朱」からヒントを得て、1715年（正徳5年）、堆錦加飾法を発明したのである。

以来、250年にもなるが未だに、全く新しい技法は生まれていない*50。「堆朱」は、漆を何回も塗り重ねた後で模様を彫刻していくのに対し、「堆錦」は朱塗または黒塗の無地の漆器に、独特な工程を経てつくられた堆錦餅を張り付けて模様をつくっていくものである*51。

その技法は、次のようなものである。（イ）生漆を太陽にあてながら、攪拌機で攪拌し、水分を除く。（ロ）水分を除いた「くろめうるし」に泥藍や朱その他の顔料を混ぜ、金槌でたたいて堆錦餅を作る。（ハ）堆錦餅を平たくのばし、図案のとおり切って漆面に張りつける。（ニ）模様を堆錦刀で切り、棒金などで凹凸を出して張りつけ、色彩に濃淡を出す。こうしてできた堆錦は乾くと非常に堅くなり、長年使用しても張りつけた模様が剥げたり、色がさめたりすることがない。磨くほど艶がでて美しくなるのが特徴的である*52。

堆錦模様の多くは山水花鳥であるが、僅かに唐草模様なども見られる。堆錦の技法は、現在でも琉球の漆器業界に受け継がれ広く活用されている。堆錦の技法は、湿度やその他の自然条件の制約を受けるため、今日でも沖縄以外ではよい堆錦は生まれないといわれている*53。

紅型の文様にも中国的意匠、日本的意匠と使い分けられていた。漆器の意匠やデザインでも2タイプに使い分けられていた。

漆器の製品の傾向も、諸大名の嗜好にあわせた。いわゆる「唐風」の中央卓や香合などに主力がおかれるようになった。そのような中で王府は国家再建のために機構を整備し、政治体制を整え積極策を講ずるようになった。

1612年（慶長17年）、毛氏保栄茂親雲上盛良を貝摺奉行職に任命、殖産振興の立場から貝摺奉行所の機構を強化し、総力を挙げて漆工芸品の製作を督励した。

王府の努力は、漆工芸技術の萌芽となって次々と開花していく。螺鈿や金銀箔技法の伝来、檜加工技術の習得、煮螺の法の伝来など、海外技術の導入を図るほか、国内的にも八重山における漆樹の植栽など、技術の向上や原材料確保のための努力が積極的に行われたという。　貝摺奉行所という名前は、夜光貝の殻を砥石で摺って薄くして螺鈿の材料をつくることに由来している*54。

18世紀前半には、大幅な行政改革が進められ、貝摺奉行所の業務体制や内容も大きく変わり、塗りと絵師の仕事だけを担当するようになった*55。

また、優秀な技術者の生活を保障し、相当の地位を与えるなどの奨励策もあって、漆工技術は著しく向上する。その結果生産は倍増し、各種技法を駆使した製品が数多く作り出されるようになった。
　貝摺奉行所の業務は、織物や染物などの絵図製作や技術指導にまで及んでいるが、製作の中心は漆工芸品であり、とりわけ「貝摺」の名が示すように螺鈿が中心であった。1663年（寛文3年）、武富親雲上重隣が中国で朱塗りや梨地塗り、金銀箔の製法などを修得し、加工技術の枠もさらに拡大、材料なども次第に国内で賄えるようになったと考えられる。
　漆工芸は、この百年間にめざましい発展を見せ、官営の貝摺奉行所外に民間工房も隆起し、一般交易品としての漆器にも力が入れられた。1830年（文政13年）代には江戸に琉球漆工芸品を取り扱う商人もでて、箔絵、堆錦、漆絵などの比較的量産のきく加飾製品が盛んに作られた。
　しかし、大量生産化の体制は、同一文様の形式化や簡略化を誘発し、19世紀にかけては、文様の崩れが目立ち、品質の低下を招くようになる。1850年（嘉永3年）を最後に将軍家諸侯などへの琉球漆器の献上・進上も終わりを告げた。
　王朝時代、王府の保護政策と積極的な振興策で栄えていた琉球漆器も1879年（明治12年）の琉球処分後は全ての機構が瓦解し、官営から民業に移されたが、かつてのように強い国の庇護を失い、製品が粗製濫造となり昔日の面影が失われるようになった*56。
　しかし、1880年（明治13年）、東京で開催された第2回内国勧業博覧会に沖縄から漆器が始めて出品されたが異色なる漆器として好評を博した。それ以降、有望な琉球漆器に着眼した鹿児島、京都、大阪あたりの商人が沖縄に寄留し地元の業者と競って漆器の製造販売を始めるようになり次第に民業としての漆器生産の気運が高まった。
　1902年（明治35年）、首理区工業徒弟学校が設立され、漆工科（蒔絵、髹漆）、木工科（挽物、指物）が建築科とともに設置され技術者の養成が本格的に始まった。1914年（大正3年）、首理区工業徒弟学校は沖縄県立徒弟学校に昇格。1921年（大正10年）、沖縄県立工業徒弟学校は沖縄県立工業学校（甲種）に昇格した。1927年（昭和2年）には現在の沖縄県立伝統工芸指導所の前身ともいえる沖縄県立工業指導所が設立された。富山県工業試験場から、初代漆器部主任技師として生駒弘氏が赴任してきた。漆器デザインの先導的指導を行うとともに、近代的量産加工技術の指導も行われ、工場形態の「沖縄漆工芸組合」が設立された。

第4章　南海の王国にみた物産による生き残り戦略とその俯瞰考

　加工技術では1930年（昭和5年）、生産拡充のため、ロクロ及び製材を動力（ディーゼル）に切り替えるところもでてきて、木地生産の能率化と近代化を図った。琉球漆器の成果を中央に問うべく1938年（昭和12年）、東京銀座資生堂において作品発表会を開催し、その斬新なデザインが大いに反響を呼んだ。
　一本の漆の木もない沖縄が、地の利を得て日本本土から漆を輸入し、日本の技法を学んだのち中国から種々の技法を学びとり、南方的な要素も加えて独自なものに発展させた。
　沖縄の漆器は、戦前来日したペリアン女史（ル・コルビユジエの愛弟子）を感嘆させ、フランスやアメリカにも輸出した実績を持っている。工芸本来の社会的使命を考え、品質の高い生活の道具として心のこもったものを作り、これがわたしたちの文化生活を支える重要な媒体となるよう努めていくべきである＊57と言われた。
　今日の琉球漆器は、朱塗りの色の鮮明さと艶肌の豊かさに特徴がある。その鮮やかな色と共に、形状のおおらかさが他の産地との違いである。模様には堆錦の技法が使われ、鮮やかなハイビスカスやデイゴの絵が表現され、いかにも南国沖縄を象徴している。
　しかし、このような琉球漆器は、戦後アメリカ軍人のお土産品として生産され、日本復帰後は本土の観光客に人気があるもので、本来はこのようなものではなくもっと生活に密着したものであった。

おわりに

　これまで、琉球（沖縄）の文化や物産等による生き残り策を主に考察してきた。グスク時代、琉球三山時代から統一王国時代は、まだ国家の形態をなしているとはいえなかった。三山統一後、中国と冊封関係を結び、本格的な進貢が始まり、大交易時代を迎える。琉球王府が自らの意思で海外交易をしていた。
　しかし、薩摩の侵攻後は、琉球独自の交易ができなくなった。薩摩の指示で、中国製品を購入し、日本などに売って利益を稼いだがその利益は薩摩に吸い上げられた。琉球王府は脆弱な、財政基盤である上に薩摩から貢納を義務づけられたのでさらに厳しくなった。また、農民や民衆は琉球王府や薩摩に貢納するため米や換金作物のサトウキビ栽培を義務化させられた。
　農民は、甘藷作の導入で飢えをしのぎ、王府や薩摩への貢納品を収め続けた。その他に紬、絣、芭蕉布などの織物を上納するように義務づけられた。薩摩支

配の功罪の結果、沖縄独自の染織物・紅型や漆器・螺鈿などがが生み出された。とくに、紅型や漆器の螺鈿技術は優れ国宝級のものが作り出されていた。
　現在では、国宝に指定され、中国や日本に保存されているものもある。
　とくに、漆器の加速度的な発展は薩摩に支配されてからである。政策的な立場から当時の琉球王府が官営としての貝摺奉行所の機構をさらに拡大強化し、漆器の生産に力を入れさせられたことで技術や芸術性が高まり国宝級の漆器が生まれたのである*58。
　侵攻後は薩摩への上納品が負担となり、王府財政は厳しくなり、財源確保策のため海外交易を中国だけではなく東南アジアなどへ広げていった。
　「琉球は昔も今も変わりなく海上の孤島で、土地は痩せ、産物には乏しく」実質的な「独立国」ではありえなかった。誰よりも琉球の支配者が知っていた。
　琉球は、中国から物産を持ってきてアジア諸国に売り、利益を稼ぎ、中国は、自国にない香辛料など他国の物産を朝貢という名の下で、朝貢国に持ってこさせる。つまり中国の輸入代替であり、今でいう商社機能であった。貿易利益があったから朝貢貿易が行われていたのであり、利益が少なくなったら、貿易を行う利点がない。冊封、朝貢（琉球では進貢）関係はお互いの利害関係でしかなかった。朝貢関係は貿易関係、経済的な利害が中心であったと考える*59。
　日本も、生糸を中国から輸入していたが、日本でも生糸生産ができるようになり、以前ほどは中国から輸入しなくなった。朝貢貿易全体の関係が衰退し、東アジアにおける歴史的変動の推移により近代化へと進んだのではないかと考えられる。琉球の時代は終わり交易の幕を閉じた。
　しかし、琉球は様々な貿易品から、多くのヒントを得て独自の物産や文化を創作して琉球独特の物産・文化を生み出していった。
　主に、農産物は甘蔗・甘藷、芸能は舞踊・サンシン、空手、琉球料理、漆芸、陶芸、織物・染め（紅型)、泡盛等の物産、文化が創り出された。
　沖縄で作られた物産は、王府時代は貢納品や換金物とし、現在は沖縄の伝統産業、伝統文化として伝わり県民の経済を支えている。
　地政学的に優位な位置にある、南海の小王国琉球は600年間、中国や日本の大国の狭間で政治的・経済的面で翻弄されてきた。そのような中で、琉球の先人達は、あらゆる外交にもてる全ての叡智で交流・交渉し文化や物産などを生み出し生き残ってきた。沖縄には付加価値の高いモノを醸成する土壌があり、魅力的な物産を生み出す可能性が秘められている。
　ドイツ帝国の初代宰相、ビスマルクは「愚者は経験から学び、賢者は歴史か

第4章　南海の王国にみた物産による生き残り戦略とその俯瞰考

ら学ぶ」といっている。

註
1　高良倉吉・豊見山和行・真栄平房昭(1996)『新しい琉球史像』榕樹社。
2　(財)沖縄県文化振興会公文書管理部編(2000)『概説沖縄の歴史と文化』沖縄県教育委員会。
3　山田吉彦(2010)『日本は世界4位の海洋大国』講談社。
4　安里進・高良倉吉・田名真之・豊見山和行・西里喜行・真栄平房昭(2004)『沖縄県の歴史』山川出版社。
5　豊見山和行(2003)『琉球・沖縄史の世界』吉川弘文館。
6　田名真之(2001)「琉球王国の歴史」『尚王家と琉球の美展』MOA美術館。
7　紙屋敦之(2009)『歴史のはざまを読む－薩摩と琉球』榕樹書林。
8　田名(2001)「琉球王国の歴史」。
9　紙屋(2009)『歴史のはざまを読む－薩摩と琉球』。
10　金城正篤(1980)『琉球処分論』沖縄タイムス社。
11　同上。
12　安里ほか(2004)『沖縄県の歴史』。
13　金城(1980)『琉球処分論』。
14　安里ほか(2004)『沖縄県の歴史』。
15　同上。
16　新城俊昭(2010)『沖縄から見える歴史風景』東洋企画。
17　金城正篤・高良倉吉(1972)『伊波普猷』清水書院。
18　安里ほか(2004)『沖縄県の歴史』。
19　赤嶺守(2004)『琉球王国』講談社。
20　新城(2010)『沖縄から見える歴史風景』。
21　同上。
22　金城・高良(1972)『伊波普猷』。
23　安里ほか(2004)『沖縄県の歴史』。
24　同上。
25　高良倉吉(1998)『アジアの中の琉球王国』吉川弘文館。
26　宮城弘岩(2010)『沖縄物産の展海』ボーダーインク。
27　金城鉄男(2009)『沖縄甘藷ものがたり』農山漁村文化協会。
28　同上。
29　池原真一(1979)『概説・沖縄農業史』月刊沖縄社。
30　同上。
31　名嘉正八郎(2003)『黒砂糖の歴史』ボーダーインク。

32 池原(1979)『概説・沖縄農業史』。
33 名嘉(2003)『黒砂糖の歴史』。
34 池原(1979)『概説・沖縄農業史』。
35 金城功(1985)『近代沖縄の糖業』ひるぎ社。
36 池原(1979)『概説・沖縄農業史』。
37 琉球銀行調査部編(1981)『沖縄の伝統産業』新報出版。
38 萩尾俊章(2004)『泡盛の文化誌』ボーダーインク。
39 日本酒類研究所(2008)『知識ゼロからの泡盛入門』幻冬舎。
40 吉岡幸雄(1993)『日本の染織18 紅型』京都書院。
41 兒玉絵里子(2012)『琉球紅型』㈱ADP。
42 宮里正子(2001)「尚家継承文化遺産について・王装束及び染織品の概要と特色」『尚王家と琉球の美展』MOA美術館。
43 富山弘基(2009)『琉球の型紙』青幻舎。
44 上村六郎(1982)、『沖縄染色文化の研究』第一書房。
45 柳悦孝(1981)「沖縄の織物」『沖縄の美・日本民芸館蔵』筑摩書房。
46 上村(1982)『沖縄染色文化の研究』。
47 柳(1981)「沖縄の織物」。
48 (財)沖縄県伝統工芸振興センター(1979)『沖縄の伝統工芸』沖縄物産センター。
49 ㈱「紅房」社史編集委員会(2003)『株式会社「紅房」社史』紅房。
50 前田孝允編(1973)「漆に魅せられて（二）」『琉球の玩具と漆器』琉球文化社。
51 大城精徳編(1973)「琉球独特の漆芸・堆錦について」『琉球の玩具と漆器』琉球文化社。
52 琉球銀行調査部編(1981)『沖縄の伝統産業』。
53 大城精徳編(1973)「琉球独特の漆芸・堆錦について」。
54 安里進(2002)「貝摺奉行所はどのようにして漆器を製作したか」『琉球王朝の華』海洋博覧会記念公園管理財団。
55 ㈱「紅房」社史編集委員会(2003)『株式会社「紅房」社史』。
56 同上。
57 伊差川新(1973)「琉球の文化」第3号特集抜刷『琉球の玩具と漆器』琉球文化社。
58 豊見山和行(2003)『琉球・沖縄史の世界』吉川弘文館。
59 陳舜臣・森浩一・山折哲雄・濱下武志・高良倉吉・田中優子・井沢元彦(1993)『南海の王国・琉球の世紀』角川選書。

第5章 シンガポールの国家リスク管理
―その歴史的展開と先進性―

東長 邦明

はじめに

およそどの国・組織も、なんらかの脆弱性（vulnerability *1）を抱えているものであるが、シンガポールはこの点に非常に強い自己認識をもっている。一人当たり GDP ランキングでアジア1位（2007-8、10-12年 IMF, World Economic Data Base）になっているこの国*2 を、リー・クアンユー初代首相は、「ぬかるみの上に建つ80階建てのビル*3」 と表現し、さらに「こうした上部構造を他の先進国と同じものだと信じるのは、完全な誤り*4」 と指摘している。

また、現首相リー・シェンロンも、自国の脆弱性を、「一夜にしてオアシスは砂漠になるかもしれない」と表現し*5、「シンガポールが存在できるのは、国民が挙げて自国の存続と繁栄を望んでいる限りのことにすぎない*6」 という強い危機感、すなわち自国に対する脆弱性認識を政府として表明している。

脆弱性は、脅威（threat）とともにリスクを構成する。建国以来一貫して、主権と、同国政治の基本原則であった持続的発展・経済成長*7 を脅かすリスクをどう管理するかは、まさに国家戦略そのものであった。

1965年の独立後、短期間で第三世界から第一世界に駆け上ったシンガポールの発展はめざましく、「奇跡」と呼ばれた*8。実のところ、1950年以降、年平均7％以上で25年間以上にわたり成長した国―すなわち戦後期に持続的高成長を果たした国―は13か国あり、シンガポールもそうした国の一つである*9。これらの国々では、「有能な政府」が成長戦略を選択し、その目標を一般大衆に伝え、将来の見返りが現在の努力、倹約、経済的な激変に値することを人々に納得させたうえで、諸施策を実行し、成果を得たと世界銀行は分析した。ところが、2009年時点においてこの13か国の半数以上が先進国水準に達しないままその成長物語を終えてしまったのである*10。そうした中、アジア金融危機、

グローバリゼーションの展開などを経てもなお、シンガポールの経済的な強さは未だに色褪せず、持続的な成長を維持している。
　この成功は、対外的な安全保障と共に、国内の治安維持にひときわ意を用い、長期に安定した社会を形成することによって、海外からの投資先、金融センター、東南アジア地域の地域本部の設置先、空路・航路・通信の地域ハブ、観光地、各種国際会議の開催場所等、グローバル・シティ*11 として信頼のおける場所とし続けたことと表裏一体であった。シンガポールは、自らの脆弱性の認識のうえにたち、小国ゆえに多くはない選択肢の中から最善策を選ばなくてはならないという条件の下、リスクを鋭敏に感知しつつ国家戦略を描き推進してきた。
　こうした国家のリスク管理について、シンガポールの先進性を認めた２つのレポートがある。
　2009年に経済開発協力機構（OECD）は、「国家リスク管理*12のイノベーション」と題するレポートを発表した*13。
　このレポートは、グローバル化した世界のリスクが多岐にわたるとともに変化し続ける中、各国が今後とるべきリスク管理政策の方向性を提言している。そのために、イノベーティブな先進事例として6か国を取り上げ紹介し、ベストプラクティスとして学ぼうとしているが、OECD 加盟国以外から１か国選ばれたのは、シンガポールであった（その他は英国、カナダ、米国、日本、オランダの5か国）。

　また、2011年、スイスはリスク管理研究タスクの一環として、「レジリエンス（Resilience【強靭性*14】）―政策、研究の動向」を公表した*15。本レポートは、安全保障におけるレジリエンスの取り扱いに着目し、レジリエンスの評価・測定についての世界の先進的取り組みを分析すべく、7か国を研究している。ここでもシンガポールは研究対象として選ばれている（他の6か国は、米国、英国、オーストラリア、カナダ、ドイツ、イスラエル）。

　複雑化し相互依存の高まった「危険社会*16」において、政府の役割は伝統的な安全保障概念を越えた統合的なリスク管理を行うようになってきている*17。そして、世界の国家リスク管理のベストプラクティスを考えようとするとき、シンガポールは大きな存在感を示している。こうしたリスク管理の先進性を、シンガポールはどのように獲得したのであろうか。そして、その先進性とは何

第5章　シンガポールの国家リスク管理

なのであろうか。

この問いに対してわれわれは、多くのシンガポール研究の中にその答えの断片を見ることができるが*18、9.11米国同時多発テロ前後のリスク変化もスコープにいれた国家リスク管理という観点からの先行研究は少ないように思われる*19。

本章では、地政学的な脅威を含むシンガポールのリスク管理の取り組みを、時代を追ってスケッチすることで、その答えを探ろうと思う。最初に準備作業として、さまざまな取り組みを俯瞰する枠組みとなる国家リスク管理概念を、必要な範囲で簡単に整理しておく。次いでシンガポールの構造的脆弱性を確認したうえで、リスク管理の取り組みを4期に分けてみていく。リスク管理と戦略は本来コインの表裏のような関係にあるが、現在のシンガポールにおいて、それが政府一体型の行政システムとして具現化されていること、またそのスコープが複雑系に及ぶ先進的なものであることを最後に確認する。

1．国家リスク管理概念の整理

（1）国家リスクを構成するもの
a．リスク管理の要素—脅威/ハザードと脆弱性

国家にとってのリスク（Risk）の大きさは、脅威（Threat）、脆弱性（Vulnerability）、被害度（Consequence）の各要素の大きさに左右される。

すなわち、リスク ＝ 脅威×脆弱性×被害度　と表現できる。

米国の国土安全保障省（Department of Homeland Security：DHS）は、この関係式を示しつつ、脆弱性×被害度を一つの変数であるかのように扱い、人口指数、経済指数、インフラ指数、安全保障指数の4要素に分けて（すなわち、人口の密集地、経済の集積地、交通・発電所などの社会インフラ、安全保障上の要所などが脅威に晒される可能性が国家にとっての脆弱性であるとして）検討している*20。これらを脆弱性指数ととらえれば、リスクは脅威（またはハザード）と脆弱性から成り、国家リスク管理はこの二元要素をどう管理するかという問題ととらえることができよう*21。

b．脅威／ハザード

脅威（threat）とは、「人命、情報、業務、環境、財産のすべてあるいは一部に危害を与える潜在力を実際に保持しているか、あるいはそのような力があると示しているもの−自然または人為的事象、個人、組織、行動−をいう*22」。

また、「災害因 (hazard／ハザード)」との違いは、脅威は危害を受ける誰かあるいは何かに向けられているが、ハザードはそうではない、という点にある*23。

誰が／何が国家に脅威を与えるのか、という問いに対する答えは、現代の安全保障論によれば、以下のように3種類に区分できる（括弧内は各主体による脅威の例）*24。すなわち、

①国家（侵略、占領、恫喝）、
②非国家主体：作為的暴力者（テロ、内戦）、
③非国家主体：非作為的攪乱（環境破壊、通貨危機、資源枯渇、自然災害）、である。

また、この3区分をみればわかるように、脅威は作為的なもの（①、②）と非作為的なもの（③）に分けられる。作為的脅威は、攻撃の可能性－すなわち脅威主体の「意図 (offensive intentions)」と「能力 (offensive capability)」とによって測られる*25。国家（①）の場合には、これに、「集積された強大さ (aggregate power)」と「地理的近接性 (geographical proximity)」を加え4要素によって評価することも可能である*26。

一方、非作為的脅威の評価は、ハザードが災害として発現する可能性－発生頻度－によってなされる。

現代の国家は、これらすべての脅威・ハザードに対して国家・国民の安全を確保すべきであり、こうしたアプローチを OECD は「全ハザード対応型リスク管理*27」と呼んでいる。

脅威／ハザードについての課題は、リスク管理の手始めに行うべき*28 脅威／ハザードの特定が人間の認識に拠っており、必ずしも客観的に定められないこと、したがって国民など組織の構成員に認識の共有を求める行政的なプロセスが必要なこと、また現代社会においてはその複雑性が増す中、脅威／ハザード自体を認識しきれない事態が生じていることにある。

c．脆弱性 (Vulnerability)

脅威が現実のものとなり、その破壊力が強大であったとしても、人間社会がそれに十分に耐えることができれば、災害は発生しない。これを裏から見ると、「人間社会が、災害因に対する脆弱性をもつ時、災害因は災害を発生させる」、ということができる*29。

脆弱性とは「組織、資産、システム、ネットワークあるいは地域が、利己的に利用され易かったりハザードの影響を受け易いような物理的な性質あるいは運用上の特質である*30」。

第5章　シンガポールの国家リスク管理

　人口密集地であるとか、医療機関が整備されていないとか、重要施設であるが警備が不十分であるなど主体それぞれの事情により多様な脆弱性が考えられる。敵対する意思のある者にこの弱みを攻撃されることや、自然災害などで毀損される可能性は、主体にとって生存や持続可能性（sustainability）の危機を招きうる*31。

　リスク管理において、自らの脆弱性をどのように認識しておくかは、リスク評価に直結するとともに、リスク管理の方向性を決定づけるきわめて重要な問題である*32。

　そのうえで現代の「脆弱性」について留意すべきは、世界のどこかで起こった小さな出来事が、互いを結ぶネットワークを通じて世界中に影響を及ぼす可能性を持つようになってしまったことや、市場そのものがその本来の性質から、国境を取り払い、人々の選択の幅を広げたことにより、「不安定性」とも呼べる性質をもつに至っている状況を認識しておくことであろう*33。

（2）リスクに強い組織－レジリエンス（強靭性）

　以上の脅威や脆弱性は固定的なものではなく、様々な要因により変化しうる。国家の戦略実現や、国民生活の安寧が損なわれる可能性は流動的である。

　こうした状況の中、レジリエンス（強靭性）とは、「変化する状況に適応しつつ混乱・崩壊に備え、あるいは持ちこたえ、あるいは素早く立ち直る能力*34」のことである。もう少し言葉を足すと、「システム、インフラ、政府、企業、コミュニティ、個人が、損害、破壊、損失の原因となる有害事象に対し、抵抗し、耐え、衝撃を吸収し、回復し、準備する能力*35」のことである

　この定義に見るように、レジリエンスは、被害を受けた後の回復力のみを指すものではなく、リスクの発現に事前に備え、発現時に衝撃に耐え、事後に立ち直るという3つの時系列のそれぞれで発揮されるべき能力として理解する必要がある。このことは、事前に（狭義の）リスク管理をおこなって脅威・脆弱性を低減し、リスクの発現に直面しては危機管理を行い、事後にはBCP（業務継続計画）を発動する（これら全体が広義のリスク管理）……ことができる組織がレジリエントであることを示唆している。

（3）リスク管理と戦略

　リスク管理と戦略は、コインの裏表の関係にある。戦略策定にあたっては、リスク情報が欠かせないし、管理すべきリスクの優先順位は戦略目標に影響を

与えるリスクかどうかで判断される。明示的であろうとなかろうと、リスク管理は戦略に組み込まれているといってよいであろう。

リスクは、目的に関する不確実性の現れであり、期待値から外れた結果となることをいう。国家リスク管理においては望まない結果が起こる可能性と考えるのが一般的であり＊36、営利企業活動を含めた組織一般については、期待値から上下を問わず外れた結果となることをいうのが最新の考え方である＊37。要するにリスクは、立てた計画や予測どおりにならない可能性を指している。

ここで確認しておかなくてはならないことは2点あり、ひとつは、リスクはある目的に関して想定され、目的の明確化が前提となっていることであり、もうひとつは、戦略もリスク管理も共に未来の可能性を扱っていることから、未来予測手法が鍵となってくることである。

2．シンガポールの国家リスク ― 脆弱性

（1）構造的脆弱性

「はじめに」で引用したように、リー・クアンユーは、独立直後から現在に至るまで倦むことなく、かつ若い国民の認識の甘さにいらだちを隠さずシンガポールは脆弱であると言い続けている＊38。シンガポールの脆弱性とはなんだろうか。

ハクスレイ（Tim Huxley）は構造的脆弱性として以下を指摘している＊39。
（a）友好的でない大国に囲まれていること＊40
（b）小国としての弱み、狭小な国土＊41、少ない人口＊42
（c）良港と人材以外の天然資源の無さ（水＊43、食糧の外国依存）
（d）人口構成が民族的・宗教的に複雑で不安定
（e）（貿易依存なのに）公海へのアクセスが、隣国領海経由
（f）資本蓄積の無さ－外国資本への依存

これらに加え、さらに以下が指摘できるであろう。
（g）地政上の要衝（a geopolitical pivot）に位置していること＊44
（h）海外との交易に依存するため、他国・他地域の変化の影響を受けやすいこと

これらの構造的脆弱性は、総体として、小国（都市国家）であること、国家主権が脅威にさらされやすいこと、人口構成の複雑さ不安定さおよび国家を支

第5章　シンガポールの国家リスク管理

える産業発展の基盤の無さを示している。

次項以下で、シンガポールの国家リスク管理の取り組みを見ていくが、それに先立ち、脆弱性の中でも特徴的と思われる「地政上の要衝」、「多民族・多宗教の人口構成」について以下に確認しておきたい。

（2）地政上の要衝

独立後まもない1968年の時点で、リー・クアンユーは次のように述べている。「これから先の100年、我々が対処していかねばならない事実は、……やがては3つの超大国が、太平洋とインド洋で競合し、この地域の政治経済を支配して、それぞれが最大の優位を得ようとする事です。これから出てくる第一の結論は、南アジアと東南アジアの運命は、最終的にアメリカ、中国、ソ連がどんな政策をとるかによって決まり、この地域の1ダース以上の国の政府がどういう決定を行うかは、大して影響しないのです*45」。

彼が見ているのは、目先の事象ではなく、地政学的な条件の下での長期的見通し—シンガポールは、地域のヘゲモニー争いにおいて受け身の立場しか取れない—であり、この地域に関わる大国の動静を見極めることが死活的に重要だということである。

現実の歴史では、ソ連の崩壊による冷戦構造の終焉により、3つの超大国の並存ではなく、唯一の世界覇権国たる米国*46と、この地域でそれにチャレンジしようとする中国の出現を見ることとなったが、地域各国の受け身的な立ち位置は変わらない。

そうした地域各国の中にあって、シンガポールは「地政上の要衝」といわれる*47。これは、国力や動機によってではなく、地理的に微妙な位置にあり、「地政戦略をもつ活発な参加者*48」（自国の国境を越えて軍事力または影響力を行使し、唯一の覇権国の権益に影響を与えるほどに、既存の地政状況を変える能力と意思をもつ国）の動きに左右されやすい状況にあることによって、重要になっている国を意味する。ほとんどの場合、地政上の要衝になるのは地理的な条件のためであり、重要な地帯へのアクセスを決めるか、力のある参加者にとって資源獲得の障害になる点で、特別な役割を担っている場合が少なくないとされている*49。「非常に影響力の大きい、しかし同時に、非常に危険の多い地点に位置している*50」のがシンガポールである。

すなわち、「地政上の要衝」としての価値をもつシンガポールは、世界覇権国からみても、「地政戦略をもつ活発な参加者」あるいは地域の大国からみて

も、できれば獲得しておきたい、少なくともパワーを照射して自由に利用できるようにしておきたい対象とみなされやすく、このことが国家存続の根本的な脆弱性となっている。シンガポールにとっては、その脆弱性を狙って主権や独立を侵そうとする主体は顕在的であれ、潜在的であれ脅威となる。

（3）多民族・多宗教の人口構成

シンガポールが特に重視している脆弱性に、多民族・多宗教の人口構成がある。

シュミット（Carl Schmitt）がいうように、「敵とは、他者・異質者にほかならず、その本質は、とくに強い意味で、存在的に、他者・異質者ということだけで足りる*51」。こうした他者・異質者を特定する要素が明確であるほど政治的対立のリスクは高まり、結果的に社会全体の脆弱性を高める結果となるが、民族・宗教は、他者・異質者を見分ける格好のマーカーなのである。

民族・宗教の構成比率は独立以来、大きく変化しておらず、2010年の国勢調査では、民族は中華系76.8％、マレー系13.9％、インド系7.9％、その他1.4％*52。宗教は仏教33.3％、キリスト教18.3％、イスラーム教14.7％、道教10.9％、ヒンズー教5.1％、その他0.7％、無宗教17.0％となっている*53。

リー・クワンユーは、多民族・多宗教国家は世界に多くあるが、シンガポールは特異であるとして次のように説明している。「我が国には、世界のどこにも存在しない特徴があります。ひとつの緊密な都市社会の中に多様な種族、言語、文化のグループが共存しているという事実です。ソ連にも、中国やインドにさえ、少数民族の問題はあります。ただ、これらの国々の場合には、ふつう、同じグループの人は同じ地域に、まとまって住んでいます。スイスでさえ、フランス語圏、ドイツ語圏、イタリア語圏というように、地理的に大まかに分かれています。カナダも……（略）……。シンガポールは特異な状況にあります。すべてがひとつの環境の中に混在しているのです*54」。

ここでもリーは、自国の目先の事象ではなく、世界を俯瞰する視点により自国に特徴的な脆弱性の本質を見極めようとしている。そのうえで、この脆弱性を緩和すべく、シンガポールはさまざまな政策－たとえば複数の公用語（英語、マレー語、標準中国語、タミル語）採用、英語と母語の二言語教育、各宗教の祝日採用、公団（HDB）住宅1棟毎の人種入居割合の調整（エスニック・インテグレーション・ポリシー）等－を講じてきたのである*55。

3．シンガポールの国家リスク管理
―― 脅威の見極めと対策、およびレジリエンスの確保

　シンガポールの国家リスク管理戦略の取り組みは、歴史的に大きく4期に分けてよいと思われる。1期は、1965年の独立から国家主権の維持・生存のために主たる脅威を見定め、対策を講じた80年代半ばまで、2期は、国防と社会安定を一体化してレジリエンスを追求したトータル・ディフェンスの導入（85年）とその展開、3期は2001年9月11日の米国同時多発テロ以降、国際テロ脅威対応を軸とした国家リスク管理体制構築の期間、4期は、想定外リスクも視野に入れた国家リスク管理の展開と、国家未来戦略の融合・一体化であり、2007年の RAHS（後述）導入以降現在に継続している。以下にそれぞれの時期ごとにシンガポールの国家リスク管理を追っていきたい。

（1）第1期：国家維持・生存体制の確立
a．国家戦略の基本的考え方
　国父リー・クアンユーは、建国後の政策を導いた信条（an article of faith）について、隣国による敵対視や脅威に屈しない「独立独歩（going it alone）」と、「民族・言語・宗教の別なくすべての人間に平等な複合国家の建設」であるとした[56]。
　そのうえで独立直後の緊急課題として掲げたのは、①独立を国際的に認知させ、国連に加盟すること、②防衛、③経済　の3つであった[57]。
　国連加盟は、独立の翌月に早々に実現させたものの、「独立独歩」の信条を支えるべき「防衛」と「経済」の態勢整備は、一朝一夕に実現するものとは思われなかった。また、その整備にあたっては、多民族・多宗教の社会のまとまりに十分に配慮して進める必要があった。
　「防衛」と「経済」と「社会安定」の三者相互の関係につき、リーは、「強い財政力なしに強い軍事力は持ちえない。強い財政力と強い軍事力は、強くて、統一され、良く教育され、団結していく社会なくしては持ちえない[58]」との考えから、これらを統合的に達成していくことを国家戦略の基本的な考え方とした。

b．リスク認識
　シンガポールにとってのリスクは、上述の国家戦略の遂行を阻害するものである。何が脅威となるのか、自国の脆弱性は何なのか、的確な見極めが求めら

れる中、実際の政府のリスク認識はどのようなものであったのか。
（ a ）一般的な理解
　外部の脅威について、シンガポール政府はリアリストの立場をとり、国際関係をジャングルの掟にたとえる－すなわちすべての生き物は同じようには作られておらず、適合したものだけが生き延びられる－この社会的ダーウィニズムを、脆弱性を抱えて生存していくための自国の公式とした*59。
　リーは、独立後の新国家が直面しているリスクへの懸念を次のように述べた。「かつて大英帝国における東南アジアの心臓部として栄えてきた。分離独立したことで体のない心臓だけになってしまったのである。200万の人口の75%は華人である。1億人のマレー人やインドネシアのイスラム教徒が住む3万の島々に囲まれたごく少数派である。マレー人の海に浮かぶ華人の島ともいえるだろう。こんな華人に敵意をもっている国際環境の中で我々はどうやって生き延びればいいのだろう*60」。
　それまでマレーシア連邦の一自治政府であったシンガポールは、マレーシア連邦政府と民族政策で相容れず、望まぬ独立を余儀なくされた。経済面からみて、後背地を必要とするシンガポールと優良な貿易港を必要とするマレーシアは、分離されるべきではないとの思いを双方にもちながら、ついに確執を調整することはできなかった。独立前年の64年には、シンガポールでマレー人と華人間の間で暴動が2度起こり、連邦政府は、こうした結果を招いた元凶がリー率いる人民行動党（PAP）にあるものとして非難した。こうした政治過程の結果、機会があればシンガポールを連邦に再統合しようとするマレーシア政府の姿勢、その敵意が陰に陽にシンガポールの脅威と認識されたことは、リーの回顧録等に示されるとおりである。
　もう一つの隣国インドネシアは、スカルノ政権によるマレーシア（シンガポールを含む）に対する対決政策（コンフロンタシ konfrontasi/confrontation：1963-66）をとり、小規模ながら現実の攻撃も行った。
　マレーシアもインドネシアも、シンガポールに脅威を与える「意図」も「能力」を持ち合わせており、シンガポールに比べ「集積された強大さ」があって、「地理的近接性」が極めて高く、大きな作為的脅威たりうると認識されたのである。スパイクマンがいうように、「ある国が自分たちよりも自然資源や潜在的なパワーの面で勝る国々に囲まれていたり、防御に適した地形を持っていないと、この国にとって『包囲』されている状態は本物の脅威となる*61」。
　これに対し独立時のシンガポールは、それまで連邦政府の機能であった国防

第5章 シンガポールの国家リスク管理

組織を自らはもっていなかったし、独立の3年後には安全保障の傘であった英国駐留軍の撤退が発表されるにおよび、隣国に対する脅威認識はさらに深まっていった。

　また、マレーシア連邦から独立したシンガポールは、天然資源も後背地もない脆弱な都市国家となってしまい、このままでは経済的に生存できる可能性はほとんどない、というのが新政府の本音であった＊62。

　さらに、ベトナム戦争（1960年南が北を攻撃、65年北爆開始、72年南から米軍引き揚げ、73年パリ協定）を背景とするこの時期、国内が分裂するような政治状況があれば、その脆弱性につけ込んで主権を侵し、「地政学上の要衝」から利得を得ようとする大国の動きは、いつ現実のものとなってもおかしくはないと考えられた。

（b）反論

　ところで、こうしたシンガポールの脅威・脆弱性認識は、当然のように思われるかもしれないが、それらに対する懐疑論が存在する。

　たとえば、独立当時、シンガポールの安全保障は、1945年の日本の敗戦撤退以降、英国、豪州、ニュージーランドがシンガポールを含むマラヤ連邦を必要な軍備とともに支える体制をとっており、対決政策をとるインドネシアといえども実質的な手出しはできなかった状況であったことや、1971年に英軍が引き揚げた後にも、船舶修理機能をもつ港湾施設などすべての施設が残されたこと、あるいは200万国民の肉・卵の全需要、野菜の4割の需要をまかない、鶏、卵、豚を主要輸出品としていたこと＊63。60年代半ばには、50の海洋国家と200以上の航路がシンガポールに集中していたこと＊64。こうした事実をふまえると、マラヤ連邦から切り離されて独立した時点で、シンガポールは十分な国家維持能力があった。しかし、与党人民行動党（PAP）のリーダーたちは自信無げに見えた。国連調査団長ウインセミウス（A.Winsemius＊65）は、「驚いたことに（リーダーたちとの）論議は『シンガポールは生存できるか？』から始まったのだった。そしてほとんどこの国全体が打ちのめされた犬であるかのようにふるまっていたのだ」、と述べている＊66。

　また、国内の治安についても、独立にいたる過程での政治闘争に勝利した結果、具体的な国内反政府勢力―特に共産勢力―は、存在しなかった。

　これらの事実は、シンガポール政府が脆弱性を強調するのは、弱小で大国の脅威に怯える低開発国シンガポールを、一級の国家に仕立て上げたのはPAPだという英雄譚、あるいはプロパガンダなのではないのか、との見方につなが

163

っている。
　そうした観点からすれば、PAP が拠って立つリスク認識は悲観的に過ぎ、そのリスク対応策も過度なものとの批判はありうるといえよう*67。
（c）リスク認識
　この相反する二つの見方があることは、脅威や脆弱性が、必ずしも客観的なものではなく、認識の所産であることを示している。いうまでもなく「政治家の役割とはいつの時代も、リスクや外部の脅威を人々に意識させることにある*68」のであり、時の政府はその認識の主体となる。
　シンガポールにおいて国家戦略策定の基底を成している国家リスク認識は、政府（しかも独立初期においては、リーをはじめとするごく少数の要人*69）の考え方によっていたのである。
　リーは現在に至ってもなお、若者は隣国による脅威に我々がさらされていることを知らない、と、国内の脅威認識が不十分なことを嘆いている。その彼自身の脅威認識のありようは以下のように語られる。「たとえば、91年の独立記念日に、マレーシア、インドネシア両軍はコタ・ティンギ*70 でパラシュート部隊降下を含む合同演習を実施した。そこで我々は独立記念パレードを行う国軍に加え、軍を動かした。彼等がシンガポールを侵略したがっているとは思わなかったが、この地域でのシンガポールの序列は最下位だとわからせようと脅しをかけてきたのだ。シンガポールは、防衛のためだけでなく、必要とあらば脅しに脅しで応えるための勇敢で強く能力の高い軍隊を必要とする。この強い軍隊なくしては、あらゆる類の圧力に対し脆弱である。そうした圧力はマレーシア、インドネシアからかけられている*71」。「隣国は包囲し我々を死においやれる。シーレーンは分断されビジネスは終わる*72」のである。
　連邦の一地方政府として軍事・外交機能をもたないままで独立国家となったシンガポールにとり、特に独立以降80年代半ばまでの期間、国家主権を脅かす隣国としてマレーシアとインドネシアが明確に意識されていたことは間違いない。ただそれは、政府の主観であり、客観的にみれば潜在的な脅威にとどまっていた。この地政学的な苦境を、たとえば同様に敵性国家の中にあるイスラエルと比較すれば、包囲している国々が実際の脅威であるかどうかに違いがあったといえる。
　当時の政府は、本来一つでは無い選択肢の中から一つのリスク認識を選び、国民に訴え、これを軸に国家形成を進めていったのである。以下には、その過程を、上述の2つの国家課題である「防衛」と「経済」、および少数の優れた

第5章　シンガポールの国家リスク管理

建国者の後継者リスクへの対応を取り上げて確認したい*73。

c．リスクへの対応1――　軍備*74

シンガポールは67年に国軍（Singapore Armed Forces: SAF）を創設する。SAFは、当時のマラヤ共和国の旧態依然とした2個大隊の軍隊を元に根本から作りなおしたものであること、それを推進したのは、当時蔵相から防衛担当となったゴー・ケンスイで、一国の防衛体制の構築にあたり、彼が一軍人の経験しかなく、インド、エジプトなどに指導を頼むものの断られ、イスラエルが派遣してくれた小隊18名を軍事アドバイザーとしたことはよく知られた事柄である*75。

シンガポールの構造的脆弱性のひとつは、小国であり人口が少ないことであった。それは、志願制の軍隊では、危機発生時に動員できる兵力が相手側から侮られるほど少数であることを意味する。そこで目指されたのは、隣国から脅しをかけられないために、人口の少なさを補う国民皆兵制の導入（1967）であった。「徴兵制度導入後5年で、我々は予備役を動員し15万人の軍を編成できる。女性と高齢者など非戦闘要員と18歳から35歳までの男性兵士を合わせれば最終的に25万の軍となる」という、「最短の時間で最大限の兵員を動員するイスラエル方式」に基づいた軍隊を作ろうとしたとリーは記している*76。

1983年に導入された13年間予備兵役訓練サイクルにより、戦いに必要な人員は確保できるに至った*77。当初は同じ小国のスイスやスウェーデンに範をとり、自国内に敵を迎え入れて勝手知ったる土地勘を生かし戦うことで、最終的に相手を打ち負かす「毒エビ（poison shrimp）*78」戦略を標榜していた。相手に食べられる時は相手も死ぬ―これが抑止力になる、という考え方であるが、シンガポールのような極端に狭小な国家の場合、国内を戦場にして敵を翻弄することは非現実的である（戦略的深度がなく、水も自給できない）*79。先制攻撃で相手の戦意を喪失させるだけの軍事力がここに求められ、1975年に「前進防衛（Forward Defence）」が採用されるに至った*80。いわば、やられたらやりかえす、から、やられる前にやる、に方針転換したのである。「毒エビ」のたとえは、「ヤマアラシ（porcupine）」となった*81。

このための施策として採用したのは、最新鋭の軍備による軍事技術的優勢の確保でこれもイスラエルから学んでいる。小国の先制攻撃による大国への対抗という事例として、第3次中東戦争において、エジプト、シリア、イラク、ヨルダンに対しイスラエルが先制攻撃を行って早々に決着をつけた「6日戦争」があげられるが、これはシンガポールの国内において軍事費支出の説得力ある

165

説明となった*82。

シンガポールは、国家予算の１／４、GDP 対比ではほぼ4～5％にあたる軍事費を投じ、東南アジア地域で最も力のある軍隊を保持していると評価されている。GDP 対比で4％以上、かつ実額で1,500万 US ドルをコンスタントに支出して軍事力を強化・維持している国は世界を見渡しても多くない*83。69年から78年の10年間で軍事予算は114％増となっている。70、80年代の空軍の整備は早期警戒能力、長距離攻撃能力を飛躍的に高め、軍事力は大いに増した*84。

こうしてシンガポールは、80年代にはいる頃には地域随一の軍事力を確立し、自国の主権を確保するための一定の国際社会での地位を確保することに成功したのであり、他国からの軍事的脅威に対する対策は一応の完成をみたといってよい*85。

d．リスクへの対応２——経済成長のグランドデザイン：グローバル・シティ

シンガポールがどのように経済成長力を手に入れたかについては実に多くの研究があり、改めて多言を要しない。ここでは、この時期に打ち出された、都市国家という－脆弱性と表裏の－特性を生かした政策コンセプトを見ておきたい。

1972年2月6日、初代外相ラジャラトナムは、シンガポール・プレス・クラブで「シンガポール：グローバル・シティ」と題するスピーチを行った*86。後背地も天然資源もたないシンガポールが、経済的に生存し続けられる可能性はほとんどないという考え方に対し、グローバル・シティに変容することでその隘路を切り抜けられるとしたものである。

彼はトインビーの所説を引いて、グローバル・シティーとは「人類史上前例のない組織・社会の新しい形」であるとし、それまでの世界的都市が、帝国の首都や、宗教上の聖都、地域経済の中心などで、単独で強大な力をもっていたのに対し、グローバル・シティはエクメノポリス（ecumenopolis：互いにネットワークを形成して世界を包み込む都市）なのだと説明した。将来、世界の大都市同士のネットワークが世界経済システムに重きを成す時が来ると予測したうえで、シンガポールはその世界経済ネットワークの、主要でなくとも重要さを増しゆくコンポーネントのひとつとなることを目指すべきだと言ったのである。テクノロジー（電子コミュニケーション、音速飛行機、巨大タンカー、現代経済、産業組織等）を活用することによって、地理的制約を越え、世界経済と直接につながることでそれは実現できる－同時に、世界の各都市と相互依存関係を形成することになる。そのとき、小国であることや後背地の無いことが、国の未来を閉

第5章　シンガポールの国家リスク管理

ざすものではなくなるのである。

　このわかりやすいロジックについて、我々が思い出すべきなのは、この世界認識をラジャラトナムが1972年に示したということである。当時、通信手段はインターネットではなく*87、電話とファックスだった。パソコンはまだ普及しておらず*88、コンピューターといえば大掛かりな空冷・水冷設備を伴う大型マシンのことを指した時代だった。

　グローバル・シティは、きわめて先見的な政策概念なのである。

　その後、1991年にゴー・チョクトンは、その政権をスタートさせるにあたってこのグローバル・シティの考え方を展開し、現実の政策－「次の一周（The Next Lap）」－として打ち出した。ゴーは、シンガポールの経済発展を歴史的に振り返り、ラッフルズに見いだされて中継貿易（entrepot）経済でその地位を確立した後、独立以後の60年代〜70年代は、ローテク製造業と貿易経済に移行し、80年代後半からはハイテク製造業、金融、サービス産業を発展させてきたとまとめたうえで、「次の一周」は、グローバル経済の時代においてグローバル・シティーとしての地位を確保するとともに、世界を惹きつける我が家のような（homely）国家にするのだと位置づけた*89。

　世界経済のグローバル化がようやく人々の耳目をとらえはじめるようになった90年代にあって、シンガポールは、20年以上前から志向してきた政策を実現したのである。そして、国家間の競争を超えた都市の時代の到来*90については、近年ようやく各国・有力各都市が認識し、取り組みを開始しようとしているのに対し、シンガポールはグローバル・シティとしての継続的な経験をさらに積み重ねつつある。

e．リスクへの対応3——後継者選定・育成の仕組みづくり

　リーら1920年前後生まれの第一世代は、少数のエスタブリッシュメントとして何でもできる多様な能力をもって国家運営を行ってきたと自負しており、脅威の見極め、リスクの認識と管理は、この少数の中枢メンバーによってなされていた*91。

　たとえば外交分野でも、リーと彼の「親密な戦友」で「シンガポール共和国の外交の父*92」と呼ばれるラジャラトナム*93だけが外交の中心であった時代が長く続き、キャリアの外交官僚は1974年以降にようやく生まれた。それまでは、たまたま才能のあった者を選定・登用するばかりで、組織的な行政官・政治家の選定・育成の仕組みはなかった*94。

　政府は、どうしたら優秀な後継者にその仕事を組織として引き継ぐことがで

167

きるのかを重要な課題と認識し、ロイヤル・ダッチ・シェル石油会社の「現在の潜在能力」(Currently Estimated Potential : CEP)を重視する方法を採用することとした*95。

「現在の潜在能力」とは、当人が退職までに到達するであろう最高度の能力を現時点で評価するものと定義されている*96。

シンガポールが導入した公務員人事考課項目の全体像は、図表1のとおりで、3分野（知的資質〈Intellectual Qualities〉、実現力〈Achievement〉、リーダーとしての資質〈Leadership Qualities〉）の10項目からなっている*97。

図表1　シンガポール上級公務員の人事考課項目(参：シェル社幹部用)

シンガポール上級公務員 現時点での潜在的資質	シェル社幹部 潜在的資質　（参考）
知的資質（Intellectual Qualities） ・ヘリコプター資質（Helicopter Quality） ・分析力（Power of Analysis） ・想像力と革新力 　（Imagination & Innovation） ・現実感覚（Sense of Reality）	**能力**（Capacity） ・分析力と判断力 　（Analysis & Judgement） ・学習能力（Capacity to Learn） ・想像力と革新力 　（Imagination & Innovation） ・不確実性管理力 　（Manage Uncertainty）
実現力（Achievement） ・実現モチベーション 　（Achievement Motivation） ・社会政治的感性 　（Socio-political sensitivity） ・果断さ（Decisiveness）	**実現力**（Achievement） ・意欲と熱意 　（Drive & Enthusiasm） ・耐性と勇気 　（Resilience & Courage） ・目標設定と実行 　（Target Setting & Delivery）
リーダーシップ資質（Leadership Qualities） ・動機づけ能力（Capacity to Motivate） ・権限移譲（Delegation） ・意思疎通と助言 　（Communication & Consultation）	**人間関係**（Relationships） ・正直さと誠実さ 　（Honesty and Integrity） ・他人への敬意 　（Respect for Others） ・構想と意思疎通 　（Vision & Communication）

＊上級公務員：4等級の内、Div. I、IIの上位2等級。　　＊ PS21 office（2006）筆者訳・注

第1分野の4項目は、内部で HAIR と呼ばれる資質である。すなわち、①ヘリコプター資質（Helicopter Quality）：高い位置から物事（事情）を観察すると

第5章　シンガポールの国家リスク管理

ともに、危機の大小を明確にする能力、②分析力（Analyse Power）：事実（事情）を理性的、正確に分析できる、③想像力（Imagination）：問題に対する新たな解決方法を開発できる想像力をもつ。その新たな方法は、先を見て新たな基礎を築くとともに、現実を見逃さないこと、④現実性（Reality）：ビジョンと創造性を現実に結び付けて、完成する能力である。これらは1983年の公務員審査制に導入された潜在能力鑑定システム（Potential Appraisal System：PAS）に反映された*98。

　これらの中でも、最初におかれている「ヘリコプター資質」は特徴的である。全体を上空から俯瞰してリスクや目標の所在を見出し、同時に地表のある地点で起こっている現実を把握するというこの行動・考え方は、鷹が獲物を狙い、捕獲するのに例える方がダイナミックでふさわしい、という者もある*99。いずれにせよ、鳥の目と犬の鼻のような発想・行動を同時に行うことは、組織のリーダーに期待されるリスク認識力の根幹に位置すべきものと思われる。

　こうした観点をふまえ、小学4年生終了時から選抜を開始し学業で抜群の成績を上げた者を奨学金で国立大学や世界の名門大学に留学させて公務員とし、試用期間中さらには任官期間を通じて、ヘリコプター的資質および上記3要素の持ち主かどうかにつき、職場を変え（省庁の枠も越え）審査していくという方法を、シンガポールのエリート選抜方法として制度化した*100。

　ラジャラトナムは、リー・クワンユー60歳（1983年）の誕生日祝賀夕食会で演説し、リーの「最大の功績はシンガポールの外観を変えたことではなく、平均的なシンガポール人の精神と性格を変えたこと*101」だと指摘した。

「従順で、自分中心で、何でも金銭ずくで、根無し草の植民地奴隷だった者が彼のリーダーシップのもとでほんの短期間に毅然としたシンガポール人に変わ*102」ったという意味である。そして、ナポレオンの警句「ライオンの指揮する兎の部隊は、兎の指揮するライオンの部隊より強い」を用いて施政者と国民の関係をパターン化して説明した。すなわち、ひとつには、「ライオンの指揮する兎の部隊」である強権的な国家体制（シンガポール独立当時はソ連を想定）、またひとつには、政治指導者が大衆の嘲笑の的となるような「兎の指揮するライオンの部隊」―それは時として「歯のない兎の指揮する兎の部隊」をもめざす進歩的な民主主義体制（当時の英米の例。リーダーが先頭に立つよりも、マスコミ・世論・利益団体などの意見を優先させ、後からついていく指導者による体制をいう）が、現実の世界に存在する中、リー・クワンユーがそれらを否定し、「ライオンにひきいられたライオンの国」を目指してきたとし、そうすればこそ、「こ

の飢えた略奪者の世界において安全で尊敬すべき地位を確保できる」と述べた*103。

独立時の人材構成から合理的な体制と考えられたのは、当面はライオンの指揮する兎の部隊だったであろうが、本当の国力をつけるためにはそこからさらにライオンで構成される国民をめざしていく必要がある、という信念・方針がここにはある*104。

シンガポールのリスク管理体制の基盤を確立するこの時期に、行政に携わる人材（それは政府メンバーの候補でもある）の選抜基準として、統合的視野と現場感覚の双方を常に持つべきことを仕組みとして埋め込んだことには大きな意義があると思われる。この国が、以後の体制整備を統合的というキーワードを軸に推進していくのを我々は確認することになる。

（2）第2期：レジリエンス確立―トータル・ディフェンス
a．トータル・ディフェンス導入の背景

シンガポールが地域随一の軍事力を確立し、自国の主権を確保した80年前後の時期に東南アジア地域で、大きな国家主権侵害事案が起こった。

まず、ベトナムは、75年にクメール・ルージュによる攻撃を受けて以来、カンボジアと何度か衝突を繰り返していたが、78年12月に15万人の軍隊をもってカンボジアに侵攻した。79年1月には、親ベトナムのカンプチア人民共和国（PRK）を建国し、かつてそうしたように再びカンボジアの主権を侵害した。

一方、ソ連はアフガニスタンに対し、79年12月、抵抗勢力により劣勢に立たされた共産主義政権の求めに応じる形で、軍事介入を行った。このアフガニスタン紛争は、後に国連決議にて主権の侵害として批判されることとなった*105。

これらは、国内政治の安定しない独立国が、隣接する大国に主権を侵される実例であり、新たな課題を提起した。すなわち、国家の主権は、仮に軍事強国となり国際社会の一員として認められても、国民・国家の一体性が保たれない限り安泰とはいえないのではないか、そのことである。

既に徴兵制の導入（1967年）は、軍事的側面の他に、国民の忠誠と国民意識を迅速に醸成したことで、「国家建設（nation-building）」に大きな役割を果たしてきた*106と政府は自己評価していた。ただ、それでも国民の国防に対する考えは、政府の思惑とは必ずしも一致しておらず、1983年に行われた世論調査によれば、シンガポール人の40%は徴兵制が時間と金の無駄だと考えていた*107。多額の国防費支出や、予備役召集の産業界への負担に対し、政府はた

第5章　シンガポールの国家リスク管理

びたび説明をする必要があった*108。

　こうした状況の下、国民の活動や考え方を包括的に統合した国防体制を検討した結果、国家のレジリエンス構築のための包括的フレームワークとして1984年に導入されたのがトータル・ディフェンス（Total Defence：総合防衛）である。

　トータル・ディフェンスは、もともとシンガポール同様比較的人口が少なく、周辺大国からの侵略・主権侵害の脅威にさらされる中、徴兵制を敷くスウェーデン、スイスが採用した広義の国防の考え方である*109。第二次大戦以降の現代の戦争は総力戦であり、その影響は社会のあらゆる分野に及ぶため、戦争遂行には軍・民の協調が不可欠であるとの認識に基づく*110。

　シンガポールはこれに範をとり、自らの構造的脆弱性を踏まえて、軍隊のみならず、省庁、民間組織、国民が一丸となって効率的に外的脅威に立ち向かう体制*111 を構築することとした。

ｂ．トータル・ディフェンスの構成

　トータル・ディフェンスの構成は以下のとおり、①軍事防衛、②民間防衛、③経済防衛、④社会防衛、⑤心理防衛　の5本の柱からなる。

図表2　トータル・ディフェンスのロゴとアイコン

（ａ）軍事防衛（Military Defence）

　イ．侵略を阻止する（国軍による）

　抑止政策の中核であり、抑止が失敗した場合に敵を打ち負かす能力*112

　ロ．作戦に即応する（男性国民皆兵制による兵力動員と最新の装備）

　即応態勢については、正規軍は20分以内の配置、徴集兵の配置が約6時間以内で終わり戦闘態勢が整う。これに加え予備役も配置につく。民間の関係機関の配置も含め年に数回の訓練を実施している*113。

　ハ．あらゆる事態への対応能力（国軍の非軍事的脅威への対応力の拡充：テロ、サイバー攻撃、化学戦のような「非伝統的脅威」への対応のため他省庁と協働する）*114。

　軍事方針の主要な要素は、多額の軍事費、多目的対応型軍事システム、発生

可能性のあるすべての事象に対する即応態勢、防衛面で潜在的敵に優越する技術力の維持、統合的均衡的な軍隊と防衛外交である。特に軍事費については、97年に始まった東南アジア地域の不況時に地域各国が軍事費を減らす中、シンガポールは1998～2011年の期間、毎年13％近い割合で増やしてきた。防衛相によれば、経済状態が良い時も悪い時も防衛資源が準備されていることを約束し、国民の自信と外国からの投資を維持する必要があったのだ、という*115。

（b）民間防衛（Civil Defence）

イ．国民が非常時に取るべき行動を知っている（ボランティアから成る民間防衛隊〈Singapore Civil Defence Force〉が、救急・救助・避難およびシェルター管理を遂行すべく日ごろから自ら訓練するとともに、国民への啓蒙活動を実施）

ロ．常に警戒する（ひとりひとりがおかしいと気づいたことを報告する）

（c）経済防衛（Economic Defence）

イ．自らを素早く時代の流れに合わせ勝ち抜けるよう鍛え続ける（時代の変化に合わせ、国民が技術や知識を刷新し続けてこそ国の経済が前進する）

ロ．危機の時期でも機能し続けられる成長経済の仕組みを整備する（シンガポールの経済基盤は強く、危機に対して脆弱ではない。しっかりした方針を持ち訓練をしておけば外部からの衝撃に持ちこたえられるし、企業が業務継続の対策を講じておくことは経済を維持するのに貢献する）

ハ．この国を将来の世代が住みやすい所にする（電気や水道の節約、環境に負荷をかけない暮らしをすることで、将来の世代に住みよいシンガポールを残す）

（d）社会防衛（Social Defence）

イ．民族・宗教の異なる国民が、調和して暮らし、働く（民族・宗教の調和はシンガポールにとって死活的に重要である。うまく調和をとることで、社会の絆を強めることができる）

ロ．互いに面倒を見る（ひとりの人間として、より恵まれない人に手を差し伸べ、コミュニティに奉仕する義務がある。民族・ことば・宗教・年齢・国籍にかかわらずそうすることが社会の絆を強め、親切で心優しい社会を築くことになる）

（e）心理防衛（Psychological Defence）

イ．コミュニティへの忠誠と熱心な取り組み（祖国に対する誇りと情熱により、自分達の財産と国家の独立を守ることに立ち上がる）

ロ．危機や課題に打ち勝つ意志と対応力をもつ（危機に際して重要なのは国民の強い気持ちであり、それが国の強さを決定する）

第5章　シンガポールの国家リスク管理

　以上のようなトータル・ディフェンスの各要素は、第1期で整備されてきた防衛体制、経済成長の仕組み、社会安定の工夫などであるが、それらを防衛のために「統合」して計画・運用しようとするところに大きな意義がある。同じく第1期で確立した公務員の HAIR 能力は、こうした統合的政策を実効的に実現しうる素地となっていると考えられる。

　リーが、独立直後に防衛・経済・社会の安定の三者を統合的に達成すべきだとした方針は、一貫して堅持され、こうした形で実現したといえよう。

c．防衛に関するコミュニティ評議会（ACCORD）

　トータル・ディフェンスは、防衛省（MINDEF）が主に内務省（MHA）と協働して進める戦略であり、政府主導の取り組みである。しかし、その内容は国民各層・各組織・社会との広範な協力関係が基本となっている。

　これを支えるべく、1984年防衛省により、国防に関する事柄について社会にフィードバックする仕組みとして、防衛に関するコミュニティ評議会（ACCORD : Advisory Council on Community Relations in Defence）が設立された。組織には内務省、各種団体の代表者も取り込み、国内各コミュニティとの緊密な協力体制づくりを容易にしている*116。

　危機状況においては、行政機関だけで対処しきれないことが多く出てくる。これを前提にすれば、国民も所属組織を通じてその対処に参加することが必要となる。その組織とは、従業員を雇用する各企業であり、生徒の通う教育機関であり、草の根活動やボランティア団体などである。ACCORD は、シンガポール社会の幅広い各層から選ばれたメンバーで構成され、そこから得られる意見と専門的アドバイスによって、防衛省が国民感情を読み違えることなく、国民の関心事に的確に応えられるようになることが企図されている*117。

d．レジリエンス政策としての特徴

　潜在的な外敵と向かい合う中で、国家全体のレジリエンスを強化するという全体戦略に沿って軍事力（SAF）のさらなる充実が図られてきた*118。トータル・ディフェンスの考え方のもと、国外への資源（水や食料）の依存を中長期的に減少させ、国民ひとりひとりを守る民間防衛を整備するとともに、軍事面では既に導入していた先制攻撃戦略を、こうした活動と調和する形で洗練させることになった。すなわちレジリエンスを備えた国家として、シンガポールは、仮に敵の攻撃を受けたとしても、最初の一撃に対し軍事力で決定的な反撃を加えることがあるとしても、その前に攻撃を受け止め、その衝撃を吸収することを想定しているのである*119。その意義は、相手が先制攻撃を行ったという事

173

実をはっきりさせ、政治的に利用することにある。

シンガポールの防衛戦略は、軍事的に直接攻撃を受けるのを避けるのにとどまらず、政治的であれ経済的であれ域内の隣国から圧力をかけられることまでも抑止しようとするものである。シンガポールの隣国は、この国の生命線に関わる虎の尾（水資源の供給やシーレーン）を踏んだら、軍事的な反撃がなされることをわかりすぎるほどわかっている。シンガポールは、平常時において「東南アジアのイスラエル」ではないけれど、いざとなればそのようにふるまうリスクはとるのだ、との強烈なメッセージを、独立以来、発信し続けてときたハクスレイは評価している＊120。

こうして強化されたシンガポールのレジリエンスは、スイスが同じく自国のレジリエンスを強化しようとした際に参考とすべく分析している＊121。ここでは、シンガポールとイスラエルを除く各国の考え方が非常に似通っているとともに、この2か国の特殊性が指摘されている。米国をはじめとするその他5カ国では、システム、インフラ、政府機関、企業、社会をリスク事象に対応できるようにすることがレジリエンスと理解されている。しかしシンガポールでは、それらに加え、国家のパラダイムとなっているトータル・ディフェンスと密接な関連付けをもたせ、特に社会のレジリエンスにフォーカスしている点に特徴がある＊122。レジリエンスは、単なる災害や危機への準備にとどまらず、民族・文化の調和や愛国心という国民がもつべき信条であり、学童向け始め多くの政府によるプログラムによって国民に植え付けられているのである。

毎年トータル・ディフェンス・デイには国民行事としてのイベントが催される。その2月15日は、1942年、日本軍がシンガポールを侵略した日であり、国が主権を失うことの戒めの象徴とされている。ウォン（Diana Wong）は、シンガポールが国の歴史をこの日を起点として描き、宗主国イギリスが植民地住民を守れなかった事実を見つめ、日本軍占領下での苦難を経て、自力での主権維持の必要性を確信するという「シンガポール物語」を創りあげ、国民の「記憶」としたことを説いている＊123。

このようにトータル・ディフェンスは、国家のレジリエンス構築のための包括的フレームワークとして、シンプルでパワフルなメッセージを自国民に伝え、敵に対する抑止力をアピールする、国家リスク管理の中核的基盤となったのである。

第5章　シンガポールの国家リスク管理

(3) 第3期：9.11以降―国際テロリスク
a．新たな脅威の見極め―国際テロ (transnational terrorism)

　リー・シェンロン副首相（当時）は、9.11に続く世界不況、テロの横行の結果、地政学的均衡は激変した、との認識を示し、9.11をリスク認識の画期とした[124]。

　すなわち、9.11以前の20世紀のテロリストの活動は、ほぼ自国内にとどまっていたが、9.11以降ではアルカイーダの名のもとに、類似のグループがグローバルネットワークを形成し[125]、金銭・装備・経験などで相互に支援し合うようになった。また、シンガポールは、国際テロに反対の立場を取っているというだけでなく、現実にテロリズムと戦う姿勢をとった米国などの国の支援を表明したことで敵とみなされることとなった[126]。

　テロは国際テロに変容し、警察が扱う犯罪から、国家が対峙すべき「戦争」となったのである。

　テロは、いつ、どこが、どのように攻撃されるのかがきわめて予測しにくい脅威である。

　たとえば、シンガポールは、テロリストが複数のホテルにたてこもったムンバイでの同時多発テロをシナリオに取り入れた訓練を行ったことがある（Exercise Northstar VII）。防衛線を突破してセントーサ島にボートで侵入したテロリストが、人質をとってホテルに立てこもったという想定で、陸海空から制圧作戦を行ったもので、訓練は成功裏に終わったが、報道陣に感想を問われて、リー・シェンロン首相は「この次は同じやり方のテロではないだろう」と答えた。

　この訓練のわずか2日後に、ジャカルタの2つのホテル（マリオットとリッツカールトン）で自爆テロがあった。「テロリストは、訓練のようにボートにも車にも乗って現れなかった。彼らは、一室を予約し、そこを作戦室とした。爆弾は部品として少しづつ搬入され、ホテル側の高度化されていた警備をすり抜けることに成功した。完成した爆弾は、テロリストによってホテル内の計画した場所に運ばれた。そのうちのひとつは、ホテルの花売りの従業員によって地下のコーヒーハウスに持ち込まれ、そこで爆発したのである。我々はこの事例にも学ぶが、彼らの次の手は同じではあるまい。これは終わりなき戦いである[127]」。

　脅威を評価する要素は攻撃主体の意図と能力であった(1(1)b)が、対立する国家の能力を測る軍事力はここでは適用できない。一発の小さな爆弾でテロは遂行されうるが、国家にとって脆弱な部分を確実にヒットできれば、その効果は

十分ある。それは社会のインフラといった場所的な脆弱性のみならず、重要な意思決定・世論の動向に影響を及ぼす政治的場面、行事といった脆弱性でもかまわない。ここでは、テロ組織の能力以上に戦略的意図が問題となるのである。

　このようにテロリスクの発現には数えきれない形態があり得るとするなら、想定シナリオは際限なく広がり、限られたリソースで対応することは無意味にさえ思える。そこで最も重要だと考えられるのは、国際テロの本質・意義が何であるかということの見極めであろう。2004年、副首相兼防衛調整担当首相府大臣トニー・タンは、米国務長官だったジョージ・シュルツの考えを最も適切なものとして次のように引用している。

「国際テロとは（国連の秩序の下にある）国際社会の協力と進歩を破壊することに執着している、広く国際的なつながりをもつイデオロギー運動が選んだ手段・手口である。この運動の目的は以下の4層からなる：①国際社会の人間と影響力を中東から排除する、②国際社会と歩調を合わせようとするすべてのアラブ政権を打倒する、③イスラーム社会として最も人口が密集している地域および西欧社会内部にもっと堅固で脅しの効く足場を得る（前者の具体的な場所は、東南アジア、サハラ以南のアフリカおよび中央アジア）、④最終的にイスラーム統一神政統治から、国際国家システムの痕跡を排除する。つまり、国際社会は、宗教的動機を持った運動による妥協の余地のない攻撃にさらされており、劇的致死性をもつテロリスト攻撃はこの運動が選んだ武器なのである。
われわれの戦いは、この運動に対するものであって、テロという単なる武器に対するものではない＊128」（括弧内筆者）。

　ここには、テロという脅威の本質が語られていると思われる。シンガポールは、こうしたテロリストの怒りや行動を生み出す元となるイデオロギーを、より良くまた深く理解しようとする。それゆえ後述する「国家安全保障調整委員会（National Security Co-ordinating Committee）」の重要な使命をそこに置くのである。
　冷戦が、地政学的な争いであったと同時にイデオロギーの争いであったように、テロに対する戦いもまた武力闘争であると同時に思想の問題として扱われねばならない。すなわち、警察力や情報機関と同様、宗教指導者やコミュニティのリーダー達と手を携えて戦う必要がここにある。

第5章　シンガポールの国家リスク管理

b．リスク管理の施策

　こうした国際テロに対抗して、シンガポール政府は9.11以降の5年間で、3つの施策－①安全保障対策の強化、②政府内調整の向上、③社会のレジリエンスの確立－を講じてきたと総括している*129。①の安全保障対策の強化については、陸海空のそれぞれの分野でなされ、さらに出入国場所、空港、港湾、重要設備、主要なパブリックスペースにおける爆破・生物化学兵器の脅威への安全対策が整備された。ITを活用した実務的・効率的な警戒態勢を確立したといえる*130。その内容も興味深いが、それらは新しい仕組みづくりというよりは、むしろ個別対処策であり、その他の国々の施策と方向として大きく違うわけではないため割愛することとし、ここでは国家リスク管理体制整備に関わる、②政府内調整の向上、③社会のレジリエンスの確立の2点をとりあげる。

（a）国家安全保障のための戦略的フレームワーク—政府内調整の向上

　シンガポールは、すでに1999年には、非伝統的安全保障分野の脅威に対応するために、防衛・治安関連組織の調整を行う「国家安全保障事務局（National Security Secretariat：NSS）」を設立しており、上記①の対策はNSSが中心となって遂行した。

　しかし、こうした対策をアド・ホックに重ねるにつれ、NSSが全省庁・組織を調整対象としていないことが不十分であると認識されるようになり、首相直属の「安全保障政策審査委員会（Security Policy Review Committee）」が検討を進め、2004年に、テロリズムおよびその他の脅威に対する国家の長期方針である「国家安全保障のための戦略的フレームワーク（The Strategic Framework for National Security）」が策定された*131。

　当時の副首相兼防衛調整担当首相府大臣トニー・タン（Tony Tan）は国会で次のように述べている。

「世界各国が国際テロの脅威に直面している時代にあって、どういう安全保障体制をとるべきかにつき関係各大臣・官僚・専門家と相談するとともに、米、英、仏、蘭、独、スペインおよび周辺各国国家の考えを聴取し以下の結論に達した。すなわち、安全保障は防衛や治安維持などの個別政策であってはならず、総合的に取り組まねばならない。なすべき課題は、画然とした省庁各組織別の業務担当に任せるのではなく『政府一体』となって取り組むことである*132」。

　縦割りの行政組織を前提にしながら、「政府一体」の取り組みはどのように

実現されるべきなのか。リスクオーナーのはっきりしない問題に対し、政府が統合・調整した政策を計画・実行するためには、いくつかの方法がある中*133、上記委員会は、首相府内に関係組織の調整担当機能を置くことが最も効率的であると考えた。また、国際テロとの戦いにおいては情報（intelligence）が決定的な武器であることから、内外の情報機関の調整・統合をとりわけ強化し安全保障の鍵とした*134。

これらを踏まえ採用された、政府一体型アプローチのための組織概要は以下のとおりである（図表3参照）。

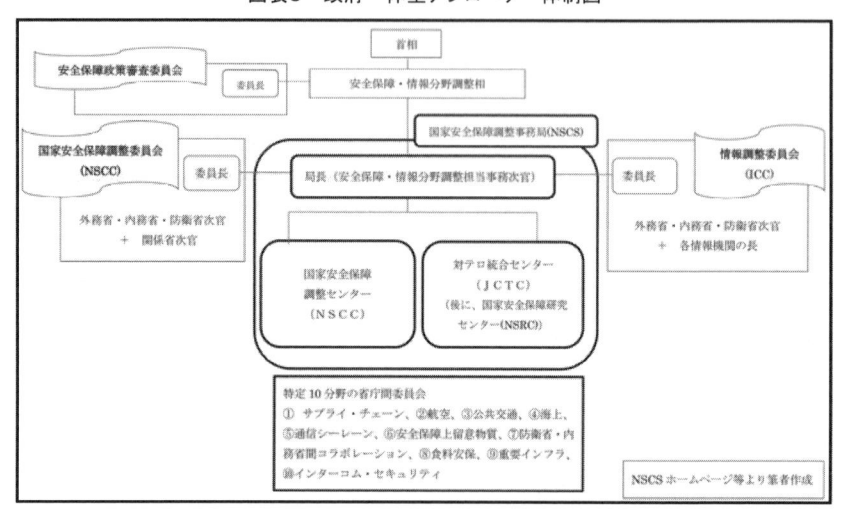

図表3　政府一体型アプローチ　体制図

まず、ハイレベルのガバナンス機能として、首相府内に「国家安全保障調整事務局（National Security Co-ordination Secretariat(NSCS))」を設置した。

事務局長は、安全保障・情報調整（National Security and Intelligence Co-ordination(NSIC)）担当事務次官で、安全保障防衛調整相（Co-ordinating Minister for Security and Defence）を通して首相を直属の上司とする。

同局長は二つの委員会の議長を兼ねる。一つは、外務、内務、防衛および関係事務次官をメンバーとする「国家安全保障調整委員会（National Security Co-ordinating Committee)」であり、もう一つは、外務、内務、防衛事務次官に加え各情報機関の長をメンバーとする「情報調整委員会（Intelligence Co-ordinating Committee)」である。

178

第5章　シンガポールの国家リスク管理

　また局長の配下には二つの実務組織－「国家安全保障調整センター（National Security Co-ordination Center(NSCC)）」、「対テロ統合センター（Joint Counter Terrorism Center(JCTC)）」（2012年に「国家安全保障研究センター（The National Security Research Center(NSRC)）」に改組）－を置いている。

　前者 NSCC は、安全保障政策の調整と計画策定を行う。その業務は、リスク評価プログラム（RAHS：後述）の開発、国民への周知、公務員に対する安全保障講義、陸海空安全保障の強化戦略モニタリング、生物・化学・放射能・サイバーの各テロから生じる脅威への対処能力のモニタリング等多岐にわたる。また非常に重要な役割として、複数のシンクタンクと協力し、テロリストの怒りや動機を煽るイデオロギーにつき、より良い理解を深めることがある。これは、前項でみた国際テロの本質・意義についての見方に対応するものである。

　後者 JCTC は、テロリズムに対抗する諸情報活動の調整と共に、国防省の安全情報局（Security& Intelligence Division）と内務省の治安局（Internal Security Division）の協力体制の中心となる。両局およびその他関係諸機関の持つ情報に自由にアクセスして、テロに対抗するためのあらゆる情報を戦略的に分析・評価する統合結節点となるのである。

（ｂ）社会結束プログラム（Community Engagement Program：CEP）
　　　―社会のレジリエンス確立
　イ．国際テロの脅威とレジリエンス

　国際テロとの関係で、改めてレジリエンスを強く意識することとなったのは、2005年7月7日に発生したロンドン同時爆破テロ事件である。

　事件発生の11日後にトニー・タン副首相（兼防衛調整担当首相府大臣）は国会でこの事件についてスピーチを行い、イギリス政府の非常時対応に賛辞を送る一方、この事件が社会に及ぼした負の影響を強調した＊135。キングス・カレッジの研究者達の調査によれば、事件後7か月を経ても市民の11％は大きなストレスに苦しんでおり、43％は自分達の生命が今も危険にさらされていると考えていた。「明らかにテロリストの攻撃は一般市民に心理的影響を与えたのである」。そして事件の帰結は、英国内イスラーム教徒に対するいわれのない非難であり、民族主義者による加害行為であった。コスモポリタンシティとして多文化を許容するはずのロンドンのコミュニティに、こうして相互不信は広がっていき、2010年に行われた世論調査では、イギリス人の58％はイスラーム教といえば過激主義を連想し、50％はイスラーム教がテロリズムと結びついていると信じるという状況に立ち至った＊136。

さらに、この7.7ロンドンテロが9.11ニューヨークテロと異なるのは、テロリストが外国から来たのではなく、生まれながらのイギリス人だったという点である。このことは、国家や地域社会への忠誠が宗教への忠誠の前にないがしろにされたともいえ、イスラーム教に対する市民の反発や嫌がらせを正当化する感情を後押ししたともいえる。

つまり、このテロは社会の心理的分断という被害をもたらしたという点が、同様の多文化社会の脆弱性を認識しているシンガポールにとって恐るべきことだったのである。

ロ．社会結束プログラム（CEP）の狙い

CEPは、一国一国民（one nation and one people）の調和・団結した社会を、主要な組織、団体、草の根運動のネットワークを強めることで実現しようとする国家プロジェクトである。当初想定された脅威はテロ被害であったが、その後、自然災害やパンデミック、犯罪など、いかなる危機や緊急事態に対しても国民・居住者が対応できるレジリエンスが確保された社会をめざし、現在に至っている*137。

ハ．5つのクラスター

CEPに参加する諸団体は5つのクラスターにグルーピングされる。

責任官庁は内務省（MHA）で全体の統合調整を行い、地方自治開発省（MCYS）、教育省（MOE）、情報芸術省（MICA）、労働省（MOM）、人民協会（People's Association）の5省庁・団体がこれを支える。これら全体の組織は閣僚委員会（Ministerial Committee on Community Engagement(MCCE)）の指揮下に置かれる。

＜1．宗教系、民族系、ボランティア福祉系諸団体＞

シンガポール社会の脆弱性に関わる、民族・宗教間の調和については、社会開発青年スポーツ省（MCYS）による音頭取りで、2006年10月から、各団体毎に「絆作り」、「危機対応力作り」、「訓練」の3段階で取り組みが進められた*138。

この3段階の取り組みのためにリーダーは自分達以外の宗教等につき理解しておく必要があり、これを促進するため、相互の対話、訪問、展覧会、会議参加などが催された。

＜2．教育機関＞

教育機関に対するCEPは、教育省の「治安および危機計画局」が所管しており、平常時の教育と、事案発生時の対応／保安手法の二本立てで、特に各校のCEPチームに対しCEPに関する知識や運営手法を植え付けるため、セミ

第5章　シンガポールの国家リスク管理

ナーや訓練を実施している*139。

　また、新任の校長と副校長に対しては、シナリオに基づく机上訓練（Exercise Octopus）により、テロ後の民族・宗教問題の発生時に、教育現場ではどう対応すべきかの具体的手法を身につけることとしている*140。

＜3．メディア、芸術関連組織＞

　報道各社の他、芸術・学術分野の各組織もCEPに沿って情報通信芸術省と連携した活動を行っている。報道に関しては、平常時からラジオのディスクジョッキーやテレビの司会者などが、CEPの考え方をよく理解した発言に留意するとともに、テロ等危機発生時には、視聴者を落ち着かせ、なすべきことをガイドすることを使命としている*141。

＜4．企業および労働組合＞

　シンガポールでは、外国人人材の積極登用政策もあり、国籍の異なる職員が職場を共にすることが常態化しており、国籍、民族、宗教などに起因する混乱が生じないよう十分な対応準備をしておく必要がある。

　CEP活動は、雇用者、労働組合、政府の三者によるアプローチにより推進される。このため2006年に「職場における社会関与に関する三者委員会（the Tripartite Panel on Community Engagement at Workplaces）」が設けられ、労働省を議長として三者の主要なリーダー達がCEPの取り組みをリードすることとしている。民間企業の一般的な危機対応策であるBCM（Business Continuity Management／業務継続マネジメント）の一部としてCEPを組み込むことが現実的な解決策として考えられている。政府が示す「雇用者のためのCEP導入ガイド（CEP Implementation Guide for Employers）」には、業務継続計画時のリスク評価にあたっては社会的レジリエンスを考慮することが求められており、実務における実効性を確保する仕組みとしている*142。

＜5．草の根組織（GRO）＞

　各選挙区を土台にし、国民生活に身近な人民協会（People's Association）の約1,800の組織は、CEPにおけるボトムアップ的な活動に、非常に都合の良いものといえる。また、CEPの他クラスターもGROと密接に連携することが必要であり有用である。

　実務的には、「社会関与活動家委員会（a Panel of Activists for Community Engagement（PACE））」が大きな役割を果たしている*143。

（c）全体像

　既に見たように、「国家安全保障のための戦略的フレームワーク」の全体像

181

は、首相に直結した国家安全保障調整相が、直接的に外務・内務・防衛の3省を総合的に調整する仕組みであった。情報機関がこれに連なりインテリジェンスを強化している。

このフレームワークによれば、防衛省が主体となり内務省が協働するトータル・ディフェンスと、内務省が主体となり各省庁が協働する社会結束プログラム（CEP）を、連携運用することができる。既に見たとおり、トータル・ディフェンスも社会結束プログラムも、国家・社会としてのレジリエンスを確立・強化するための仕組みであり、国民を巻き込んだレジリエンス確立が企図されているのは明らかであろう。

国際テロリスクの脅威を契機として、国家の構造的な脆弱性を念頭に、一体型政府の実現、国民各層の結合を行ったことは、先に整備されてきたトータル・ディフェンスの取り組みと合わせて、シンガポールのリスク管理態勢を確実に前進させたと言ってよいであろう。

（4）第4期：国家リスク管理のイノベーション－戦略策定との統合
a．「想定外」のリスク

9.11事件への対応は前節でみたとおりであるが、この事件のもう一つの画期的な特徴は、それが、国家あるいはその他の主体にとって「突然の衝撃」、「サプライズ」、「想定外」であり、既存のリスク管理や戦略策定の理論や態勢でカバーしきれなかったことである。2000年前後、リスク管理や戦略策定がそのスコープにとらえきれなかった事例として、東南アジア地域においては、1997～98年のアジア金融危機、2003年のSARS、東南アジア津波などがあった。これらは、発生時の被害は甚大かもしれないがその発生確率は非常に低いと予想され、対応策をとっていなかった事柄が発現したものであり、また、そもそも起こりうるものとして全く考慮されていなかったことでもあった。

このことは、リスク（脅威/ハザード）を洗い出し、特定したうえでそれを評価することに始まるリスク管理サイクルが、そもそも最初のステップで失敗していることを意味している。

研究者や政治家・実務者たちはこうした事象を、「ブラックスワン[144]」、「ワイルドカード[145]」、あるいは「unknown unknowns（未知なる未知）[146]」、「エマージング・リスク[147]」などと名付け、それがいかなるものなのかを理解しようとした。

b．戦略策定手法の限界

第5章　シンガポールの国家リスク管理

　シンガポール政府は、1991年以来戦略的予測を含む戦略策定手法として、ロイヤル・ダッチ・シェル社に学んだシナリオ・プランニング*148 を採用してきた。その導入以来数千人の公務員がこの手法の教育を受けた結果、省庁間で戦略・計画を語る際の共通言語、基本フレームワークとなっているとされる。公務員は、自分が取り扱う問題に「もし～だったらどうなるか」という質問を繰り返す予見思考（'anticipatory'mindset）を習慣づけ、計画に柔軟性をもたせ、変転する環境の中で成果をおさめてきた*149。この国が、IT、金融技術、バイオテクノロジーなどに他国にさきがけて注目し、教育の転換を含めた国家戦略を推進してきた行政的基盤はここにあるといえよう。

　そのシナリオ・プランニングは、第一次石油危機を予見し得たことで評価が定まった手法であり、国家戦略に係る将来を予見できるはずであった。

　しかし、問題の「想定外」事象に対しては、この実績あるシナリオ・プランニング手法は有効には機能しなかったように思われた。もしかすると、これまでと異なったアプローチや思考方法が必要なのではないか……そのことを理解できた者は当初ごく少数であったが、シンガポールにおいては、当時防衛事務次官のホー（Peter Ho）が明らかにその一人であった*150。

図表4　クネヴィンフレームワーク

Complex（複雑）	Knowable（知り得る）
パターン・マネジメント	分析／還元主義者
父権的・母権的リーダーシップ	寡頭的リーダーシップ
探査、理解、対応	理解したうえで対応
Chaotic（混沌）	Known（知っている）
激動および無関連性	論理的なベストプラクティス
カリスマ的または専制的リーダーシップ	封建的リーダーシップ
行動、理解、対応	分類したうえで対応

出典：Snowden（2003），p.26. なお、本図の説明は注152参照。

ホーはシナリオ・プランニング手法の限界を、クネヴィン（Cynefin）フレームワーク*151 を念頭において（図表4）*152、次のように述べている。「シナリオ・プランニングは、あらかじめ知っていた（Known）分野と今知り得る（Knowable）分野において、変化が一定（線形）な事象に対してだけ、有効に適用できる手法だったのだ」。だからこそ、複雑で無秩序な（Complex and chaotic）今日の状況下で、「複雑化した環境」や「新たに立ち現れる戦略的課題」を扱うには、この手法では十分ではないのだ、と*153。「想定外」のリスクとは何なのか、は、このフレームワークの中で既存のリスクと対比・相対化され理解できるようになったのである。

c. RAHS（The Risk Assessment and Horizon Scanning）

ホーは、シナリオ・プランニング手法の限界を理解したうえで、どうしたらその補完が可能かを探っていた。というのも、複雑系の世界観に対応した戦略策定・リスク管理の統合的な仕組みはどの国にも参考とすべきモデルがなく、自分達で生み出すしかなかったからである。

彼の思考は、2002年から数年間をかけて醸成されていったようだが、それは、テロリストの個人情報を特定する米国の TIA（Total Information Awareness）、大量データから自然言語によって異変の兆候を発見する LISA（Large-scale Integrated Search and Analysis）、複数のデータベースをつなげて異常行動を見つけ出す NORA（Non-obvious Relationship Analysis）、個人情報を匿名化する ANNA *154 などを考え出した専門家たちとの出会いと論議を経たものであった*155。

こうした複数の考え方・手法の中でも、ホーは、特に LISA のベースとなっているホライゾン・スキャニング（horizon scanning：水平走査）に着目していた。

現代的な意味でのホライゾン・スキャニングは、「表面化していない重要な出来事の兆候を、それが潜在的脅威や機会となるのかどうか、体系的チェックによって見つけ出す技法」とされる*156。実は「想定外」とされた事象や事故、事件も、その後の振り返りで事前に多くの兆候があったことが指摘されており*157、それらを見過ごさないためにはどうすればよいのかという課題に対する解として、ホライゾン・スキャニングが評価されたのである。

したがって、シナリオ・プランニングの補完には、まずホライゾン・スキャニングを用いて兆候を見逃さないことが求められ、さらに、その情報を政府の意思決定の実用に供するために、その兆候が何を意味しているのかを分析して

第5章　シンガポールの国家リスク管理

提示する仕組みを構想する必要があった。先に述べた各手法を統合的に組み合わせるにはどうすればよいのかが課題であったが、その統合のキーとなる技法はセンス・メーキング*158 ではないかというのが彼の考えであった。そこで、ロイヤル・ダッチ・シェル社でシナリオ・プランニングを開発・実用化したシュワルツ（Peter Schwartz）に、先述の専門家達を集めたセンス・メーキングに関するワーク・ショップを組織してもらいたいと頼み、2005年初めにそれが実現した、とホーは振り返っている*159。

こうした検討・研究を経た結果、因果関係の定かでない複雑案件をとらえ、そのリスクを評価する統合的な手法が構想され、「リスク評価とホライゾン・スキャニング」－ RAHS（Risk Assessment and Horizon Scanning）－と名付けられた。RAHS は、前節で述べた「安全保障のための戦略的フレームワーク」の一部として2004年にそのアイデアが発表されていたが、実装したシステムとしてその内容が公表されたのは、2007年3月にシンガポールで開催された第1回国際 RAHS シンポジウムにおいてであった。

完成した RAHS を一言で言えば、「新たな戦略的脅威あるいは機会を、アナリストが検出・調査する際に役立つ、方法論とソフトウェアを IT プラットフォームに組み込んだもの*160」である。

伝統的安全保障と非伝統的安全保障の区分にこだわらず国家に重大な影響を及ぼす可能性のある事象を、収集・分析・報告・モデル化・モニターするというこのプロセスは、まず政府内においては、省庁間をまたがって行われなくてはならない。サイロにたとえられる行政機関の縦割り組織を横断的につなぐこのやり方は、すでに、政府一体（whole-of-government）型アプローチとして取り組んできたものである。次いで、政府の枠を越え、国内の大学や研究所ともリンケージを取ること、さらに国家の枠を越え海外の政府や関係機関にもネットワークを広げることで、世界のどこかで起こりつつある兆候を、見逃さず把握できる可能性を高めた*161。

RAHS は、以下の5機能から成っており*162、実際の運用は前節で触れた国家安全保障調整センター（NSCC）が行っている。

①データ収集と情報整理
②文脈とシナリオ作り
③モニタリングと摘出
④パターンの発見と評価
⑤コラボレーション（データモデル、モニター、メソッドのコラボレーション）

さらに防衛科学技術庁（Defence Science and Technology Agency：DSTA）により、2007年10月にRAHS実験センター（RAHS Experimentation Center）が設立された。反テロ、海上保安、文化社会、パンデミック等の分野でRAHSに役立ちそうな新しい考え方やシステム技術があれば、ただちに実験してみてRAHSを向上させようとするものである。この組織のユニークなところは、広く世界の政府、大学、産業に門戸を開き、実験結果が良ければその結果を共有しようとしていることであり＊163、最初からオープンな仕組みを志向している。

　　d．国家戦略との融合
　　　　—戦略的未来センター：CSF（the Center for Strategic Futures）
　（a）政策決定者の課題—認知バイアス
　こうした仕組みを整備したシンガポールであるが、さらにその問いは続く。「（こうした仕組みを整備しても）政策決定者が完全な将来予測をできると言い難いのはなぜか？＊164」と。

　認知・行動科学や社会心理学が示すように、人は必ずしも合理的な行動をとらないこと、その理由は多く認知バイアスによることがわかっている。シナリオ・プランナーの示す合理的な予測を読んで、しかるべき措置をとると思われている政策決定者がそうしないことは、あらかじめ考慮されるべきことなのである＊165。

　ホーは、そうした認知バイアスを引き起こすものとして以下の5点を指摘している＊166。
　①確証バイアス（先入観に基づいて都合の良い情報だけを見てしまう）、集団思考（集団浅慮。集団の合議による意思決定が、合理性・適切性を欠いたものになってしまう）およびその他の認知的失敗
　②複雑系に対する理解能力の欠如
　③過去を一貫したものと考えがちな傾向
　④戦略的サプライズに対する準備をする気のなさ、あるいは不十分さ
　⑤リスクの断片化　　など。

　そして、このような罠に足をとられないようにするためには、次のように考えるべきだと指摘した＊167。
　①認知バイアスがあることを理解し、論議参加者を専門家以外に広げるなど多様化する（米国防衛科学会議（the Defence Science Board）のように）＊168。
　②戦略的サプライズの対応コストは、政府が起こりもしないことに尋常でな

第5章　シンガポールの国家リスク管理

い金額を投じるのであれば、政治的に高すぎることを理解する。
③戦略計画過程を、心理的側面、実務的側面を交えて調整する。シナリオプランニング、RAHS を活用する。
④シナリオ・プランナーやアナリストが、政策決定者と連携しコミュニケートする。わかりやすく、図表化したり、細分化するなどの工夫が有用。
⑤政府内にレジリエンスの仕組みを組み込んでおく。効率よりもレジリエンスが重要。

（b）戦略的未来センター（CSF）の設置

こうした対策案を実現するための具体的施策として、2009年に首相府内の公務部（Public Service Division：PSD）・戦略政策室（Strategic Policy Office：SPO）に、未来を考える専門チーム－戦略的未来センター（Center for Strategic Futures：CSF）－が設置された。CSF は、戦略政策室と共同し RAHS の支援を得ながら未来関連業務－特に長期計画－の中心的役割を果たすことが期待されている。

CSF は戦略的予測にあたって、常に、5つの本質的な計画視点－宇宙、地球、地域、国、国内－をベースに、タイムスパンとしては短期、中期、長期の3つのサイクルで考える。その際、5つの領域－社会、技術、経済、環境、政治－のリスクが相互に影響し合いながら存在していることに留意するものとしている*169。

長期計画に必要なスキルは短期のそれとは違うことから、CSF では長期計画の専門家たちがその役割を担う。また、政府内のシンク・タンクとしても機能し、とりわけ未知なる未知（unknown unknowns）を扱う時には解決パターンのレポジトリ（参照用データベース）ともなることを企図している*170。

CSF のビジョンは、「複雑で速い環境変化にいつでも対処できる、戦略的俊敏さをもった政府をつくること」である。CSF は「戦略的予測とリスク管理」をできる能力をもち、「将来のトレンドや、不連続で影響の大きい不意の出来事に対する洞察」を政策決定者たちに示して、十分な情報に基づいた政策決定を支援する。このことを通じて、シンガポール政府が、生起してくる戦略的課題をうまく処理し、潜在的なチャンスを活用できるようにしようとする*171。

その役割を大きく4点にまとめると、以下のとおりである*172。

①体制順応主義に立ち向かう（国内外の多様視点をつなぐネットワークの構築、国内のシンクタンクや大学および海外のパートナーやオピニオンリーダーの活用、未来の諸問題に関する会議の開催）

②戦略的思考法を標準化する（実用的な政策策定・導入への注力、シナリオ・プランニング・プラス：シナリオ・プランニングを RAHS および政府一体型リスク管理と統合したフレーム・ワーク、省庁間論議のための連携されたプラット・フォーム、新しい才能とファシリテーターの中心となるメンバーの開発）

③エマージング・リスクを特定する（エマージングな事象、ワイルド・カード、戦略の政策決定者への提示、統合的政府一体型のリスク・マップやリスク・レジスター）

④能力・才能・習慣を開発する（不確実性や破壊的な衝撃に対応できる物の見方や人材能力、公務員間の戦略的対話の促進、政府一体レベルの戦略的思考法や「もし〜だったらどうなるかという問いかけ（"what if" questions）」を各省庁間で共有することの推進）

（c）CSF の先進性

ここに示された CSF の活動は、その重要性がわかりやすいのに反して、行政機構を分掌する各省庁の日常業務からはおよそ出てこないものである。CSF の存在意義はそこにあり、こうした CSF の活動を触媒として、各省庁が複雑系の世界に対応できるよう変化していくことが企図されている。CSF の活動が空回りに終わらないために、各省庁の次官からなる戦略的未来ネットワーク（Strategic Future Network）が組織され、公務員間のネットワークづくりや政府一体（WoG）型アプローチを後押ししている[*173]。

CSF の先進性は他国からも評価されている。たとえば、2010年に米国の国家安全保障改革においてなされた提言は、シンガポールの CSF を参考にして戦略分析評価センター（a Center for Strategic Analysis and Assessment）を大統領行政府（the Executive Office of the President：EOP）に設置するようにというものだった。提言の中心となったシーラ・ロニス（Sheila Ronis）は、どの国であれ、こうした戦略的組織を持とうとするならば、シンガポールの CSF を研究することから多くのことを学べる。未来戦略を、省庁横断で、特に政府一体型で用いた例は他には（英国を除いて）ほとんどないと認めている[*174]。

e．新しいガバナンス—総合的フレームワーク

以上のようにシンガポールは、国家戦略の計画策定とそれに伴うリスク評価のやり方を、複雑系の世界観に合わせて再構成した。シナリオ・プランニング手法の限界はこうした形で補完されたのである。

戦略政策室（SPO）は、ホライゾン・スキャニングにより、政府全体のリスク評価を実施し、リスクを特定する。それは、3年に一度、15〜20年の長期タ

第5章　シンガポールの国家リスク管理

イムフレームをもった「国家シナリオ」を作成する中で行われる。各省庁・組織はこの「国家シナリオ」を活用して（3〜5年の中期を対象とする）それぞれのホライゾン・スキャニング（Horizon Scanning）分析に活用する*175。

かつて、シナリオ・プランニングを公務員に根付かせるために必要な教育を惜しまなかったシンカポール政府は、新たな戦略的思考法の展開にあたり、行政大学（Civil Service College）を活用し、公務員に複雑系、未来思考・技法のコンピテンシーを開発することに意を用いている*176。

ホーは、今やシンガポールがガバナンスの多くの面で最先端に位置しており、もう他の国のやり方をコピーしたり導入したりする必要はない、と言い切っている*177。

米国の提言内の評価に見たように、それは決してシンガポールの思い上がりではないであろう。OECDレポートは、シンガポールの政府一体型統合リスク管理態勢（WOG-IRM：Whole of Government - Integrated Risk Management）は、各省庁・機関の本来の脆弱性のみならず他省庁・機関の脆弱性に影響を受ける部分もスコープにいれ、対策を講じるべきギャップを明確にしており、他国の態勢と比較してベストプラクティスといえる、と評価している*178。

そうしたシンガポールが、今後必要とするガバナンス面での新しい能力については、ホーは以下の3点を挙げている*179。

一つ目は複雑系と破壊的変化をマネージする能力。シナリオ・プランニングやホリゾン・スキャニングのような技法によって、生起しつつある兆候や、脅威（チャンスも）を発見する。RAHSはこうしたことのための仕組みであると同時に、共通のプラットフォームであることにより、省庁間のサイロをつなぎ、コラボさせる可能性をもつ。さらに未来に向けた戦略計画・戦略思考にあたって、政府一体型アプローチ、ネットワーク・アプローチを促進する。

二つ目はリスク管理。ワイルド・カードやブラックスワンに対し、無為は許されない。かといってすべてに準備するのではなく、「探索と発見（search and discover）」のアプローチをとるべきで、機会があれば窓が閉まる前に果敢に行動する。結果が十分にわからないとしても試行実験すべき。すなわち、探査し、パターンを感知し、情報が不足していても行動を起こすということである。「フェール&セーフ（fail-safe）＝失敗しても安全を確保する」モードではなく、「セーフ&フェール（safe-fail）＝安全な範囲で失敗する」モードで、オペレートすることを学ばねばならない。

最後にリーダーシップはビジョンを示す必要がある。……リーダーは適切な

切迫感を醸成し、国民が変化と戦略に向かうように仕向けていく必要がある。「われわれは、強固な意見をもつべきであるが、握りは軽く（いつでも俊敏であれるよう）しておくべきである。」

　これらは、新しい時代の未来戦略とリスク管理を預かる政府のガバナンスのあり方として、参考に値する考え方であるといえよう。その前提となっているこの国のリスク管理の仕組みは、明確な構造的脆弱性認識と、変転する脅威／ハザードを複雑系の視野も含めて認識しようとする姿勢に支えられ、総合的に構築されているのである。

おわりに

　以上見てきたように、シンガポールは独立以来、構造的脆弱性の明確な認識のもと、変化する脅威の本質をみきわめながら、国家としてのリスク管理を遂行するとともに、その態勢を構築してきた。我々はそこに、この国のリスク管理を正しく理解するための、いくつかのポイントを確認することができる

　独立当初のリスク管理は体系だったものではなく、少数の政府メンバーのリスク認識に基づくものにすぎなかった。幸いだったのは、その少数の施政者たちが、英国の名門大学への留学を通じて先進国の政治と社会を直接見聞したばかりではなく、帰国後、マラヤ連邦／マレーシア連邦の一自治政府の担い手として政治実践・闘争も経験してきた、国際的視野と政治的実力を兼ね備えたいわゆる「ベスト＆ブライティスト」であったことである。この少数のエリートによる的確なリスク認識と戦略策定が、一貫して保持されることにより、その後のシンガポールの発展の礎となったことは、第一のポイントといえる。本章では、第1期（1965〜1984年）において、彼らが構造的脆弱性に対応させて、防衛力・経済成長・社会安定の三者の統合的達成を国家戦略の基本方針としたことを確認し、特に、主権維持のための継続的軍備充実と、グローバル・シティの考え方に沿った経済成長のグランドデザインがなされたことを見た。

　さらに、少数の優れた建国者達に恵まれた僥倖(ぎょうこう)に頼ることなく、次世代のリーダーにふさわしい人材候補を体系的・継続的に育成・供給できる仕組みづくりに力を注いだことは、同じ第1期のリスク対応として確認したとおりである。これにより、国家リスクの認識主体は、少数の傑出した指導者から、HAIR能

第5章 シンガポールの国家リスク管理

力(3(1)e)を備えた政治家・公務員全体へと、移行していった。リスク管理が、優れた公務員制度および内部統制制度と密接な関係をもつに至ったことは、第二のポイントである。

次いで第2期 (1985～2000年) のトータル・ディフェンスによって確立されたのは、国内各分野の統合態勢—国民統合—であった。このことは、防衛体制の強化という本来の狙いを超えて、この国のレジリエンスを画期的に前進させたといってよく、構造的脆弱性への根本的対策として有効であったことは第三のポイントである。

さらに第3期 (2001～2006年) においては、9.11を契機とする国際テロ脅威の出現に対して、防衛と治安の区分にみられるような縦割りの官僚組織では対応しきれないことが明らかとなり、それを突破する工夫が求められた。これに対しシンガポールにおいては、政府一体型アプローチを「国家安全保障のための総合的フレームワーク」という行政の仕組みとして組み込んだ。と同時に、「社会結束プログラム」を導入して、構造的脆弱性による社会の分裂のリスクを軽減しレジリエンスを強化することに成功した。この政府一体型統合リスク管理 (それは国家一体型リスク管理という側面ももっている) が第四のポイントである。

一方、9.11やSARS等に代表される「想定外のリスク」あるいは「戦略的サプライズ」といわれる諸リスクは、国家リスク管理に全く新しい局面をもたらした。そもそも何が脅威なのか、何をもってリスクとするのかをあらかじめ認識することが困難な場合、従来のリスク管理手法は有効ではないことが明らかになったのである。これは、将来予測にもとづく国家戦略の策定についても同様の限界があることを意味し、シナリオ・プランニングによる戦略づくりで成功体験を重ねてきたシンガポールにとってはとりわけ大きなチャレンジであった。第4期 (2007年～) には、その解決のための努力が、複雑系の思考法とITを駆使したRAHSという仕組みに結実したことは、本章で確認した。と、同時に本来コインの裏表の関係にあるべき戦略策定とリスク管理が、シンガポール政府においては、シナリオ・プランニング・プラス*180として明示的に一体化された。ここに、複雑系を前提としたリスク管理・戦略策定を体系的にかつ日常的に実施できる、世界でも稀な政府が出現した。これが第五のポイントである。

各国政府は、複雑系の世界の動きに迅速に対応し続けることを求められているが、シンガポールは、そのことを論理的に表現し、具体的な政策に落とし込

んだ。いつの時代も、先進的な他国のモデルは、自国の参考になると歴史は示してきた。おそらく、他国が未だ実現しきれていないシンガポールの先進的到達点とは、複雑系を前提とした国家リスク管理を国家戦略策定と組み合わせた、政治および政府一体型行政の実現にあると考えられるのである。

注

1 Vulnerability の語源は、ラテン語の vulnerabilis（傷つきやすいこと）で、ある主体の弱みを意味する。敵対する意思のある者にこの弱みを攻撃されることや、自然災害などで毀損されることの可能性を指し、主体にとって生存や機能持続（sustainability）の危機を招く可能性がある。
2 「一人当たり GDP」以外で、2010〜2011年現在の各種調査におけるシンガポールのランキング事例は以下のとおり（括弧内は調査機関）。
「投資環境リスク評価」第1位（BERI）、「ビジネスに適した国（Doing Business Report）」第3位〈アジア第2位〉（世界銀行）、「都市の競争力ランキング」第2位〈アジア第1位〉（世界経済フォーラム）、「ネットワーク接続環境整備」第2位〈アジア第1位〉（世界経済フォーラム）、「官僚規制の少ない国」第3位〈アジア第1位〉、「汚職・腐敗の少ない国」第7位〈アジア第1位〉（IMD）、「労働力総合評価」第1位（BERI）、「労使の協力的関係」第2位〈アジア第1位〉（世界経済フォーラム）、「生活環境」第25位〈アジア第1位〉（マーサー）。http://www.edb.gov.sg/content/edb/ja/why-singapore/about-singapore/facts-and-rankings/facts.html
3 Lee, 2011, p.35. 本書は87歳のリー・クアンユーへの幅広いトピックスにわたるインタビューをまとめたものであるが、その第一章は脆弱性についての議論に費やされている。
4 Ibid., p.35.
5 Leifer, 2000, p.19.
6 Latif, 2011, p.88. 本書は内務省が著作権を持つ。
7 世界銀行　成長開発委員会、2009、35頁。
8 たとえば、The East Asian Miracle: Economic Growth and Public Policy (World Bank Policy Research Report) 1993 (「東アジアの奇跡－経済成長と政府の役割」世界銀行、1993)、The Four Little Dragons: The Spread of Industrialization in East Asia' Ezra Feivel Vogel 1993 Harvard University Press (『アジア四小龍―いかにして今日を築いたか』(エズラ・ヴォーゲル、1993、中公新書))、『シンガポールの奇跡―お雇い教師の見た国づくり』（田中恭子、1984、中公新書）
9 世界銀行　成長開発委員会、前掲、28頁。対象の13か国は、ボツワナ、ブラジル、中国、香港、インドネシア、日本、韓国、マレーシア、マルタ、オマーン、シンガポール、台湾、タイ。

第5章　シンガポールの国家リスク管理

10 同上、26頁。
11 「グローバル・シティ」は、初代外相ラジャラトナムがシンガポールのめざすべき都市国家像として提唱した概念。後述3(1)d参照。
12 原語では 'country risk management'。
13 Swiss Re & Wyman, 2009.
14 ラテン語の resiliens（反発する、回復する）を語源とする Resilience の訳語についてはリスク管理分野に限ってもいろいろな考え方があり、回復力、復元力、防災力、強靭性など定まったものはないが、ここでは、危機への準備・事象発現時の対応・事後対応の全体を含む包括的な訳語として「強靭性」としておく。後述1(2)レジリエンス　参照。
15 CSS, 2011.
16 ベック、1998。ベックのいう「危険社会」は原語では、Risikogesellshaft（＝ Risk society）で、訳者は、「本書で問題にしている危険とは、社会の発展と無関係に外から襲う危険（Gefahr, danger）ではない。それは、「近代化と文明の発展に伴う危険」であり、人間の営み自身が不可欠なものとして造りだした危険（Risiko、risk）である。」と解説している。
17 「国家リスク管理」を考える場合、「安全保障」との関係が問題になる。
　現代の安全保障論における「安全保障」概念は、後述（1(1)b）するように、「伝統的な安全保障」概念を含み、国家が直面するおよそすべてのリスクを包含しうるものとなっている。したがって「国家安全保障」と言い換えても論理上問題はない。
　一方で、そうした「拡大主義」に対し、安全保障研究を軍事問題にとどめておくべきだと主張する「伝統主義」もある（こうした定義の整理については土山、2004、101頁参照）。一般的な用語理解としても「安全保障」といえば、国家の脅威に対し軍事的手段および外交をもって対応しようとする「伝統的な安全保障」を指すとの印象が強くあり、またその意味合いで用いられやすいことから、狭義・広義いずれの意味で用いているかをその都度明確にしなくてはならない。さらに、安全保障の非軍事的側面を議論する際、「人間の安全保障」、「環境の安全保障」、「経済安全保障」、「食料安全保障」、「エネルギー安全保障」などが提起されており、軍事・非軍事を合わせた「総合安全保障」といった概念も「安全保障」のサブカテゴリーとして提示されているという、安全保障概念のジャングル化　が生まれているという現状がある。
　こうした事情を考慮すると、国家リスク管理の広範な取り組みを安全保障という用語を用いて論述することは、現在のところ難しいように思われる。よって、本論では、国家リスク管理という用語で全体を整理する。なお、シンガポールのリスク管理態勢は、政府一体型統合リスク管理（Whole of Government Integrated Risk Management：WoG-IRM）と呼称されている。
18 シンガポールの国防、外交についてはそれぞれ Huxley, 2000、Leifer, 2000 が包括

193

的な整理を示している。
19 シンガポールの国家リスク管理のみならず、そもそも「リスク管理・危機管理については、……国家の観点からするものについては、意外に先行研究が少ない」(若田部、2009、25頁。なお、米国の国家（カントリー）リスク管理をポリティカル・エコノミーの視点から論じたものとして伊藤（2000）がある。）一方、国際社会が取り組むべき世界リスクについての研究は着実に積み重ねられている（たとえば WEF(World Economic Forum)による毎年の「グローバルリスク報告書」）。しかし、こうした地球上の諸リスクに対する国際社会による認識の広がりは、各国のリスク管理戦略のレベルアップを直接的には意味しない。予期される広汎なリスクが自国にとってどういう意義をもつのか、その分析、意味づけと対応方法の検討は、あくまでも各国家の自助努力に任されている。それはまさしく国家戦略なのである。
20 Masse, O'Neil and Rollins, 2007.
21 通常、企業等のリスク管理においては、被害度×脆弱性を損害の大きさ（impact）ととらえ、発生頻度（likelihood）との二元要素として管理する。
22 DHS, 2010, p.36. 本資料は米国政府による用語集であるが、国家リスク全般につきオーソドックスな定義を行っており、利用価値が高い。なお、災害対策分野に関しては国連の用語集がある（UNISDR,2002 & 2009）。筆者の知見によればシンガポールは国家リスク管理の用語定義集を公表していない。
23 Ibid.
24 ここでは、良質なテキストである『最新版　安全保障学入門』（防衛大学校安全保障学研究会、2003）の整理に拠る脅威主体別の分類を参照する。「自国領土に対する外国の侵略を軍事力によって守ること」を意味する伝統的安全保障に対応する脅威は国家主体によるもの（本文の①）であり、その脅威は伝統的脅威と呼ばれる。冷戦の終結と9.11テロ事件を経て、非国家・非軍事をスコープにいれた新しい安全保障概念が提唱されており、これに対応する本文の②、③を非伝統的脅威と呼ぶ。
25 DHS, 2008, p.33-34.
26 Walt, 1985, pp3-43.
27 Swiss Re & Wyman, op.cit., 2009.
28 リスク管理サイクルは、リスクの洗い出し・特定、評価、対応、モニタリングからなる。
29 広瀬、2004、27頁。
30 DHS, op.cit., 2008. 'vulnerability' 項。
31 Vulnerability 概念が周知されている専門領域に、たとえばコンピュータの世界（ウィルス対策など）があり、また、近年の貧困研究においては、様々なリスクやストレスに弱い、あるいは生活への重大な打撃から身を守る手段をもたない状況、すなわち「脆弱性」（vulnerability）に着目している。

第5章　シンガポールの国家リスク管理

(http://www.ide.go.jp/Japanese/Research/Theme/Soc/Poverty/index.html)
32 なお、企業のリスク管理においては、脆弱性の認識はしばしば、自らの中核ビジネスあるいは中核プロセスは何かの見極めという形をとる。その機能が毀損することは、企業存続の根幹に関わるからである。
33 アタリ、2010、164〜165頁。
34 DHS, op.cit., 2010.
35 Ibid.
36 Ibid.
37 たとえば ISO 31000:2009 参照。
38 Lee, op.cit., 2011
39 Huxley, 2000, p.31
40 シンガポールは、2つの大国の接する地点に位置している。すなわち、幅2km弱の狭いジョホール（Johor）海峡（水道）を挟んで北側にあるマレーシアは33万km²の国土と2700万人（60年代半ばでは約950万人）の人口をもち、また、残る3方向（東西と南）を囲むインドネシアは192万km²の国土と2億3000万人（60年代半ばでは約1億人）の人口をもつ。マレーシアとインドネシアは、共にマレー系民族とイスラム教信者が多数を占め、国内の経済を牛耳る華人系との対立問題を抱えている。華人系民族が4分の3を占め第三の中国と揶揄されるシンガポールの立場は、「マレーのくるみ割り器にはさまれた華人の木の実」（Huxley, 2000, p.50）と評されるとおりである。
41 シンガポールは、周囲62の島々をいれても、東京23区（622km²）よりやや広く、仙台市、ニューヨーク市（いずれも786km²）よりやや狭い710km²の国土しかもたない都市国家である。
42 総人口は独立時の60年代半ばでは約190万人。その後、約207万人（1970）、約241万人（1980）、約305万人（1990）、約403万人（2000）、約508万人（2010）と推移してきた。
(Population Trends 2012, Department of statistics, Ministry of Trade & Industry of Singapore http://www.singstat.gov.sg/)
43 水は自国内では賄いきれず、各種対策を講じた後の現在でも約4割の不足分をマレーシアからパイプラインで輸入している。これは、両国間の協定（1927締結（既に満了）、1961締結（既に満了）、1962、1990締結（いずれも2061満了予定））による。
http://www.pub.gov.sg/water/Pages/singaporewaterstory.aspx
マレーシアに水源を押さえられている事実は大きい。なお将来について政府は、現行協定が満期を迎える2061年までには、国内貯水池増設、Marina 湾の貯水池化、下水浄化による NEWater、海水の淡水化プラントにより100%自給自足可能であるとの見通しをもっている。また、NEWater や、淡水化技術は輸出可能な国家の強みとしていくとの方針である。(http://www.businessweek.com/news/2012-07-29/singapore-to-meet-water-target-before-deadline-southeast-asia#p1)

195

44 シンガポールはインド洋と太平洋の結節点に位置している。中東の石油を日本に運ぶ時のように船でインド洋から西太平洋側に行く場合、ルートは3つある。西から順に、マラッカ海峡を通る、スンダ海峡を通る、あるいは、ロンボクーマカッサル海峡を通る、のいずれかである。ただ、現実的に選択しようとすると、「スマトラ島とジャワ島を隔てるスンダ海峡は、マラッカ海峡より幅広だが水深が浅く、現在はほとんど利用されていない。……ロンボク海峡と、その延長のマカッサル海峡は、完全に航行可能……とはいえ、シンガポールから離れていること、組織的な海賊行為が増大していることから、コンテナ船には不向きである」(ダヴィド、2011、77頁)。結局、マラッカ海峡だけが両洋を結ぶ商業航路としての地位を得ており、「米国防総省によれば、たとえ一時的にでも海峡を閉鎖すれば、マラッカ海峡を迂回するルートを取らざるをえず、世界の石油タンカーの四分の三が立ち往生するという。(ブレジンスキー、2005、77頁)」

45 リーの1968.2.15演説、黄彬華&呉俊剛、1988〈上〉、273頁。

46 「アメリカは世界覇権国の地位を決定づける四つの領域で卓越している。軍事面では唯一、世界的な展開能力をもっている。経済面では、日本、ドイツの追い上げを受けている分野もあるが、依然として世界経済の主要な機関車である。……技術面では、先端分野の技術革新で全体としてリードを保っている。文化面では、繊細さに欠ける嫌いはあるが、とくに若者の間で世界的に無類の魅力をもっている。これらの要因によって、アメリカは圧倒的な政治的影響力を保っており、唯一の総合的な超大国となっている。」ブレジンスキー、前掲書、53〜54頁。20世紀初頭までその地位は英国のものであり、シンガポールもその植民地であった。

47 ブレジンスキー、前掲書、78〜79頁。

48 ブレジンスキー、前掲書、78頁。

49 ブレジンスキー、前掲書、78〜79頁。

50 リーの1965.10.25演説、黄彬華&呉俊剛、前掲書〈上〉、130頁。

51 シュミット、1970、15〜16頁。

52 ここでいう「民族」は国勢調査における区分で、出自が中国か、マレーもしくはインドネシアか、インド・パキスタン・バングラディシュ・スリランカか、あるいはそれ以外かによって分類されている。実際の民族構成はさらに細分化され複雑である。

53 Singapore Department of Statistics (12 January 2011). "Census of population 2010"

54 リーの1965.10.25演説、黄彬華&呉俊剛、1988〈上〉、251頁。

55 民族政策について坂口可奈は、公的には、シンガポール人という1人種と、上記の4人種が認められているが、その他に、「私的空間」で用いられるエスニシティが存在するとしたうえで、エスニシティレベルの問題に、政府が関与しないことにより、巧妙な「多人種主義」が実現されていると指摘している(坂口、2011)。同様の分類を鍋倉

第5章　シンガポールの国家リスク管理

聰は、「フォーマル・エスニシティとインフォーマル・エスニシティ」と名付け、HDB住宅の住民調査から、インフォーマル・エスニシティにも政府の関与が及んでいるとしている（鍋倉、2011）。いずれであっても、政府が「インフォーマル・エスニシティ」を考慮しながら慎重な政策判断をしていることに変わりはない。

56　リー、前掲書（上）、iv頁。
57　同上、4～5頁。
58　Lee, op.cit., 2011, p.32.
59　Leifer, 2000, p.15.
60　リー、前掲書、10頁。
61　スパイクマン、2008、67頁。
62　リー、前掲書（上）、9～10頁。
63　King, 2008, p.9.
64　Ibid., p.8.
65　シンガポールが国連に経済の実情調査、製造業発展の手法等につきアドバイスを求めたのに対し、国連はオランダの経済学者 Dr. Albert Winsemins を団長とする工業調査団を2回（1960/10、1961/3）に渡って各3か月間派遣した（顔尚強、2011、90頁）。
66　King, op.cit., P.11.
67　こうした見方は、筆者も何人ものシンガポールの友人たちから聞かされた。
68　アタリ、前掲書、140頁。
69　独立当初のシンガポールはせいぜい30人ほどで国家経営をしていた（黄彬華・呉俊剛、前掲書（下）、378頁）、一国を動かすにはそのトップに数人の有能な人間が必要（リー、前掲書（上）、99頁）とリーは説明している。
70　Kota Tinggi。マレーシア　ジョホール州に属し、シンガポールとマレーシアの国境（Johor Bahru）から北東43kmに位置する。
71　Lee, op. cit., 2011, p.10.
72　Ibid., p.27.
73　なお、外交については、たとえば Leifer(2000), Jayakumar(2011)　参照。
74　国家リスク管理の議論を伝統的安全保障から始めるにあたり、留意すべきは、シンガポールが皆兵制をとり国民と軍事の関係がきわめて近いこと、シンガポールの行政官・政府メンバーは「国軍（SAF）マフィア」とも呼ばれる軍人エリートを一定割合でもっていることなど、軍事と政治の親和性がきわめて高いことである。
75　リーは「彼こそSAFそのものである」と賞している（Lee Kwan Yew's parliament speech, 1 November 1994）。
76　リー、前掲書（下）、10～16頁。
77　軍は現役と予備役が1：2の構成。サイクルは現在10年（Handbook NSmen p.14）
http://www.mindef.gov.sg/content/dam/imindef_media_library/pdf/employers/NSme

n_Handbook_21st_Edition_(Sep_2010).pdf

78 リーの1966年6月25日スピーチ、「大魚が小魚を食い、小魚がエビを食う世界にあって、シンガポールは毒エビにならねばならない」による。黄彬華＆呉俊剛、前掲書〈上〉、159頁。
79 Goh Keng Swee のいう「地政学的な脆弱性」。Chew & Kwa 2012, p.138．
80 Mauzy and Diane, 2002, p.170.
81 さらに SAF は IKC2 (Integrated Knowledge-based Command & Control) へと進化し、「イルカ (dolphin)」とたとえられるに至っている。Chew & Kwa 2012, p.146.
82 リー（下）、21頁。リー・クアンユーは軍事顧問団の派遣元のイスラエルの勝利にほっとしたと言っている。
83 SIPRI（ストックホルム国際平和研究所）ランキング
http://www.sipri.org/yearbook/2013/03
84 Leifer, op.cit., p.23.
85 Singh, 2012, p.171.
86 Rajaratnam, 1972.
87 米国での商用インターネット開始は1988年。
88 たとえば、IBM PC/AT、Windows3.0 が発売されたのはそれぞれ1984年、1990年。
89 Singapore Government, 1991.近隣の敵対国家を越えて世界とつながるとともに、自国を先進国のオアシス（投資先としても、駐在員・訪問者が行きたいと思う国としても）とすべきだという考え方は、リーが1962年に UNDP（国連開発計画）の専門家と論議をする中で思いついたと述べている。(リー（下）、51頁)。ラジャラトナムの主張は、国家間のつながりというよりは、世界都市間のつながりに目を向けており、〈都市〉国家であるシンガポールの特質を活用しようとしている点に特徴がある。
90 たとえば、Sassen, 1991,1994, Khanna, 2010。
91 リーの1971年4月28日スピーチ。黄彬華・呉俊剛（上）、1988、345～347頁。
92 顔尚強、2011、11頁, Jayakumar, 2011, p.22.
93 独立時に初代外相に就任した ラジャラトナム (Sinnathamby Rajaratnam) は、リー・クアンユーなど上司の意向を反映して、いわゆる非同盟運動の威圧的な大国に抗して英雄的な姿勢で瞠目された。1980年までの任期期間に外交政策は確立され、彼の後の3代の後継者、Suppoah Dhanabalan(1980-8)、Wong Kan Seng(1988 ～ 94)、Shunmugam Jayakumar(1994 ～ 2004)に引き継がれた。Leifer, 2000, p.6. （なお、その後の外相は、George Yeo(2004 ～ 11)、K. Shanmugam(2011 ～ Present)）
94 Leifer, p op.cit., p.6-7.
95 リー（下）、2000、553頁。
96 PS21 office, 2006, http://www.challenge.gov.sg/archives/2006_10/staff/staff.html （FAQ の最初の項目参照）

第5章　シンガポールの国家リスク管理

97 同上。
98 Quah, 2010, pp.79-82.
99 Zhang Zhibin, 2011, pp.67-68.
100 Ministry of Education Singapore, 2012. シンガポールの教育システムの一つの特徴は複線教育制度である（http://www.moe.gov.sg/）。また公務員はシンガポール人のみならず外国人もなれる（一部安全保障部門を除く）ため、学位については、各国の学制等による証明書との同等性も考慮している。UNITED NATIONS(2004).
101 リーの1983年9月16日スピーチ。黄彬華・呉俊剛、1988〈下〉、312頁。
102 同上、312～313頁。
103 同上、308～314頁。
104 Jayakumar の祝辞に対し、リー・クワンユーは続く挨拶で、「自分たちの問題に正面から立ち向かい、指導者たちと協力して、思いがけない困難に勇気と決意をもって対処していく用意のある国民だけが、成功し、繁栄する資格がある」、シンガポール国民がかくあってもらいたいという言葉で締めくくっている。（同上、322～323頁）
105 UN General Assembly A/RES/37/37, 29 November 1983.
www.un.org/documents/ga/res/37/a37r037.htm
106 Goh Keng Swee のことば（Chew & Kwa 2012, p.142）。リーも同様の趣旨を述べている（リー、前掲書（下）、55頁）。
107 http://www.globalsecurity.org/military/world/singapore/doctrine.htm
108 各年度のシンガポール国会議事録（防衛予算に関する質疑）参照。
http://www.parliament.gov.sg/publications-singapore-parliament-reports
109 スウェーデンは、クリミア戦争以来、非同盟・武装中立の政策をとり、できる限り欧州大陸の軍事組織から距離をおくとともに、自国が巻き込まれる恐れのある限定的な戦争に備えて皆兵制による軍隊を整備してきた。冷戦時代にソ連侵攻の脅威のもと、『総合防衛 totalforsvar』を国防政策とし、軍事、民間、経済、心理の各防衛により国防力を強化した（岡沢・宮本、2004、110～112頁）。スウェーデンの国防、危機管理のための法律については、「スウェーデンの平時の危機管理体制－危機管理庁を中心として－」（森山高根、2005、http://www.ndl.go.jp/jp/data/publication/legis/224/022401.pdf）参照。スイスの民間防衛の考え方については、たとえば「民間防衛―あらゆる危険から身をまもる」（スイス政府編、2003、原書房）参照。
110 森山、2005、2頁。
111 トータル・ディフェンスは、その考え方、具体的取り組みにつき、教育の場を含め広く国民に周知されており、その内容については、政府広報、学校教材、政府ホームページ等で確認することができる。
112 Huxley, 2000, p.27.
113 Ibid. p.29.

114 Ibid. p.27.
115 Ibid. p.27.
116 http://www.scdf.gov.sg/content/scdf_internet/en/general/news/news_releases/2010/accord_visit_to_civildefenceacademy.html
117 http://www.mha.gov.sg/news_details.aspx?nid=MTc1Ng%3D%3D-y5CyAg5axRw%3D (ACCORD Visit to CDA - Welcome Speech by Assoc Prof Ho Peng Kee, Senior Minister of State for Law & Home Affairs, 9 July 2010)
118 Huxley, 2000, p.248.
119 Ibid. p.249.
120 Ibid.
121 CSS, 2011.
122 Ibid., p.25. なお、イスラエルの特徴は社会のレジリエンスがとりわけテロ対策に向けられ、かつ軍の統制下にあること。
123 Wong, 2000、斎藤、2000。
124 Vandenborre, 2003, P.31.
125 シンガポールにおいては、ジェマ・イスラミーア(Jemaah Islamiah (JI))。
126 SNP, 2006, p.12、Singapore Parliament, 2004 7/18.
127 Speech by PM Lee Hsien Loong at the National CEP Dialogue, 2011.
128 Singapore Parliament, 2004
  http://www.parliament.gov.sg/publications-singapore-parliament-reports
129 NSCS, 2006, p.91.
130 Ibid. 安全保障強化の具体的諸施策は、同レポートに詳しい。
131 Ibid., P.8 Singapore Parliament, 2004 7/20, 22.
132 Singapore Parliament, 2004 7/20. Tony Tan 副首相兼防衛調整担当首相府大臣による説明。http://www.parliament.gov.sg/publications-singapore-parliament-reports
133 全ハザード対応型リスク管理のためのガバナンス・モデルには、3種類の手法が認められる。①既存機関の統合による新機関の創出、②政府の長の直接の指揮下に小規模組織を組成、③既存機関のひとつに機能を追加。
国家リスク管理の責任組織を設けることには以下の利点がある。
①省庁横断政策の一貫性向上、②かつて分断されていた各省庁・機関の高度な専門性を調和・活用する能力の向上、③各省庁が予算削減に直面する中、効率的な配分を行う関連予算の集約。
一方、デメリットとして、新責任組織の形成に関わらなかった省庁の、リスク管理責任の欠如や統合組織への過度の依存などが起こりうることが考えられる。これらは、単に組織を整備するだけでは目的は達成できないことを意味している（Swiss Re & Wyman 2009 pp.10-13）。

第5章　シンガポールの国家リスク管理

134 Singapore Parliament(2004 7/20)
 http://www.parliament.gov.sg/publications-singapore-parliament-reports
135 Singapore Parliament(2005 7/18)
 http://www.parliament.gov.sg/publications-singapore-parliament-reports
136 Latif, 2011, p.17-19.
137 Ibid., p.viii.
138 Ibid., p.28.
139 Ibid., p.32.
140 Ibid., p.32.
141 Ibid., pp.34-35.
142 Ibid., pp.37-39.
143 Ibid., pp.43-45.
144 タレブ、2009。タレブは本書で、滅多に起こらず、被害甚大、予測困難で継続性のない、正常な期待範囲を越える事象を、17世紀末に西オーストラリアで発見されるまでこの世に存在しないと皆が考えていた黒い白鳥に例えている。
145 Petersen, 2000. J.Petersonのいうワイルド・カード（wild cards）は、発生頻度が低く衝撃の大きな事象で、影響範囲が広く素早く変化するものをいう。
146 ラムズフェルド米国防長官は、2002年のペンタゴン報告でこう言っている。「これまでのところ問題は起こっていない－という報告書はいつ読んでも私にとっては興味深い。なぜなら、世の中には、知っていると知っていること－既知の既知（known knowns）、知らないと知っていること－既知の未知（known unknowns）、というものがあるが、さらに、自分が何を知らないのかを知らないということ－未知なる未知（unknown unknowns）もあるからだ。」(http://www.defense.gov/transcripts/transcript.aspx?transcriptid=2636) これに対し、シンガポール首席公務員（Head of the Singapore Civil Service）の Peter Ho は、「未知なる未知（unknown unknowns）」というのは納得のいく無視できない考えで、意思決定分析において我が国の国防長官が十分理解していてほしいものである、とコメントしている（Ho, 2008a）。
147 ロイズによるエマージング・リスクの定義は、「潜在的に重大だと認識されているのに、それが何か完全には理解されていないか、あるいは保険として契約文言/条件・料率・準備金積立・資本準備ができないであろうもの」である。(http://www.lloyds.com/news-and-insight/risk-insight/emerging-risks-team)
148 Shell, 2012. 1972年にロイヤル・ダッチ・シェル社が開発。1973年の第一次石油危機への的確な対応により有名となり、世界各国・企業に導入された手法。未来予測を含む戦略策定手法としては、他に、デルファイ法、トレンド・インパクト分析、ホライゾン・スキャニングなどがある。
149 Ho, 2010, p.54, Liew, 2012, p.76.

150 Ho, 2008b, vi.
151 クネヴィン・フレームワークは、コグニティブ・エッジ（Cognitive Edge）社の創立者で、南洋工科大学防衛研究所のシニアフェローも務めるスノーデン（David J. Snowden）が提唱した、複雑化した現実世界のとらえ方。クネヴィン（Cynefin【ku-nev-in】）はウェールズ語で、我々の環境や経験の中に見られる、全然訳がわからないうちに我々に影響を与える多数の要素を指す。（Snowden, 2003, p.26）
152 本図は、時期的に Ho が参照したと考えられるもの。その後、本図の 'knowable' 領域は 'complicated'、'known' 領域は 'simple' と改訂、中央の空白部は 'disorder（無秩序）' と追記され、現在クネヴィン・フレームワークとして一般的に示される図となっている。

本図について、スノーデンの説明を要約すると以下のとおりである。
現象の体系（システム）は、Complicated, Complex, Chaotic の3タイプに区分でき、Complicated はさらに Knowable と Known に分けられ、合わせて4タイプが認められる。
①（シナリオ・プランニングが有効な領域とホーが認めた）Complicated は、飛行機のように、複雑であるが各部品の相互関係は固定的で明確なものをいう。Complicated なシステムは、我々が現象の因果関係をすべて把握している Known なものと、因果関係を調べるためのリソース、能力、時間があれば知り得る Knowable なものに区分できる。
Known の領域では、発生事象に対し過去のベストプラクティスに沿って対応すればよく、どれを適用するかを分類したうえで対応することになる。対応組織としては官僚機構が向いており、土地ならぬ予算分配による封建的リーダーシップによりまとめられる。
Knowable の領域では、発生事象の因果関係のすべてはわからなくても、分析調査すれば見つけられる。専門家が要素分析を行い、因果関係を理解したうえでグッドプラクティスを提案する。これに基づく対応は、専門家提案の当否を総合的に判断できる経験豊富な長老的リーダーシップにより決定するのが望ましい。
② Complex は、人体のように、各部分がそれぞれ独立した動きをしながら相互に関連し合って体系を作っているものをいう。各部分も相互関係も変化し続け、単純化できず、原因と結果を峻別することはできない。兆候をよく観察し、何が発生しようとしているのかを認識したうえで、対応を決定する。発生事象はひとつのパターンとして認識され、マネージされる。どういう事象だったのかはそれを振り返ったときに初めて論理的な説明ができ、一つのパターンとして記憶される。そこでは、人為的リーダーシップは強制できず、自然な権威や尊敬に基づいた父権や母権が現れてくる。
③ Chaos は、要素間の連携を断ち切る程の構造変化を表す。危機管理を要するが、一方で、専門家が前提としている条件を打破するというプラスの効果もある。この領域

第5章　シンガポールの国家リスク管理

で最も重要なことは、まず行動することである。理解したり対応したりするのはその後でよい。リーダーシップには、専制的ないしカリスマ的なパワーが求められる。

153　Ho, 2008b, p.xiv.
154　米 SRD 社が2004年に開発した匿名化ソフト。後に SRD は IBM に買収され、ANNA は Anonymous Resolution　という製品にリニューアルされた。
155　Ho, 2008b, pp.vii-xiv.
156　OECD による定義。(http://www.oecd.org/site/schoolingfortomorrowknowledgebase/futuresthinking/overviewofmethodologies.htm)、英国では、「体系的な情報調査であって、潜在的脅威・リスク・生起してくる問題やチャンスを特定することで、脅威により良く備え、リスクの軽減やチャンスの活用を政策決定過程に組み込めるようにすること」としており (https://www.gov.uk/government/uploads/system/uploads/attachment_data/file/79252/Horizon_Scanning_Review_20121003.pdf)、また米国国土安全保障省は、「将来起こる事象、事故、事件等に影響を与える可能性のある要素、すなわち、将来の変化の道筋（トレンド）、変化を起こす力、変化の条件を特定するプロセス」(DHS 2010 Lexicon P.17) と定義している。
157　ベイザーマン＆ワトキンス、2011、1〜3章。
158　認識された兆候が何を意味するのかを確定すること。(Starbuck and Milliken 1988)
159　Ho, 2008b, XVII.
160　Ho, 2010 p.62, Notes 1.
161　IRAHS Symposium, 2007 & 2008, Opening & Welcome addresses by Prof. S. Jayakumar.
162　Khan, 2008, pp.9-20.
163　DSTA, 2007.
164　Ho, 2010, p.55.
165　ベイザーマン＆ワトキンス、前掲書、4章。
166　Ho, 2010, pp.56-57.
167　Ibid. pp.58-59.
168　シンガポールでは、人口一人当たり世界最多のシンクタンクへのアクセスを行い、よりシステマティックな多様性を確保している。
169　Ronis, 2012, p.86.
170　Ho, 2010, p.60.
171　http://www.psd.gov.sg/content/psd/en/csf/csf_aboutus/csf_vision_mission_key.html
172　Ho, 2010, p.61.
173　Ibid. p.61.
174　Ronis, 2012, p.83. また、米国政府による国家リスク評価レポート (DHS Office of Risk Management and Analysis, 2011) は、シンガポール・モデルの要素である全

ハザード対応、政府一体型対応、エマージングリスク対応に言及し、今後も継続的取り組みが必要である、としている。
175 Swiss Re & Wyman, 2009, p.33.
176 Ho, 2010, p.60.
177 Ho, 2008a, p.79.
178 Swiss Re & Wyman, 2009.
179 Ho, 2008a, pp.77-78.
180 想定外事象も対象とする改良版シナリオプランニング（www.csf.gov.sg/our-work/our-approach）

【参考文献】

Chew Emrys, Kwa Chong Guan. (2012), *GOH KENG SWEE : A Legacy of Public Service*, Singapore: World Scientific Publishing Co. Pte. Ltd.

CSS (Center for Security Sutudies), (2011), *Resilience - Trends in Policy and Research*, CRN and CSS.

DHS (U.S.Department of Homeland Security), (2008), *DHS Lexicon*, U.S.Government.

DHS(U.S.Department of Homeland Security), (2010), *DHS Lexicon*, U.S.Government.

DHS Office of Risk Management and Analysis in support of Presidential Policy Directive 8 (PPD-8), (2011), *The Strategic National Risk Assessment in Support of PPD 8: A Comprehensive Risk-Based Approach toward a Secure and Resilient Nation*, U.S. Department of Homeland Security.
http://www.dhs.gov/xlibrary/assets/rma-strategic-national-risk-assessment-ppd8.pdf

DSTA (Defence Science and Technology Agecy, Singapore), (2007), *Singapore unveils first center of its kind to enhance thencapabilities of the RAHS system*, DSTA NEWS RELEASE.

Ho Peter, (2008a), *Governance at the Leading Edge; Black Swans*, Wild Cards and Wicked Problems, Ethos, Issue 4, pp.74-79.

Ho Peter. (2008b), The RAHS Story, In Tan Hong Ngoh, Edna & Hoo Tiang Boon (Eds.), *Thinkng about the Future - Strategic Anticipation and RAHS*, National Security Coordination Secretariat and S.Rajaratnam School of Ibternational Studies, pp.vii- x ix.

Ho Peter, (2010), *Thinkng about the Future: What the Public Services Can Do*, Ethos, Issue 7, pp54-62.

Huxley Tim, (2000), *Defending The Lion City - The Armed Forces of Singapore*, Allen & Unwin.

Jayakumar S, (2011), *Diplomacy*, Straits Times Press.

第5章 シンガポールの国家リスク管理

Khanna Parag, (2010), *Beyond City Limits*. Foreign Policy, August 6, 2010.
　http://foreignpolicy.com/2010/08/06/beyond-city-limits/
Khanna Parag, (2011), *LeeKuanYew-istan Forever*, Foreign Policy, May 24, 2011.
　http://www.foreignpolicy.com/articles/2011/05/24/leekuanyewistanforever.
King Rodey, (2008), *The Singapore Miracle, Myth and Reality*, Insight Press.
Kwa Chew & Chong Guan Emrys, (2012), *Goh Keng Swee: a legacy of public service*, World Scientific Publishing Co.Pte. Ltd.
Latif Iqbal Asad-ul, (2011), *Hearts of Resilience: Singapore's Community Engagement Programme*, Institute of Southeast Asian Studies, Singapore.
Lee Kuan Yew, (2011), *Lee Kuan Yew: Hard Truths to Keep Sinagapore Going*, Straits Times Press.
Leifer Michael, (2000), *Singapore's Foreign Policy - Coping with vulnerability*, London: Routledge.
Liew William, (2012), *Mapping and navigating a volatile, complex risk environment through networked nationalrisk management.* CSF Annual Report, 76-79.
Masse Todd, O'Neil Siobhan and Rollins John (2007), *The Development of Homeland Security's Risk Assessment Methodology: Evolution*, Issues and Options for Congress (CRS Report for Cogress, Order Code RL33858).
　http://www.fas.org/sgp/crs/homesec/RL33858.pdf
Mauzy Milne K. and Diane R. S., (2002), *Singapore Politics Under the People's Action Party*, Routledge.
Ministry of Defence, (2010), *What is Total Defence*. http://www.totaldegfence.sg.
NSCS(National Security Coordinqtion Secretariat), (2006), *1826 days - A Diary of Resolve - Securing Singapore since 9/11.* SNP Reference.
Petersen John, (2000), *Out of The Blue - How to Anticipate Big Future Surprises*, Madison Books.
PS21 Office, Prime Minister's Office, (2006), *The truth about performance management*, Challenge, October 2006
　http://www.challenge.gov.sg/magazines/archive/2006_10/staff/staff.html.
Quah, Jon S. T., (2010), *Public Administration Singapore-Style*, Emerald Group Publishing, UK
Rajaratnam. (1972). 'Singapore: Global City', speech at Singapore Press Club on 6 February, *The Straits Times*, February 7 1972, p.1.
　http://eresources.nlb.gov.sg/newspapers/Digitised/Article/straitstimes19720207-1.2.5.aspx)
Ronis Sheila, (2012), *New Capabilities in Strategic Leadership: Insights from*

Singapore, Ethos, Issue 11, p.83.

Sassen Saskia, (1991), *The Global City: New York, London Tokyo*, Princeton Univercity Press.

Sassen Saskia, (1994), *Cities in a World Economy*, Pine Forge Press.

Shell, (2012), *Shell celebrates 40years of Scenarios*, Shell International Media Relations.
http://www.shell.com/global/aboutshell/media/news-and-media-releases/2012/shell-celebrates-40-years-scenarios-19112012.html

Singapore Government, (1991), *The New Lap. Times Edition*, Singapore.

Singh Bilveer, (2012), *Politics and Governance in Singapore: An Introduction Second Edition*, McGrow-Hill Education(Asia).

Snowden, David J. (2003), *Complex acts of knowing: paradox and descriptive self-awareness*, Bulletin of the American Society for Information Science and Technology April/May, pp.23-28 (Journal of Knowledge Management, 6 (2) 2002, p.100-111. Emerald Publishing, UK 所載の同題論文の縮約)

Snowden David J, (2011), *Cynefin Framework*, Cognitive Edge HP, http://cognitive-edge.com/library/more/video/introduction-to-the-cynefin-framework/.

Starbuck H.W. & Milliken J. F., (1988), *Executives' perceptual filters: What they notice and how they make sense.; The executive effect: Concepts and methods for studying top managers*. D. C. Hambrick (Ed.), pp.35-65. Greenwich, CT, USA: Jai Pr.

Swiss Re & Wyman Oliver (OECD), (2009), *Innovation in Country Risk Management*. OECD.

UNISDR(the United Nations International Strategy for Disaster Reduction), (2002), *Living with risk: a global review of disaster reduction*, United Nations.
http://www.unisdr.org/files/657_lwr21.pdf

UNISDR(the United Nations International Strategy for Disaster Reduction), (2009), *2009 UNISDR Terminology on Disaster Risk Reduction*. Geneva: United Nations.
http://www.unisdr.org/we/inform/publications/7817

Vandenborre Alain, (2003), *Proudly Singaporean: My Passport to a Challenging Future*, SNP Editions.

Walt M. Stephen, (1985), Alliance Formation and the Balance of World Power. *International Security*, Vol..9, No.4 pp.3-43, Stephen.

Wong Diana, (2000), Memories of a Global City : "The Singapore Story"
(<Feature>International Symposium "Memory and History"), *Quadrante*, 2, 87-94.

Zhibin Zhang, (2011), *Dynamics of the Singapore Success Story: Insights by Ngiam*

第５章　シンガポールの国家リスク管理

Tong Dow, Cengage Learning Asia Pte Ltd.
アタリ、ジャック(2010)『今、目の前でおきていることの意味－行動する33の知性』早川書房
伊藤祐子(2000)『カントリーリスクの理論的考察－ポリティカル・エコノミーの視点より』武蔵大学経済学会
黄彬華・呉俊剛(1988)『シンガポールの政治哲学－リー・クアンユー首相演説集〈上・下〉』井村文化事業社
岡沢憲芙・宮本太郎(2007)『スウェーデン　ハンドブック』第２版、早稲田大学出版部
顔尚強(2011)『シンガポール PAP 政権：資本主義の顔と社会主義の心』シンガポール日本商工会議所
斎藤照子(2000)「ダイアナ・ウォン『グローバル・シティの記憶－「シンガポール物語」』について」(〈特集〉国際シンポジウム「記憶と歴史」). *Quadrante*, 41-49.
坂口可奈(2011)「シンガポールにおける『多人種主義』再考」『早稲田政治公法研究』第97号
シュミット、カール(1970)『政治的なものの概念』未来社
スパイクマン、ニコラス・J.(2008)『平和の地政学』芙蓉書房出版
世界銀行　成長開発委員会(2009)『世界銀行　経済成長レポート－すべての人々に恩恵のある開発と安定成長のための戦略』オーム社
ダヴィド、オリヴィエ(2011)『100の地点でわかる地政学』白水社.
タレブ、ニコラス・ナシーム(2009)『ブラック・スワン－不確実性とリスクの本質』ダイヤモンド社
土山實男(2004)『安全保障の国際政治学－焦りと傲り』有斐閣
鍋倉聰(2011)『シンガポール「多人種主義」の社会学－団地社会のエスニシティ』世界思想社
ブレジンスキー、ズビグニュー(2003)『地政学で世界を読む－21世紀のユーラシア覇権ゲーム』日本経済新聞社（原文の引用にあたっては、Zbigniew Brzezinski. (1977). *The Grand Chessboard*. Basic Books. NY.を参照。）
ベイザーマン、H. マックス＆ワトキンス、D. マイケル(2011)『予測できた危機をなぜ防げなかったのか？－組織・リーダーが克服すべき３つの障壁』東洋経済新報社
ベック、ウルリヒ(1998)『危険社会』法政大学出版局
防衛大学校安全保障学研究会(2003)『最新版　安全保障学入門』亜紀書房
森山高根(2005)「スウェーデンの平時の危機管理－危機管理庁を中心として」『外国の立法』224
リー　クアンユー(2000)『リー　クアンユー回顧録』上・下、日本経済新聞社（原文の引用にあたっては、Lee Kuan Yew. (1998). *The Singapore Story: Memories of Lee Kuan Yew*. Times Edition Pte Ltd. Singapore および Lee Kuan Yew. (2000).

From Third World To First : SINGAPORE AND THE ASIAN ECONOMIC BOOM. HarperCollins Publishers, NY.を参照。)
若田部昌幸（編）(2009)『日本の危機管理力』PHP研究所

第6章 小さな地政学：ダージリン地方
―マカイバリ茶園経営から見えてくる生き残り策―

石井 道子

はじめに

　世界の紅茶ファンを魅了し続けてきた「ダージリン紅茶」。「紅茶のシャンパン」とも呼ばれ、セイロンのウバ、中国のキーマンと並び世界の三大紅茶と称される世界的にも有名な紅茶がダージリン紅茶である。
　ダージリン紅茶はインド・西ベンガル州のダージリン地方（以下ダージリン）でつくられている。ダージリンは、イギリスの植民地として19世紀より紅茶の産地および避暑地として開発されてきた。地政学上、イギリスにとってダージリンはチベットの通商の要であり、そしてチベットへ南下を強めていたロシアの牽制、またアヘン戦争の後でもあってチベットの宗主権を主張する清国への牽制もあった。ダージリンは標高も高く、ブータンとネパールに挟まれていることから戦略上、両国を監視する意味でも重要な場所であった。
　インドが1947年、イギリスから独立した後ダージリンは、世界を代表するダージリン紅茶の産地として、また観光地として大きく発展していった。しかし、現在では中央政府および西ベンガル州政府にとってダージリン地方は政治的・民族的な懸案事項を抱える地域とされている。なぜならば、ダージリンの地理的・歴史的な背景から、80％近くを占めるネパール系インド人（ネパールからの移管やゴルカの末裔）が茶園労働に従事し、彼らは独自のアイデンティティを持ち、1986年頃から社会・政治的な運動（ゴルカランド運動）をおこし、時には暴力的なストライキも行い、観光業そして茶園経営をも脅かすようになってきたからである。彼らの要求は「ゴルカランド」地域を西ベンガル州から分離し、インド国内の一州として認めることである。更に近年世界規模での温暖化の影響もあり、ダージリン紅茶生産量の減少により、経営に行き詰まり閉鎖に追い込まれる茶園が増えてきた。ダージリン紅茶は2000年までは約10,000トンを生

図表1　現代のインド地図

産していたが、2010年にはダージリン地方に続く干ばつの影響もあり、過去最低の約7,740トンまで生産量が落ちた*1。その後、2014年には8,420トンまで回復したものの、2015年には大量の雨が降り、日照時間が少ないこと、主要な茶畑地区の52～55ヘクタールが深刻な崖崩れを起こし、昨年比10％減の生産量が予想されている*2。

　このような状況において生産量を維持し続け、その持続維持可能（サスティナブル）な経営と農法で世界から注目されている茶園がある。マカイバリ茶園（Makaibari Tea Estate）である。マカイバリ茶園は150年近くの歴史をもつ、ダージリンの中で最も歴史のある茶園である。初代からインド人が茶園主であり、現在は4代目茶園主スワラージ・クマール・バナジー氏が経営を継いだ1972年より、農薬、化学肥料を一切使わない有機農法を更に進めたバイオダイナミック農法に転換をすすめ、自らが茶園に住んで経営に携わっている異色の経営者である。また、フェアトレード生産者として1994年、ドイツ・ボンに本部を置くFLO（Fairtrade Labelling Organizations International）にフェアトレード生産者として加盟した。マカイバリ茶園で働く人々の所得水準は他の茶園より

第6章　小さな地政学：ダージリン地方

も3倍近くも高く、茶園主の経営方針により、働いている人々も経営者として経営に参画するシステムによって地位も認められている。このように経営組織として利益を出して成功している茶園はダージリンでは珍しい。

　本稿ではまずイギリスの外交戦略を通じて、地政学からみたダージリン地方の歴史的・地域的な役割を考察しつつ、現在、インド政府がダージリン地方に抱える政治的、民族的な問題を提起したい。今後、ダージリンが地政学上の問題を抱えつつ、紅茶と観光業で生き残っていくためにどのような政策が必要であるのか。ダージリンを小さな国家と捉えた時に、ひとつの経営組織として利益をだして成功している茶園の取り組みを例にあげて、今後の生き残り策を考察したい。

1．茶の歴史からみたイギリスの外交戦略

　茶の歴史を見てみると、茶貿易の主役はイギリス（主にイギリス東インド会社）であった。今でも紅茶というとイギリスのイメージがあるが、イギリスは紅茶の生産国ではない。イギリスは茶貿易によって国の利益をつくり、更にはインド、中国など他国を巻き込んで世界資本主義の中枢国としてのしあがっていった。イギリス東インド会社は、1874年の解散までの間、貿易だけでなくインドにおけるインド統治権まで持つようになった。

　まず、角山栄『茶の世界史』（中公新書、1980年）を参考に、茶の歴史からみたイギリスの外交戦略を紹介し、その中でダージリン地方がどのような役割、位置づけをもっていたのかを見ていきたい。

（1）ヨーロッパでの最初の茶輸入

　ヨーロッパに最初に茶を持ち込んだのはオランダである。オランダは世界最初の海洋国家であり、17世紀中頃まで東洋貿易を独占していた。マレー半島からジャワ、スマトラ、香料諸島をはじめ、台湾、さらに日本との独占貿易圏を手中におさめて、東南アジア地域の支配権を握った。このときの主な貿易品目は香料であり、その他絹、綿製品、銅、そして茶が重要な商品であった*3。
　1610年、オランダ東インド会社の船はジャワ島のバンダムを通じてヨーロッパへはじめて茶を輸出した。その時の茶は紅茶ではなく発酵がされていない緑茶であった。1630年代中頃より、オランダは近隣諸国のドイツ、フランス、イギリス等へも茶を売るようになった。しかし、高価なものであったために茶は

庶民に広まることなく、薬として一部の富裕層に飲まれるだけだった。イギリスでは、1651年の「航海条例」の制定により、イギリスへの茶の輸入は、すべてイギリス国籍の船によってのみ許可されることになり、オランダ海運業の締め出しを図った。この翌年からの英蘭戦争をきっかけに、イギリスはオランダから中国貿易の主導権を奪っていく。

（2）イギリスでの茶の普及

　茶を広く普及させたのはイギリスである。東洋から持ち込まれた茶は、最初は薬としてその効能を評価され珍重されていた。高価なものであったために、一部の階級の人間しか手にすることができなかった貴重品である。茶を薬から飲み物として飲まれるきっかけをつくったのは、イギリスの1662年国王チャールズ2世のもとへ嫁いできたポルトガル王の娘キャサリン王妃である。彼女は東洋趣味で、喫茶の風を宮廷にもたらしたことから、茶はイギリス宮廷の飲物となった。キャサリンは茶だけでなく、持参品として当時高級品であった砂糖ももってきた。砂糖も茶の補完財として、広くイギリスに普及していくことになる。その後、茶が貴族階級から一般人にも飲まれるようになったのはコーヒーハウスの存在である。17世紀の中頃、コーヒーハウスはイギリスの貴族や文化人たちの社交場となっていたが、このコーヒーハウスが次第に大衆化して一般人にも門戸を開くようになり、やがて茶はそこから各家庭にも入り込み市場は大きく拡大していった*4。

　当時のイギリスで飲まれていた茶は緑茶だった。中国からイギリスへの途中で赤道を直下したときに発酵がなされて、紅茶になったという説もあるがこれは正しくない。中国の発酵されている茶がヨーロッパ人の人気を呼び、製造業者が買い手の嗜好に合わせてその発酵を進めているうちに、強く発酵した紅茶が誕生したといわれている。18世紀はじめには輸入茶の半分以上が緑茶であったが、18世紀中頃には紅茶が約66％近くなっていった*5。肉食中心のイギリスの嗜好は緑茶よりも紅茶だったのであろう。

（3）イギリスの外交戦略―三角貿易

　18世紀中頃、イギリスでは茶が高級品から一般庶民に広く飲まれる「商品Commodity」になると、イギリス東インド会社の中国への茶貿易の依存度が増していった。茶の代金の支払い（当時は銀で支払われていた）も大きくなっていった。そこでイギリス東インド会社がとった外交戦略はイギリス、インド、

第6章　小さな地政学：ダージリン地方

そして中国の3か国で行う三角貿易であった。イギリスの綿製品をインドへ、インドのアヘンを中国へ、中国の茶をイギリスに輸出する貿易形態である。キャリコとして有名なインドが、イギリスの綿製品を買うことになった背景には、イギリスで産業革命がおこり、植民地であったインドが綿原料の供給国となり、「世界の工場」となったイギリスで綿が加工され、綿製品とし世界へ輸出されていったためである。インドもイギリスの綿製品を輸入させられていた。このため、インドの綿織物業は破壊的なダメージを受けたことは言うまでもない。

茶を買うためにアヘンを売るというこの交易は、イギリスに利益をもたらした反面、中国はアヘン輸入により、アヘン中毒患者の蔓延という社会混乱を巻き起こした。清王朝はアヘン輸入を禁じて一応の成果を見せたが、イギリスは報復としてアヘン戦争（1839年～42年）を引き起こし、清王朝は敗北する。清王朝は南京条約により、香港を譲り、貿易港として新たに5つの港（広東、厦門、福州、寧波、上海）を開く条件を受けることになり、イギリスを中心とした資本主義貿易の中に組み込まれていくことになった。

（4）もうひとつの外交戦略—砂糖生産と奴隷制度

茶と同じくらい当時イギリスにおいて国益をもたらした商品があった。それは砂糖である。チャールズ2世に嫁いできたキャサリン王妃が砂糖を持参してきた背景には、当時砂糖はポルトガル人がブラジルでアフリカ人奴隷を使って砂糖生産を行い、17世紀末にいたるまでほぼ砂糖市場を独占し、莫大な利益を得ていたことがある。イギリスは砂糖をあまり重視しなかったが、ヨーロッパでの砂糖の需要が増えると、1627年に西インド諸島、地中海にあるバルバドス島を植民地として開発し、砂糖プランテーションを展開していった。労働力として、アフリカ西海岸から大量の奴隷を送り、砂糖生産は飛躍的に伸びた。

西アフリカからの奴隷貿易、バルバトス島での砂糖生産で本国へ輸出をする「三角貿易」により、イギリスには莫大な富が蓄積され、イギリスの産業革命の資本となったのである。紅茶の補完財であった砂糖が、紅茶の需要が増えると同時に飛躍的に伸びてきたが、その陰には過酷な労働環境で働かされた奴隷の犠牲があることは事実である*6。

このようにイギリスは世界の中枢国として帝国主義を発展させ、茶の貿易を通じて東インド会社による中国茶貿易の独占、砂糖植民地の確保、そして植民地における茶樹の栽培とその生産・確保を行っていった。最初（17～18世紀初め）、茶は「東洋の文化」として受け入れられたが、18世紀中頃には一般庶民

の飲み物としての「商品 Commodity」になると、茶をめぐってイギリスは対外的に植民地支配を志向した侵略的な政策を進めていった。

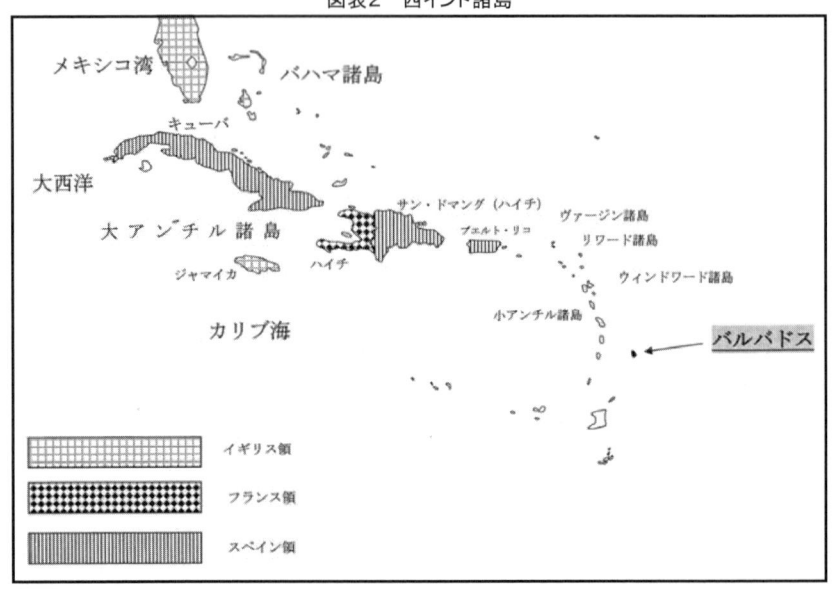

図表2　西インド諸島

参考：角山栄『茶の世界史』中公新書、97頁

（5）インドにおける茶樹発見

　イギリスにおいて茶が国民的飲料として広く普及されるにつれて、イギリスは茶の供給を中国から植民地であるインドに移していった。アヘン戦争により、中国からの茶貿易も大きな問題に直面しており、かといってイギリスの茶の需要は増える一方で供給を止めることはできなかった背景がある。茶を作る技術を持っていないイギリスにとってインドで茶を生産することは難しいものであった。そういった中で1823年にブルース兄弟がアッサムの奥地で野生の茶樹を発見した。これは最初、植物学会における大きな発見であるにもかかわらず茶としては認められなかった。

　1834年「茶業委員会」が設置され、中国から茶の栽培と技術者を連れてこようとしたが技術者の確保に困難を極めた。そこで方針を変え、インドの未開の地で茶の開発と栽培を行うことになり、弟のチャールズ・ブルースが任命を受けた。彼は未開の地でアッサム種の開発と茶園の開拓に力を注ぎ、1838年には、

第6章 小さな地政学：ダージリン地方

アッサム産の茶葉が英国に向けて発送され、ロンドンのオークションにかけられて当時のバイヤーたちから優秀な茶葉であるという評価を受けることができた。イギリスは早速に製茶事業に乗り出していった。1860年頃には、茶園の開拓はアッサム州からインド北部、さらに南部にまで急速に拡大をしていった。やがてベンガル州のヒマラヤ山麓のダージリンまでのびて、ダージリンは茶園として開拓されていくのである*7。

2．地政学からみたダージリン地方

ダージリンはコルカタから北へ約500km、ヒマラヤに連なる尾根の上、標高2134mに位置する。天気の良いときには世界三番目に高いカンチェンジュンガが見える。ダージリン地方はシッキム王国の領土であったが、イギリス人が19世紀より開拓していった。イギリス人がダージリン地方を開拓していく背景には地政学上、次の3点があった。(1)地理上での優位性、(2)暑さの弱いイギリス人にとって保養地としての必要性　(3)中国茶と同じ品質の紅茶をつくることである。

（1）地理上での優位性
①シッキムの領土としてのダージリン地方
ダージリン地方が歴史に出てくるのは1835年からである。ダージリンはシッキム王国の領土であったが、19世紀、シッキム王国はインド、ネパール、チベット、中国、ブータンに挟まれて、複雑な政治状況となっていた。シッキムは1642年にチベット人の一部（のちにブティヤ人）が政権争いに敗れてシッキムに亡命して建国した国である。したがって、チベットはシッキムを属国とし、チベットを属国としていた清朝もシッキムを自らの属国と考えていた。

1835年にイギリス東インド会社の影響力が強大化すると、シッキム王朝はダージリン地方をイギリスに割譲して、イギリス東インド会社の庇護下に入った。シッキム王朝は、もしイギリスがダージリンを支配すれば、イギリスは中国征服を企ててもシッキム王国を併合することはないだろうと考えたからである（実際にシッキム王国は1975年にインドに併合されるまで半独立状態だった）。さらにイギリスからは借地料をシッキム王朝に支払われるというメリットもあった。暑さの苦手なイギリス人は、平野の暑さから逃れるリゾート地としてダージリンは恰好の場所であり、茶の栽培条件にとっても最適であることを発見してす

215

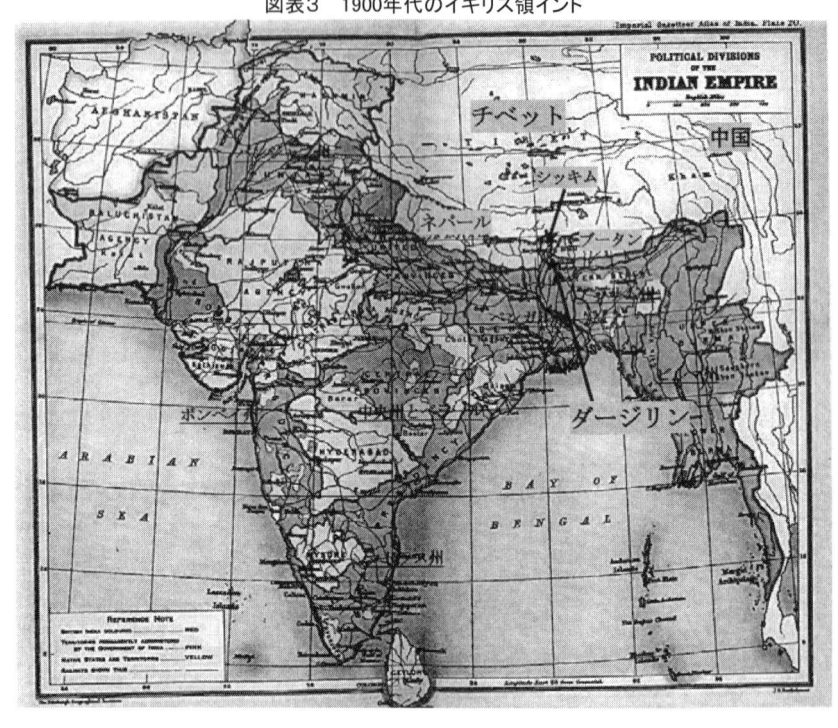

図表3　1900年代のイギリス領インド

ぐに茶栽培を始めていった。

　しかし、シッキム王朝のダージリン地方をイギリスに譲ったことは、チベットやシッキム内から猛烈な反発を誘発し、ダージリンへの襲撃、誘拐事件が頻発した。特にチベットは、シッキムを当初より属国と見ており、チベットはシッキムを奪還すべくたびたび進軍するようになる。

　1857年のインド大反乱（1857年～58年）＊8で東インド会社のインドにおける権益は剥奪され、イギリス国王の代理者たるインド総督が統治すると、新政権であるイギリス領インド政府は、シッキムの首都トゥムロンを占拠した。翌年のトゥムロン条約によって、シッキムはインド国内の一藩王国＊9として扱われるようになってしまった。

②イギリス支配下のダージリン地方—チベット貿易

　イギリスはダージリンを通じてチベット貿易も画策していた。シルクロードのあるシッキムはチベットとの中継点として理想的であったからである。ダー

第6章　小さな地政学：ダージリン地方

ジリンと同じく、シッキムの領土であったカリンポン地域は、1706年以後ブータンが占拠していたが、イギリス・ブータン戦争（1864年）後のシンチュラ協定（1865年）により、イギリス領インドに併合された。この併合により、イギリスはダージリン→ティスタ川越え→カリンポン→リシ川越え→ジェレプ峠という交易路を1877年に完成させた。しかし、イギリスのチベット貿易は、チベットの妨害にあいながら紆余曲折を繰り返した。1888年に、遠征軍をチベットに進出させ、清朝政府とカルカッタ条約を結び、チベットの通商権を得た。これに対し、チベット政府はロシアへの接近を図るが、1903年、イギリス領インド総督府は、ヤングハズバンドに率いられた武装使節団をチベットに派遣し、ラサを占領、チベット・インド条約（ラサ条約）を結び、チベットをイギリスの影響下に入れた。その後、漸くチベット貿易は飛躍的に拡大していった。主な貿易取引は原毛などであった*10。

このようにイギリスにとってシッキム領土であったダージリンを支配することは、チベットの貿易を通じて、チベットへ南下を強めていたロシアの牽制、またアヘン戦争の後でもあってチベットの宗主権を主張する清国への牽制もあった。地理的に、ダージリンは標高も高く、ブータンとネパールに挟まれていることから戦略上、両国を監視する意味でも重要な場所であった。

（2）保養地として開拓

当時、ダージリンは価値のない山岳地帯であったが、イギリス人によって急速に開拓されていった。当時、イギリス東インド会社はその主要都市に住む職員のために、1829年までにhill station（高原の保養地）を開発していった。インド平野部の酷暑はイギリス人にとって耐えがたいものであったのである。デリーのためにシムラ、ムッソリー、アルモラ。ボンベイのためにマハバレシュワール、ブーナであった。しかし、コルカタ（当時はカルカッタ）に住む人々の保養地がなく、適切な場所を探していた。保養地と言っても、観光客が訪れるようなリゾート地ではなく、所得の少ないイギリス人が病気の快復のために過ごす場所であった。裕福な社員は病気回復のために南アフリカやオーストラリア、そして本国へ一時帰国をした*11。

ダージリンはその後、イギリス人によって順調に発展し、ホテルが建てられ、コルカタから移り住む人々の家が建てられていった。茶園の増大にともなって、1879年に紅茶輸送と避暑客の便宜を図るため鉄道建設も開始された。この鉄道はダージリン・ヒマラヤ鉄道とよばれ、1881年に全線が開通した。今ではダー

図表4 :トイトレイン

ジリン・ヒマラヤ鉄道は別名「トイ・トレイン」とも呼ばれ、1999年、世界遺産に登録された。

このようにダージリンの発展にともなって、1839年には100人だったダージリンの人口が、10年後の1849年には10,000人になった。急速に発展していったのが分かる。1900年頃がダージリンの最も栄えていた時代である。今でもダージリンの街並みは当時の名残が色濃く残り、旧式の洋館や教会、学校も多い。また、ダージリンの街中にあるプランターズクラブは、茶園の茶園主やオーナーが集まる社交場でもあった。イギリス人は異国の地にいても、本国の文化や習慣を植民地でも変えない。内部にはビリヤード台、バー、パーティールームなど、本国を離れて未開の地で生活する彼らにとって娯楽施設は必要であったのだろう。

（3）紅茶の生産

イギリス東インド会社がダージリンに目をつけたもうひとつの重要な理由は、紅茶の生産地としてである。なぜ、イギリスがダージリン地方にこだわったのか。

19世紀、イギリスでは紅茶の需要が増えて、中国からの供給だけでは追いつかず、植民地での紅茶栽培を目指していたことは先に述べた通りである。アッサム州での自生の茶木発見とは事情が異なり、ヒマラヤの山麓に自生する茶木は、必ずしもイギリス本国のニーズに合致する品質を持っていなかった。中国産の茶は花のような香り、味はまろやか、そしてカップに注ぐと水色は優美であった。アッサム茶は、強い渋みがあり、こくがあり、香りに関しては中国茶のような香りはなかった。そこで、イギリス東インド会社は中国より茶の苗木を持ってこさせ、製茶職人を連れてくる一大プロジェクトを計画した。しかし、中国はアヘン戦争によりイギリスとの関係は悪化しており、茶の苗木や種を渡すことも、製造方法についても一切教えなかった。

サラ・ローズ『紅茶スパイ』(原書房) には、イギリス東インド会社の依頼によりある一人のプラントハンター（植物採集家・植物探検家ともよばれる）のイギ

第6章　小さな地政学：ダージリン地方

リス人が内密に中国に送り込まれ、命がけで苦心して茶の木を採集、そしてダージリンに移植させ、ダージリン紅茶ができあがった経緯が書かれている。プラントハンターは中国から苗木と種を、工夫をこらした方法で、3か月以上もかけてダージリンに送ることに成功したのである。ダージリンは中国と標高、そして気候が似ているために、必ず中国茶と同じ品質の茶ができることを確信していたのであろう。

　1840年代、政府はダージリンに、茶の栽培場の設置を決定した。その後、数名の地主が茶樹を植え始めた。山を切り開き、荒れ地を開墾し、種を植えた結果、茶樹の栽培は成功を収める。その後も、海抜750メートルから1800メートルにある数百ヘクタールの森林が切り開かれ、茶樹が植えられていった。1857年には25〜30ヘクタールが茶畑となった。1866年、ダージリンには39の茶園があり、年間21,000キロの茶を収穫していた。1870年になると、茶園の数は56に増え、44ヘクタールの畑から、71,000キロの茶が生産されるようになった。1874年には、113の茶園、およそ6,000ヘクタールを数えるようになっていた*12。この間に多くの茶園労働者としてネパール人がダージリンに移民をしてきた。

　これが後に地域の民族問題を引き起こすことになる。現在のダージリンは、およそ87の茶園、合計で17,820ヘクタールの茶畑から、ダージリン紅茶（正確には緑茶も作られている）が作られている*13。

　1840年代に中国から移植した茶木によって発展したダージリン茶産業は、質、量、価格、すべての面において中国の茶産業を凌駕した。紅茶のシャンパンと称されるダージリン紅茶は、最高級の品質、繊細な花の香り、深い琥珀色、芳醇な味わい、と世界の紅茶愛飲家たちから高く評価されている。

（4）インド独立後のダージリン地方

　1947年にインドがイギリスから独立した後、ダージリン地方は西ベンガル州に合併され、行政区画として「ダージリン県（Darjeeling District）」とよばれ、ダージリン丘陵三郡（ダージリン：Darjeeling 郡、カリンポン：Kalimpong 郡、カルサン：Kurseong 郡）と平原部のシリグリ：Siliguri 郡から構成されるようになった。インド独立戦争によりほとんどのイギリス人茶園主はその領地を放棄せねばならず、多くの茶園がインド人の若い起業家（主にベンガル人）によって買い取られた。しかし中には茶園を愛するがゆえにダージリンに残ったイギリス人もいた。彼らは紅茶製造の技術を若い起業家に教えていった。その後、ダージリン地方は紅茶と観光業を産業とする地域として発展していく。しかし、ダ

ージリン地方は政治的、民族的な問題を抱え、発展を阻むだけでなく、主要産業である観光業そして紅茶産業をも脅かす状況となっている。

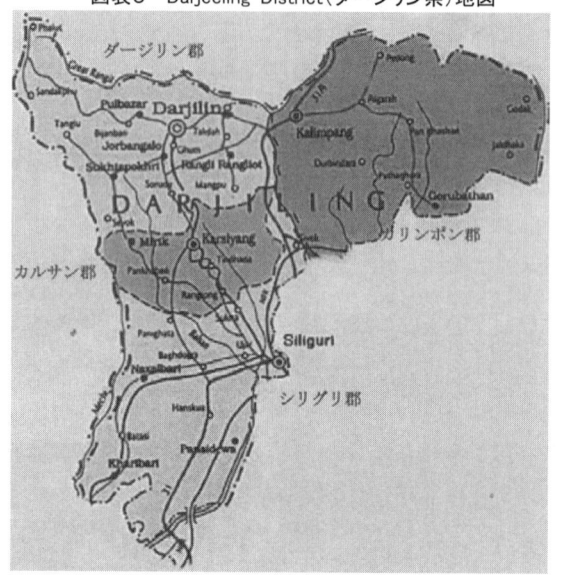

図表5　Darjeeling District（ダージリン県）地図

丘陵三郡（ダージリン：Darjeeling 郡、カリンポン:Kalimpong 郡、カルサン Kurseong 郡）と平原部のシリグリ:Siliguri 郡
注：この地図表記では Darjeeling を Darjiling、Kureseong を Karsiyang と表記してある。
出典：http://www.calcuttaweb.com/よりコピーして一部編集

3．ダージリン地方における政治的・経済的諸問題

（1）ダージリン地方におけるゴルカランド問題

　西ベンガル州政府にとってダージリン地方の民族問題は重要な課題であった。歴史的には、イギリス・ネパール戦争（1814年～16年）において、イギリスが一定の勝利をおさめ、ネパールはタライ地方（現在の北インド）をイギリスに割譲するなど、インド・ネパール間で新たな境界線が定められた。イギリスは獲得したダージリンやタライ地方の開発や茶園開発の労働者として、多くのネパール人農民を移住させる政策をとった。また、イギリスは、イギリス・ネパール戦争において、ゴルカ兵の有能さを認識していたため、ダージリンにゴルカ兵[14]の募兵センターが置かれたことも、ここに多くのネパール系が居住する

第6章　小さな地政学：ダージリン地方

理由である。
　インド独立後も、彼らはそのままダージリンの地に残り、その子孫たちはネパール系インド人として茶園労働者に従事した。インド独立の直後から、ネパール系インド人がそのアイデンティティを主張し始めた。それは、それまで両国は非常に近い関係にあったため、ネパール王国のネパール人とインドのネパール系住民の違いが意識されることはなく、ネパール系住民は、ネパール国民として扱われ、インド国民としての権利（参政権等）は認められていなかった＊15。また、ネパールから来た人々は、開発の発展のためにダージリン地方において、主にイギリス人に使える職業（門番、料理人、ポーター、管理人等）に就いたほか、大多数は茶園労働者としてこの地に定住したが、インド独立後においてはネパール国民と扱われることから、地域の行政ポストや観光業、茶園経営といった収益性の高い経済活動が平原部からやってきたベンガル人や北インドの人々に独占されているという不公平が生じていた。特に、州全体で見ればネパール系インド人は少数派であるが、ダージリン地方ではネパール系は多数派であるため、このような不公平は丘陵部の現状にはそぐわないものであり、不満が蓄積されていったのである。
　このように、ネパール系インド人はインド人とは違う独自のアイデンティティを持ち、その不遇さに不満を持った人々の間から、1986年中頃からネパール系インド人を組織した社会・政治的な運動が高まった。正確には、1986年4月2日に、ダージリン県の15,000人のネパール系住民が、ダージリンタウンで集会を開いたことがきっかけで、インド全体でゴルカ運動が注目されるようになったとされる＊16。その運動の主体になったのが、ゴルカ民族解放戦線（Gorkh National Liberation Front：GNLF＊17）である。彼らは、「ダージリン・ドアール地方（丘陵・平原部を統合したダージリン地方全域と西ベンガル州のブータン南部国境と接する地域）を西ベンガル州から独立させて、ゴルカランド（Gorkhland 州）を設立すること」、「ネパール語をインド憲法第8附則言語とすること」、「ダージリン地方のネパール系インド人をネパールに起源をもつインド国民と認定すること」を主張した。その主導的役割を果たしたのが、退役ゴルカ兵でもあるスバス・ギシンである。一部の過激派は州政府機関、警察、交通網を襲撃するテロに走った。
　このように GNLF のような組織が誕生した背景には、ダージリン地方におけるネパール系インド人がネパール系であるために不利な経済環境に置かれていたことが一因ということができる。すなわち、ダージリン地域においては少

数派のベンガル人が地域のほとんどの公職に就いているにもかかわらず、ネパール系インド人を含めた現地の人間が公職に就けることはほとんどなく、また茶園においては、ベンガル人が管理職につき、ネパール系インド人は末端の労働者としてしか利益がとれない社会構造になっていたことが、この地域におけるゴルカランド運動の原点であったのである。しかし、ゴルカランド運動は、単なる経済的な環境改善を求めるものではなく、アイデンティティのための闘いでもあった。すなわち、ゴルカランド運動は、ネパール国民がネパールへの復帰を求めるものでも、第三国としての分離独立を求めているのでもなく、ネパール系住民がインド国民として自分たちを認めることを求めるものであり*18、まさにアイデンティティのための活動なのである。

　このようなGNLFの活動に対して、西ベンガル州政府首相のジョティ・バスは、当初ネパール系インド人の地位向上に前向きな姿勢を示していたが、後にはGNLFの活動は反国家的・分離主義的であると批判するようになった。ダージリンの茶園労働者の多くはネパール系インド人であったため、多くの茶園労働者はGNLFを支持し、州政府との対立が深刻化した。さらに、ギシンは、州政府のみならず、中央政府に対してもネパール系インド人の地位向上のための交渉を積極的に行った。そして、1987年にはラジーブ・ガンディー首相にダージリン地方を視察してもらう機会を得るなど、GNLFは州政府を巧みに牽制しながら、自らの主張を積極的に展開した。その結果、1988年8月には、GNLFと西ベンガル州政府、中央政府の三者間において、和解が成立した。その具体的内容は、「ゴルカランド州の設置は認めない代わりに、丘陵地域に新たな行政機関ダージリン・ゴルカ丘陵評議会（Darjeeling Gorkha Hill Council : DGHC）を設けること」、「ネパール系インド人もインド国民であることを認めること」、「ネパール語を第8附則言語に付け加えることを引き続き検討すること」などが定められた。このように和解するまでの期間、茶園労働者はGNLFの活動に力を入れたり、経営者と対立したりし、生産が著しく停滞している茶園が多く見られていた。そこで、DGHCはゴルカランド運動の間に混乱した地域を立て直し、茶園経営の活性化を図り始めた。

　しかし、2005年12月6日に、DGHCと西ベンガル州政府、中央政府の三者間で合意された6th Schedule statusに関して、2007年頃からスバス・ギシンとDGHCの評議員でスバス・ギシンと近い関係にあったビマル・グルンが激しく対立するようになった。その背景には、6th Schedule statusが2007年12月に見送られることが決定されたことがあると指摘されている。この見送りの決

第6章　小さな地政学：ダージリン地方

定を受け、ビマル・グルンは、GJM（Gorkha Janamukti Morcha）党を結成し、グルンとギシンは正面から衝突することとなった。GNLFは与党であったが、多くの支持者がGJM支持に回ったり、ギシンがニューデリーからダージリンへ移動する際に、GJM支持者が移動を妨害するなどの事件が発生したりするなど、対立は深まっていった。さらに、2011年2月には、ダージリンで無期限ストライキが起こり、紅茶を生産する丘陵地帯は麻痺状態に陥った*19。このように、GJMが主導する2007年末以降の活動は、1980年代にGNLFが主導したゴルカランド運動と同様に、ネパール系インド人の地位向上を求めようとするものである点で共通するが、今回の活動は学生らも参加したハンガーストライキや旅行者の締め出しなど、より裾野の広い活動となっているといえるだろう。

　以上のように、この地域の問題は複雑な民族問題と表裏一体であり、ゴルカランド運動が活発な時期には茶園経営をも脅かす事態になっていた。しかし、2011年7月にはインド政府が西ベンガル州北部ダージリン地方でのゴルカ人自治区の創設に同意したことで、1980年代から始まったゴルカランド運動に歴史的な一歩が刻まれた。2011年の秋以降のダージリンでは、ゴルカ民族の独立運動が下火になったこと、ストライキが一段落したことなどもあり、茶園で働いている人の気持ちも安定し、茶園経営がようやく安定しつつあるということができる。

（2）水・電力不足問題

　ダージリン地方の水と電力不足は深刻である。ダージリンの水の供給はSenchal湖の地下水によってなされているが、乾期の時は水不足となる。ダージリンの年間降水量は281.8mm*20で、世界平均の958.7mm*21に対して遥かに少ないからである。また、近年の人口増加も水不足を更に加速させている。イギリスの植民地時代は約10,000人規模の都市計画であったため、現在の132,016人*22の規模は環境的にもインフラ的にも問題を起こすのである。ダージリンは春、夏、秋、冬、そしてモンスーンの5つの季節があり、雨が降るのは主としてモンスーンの7月と8月だけである。山岳部で犠牲者が出る。モンスーンが過ぎると水不足は深刻になり、人々の生活用水は給水車で運ばれてくる水を頼りにするしかない。ダージリンでは観光客はホテルやレストランでトイレを借りることを断られる。茶園の人々は山を降りて川まで水汲みに行く重労働を強いられている。

ダージリンではイギリス植民地時代の1897年にインド初の水力発電所が作られた。ヒマラヤの麓における電力供給の増加を期待したが、1990年代中頃には電力は増加しなかった。水力発電の設備は本来、他の電力源と共に使用されるべきものであるが、水力発電のみであると、発電するために必要な水の量は季節や年度によって変化する雨によって大きく左右され、安定的な供給ができないのである。人々の生活で停電は日常茶飯事で、病院や茶園ではジェネレーターを付けている。

（3）交通問題
　道路はイギリス植民地時代に完成し、当時はダージリンの発展に大きく貢献した。しかし、それ以降は舗装が十分になされていないために、道路には凸凹が激しく事故も多い。曲がりくねった細い山道は、観光シーズンともなると大渋滞をおこし、何時間も立ち往生することになる。
　ダージリンの街にはユネスコの世界遺産にも登録された「トイ・トレイン」とよばれる小さな蒸気機関車が走っていて、人々の生活の足となっている。時速は約10km程度で車の方が断然に早い。またモンスーン時期には土砂崩れによって頻繁に運休となり、人々は足止めを食らう。水・電気と同じ状況で、1万人規模を予測して都市計画が進められために、10倍以上に膨れ上がった人口では交通事情の悪さは限界にきている。

（4）異常気象の問題
　近年の地球温暖化の影響を受けて、近年ダージリンにも異常気象が続いている。春の時期は一番茶のファーストフラッシュにとって雨が重要であるにも関わらず、旱魃が続いている。そのためにファーストフラッシュの茶摘み時期は年々遅くなっている。また、初夏の頃には大量の雨が降るようになり、2009年5月25日には、大規模なサイクロンが発生し、インド東部やバングラデシュを襲った。死者数は合計190人に及ぶ大災害となった*23。秋の時期には毎年、気温が上昇してきて寒暖差を利用してつくられるダージリン紅茶の品質に問題が出てきている。このように、異常気象が原因で、ダージリンにおける主要産業の一つである紅茶の生産量が影響を受けていることはインド政府も頭を抱えている問題である。

第6章　小さな地政学：ダージリン地方

4．マカイバリ茶園―小国家の地政学

　ここでマカイバリ茶園を紹介したい。ダージリンには現在87の茶園があるが、マカイバリ茶園は経営的にも成功している茶園である。今日までマカイバリ茶園のオーナーは初代からバナジー家が引き継いでいる。ダージリンの厳しい経営環境において成功している茶園は珍しい。ダージリンでは茶園で働く人々は、茶園の中で生活をし、一生を終える人が多い。茶園をひとつの小国家と考えると、小さな地政学としてこの成功事例をダージリン全体に広めていくことは、今後ダージリンが生き残っていくための政策提案のヒントになるのではないか。
　マカイバリ茶園の経営の成功の秘訣は、「持続可能な経営」にあると言える。その経営の特徴を紹介したい。

（1）マカイバリ茶園の歴史
　マカイバリ茶園は1840年代にイギリス人・サムラーによって紅茶の苗木が移植された、ダージリン地方で長い歴史を持つ茶園の一つである。1856年、サムラーは商業目的としてダージリンで紅茶農園を開始し、1857年にG. C. バナジーに営業権を譲渡、同年に製茶工場を設立し、1859年にはマカイバリ茶園（Makaibari Tea Estate）の名を正式登録した。以後、現代4代目茶園主スワラージ・クマール・バナジーに至る150年間、ベンガル人であるバナジー家が茶園の人々と共に生活し、茶園経営を行っている。「マカイ」とはチベット語でとうもろこし、「バリ」とは「肥沃な土地」の意味で、マカイバリ茶園に紅茶が植えられる前、その地は肥沃なトウモロコシ畑だった。
　インド西ベンガル州ダージリン地方に設立されたマカイバリ茶園は、良質な紅茶園が多数あるカーシオン地区に位置し、総敷地面積が670ヘクタール（東京ドームの約145倍）が茶畑に、残りの3分の2（400ヘクタール）が原生林のまま残され、無数の野生動物が生息している。標高1300メートルに位置するマカイバリ茶園は4つの山にまたがり、7つの村からなっている。茶園の敷地内には約680人のコミュニティー（マカイバリ茶園では従業員とは呼ばずにコミュニティーと呼ぶ）とその家族約1700人が暮らしている。

図表6　茶摘み風景

（2）マカイバリ茶園の異質の経営者—スワラージ・クマール・バナジー氏

　現在のマカイバリ茶園のオーナーであるスワラージ・クマール・バナジー氏（以下バナジー）は、茶園で生まれ育ち、英国の大学を卒業後、エンジニアになることを目指した。しかし、茶園に帰省中、森の中で落馬し、茶園の人々に助けてもらった。彼らの心の温かさに自らの原点が茶園にあることに気がついた彼は、家業の茶園を継ぐことを決意する。バナジーが茶園に戻ってきた1970年代、ダージリンの茶畑は農薬や化学肥料の使い過ぎで痩せていた。そのことに非常に衝撃を受けた彼は、独学で農業を学んだ。ルドルフ・シュタイナー（1861〜1925年）のバイオダイナミック農法、福岡正信（1912〜2008年）の自然農法、マハトマ・ガンジー（1869〜1948年）の哲学は、バナジーのその後の茶園経営に強く影響を与えている。

　バナジーについて特筆すべき点は、農業において先駆的な哲学を持つだけでなく、茶園に経営においても異色の茶園主であることである。

　インドでは一般的に茶園主の身分は高く、山岳部の茶園では生活をしない。実質の茶園経営は雇われマネージャーに任せている。約80あるダージリン地方の茶園で、茶園主自らが茶園に住み、茶栽培の指導及び経営に携わっているのはマカイバリ茶園主バナジー氏だけである。

　創業当時からバナジー家が茶園に住み、コミュニティーと共に茶園栽培に取り組んできた姿勢は、茶園内で強い支持を得ていると共に、そのことは約150年におよぶ茶園史の中で大きなストライキを経験することなく経営を続けることができた要因と言えよう。

　バナジー氏は毎日7時間かけて、茶畑を歩く。土や茶樹の様子を観察するだけでなく、茶畑で働いている人たちとコミュニケーションをはかるためでもある。バナジーは茶園で働く約680人の名前をすべて覚えている。そのような気さくな彼の人柄はコミュニティーの人々の身の上相談にのるほどである。昼食まで茶畑を歩き、午後から身の上相談にのり、夕方に一日の成果報告ミーティングを開くのが彼の日課である。

図表7　マカイバリ茶園4代目茶園主スワラージ・クマール・バナジー氏（photo：Jean-Luc Luyssen）

第6章　小さな地政学：ダージリン地方

（3）持続可能な農法

マカイバリ茶園の大きな特徴のひとつは農法である。バナジーの理想は、「自然との調和」の中で茶栽培を行うことである。バナジーは「ホリスティック（Holistic）」という言葉をよく使う。これは全体的な繋がりを意味する。

マカイバリ茶園に置き換えれば、茶を含む植物・動物・空気・水・人間、それぞれがホリスティックの一要素であり、それぞれに相互関係にある。そしてそれらがお互いに調和のとれた状態であることが理想的であり、ホリスティックな視点に立った持続可能な茶園なのである。約670ヘクタールあるマカイバリ茶園の敷地は、3分の1だけが茶畑して利用されている。一般的にダージリンの茶園は、活用できる敷地はなるべく茶園にあてられる。しかしマカイバリ茶園はあえて3分の2を原生林のまま残す。自然のサイクルを乱さず、調和のとれた中で良質な紅茶を生産するために必要な比率は、マカイバリ茶園では1対2なのである。

ホリスティックな視点にたった茶園経営に農薬や化学肥料は必要ない。農作物を育む土地は次世代にわたるまで持続可能な土地でなければならない。そのため農薬、殺虫剤、除草剤を使わず、牛糞、油かす、枯葉などの有機肥料や天然のハーブを用いる。マカイバリ茶園ではすべての茶畑において40年近く全く農薬が使われていない。

①バイオダイナミック農法

マカイバリ茶園が行っている農法は有機農法を更にすすめたバイオダイナミック農法である。バイオダイナミックとはオーストリア人の人智学者ルドルフ・シュタイナーが提唱した農法である。ヨーロッパでは、有機農法の最高峰という位置づけを持っている。大きな特徴は、①天体の動きを利用する、②調合剤を用いる、③動物との共生である。昔の農業は太陰暦を利用した農法であり、現代の私たちの日常生活でも大なり小なり月の影響を受けている。例えば人間の生死は引力の関係で月の満ち欠けの影響を受けている。植物も月の影響を受けており、天然のハーブなどから作られた9種類の調合剤を用いることで、天体からのエネルギーをより受けやすい土作りをするのである。

また、バナジーは上記に加えて9種類の調合剤をそれぞれ人間の臓器の役割を果たすと考える。心臓の役割、消火の役割、分泌の役割など、人間の体内で生命維持に必要な主な臓器の役割（調合剤）が土に撒かれることにより、土が人間の体のように働き始め、生命力豊かな土に育つと考えるのである。動物との共生であるが、マカイバリ茶園にはベンガルトラが2頭（WWFに登録）、18

頭の豹や猿、狐、鹿、兎などの動物や300種類以上の鳥が野生のまま生息している。まさに自然のパラダイスである。マカイバリ茶園ではレンジャー部隊をつくり、週に一度行われるミーティングで動物たちの様子が報告される。自然と人間が共生するためには、生態系の小さな異変にいち早く気づき、対処することが必要なのである。バイオダイナミック農法によって育てられた植物は、他の農法で作られた植物に比べ、生命力あふれ、それを口にした人間に活力を与えてくれると言われている。マカイバリ茶園ではバナジーによって1988年からすべての茶畑においてバイオダイナミック農法が実施されている。1993年、マカイバリ茶園はバイオダイナミック農法の認定団体である英国 Demeter（デメター）より、世界紅茶農園で第一号のバイオダイナミック農法の認定を受けた。以後、毎年更新されている。

②マルチング

マルチングとは、ガテマラグラスなどの草木を土の表面に敷き詰める農法である。マカイバリ茶園では1945年より3代目茶園主バナジー氏がマルチングを始めた。どこの農園よりも早くに取り入れた。この農法の特徴は降水による衝撃を緩和し、土壌の流出を防ぐとともに雑草の成長を制御する。旱魃の時は土壌の水分の蒸発を防ぐ。しばらくするとガテマラグラスは枯れ、最後は土壌の表面に還り肥沃な土となる。マカイバリ茶園の土が柔らかいのはこのためである。「健全な土が健全な精神と創る」というバナジーの理念からつくりだされた農法の一つである。

③パーマカルチャー

パーマカルチャーとは、多種多様な植物の中で紅茶栽培を行う農法でマカイバリ茶園では1975年より実施している。これに対して、単一作物を栽培する農法をモノカルチャーという。ほとんどの農法がこのモノカルチャーで行われているために、マカイバリ茶園のパーマカルチャーは珍しい。6層からなるパーマカルチャーを行うことで、原生林の中で動物が野生のまま生息できるだけでなく、自然の生態系を崩すことなく紅茶栽培を行うことができる。また突如としておこる自然災害に対しても、その害を最小限に食い止めることができるのである。マカイバリ茶園は下記のように第6層に分けており、それぞれが重要な役割をもっているのである。第1層：原生林、第2層：マカイバリ茶園に常植しているマメ科で日陰をつくる木（ネムノキなど）、第3層：一時的に植えるマメ科で日陰をつくる木（インディゴなど）、第4層：マメ科の果実の木（ニーム、ガテマラグラス、ネピアグラスなど）、第5層：茶の木、第6層：様々種類の雑草、

ツル植物、土の下の植物。パーマカルチャーは、ホリスティックな視点に立った紅茶栽培を行うマカイバリ茶園の根本的な理念とも言える。

（4）フェアトレード生産者と女性の力を活用

マカイバリ茶園では働いている人々を従業員とはよばずにコミュニティーと呼んでいる。植物や動物と共に茶園の中で重要な役割を担うのがコミュニティーである。

コミュニティーが健康で幸せな生活を送るために、バナジーは「女性の参加」に焦点をあて先駆的な取り組みを導入した。

バナジーは茶園の経営に女性の力が必要だと考える。女性は家庭では子育て、家事などをこなし、経営のミニチュア版である「家庭」をマネジメントし、コントロールする能力を持っているからである。「女性の経営参画」を視野にいれ、フェアトレード生産者として加盟したことは、その後のマカイバリ茶園におけるコミュニティーの生活を一変させただけでなく、マカイバリ茶園の経営自体も充実したものへと変化させていった。

①ファトレードに参加（1994年〜）

1994年、マカイバリ茶園はドイツ・ボンに本部を置くTransfair International（現 FairtradeLabelling Organization International、以下FLO）に生産者として加盟した。これを機に、マカイバリ茶園の女性はよりイニシャティブをとるようになり、茶園の社会福祉プロジェクトが本格的に始動していった。

フェアトレードは、1960年代に、経済的、社会的に立場の弱い生産者に対しての通常の国際市場価格よりも高い価格で継続的に取引し、途上国の自立を促すという、人道的側面が強い社会運動としてヨーロッパではじまった。当初、草の根運動だった活動は、2009年の時点で認定生産者団体は世界60か国で827にもおよび、彼らがつくった認証商品は約27,000にも及び、世界の約70か国で流通している*24。

フェアトレードは、環境に優しい農業や、よりよい運営に取り組む生産者に対して、代金の前払いと、長期の取引を保証している。また、生産者は売上の一部（奨励金：premium）を直接受け取ることができ、その資金が環境保護や生活向上の支援に運用される仕組みになっている。また、生産者にもフェアトレードの基準が設けられており、経済的基準、社会的基準、環境的基準の3つがある。経済的基準は、生産者は共同委員会をつくりプレミアムの使途について話し合うことなどが決められている。社会的基準は労働者を守るために、給

与の基準や産休の長さ、15歳以下の児童労働禁止などが設けられている。環境的基準では、環境に配慮した農法を基本として、使用してはいけない農薬や肥料などの規定がある。実は、現在フェアトレード生産者の基準となっているものは、マカイバリ茶園がすでに実践していたもので、むしろ FLO がマカイバリの基準を生産者の基準として採用したと言われている。

②マカイバリ茶園におけるフェアトレード活動

マカイバリ茶園の紅茶は日本をはじめ、アメリカ、イギリス、ドイツ、フランスを中心に世界各国で販売されている。売上の一部として茶園に戻ってくる奨励金は、コミュニティーの中から選挙で選ばれたメンバーで運営される「ジョイント・ボディー」の口座に直接入金され、資金の使い道はジョイント・ボディーが会議によって決める。ジョイント・ボディーは10人で構成されており、そのうち7人が女性である。奨励金は、コミュニティーの社会福祉プロジェクトにあてられるが、その細部には女性であり母親である彼女たちの意見が実に

図表8　マカイバリ茶園ジョイント・ボディー　収支

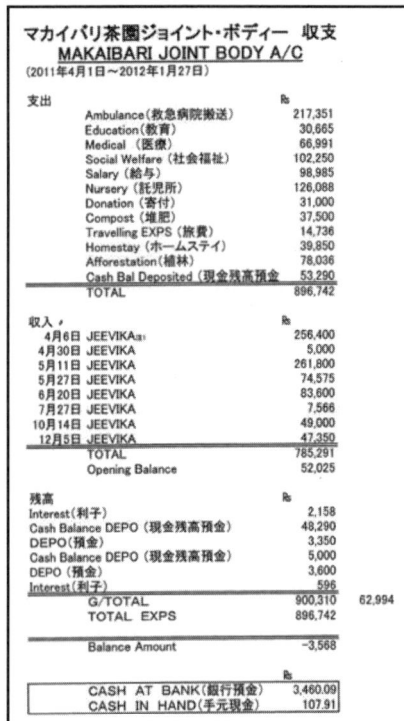

マカイバリ茶園ジョイント・ボディー　収支 MAKAIBARI JOINT BODY A/C (2011年4月1日～2012年1月27日)		
支出		Rs
Ambulance（救急病院搬送）		217,351
Education（教育）		30,665
Medical（医療）		66,991
Social Welfare（社会福祉）		102,250
Salary（給与）		98,985
Nursery（託児所）		126,088
Donation（寄付）		31,000
Compost（堆肥）		37,500
Travelling EXPS（旅費）		14,736
Homestay（ホームステイ）		39,850
Afforestation（植林）		78,036
Cash Bal Deposited（現金残高預金）		53,290
TOTAL		896,742
収入		
4月6日 JEEVIKA(注)		256,400
4月30日 JEEVIKA		5,000
5月11日 JEEVIKA		261,800
5月27日 JEEVIKA		74,575
6月20日 JEEVIKA		83,600
7月27日 JEEVIKA		7,566
10月14日 JEEVIKA		49,000
12月5日 JEEVIKA		47,350
TOTAL		785,291
Opening Balance		52,025
残高		Rs
Interest（利子）		2,158
Cash Balance DEPO（現金残高預金）		48,290
DEPO（預金）		3,350
Cash Balance DEPO（現金残高預金）		5,000
DEPO（預金）		3,600
Interest（利子）		596
G/TOTAL		900,310　62,994
TOTAL EXPS		896,742
Balance Amount		-3,568
CASH AT BANK（銀行預金）		3,460.09
CASH IN HAND（手元現金）		107.91

図表9　ジョイント・ボディーによるミーティング

注1：フェアトレードのプレミアム（奨励金）は、一旦 JEEVIKA DEVELOPMENT SOCIETY という NGO 団体の口座に振り込まれてから、マカイバリ茶園の JOINT BODY の口座に振り込まれる。
注2：2012年1月27日の公表仲値（TTM）で1ルピー1.58円。為替レートは三菱東京 UFJ 銀行ホームページより
出所：Makaibari Tea Estate 資料より作成

230

第6章　小さな地政学：ダージリン地方

よく反映されている。図表8に示したのが、2010年度にマカイバリ茶園に送金された奨励金だが、実際にどのように使われていたのかが示されている。

③無料託児所

女性にとって子育てと仕事を両立させることは大変である。マカイバリ茶園では多くの女性は茶摘みの仕事に従事している。母親が安心して茶摘みに専念できるように、茶畑のそばには託児所が建てられた。無料で利用できるこの託児所システムは茶園で働く女性の声から生まれた。子供の世話をする人は、コミュニティーの中から選ばれた女性である。

④充実した教育制度

マカイバリ茶園では子どもの教育に重きをおいている。茶園の中には2つの小学校がある。小学校は州政府によって建てられたが、教育費や教材費は奨励金でまかなわれている。またマカイバリ茶園の小学校はトイレが完備されている。インドの政府系の小学校にはトイレがない学校も少なくない。マカイバリ茶園における5年間の初等教育終了率は100%である。その他、子どもたちが将来の選択肢を広げられるように、コンピューター教室と図書館も開いた。コンピューターセンターにはコンピューターが完備しており、小さいときからコンピューターに慣れるようになっている。

図表10　茶園の中にある託児所

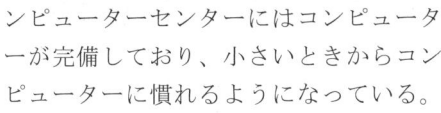

図表11　茶園の中には2つ学校がある

図表12　茶園の中にある診療所
（photo：Jean-Luc Luyssen）

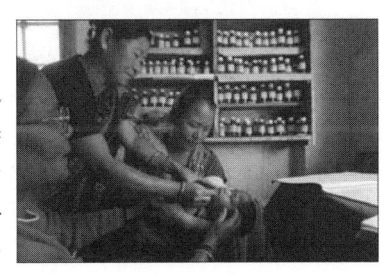

⑤医療制度

マカイバリ茶園には奨励金でつくられた診療所がひとつある。茶園の人々は無料で診療を受けることができる。必要な薬や、子どもたちの予防接種などもすべて無料である。薬はホメオパシーの薬が

231

与えられ、看護師の資格を持つ茶園の女性が常駐して薬を処方する。また、緊急で病院に行くときは奨励金で購入した救急車を利用でき、近くの国立病院で診療を受けることになる。茶園内には動物診療所もあり、茶園内に住む動物は、無料で診察、予防接種、薬の処方を受けられる。

（5）ユニークな経営
①茶園内起業
　マカイバリ茶園では、働いている人々は「コミュニティー」とよばれ、雇い主と雇われ主の関係ではなく、マカイバリ茶園の一人一人が茶園の経営者の一人として考えている。オーナーであるバナジーが、誰もが経営に参画させるシステムをつくっているのである。茶園の労働によって得られる収入は州政府によって決められている。

　したがって、それ以外で収入を得るシステムとして、マカイバリ茶園では誰もが個人事業主としてマカイバリ茶園の中で事業を起こしてもよいことになっている。

　恵まれた環境を活かして家畜（豚、ヤギ、鶏）を育てたり、苗木を育ててマーケットに売って副収入が得たりしている。また、牛の世話をすることもひとつの事業である。牛を毎日、丁寧に世話をすることによって良いミルクがでる。オーガニックの草で育った牛のミルクは市場では高く売れる。糞は肥料としてマカイバリ茶園が現金で購入してくれるために、副収入になる。また雌牛を育てることによって、子牛が生まれてビジネスが発展できる可能性もある。

②ホームステイプロジェクト
　最近ではホームステイプロジェクトが働いている人々を経営に参画させるプロジェクトとして代表的である。マカイバリ茶園には世界各国から毎年、1000人近くの訪問客がある。観光客だけでなく、何かを研究している若い学生も多い。茶園での生活を体験したい、または専門分野のフィールドワークをしたいという人たちに対し、マカイバリ茶園では2006年からホームステイプロジェクトを提供している。宿泊費は3食の食事がついて一人1泊600ルピー（約1000円）である。

　宿泊費の半分がホストファミリーの収入になる。訪問客は自然環境が素晴らし茶園で豊かな時間が過ごせ、ホストファミリーとも親しくなることによってよりマカイバリ茶園のことを理解できる。またホストファミリーにとっても収入源が増えるとともに、訪問客との交流することによって、自分たちが作って

第6章　小さな地政学：ダージリン地方

いる紅茶に誇りを持つことができる。マカイバリ茶園が受け入れるのは、専門分野を持ち、茶園に何かを還元できる者に限る。過去の例では、茶園に生息するすべての野草を採取し、調べて標本にした人。野草はそれぞれ効能を持っており、その標本はマカイバリ茶園で医学書として大切にされている。茶園の子どもたちに英語を通して学ぶことの楽しさを教えた人。茶園に落ちているゴミ問題に気づき、子どもと共にゴミ拾いプロジェクトを始めた人など、若者ながら様々に工夫し、茶園に還元をしている。日本では最近、カメラマンを目指す日本写真芸術専門学校生の若者が3か月間をマカイバリ茶園でホームステイをし、卒業作品として第一次産品をつくる生産者の姿をカメラにおさめた。彼の写真は学校の代表に選ばれ、フランスのバンドーム写真祭で行われる Mark Grossets prize の Photojournalism 部門にも出展した。「自分探し」で訪れる一方的な関係ではなく、滞在者も茶園の人も共に有意義な関係でなければならない。厳しいように思われるかもしれないが、双方の成長のためにも必要なことだと、バナジーは考えている。

このように、消費者が生産者と関わり合い、お互いに理解を深め、共に成長し合うことは、マカイバリ茶園のホリスティックの要素の一つなのである。植物、動物、人間が共存・共栄する、マカイバリ茶園内の取り組みだけに留まらず、茶園に関わる人々が繋がり、お互いに影響しあい、そしてそれをまた茶園に還元する。そのことこそが、バナジーが理想とするホリスティックな視点に立った持続可能な茶園経営なのである。

③貸付金制度

マカイバリ茶園では、新しい事業を起こす人を積極的に支援している。フェアトレードによる奨励金は無担保、無利子、または低利、無利子で貸し付けられ、事業を始める際の運転資金として活用されている。マカイバリ茶園で行われた新たな事業の一例として、夫婦で運営されているカフェテリアがある。カフェテリアは茶園の中にあり、マカイバリ茶園を訪れた観光客が立ち寄り、紅茶を飲んだり、モモとよばれる手作り餃子を出している。奨励金で借りたお金で建物やモモの原材料である豚を仕入れている。カフェテリアはうまく運営されている。そのほか、事業を起こすときだけでなく、子供の出産や進学や病気になったときなど突然にお金が必要になったときは、個人でもこの奨励金を利用することができる。お金を借りるのは家庭をマネージする女性であるが、茶摘みをして得た給料から毎月返済をしていく。今まで誰ひとりとして滞納や支払をしなかったものはいない。家の改修工事費への貸付、コミュニティーの社

会的工事費、公共トイレ設置などにも活用されている。

　1994年の FLO の加盟以来、約850のプロジェクトが実施された。このようなマカイバリ茶園におかえるフェアトレードの取り組みは、FLO からも高く評価され、2004年11月には FLO 傘下にある Max Harvelaar France より発刊された「FAIR TRADE ー Revolution in a cup of tea」において、マカイバリ茶園特集が組まれ、茶園での取り組みが成功例として紹介された。

④女性の管理職抜擢

　フェアトレードへの加盟と時を同じくして、バナジーは女性初の監督者を採用した。伝統的しきたりが残るインドの農村部で、女性が茶園の中で管理職になることは非常に珍しかった。女性初の監督者が誕生した当初、困惑したのは男性たちよりも、女性たちであった。伝統的意識の残っていた茶園の女性たちが、女性の監督者の下で働くことへ、少なからず違和感を示すこともあった。しかし監督者となった女性の献身的な働きに理解を示す女性たちが増え、現在では茶摘みの管理職だけでなく、製茶工場や、会計部門においても女性が生き生きと働いている姿に出会える。

⑤女性の重労働からの解放

　バナジーが力を注いだのは女性が働く環境作りである。マカイバリ茶園の女性の多くは茶摘みに従事し、家庭に戻れば家事もこなさなければならず、重労働を強いられていた。彼女たちを最も困らせていたのは、日々の水汲みと薪集めであった。女性と子どもは、毎朝川へ水汲みへ、森へ薪集めに何時間も費やした。そこでバナジーはバイオガスを導入した。バイオガスとは、牛糞と水からメタンガスを発生させるシステムで、料理用のガスに利用できる。バイオガスの導入は、女性たちを重労働から解放しただけでなく、煙が充満する台所からも解放したのであった。また森林伐採もなくなった。バイオガスに必要不可欠な牛を購入する際には、フェアトレードによる奨励金の貸付金制度を利用することができる。

　水汲み対策として、バナジーは各集落に貯水タンクを提供した。雨水を巨大なタンクに貯蔵できることで、一年のほとんどを水汲みする必要が無くなった。

　女性たちを日々の重労働から解放した結果、女性たちは自分たちの時間を持てるようになり、生活の質が向上した。女性の経営参加は、女性の自立意識を高めるだけでなく、コミュニティーの福祉充実へとつながった。

　このようにマカイバリ茶園では植物、動物、コミュニティーが最も良い状態で共存できるよう、最善のケアを提供している。紅茶にかかわる人、動植物、

第6章 小さな地政学：ダージリン地方

自然、それらのすべてが関連し、調和を保ち、良い状態であるときに、素晴らしい紅茶が育つ。バナジーの言葉どおり、1996年と2003年、マカイバリ茶園から出品された紅茶は、ティーオークションにおいて歴代最高値を記録したのである。

⑥collaboratorとの様々な社会プロジェクト

　マカイバリ茶園の販売戦略は、各国に総代理店をつくることである。現在、アメリカ、イギリス、ドイツ、フランス、そして日本に総代理店を持っている。総代理店と言っても大企業ではなく、個人事業主または家族経営の会社である。バナジーは、Buyerとはよばずにcollaboratorとよぶ。バナジーのもとには、大手企業からの引き合いが多く来ていたが、すべて断ってきた。なぜならば、大手企業の取引形態は生産者から低価格で、安定供給を要求する取引スタイルであるために、マカイバリ茶園の理念と相いれなかったためである。Collaboratorとは、単なる紅茶を買う関係ではなく、Collaborateして生産者及びその地域の発展のために社会プロジェクトを行っていく関係者の意味である。今までに日本の総代理店有限会社マカイバリジャパンと行った代表的なプロジェクト「ダージリン白内障キャンプ」を紹介したい。

　このダージリン白内障キャンプは、埼玉医科大学眼科学教室主任教授・米谷新先生と14社の企業の方々による協力で2003年よりはじまったプロジェクトである。米谷先生はマカイバリ茶園紅茶の大ファンでもあり、「何か自分の力でダージリンにできることはないか」と思われていたときに、「ダージリン地方のように医療に恵まれない人たちのためにマハラジャ（最高級）の手術を無料で提供したい」という思いでプロジェクトが立ち上がった。

　手術用大型顕微鏡、インドの政府系病院では第一号となる手術用超音波装置をはじめ、包帯一つに至るまで、総重量1トンにもなる手術に必要な資材を空輸で運び入れた。白内障キャンプの舞台となった、インド政府のカーシオン国立病院では、米谷先生自らが執刀をし、2011年の第6回目を終えるまでに145人の患者の視力が回復した。日本では10〜15分ほどの簡単な手術で治る白内障だが、ダージリン地方のような医者や病院が充実していない地域では未だに多くの人が白内障で苦しみ、失明する人も少なくない。

　2005年には、日本の医薬品会社の招待で、カーシオン国立病院の現地ドクターが、東京で1週間の研修を受ける機会に恵まれた。現地ドクターへの技術移転も視野にいれた白内障キャンプは2013年に第7回目を終え、第1回から総計すると合計171名の患者の手術を成功させたことになる。2015年の米谷先生の

235

図表13　ダージリン白内障キャンプ

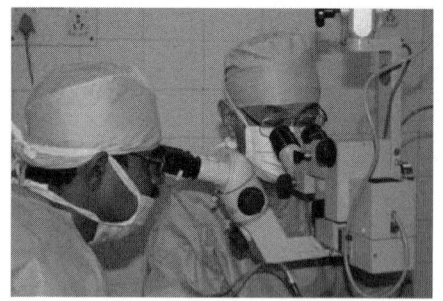

大学病院の定年退官もあり、白内障キャンプは終了した。米谷先生のダージリン白内障キャンプでの功績は大きく、2014年12月には公益社団法人社会貢献支援財団より社会貢献賞を受賞した。

5．ダージリン地方の生き残りをかけた政策

　様々な問題を抱えたダージリン地方が今後、政治的、環境的な複雑な問題を抱えながら、生き残っていくためにはどうしたらよいのか。マカイバリ茶園をひとつの小国家の地政学として捉えた時に、生き残りをかけた政策に光が見えるのではないか。「経済」、「環境」、そして「人」の視点からバナジーの見解も含めた提案をしたい。

　ダージリンの経済を支える紅茶業であるが、マカイバリ茶園の成功事例を他の茶園にも広めていくことである。マカイバリ茶園が経営的に成功した理由の一つは、いち早く海外に販売先を求めたことである。第一次産品である紅茶は、グローバル経済の中で需要と供給で価格決定がされる貿易システムの中で取引がされると、買う側の言い値が通り、生産者が不利益を受けることが多い。フェアトレードのように公平な貿易システムの中で、適正な価格で海外に輸出していかなくてはならない。また、希少価値があり、すでに世界的評価の高いダージリン紅茶は更なる付加価値をつけることによって、市場で高く売れるのである。マカイバリ茶園が2003年にコルカタのティーオークションで最高値を付けたのが一例である。茶園主自らが海外に営業に出向き、高い価格交渉をしてくるのである。価格差は紅茶のグレードにもよるが、国内のオークションを通じて販売するよりも10倍高い。

　更に海外の Collborator を巻き込んだ経営戦略である。先に紹介した白内障キャンプなどの社会貢献プロジェクトもその一つだが、海外の投資家がカイバリ茶園に投資することによって利益を受けられるプロジェクトを作ることである。その一例として茶園の中に宿泊施設を建設し、多くの観光客に宿泊しても

第 6 章　小さな地政学：ダージリン地方

らい、ホテル業として運用させることを計画している。企業にとっては会社の福利厚生施設としても利用する価値はある。ダージリン地方には過去50年間、海外からの投資はないとバナジー氏は言う。今後は、ダージリン地方の魅力そして将来性に投資する投資家が増えることを期待したい。

　「環境」では、ダージリン地方の自然を守りながら経済発展していくことが重要となってくる。ダージリンのもうひとつの経済基盤である観光業であるが、インフラ整備は必要不可欠である。毎年、観光シーズン時期になると世界各国の旅行者やインド平地からの避暑客が増えている。それだけ、ダージリンは観光地として魅力的な土地なのである。この資源を有効に利用しなくてはならない。ダージリンの街は観光時期になると大渋滞をおこし、空気を汚すだけでなく、観光客が車の窓からプラスチックなどのゴミを茶園に投げ捨て、紅茶の育成への問題も引き起こしている。山道はこれ以上拡張することができないため、マカイバリ茶園主バナジーは、現在ロープウェイの建設を政府及び投資家に話を持ちかけている。ロープウェイは車や機関車のように空気を汚さない乗り物であり、渋滞はかなり緩和されるはずである。現在、ダージリンにはインドで最古のロープウェイがあるが、ほとんど機能していない。また、電気供給不足を解決する政策として、ダージリンで大量に発生するゴミを利用したバイオマス発電も提案中である。マカイバリ茶園の土地の一部を提供してプラントを作り、人口が増加するダージリンの街のゴミをそこに集めてバイオマス発電により電気をつくるのである。「環境」と「経済」の両方を発展させるためには、文明の技術を有効に利用しなくてはならない。

　何よりも重要な人的な問題であるが、まず働く人々の生活向上が重要な政策の一つである。ダージリンにおける民族的な運動の要求は、地位および処遇の向上であり、それを解決することが先決である。政府に頼らずに自ら仕事を見つけ出すことが必要となってくる。マカイバリ茶園では、働く人々を従業員ではなく、経営者（＝個人事業主）として自覚させ、マカイバリ茶園の中で起業する仕組みをつくるのである。起業するための経済的なサポートシステムもフェアトレードの奨励金でサポートできる。雇い主と雇われる側という植民地時代の茶園経営のやり方では、持続可能な発展は望めない。マカイバリ茶園では、バナジーは次の世代には世襲制をやめ、働いている人々に茶園の土地を分け与えて、土地のオーナーとしての茶園経営参画も考えている。土地、つまり資産を持つことは、その資産を守り、増やすことになる。これほどの権利を認められることはない。今までのインドの茶園経営では考えられない斬新的なやり方

237

図表14　ダージリンの風景

である。このやり方が成功するかどうかは、次の世代になってみないとわからないが、ひとつの画期的な政策といえる。

　また、一人ひとりの意識そして能力を高めるために、「教育」が重要となってくる。マカイバリ茶園のように女性が力と経済力を持つと彼女たちは子供の教育に投資する。そのために良い教育を受けられる学校が必要となってくる。かつてダージリン地方ではインドでも有数の名門校（St. Joseph's SchoolやSt. Paul's School）があり、海外からも多くの子どもが学んでいた。今は優秀な子どもは都心や海外の学校に入るケースが多い。ダージリンが以前のように優秀な人材を輩出させるためには、政府が有能な教師をよびよせるための教育への予算を使うことは必須である。

　経済的な問題、環境的な問題、そして何よりも重要な人的な問題を解決していくことが政策上重要である。

おわりに

　地政学とは「民族や国家の特質を、主として地理的空間や条件から説明しようとする学問である」（大辞泉）。

　本稿では、世界的にも有名なダージリン紅茶の産地であるダージリン地方に焦点をあててみた。

　今回、この原稿を執筆する時期に偶然にもマカイバリ茶園主であるバナジー氏が来日し、このテーマについて様々な彼の貴重な意見を聞ける機会に恵まれた。バナジー氏はダージリンで生まれ育ち、イギリスで大学時代を過ごした期間以外は人生のほとんどをマカイバリ茶園の経営に注いでいる。それだけにダージリン地方への思いも強い。

　"Healthy Soil, Healthy Mankind"「健全な土壌が健全な人間を創る」というのはラジャ・バナジー氏の信念でもある。バナジー氏がマカイバリ茶園を継いだとき、ラジャ氏はマカイバリの土壌を守り、より豊かにしていくこと、それによって人々の生活を向上させていくことに、人生を捧げることを誓った。ここからバナジー氏の大きなチャレンジがここから始まる。バイオダイナミック農法やパーマカルチャー、マルチング、フェアトレード生産者に登録、など

第6章　小さな地政学：ダージリン地方

パイオニアとして様々なことを実践してきた。

「他の茶園のオーナーは、ダージリンの土地におらず、資産を売却するトレーダーになってしまっている。土地とのつながりを持たない人間は、ダージリン地方の抱えている複雑な問題には向き合おうとはしていない」

バナジー氏は残念そうに話していた。

ネパール、ブータン、シッキム、チベットなどの山岳国家に囲まれた地形的な特徴から、イギリス植民地時代は地政学上重要な地域になっていたダージリン地方が、現在では民族問題、経済の衰退などインド政府が頭を抱える問題の地域となってしまった。

インドは近年、目覚ましい経済発展を遂げている。しかし、発展しているのは都心部だけである。IT産業のみが注目されているが、インドの80％の人口の人々は農業に従事しており、経済発展とは関係なく、貧しい生活をしている。ダージリン地方も、廃業においやられる茶園も増え、発展とは程遠い。

その中で経営的にも成功しているマカイバリ茶園の持続可能な視点に立った実践は、今や世界からも注目され、紅茶業界のみならず、国際機関をはじめNGOや環境団体からも毎年視察団が訪れている。

バナジー氏が強く語っていた言葉が"The new mantra for the future is holistic partnerships not ownership"である。「これからの経営は、従来のオーナーシップのやり方ではなく全体的なつながりをもったパートナーシップを持たないといけない」と語っていた。「環境問題」は一地域の問題ではなく、グローバル的な問題でもある。全体的なつながりとは環境（自然）をも取り込んだ経営であり、今後はこのような経営が大きく求められるであろう。

バナジー氏は実際にインドの生産者たちにマカイバリと同じ農法や取り組みを指導している。彼の夢はダージリン地方のみでなく、インド全体が持続可能な視点に立った取り組みをすることである。そうすることによってダージリン地方の問題だけでなく、インドが抱えている問題をも克服できると信じている。

注
1 *THE HINDU*, January 7th 2011, KOLKATA.
2 *THE HINDU*, July 13th 2015, KOLKATA.
3 角山栄(1980)『茶の世界史』中公新書、16頁。
4 同上、38〜39頁。
5 同上、54頁。

6 同上、95〜100頁。
7 同上、123頁。
8 インドで起きたイギリスの植民地支配に対する民族的反抗運動。インドでは「第一次インド独立戦争」（India's First War of Independence）とよばれる。
9 イギリスはインドを支配する上で、インドが団結して抵抗しないように分割統治した。インド帝国はイギリスの直轄領と、550以上の藩王国から構成されていた。藩王国は防衛・外交権を除いた自治権を認められてはいたが、しばしばイギリスが派遣した政治顧問（駐在官）の内政干渉を受けた。
10 山下幸一・雨宮智子(2004)『東ヒマラヤ山麓を訪ねて』朱鷺書房、155〜158頁。
11 同上、149頁。
12 Tea Emporium ホームページより。http://www.teaemporium.net/aboutus.html
13 Tea Boad of India ホームページ統計資料2013-2014より。http://teaboard.gov.in/
14 ゴルカ兵：イギリス・ネパールの戦争時、イギリスがネパールのことをゴルカとよんでいた。当時のネパールのシャー王朝がゴルカ王国の王家の子孫だったことによる。イギリスとネパールとの戦い（ネパール戦争：1814〜16年）により、イギリスはネパール出身のゴルカ兵の有能さを見出し、東インド軍にも採用した。
15 関口真理(1993)「インドのネパール系住民」1『日本ネパール協会会報』119、16頁。
16 関口真理(1987)「ダージリンのゴルカランド運動」『盈虚集：立教大学東洋史同学会会誌』、23頁。
17 GNLFの政治活動は州政府、中央政府をも巻き込んでいった。
18 関口真理(1987)「ダージリンのゴルカランド運動」『盈虚集：立教大学東洋史同学会会誌』、32頁。
19 BBC NEWS 9th February 2011.
20 NewWorld Encyclopedia より引用。
21 総務省統計局データより作成。
22 2011 census of India より。
23 Asian Disaster Reduction Center（ASRC）のホームページより。http://www.adrc.asia/
24 FairtradeLabelling Organizations のホームページから引用。

【参考文献】
荒木安正(1994)『紅茶の世界』柴田書店。
磯淵猛(2011)『一杯の紅茶の世界史』文春新書。
磯淵猛(2012)『世界の紅茶―400年の歴史と未来』朝日新書。
サラ・ローズ(2011)『紅茶スパイ―英国人プラントハンター中国をゆく』原書房。
関口真理(1993)「インドのネパール系住民」1・2『日本ネパール協会会報』119・120。
関口真理(1994)「インドのネパール系住民」3『日本ネパール協会会報』No122。

第6章　小さな地政学：ダージリン地方

曽村保信(1984)『地政学入門―外交戦略の政治学』中公新書。
ダイヤモンドビッグ社（2010)『地球の歩き方　インド』ダイヤモンドビッグ社。
武田善行(2012)「私の見た紅茶生産の現状（14）―インド、ネパール(2)ダージリンとドアーズの茶園」『茶』静岡県茶業会議所。
千野境子(2011)『紅茶が動かした世界の話』国土社
角山栄(1980)『茶の世界史―緑茶の文化と紅茶の社会』中公新書。
平島成望・浜渦哲雄・朽木昭文(1990)『一次産品入門』アジア経済研究所。
広瀬崇子・北川将之・三輪博樹(2011)『インド民主主義の発展と現実』勁草書房。
牧田りえ(2009)「インド通信（第5回）ダージリンの茶園で暮らす人々」『サステナ：地球環境・社会・人間について真剣に考えたい人のための雑誌』13、サステイナビリティ学連携研究機構。
山下幸一・雨宮智子(2004)『東ヒマラヤ山麓を訪ねて―シッキム・ブータン・カリンポンの生活と文化』朱鷺書房。
Rajah Banerjee, *The Wonder of Darjeeling*, Kolkata:NETTREK 2003.
Rajah Banerjee, *The Rajah of Darjeeling Organic Tea - Makaibari-*, Cambridge University Press India Pvt. Ltd.2008.
GAMMA. Fair Trade, *Revolution in a cup of tea,* Vanves:GAMMA 2004.

第7章 3.11後の世界原発市場の動向と原子力産業の地政学

郭　思宜

はじめに

　近年、中国、インド、ベトナムなどのアジア諸国を中心として、原子力の導入、大規模増設計画が始動し、さらには欧米諸国において、原子力発電所(以下、原発と略す)の新規建設や既設炉の寿命延長などの具体的な動きも見られ、いわゆる「原子力ルネッサンス*1」の進展、原子力グローバル新時代が到来したとされる。

　その矢先、2011年3月11日の東日本大震災にともなう福島第一原発事故(以下、福島事故と略す)が発生し、世界では原発の安全性と経済性を疑問視する動きも見られ、原子力政策は各国の事情により異なる方向に向かいつつある。原子力産業協会が2012年5月30日にまとめた「世界の原子力開発の動向」によると、2012年1月1日現在、世界30か国・地域において、427基(3億8,446万6,000kW)の原子炉が稼働している。この調査により、前年同期と比較して9基(773万7,000kW)減少したことが判明した。この結果に対し同協会は、福島事故を原因とする13基の閉鎖が大きく影響したと分析している。2011年には、インド、中国、韓国、パキスタンでそれぞれ1基、合計4基が新たに営業運転を開始する一方、日本の福島第一原発の4基、ドイツの8基、イギリスの1基(オールベリー2号機)が閉鎖した。ドイツでは、福島事故を受けて、脱原子力政策への方向転換が行われ、1970年代から80年代前半に稼働した老巧原発が閉鎖された。なお、建設中の原発は16か国・地域で75基、計画中の原発は20か国で94基となり、新興国を中心に建設計画が相次いでおり、原子力開発の二極化が一層鮮明になったといえる。

　本稿では、まず世界の原子力開発の動向として、世界主要国の原子力開発の動向を、①原子力利用・推進国、②原子力高成長国、③新規導入検討国、④脱原子力傾向国の4つに分類して分析することで、世界の原発市場の動向を確認

243

する。そして「2. 世界の原子力産業の展開」では、原子力プラントメーカーが、1980年代以降の原発新規建設の低迷及び2000年代以降の世界的な原子力産業再編の流れのなかで、どのような吸収・合併を経て今日の三大グループ体制を形成したのかを明らかにし、原子力産業の地政学について、フランス、ロシア、韓国のようないわば重商主義的なアプローチで新興国市場や途上国市場に参入している国に焦点を当てて分析してみたい。さらに「3. 日本の原子力産業の国際展開」では、2010年に「新成長戦略」が公表されたのを契機として、原子力委員会により策定された「成長に向けての原子力戦略」において、原子力産業の国際展開が重要な柱として盛り込まれていることを確認したうえで、日本の原子力プラントメーカーが、強力な原子力産業を有する国との競合・協力をどのように展開しているのかを考察したい。最後に、「4. 台湾における原子力開発の展開」では、1960年代から70年代にかけてのアメリカの原子力戦略について、台湾における原子力開発の展開過程から探ってみたい。

この一連の分析により、アジア地域を舞台として展開されている原子力産業の国際展開の現状を福島事故以降の動向に着目することにより明らかにしたい。

1. 世界の原子力開発の動向

日本エネルギー経済研究所は2011年4月7日、福島事故による各国の反応、政策対応の現状に関する調査結果を、「福島第一原子力発電所事故による諸外国の原子力開発政策への影響」と題した報告書[2]で公表した。同報告書によると、一部の国では、新設・既設運転延長計画を凍結するなどの動きが見られるが、一方で、安全性の検証は行うものの、原子力推進方針に変わりはないとする国もある。しかし、全体として、原子力発電に対する厳しい見方が強まるものと考えられ、脱原子力傾向国とされるドイツでは、福島事故から4日後に、7基の既設炉を閉鎖し、原発の運転延長路線にモラトリアム（一時的停止）を適用した。また、欧州連合（EU）は3月21日にブリュッセルでエネルギー相緊急会合を開催し、EU域内で運転中の全ての原発を対象とした安全性検証（Stress Test）を早期に実施することが提案された。

上述の報告書では、国ごとの状況を踏まえ、原子力開発に関わる姿勢について主要国を、①原子力利用・推進国、②原子力高成長国、③新規導入検討国、④脱原子力傾向国の4つに分類している。以下では、この分類を参考に、『日本原子力年鑑2012』と新聞記事の情報を中心に、福島事故以降の世界主要国の

第 7 章　3.11後の世界原発市場の動向と原子力産業の地政学

原子力開発の動向について検討する。

（1）原子力利用・推進国

　原子力利用・推進国とは、エネルギー自給率向上あるいは戦略的産業成長戦略の観点から、原子力発電を国内で積極的に開発・推進し、海外への輸出戦略を展開している国を指し、アメリカ、フランス、ロシア、韓国などが挙げられる。これらの国では、福島事故以降、原子力の一層の安全性強化を図りつつ、原子力を重要なエネルギー源として位置づけ、その利用と促進を継続していく基本方針に変化はないとされている。

　アメリカは、世界で運転中の原発436基のうち、約4分の1に相当する104基を保有する世界一の規模をもつ原子力大国である。1979年のスリーマイル島原発事故以降、30年近く原発の新規着工が途絶えていたが、近年、前ブッシュ政権が積極的に原子力推進政策を打ち出し、2005年に成立した「エネルギー政策法」には原子力支援策が盛り込まれ、現オバマ政権においても、地球温暖化に配慮したクリーン・エネルギー政策により、9基・1,066万kWの原発の新規建設が計画されている。オバマ大統領は2011年3月30日、「アメリカのエネルギー安全保障に関する包括的な計画」を公表し、福島事故以降も、原子力をクリーン・エネルギーのひとつとして位置づけた原子力推進政策に変更はないとした。そのうえで、アメリカの原子力規制委員会（NRC）は、国内104基の安全審査を実施し、運転事業者による安全性点検に関わる結果報告をホームページで公表した。それによると、全てのサイトにおいて究極事象時でも冷温停止及び閉じ込め機能要件を維持することを確認したが、65サイトのうち12サイトで要改善点が指摘された。

　フランスは、原発58基を保有する、アメリカに次ぐ世界第2位を誇る原子力大国である。同時に、総発電電力量に占める原子力の割合は7割を超え、原子力電源比率が世界で最も高い国とされる。同国は、エネルギー安定供給と自給率の向上をエネルギー政策の柱として位置づけ、早期から原子力の開発利用を積極的に行ってきた。2009年末、同国は「未来のための公共投資」計画を開始し、350億ユーロの新規国債を発行し、51億ユーロを「持続可能な開発とエネルギー」分野に投じ、そのうちの10億ユーロが将来の原子力開発に割り当てられた。福島事故以降も、近隣のドイツやスイスが脱原子力に向かうなか、サルコジ大統領は、原子力研究開発に対する10億ユーロの投資計画に変更はないことを明らかにし、安全性に優れた原子力開発を継続する意志を貫く考えを示

した。

　ロシアは、2012年1月時点で、運転中の原発28基、建設中12基をもつ、日本に次ぐ世界第4位の原発保有国である。同時に、13基・1,396.4万kWの原発の新規建設が計画されており、中国に次ぐ規模となっている。2011年4月26日、チェルノブイリ原発事故から25周年を迎え、その犠牲者追悼式典の場で、メドベージェフ大統領（当時）は、世界の原発における安全性強化で「国際的な法制システム」を創設するなどの提案を行った。この提案は、福島事故の分析結果を、世界で急拡大している民生用原子力施設への対応策としてまとめたものであるが、2010年以降、原発輸出が好調な同国が、CIS（独立国家共同体）諸国やインドなど、新規導入国への原子力輸出を推進しようとする立場から、万全な安全確保体制の確立により、世界的に高まりつつある原子力への懸念を払拭する狙いがあると見られる*3。

　韓国は、2012年1月時点で、運転中の原発21基、建設中5基を保有する、日本に次ぐアジア第2位（世界第6位）の原子力大国である。同国は、早期から原子力産業の輸出を指向し、国際協力や輸出に成功している。福島事故発生後、李明博大統領の指示により、2011年3月13日、14日の2日間にわたり、原子炉21基、石油備蓄施設9か所及びガス供給施設105か所の耐震性の緊急点検が実施された。韓国政府は、国内の原発の総点検、原子力安全規制の強化に取り組む意向を示し、一方で、2011年3月28日に開催した原子力委員会では、安定的な電力供給と気候変動への対応には原子力が不可欠として、現行の原子力推進政策を維持する方針を確認した。政府はその後、福島事故と同年4月12日に発生した古里1号（1978年操業）の原子炉緊急停止事故に対し、ふたつの検証班、原子力施設安全審査班と古里1号ピュアレビュー班を設立し安全点検を行った。

（2）原子力高成長国

　原子力高成長国とは、エネルギー需要の増加に応じて、今後大規模な増設を必要としている国を指し、中国やインドなどが挙げられる。中国とインドをはじめとする新興国は、エネルギー需要の急増、経済発展と温暖化対策との両立の解消策として、原子力の利用に力を入れている。特に中国は、原子力開発を積極的かつ急速に行っており、2012年1月時点で、運転中14基、建設中30基の原発を保有する原子力大国として世界第10位まで上り詰めた。さらに国内には、26基・2,817.5万kWの新規建設計画がある。

　ブラジル、ロシア、インド、中国、南アフリカの新興5か国を指すブリック

第7章　3.11後の世界原発市場の動向と原子力産業の地政学

ス（BRICS）は、2011年4月14日に中国海南省・三亜で第3回首脳会議を開催した。5か国は、当地の会合で採択された「三亜宣言」において、今後も継続的に原子力の利用を推進していく方針を示し、福島事故で原発への懸念が高まるなか、「原子力が引き続き BRICS 将来のエネルギー構成における重要な位置を占める」ことを確認したうえで、「原発の設計、建設、運転の安全基準と要求を厳守し、平和を目的とした安全な原子力を発展させ、国際的な協力を推進すること」（『読売新聞』2011年4月15日付）を強調した。福島事故を受けて、中国は、国内全原子炉施設の安全性点検を行い、点検終了まで新規建設計画を含む中長期計画の審査を一時停止したが、長期的に原子力開発を進めていく方針に変更はないとしている。インドでも、一部の原発予定地で反対運動が激化しているが、エネルギー安全保障のために原子力開発は必要であるとし、これまでの原子力推進政策を継続する意向を示している。なお、2011年7月18日には、インド西部コタ近郊にあるラジャスタン原発で、同国における福島事故以降初めての新規着工となる7、8号機の起工式が行われた（『朝日新聞』2011年7月18日付）。

（3）新規導入検討国

　新規導入検討国とは、従来のエネルギー事情においては原子力を必要としなかったが、今後のエネルギー需要の増加や化石燃料資源の温存などの理由から、原子力開発を計画する国を指す。東南アジアや中東などの原子力新規導入検討国は、将来的に発展の可能性が大きく、ベトナム、アラブ首長国連邦（UAE）、ヨルダンといった国では、原発の導入計画が具体的に進んでいる。

　ベトナムは、発電設備容量が2010年時点で2,123万kWとなっており、その内訳は、水力38％、ガスタービン31.4％、石炭火力18.5％、その他は石油火力、ディーゼル、ガス火力、輸入といった構成になっている。発電設備については、ベトナム電力公社（EVN）が8割近くを所有し、残りは、IPP（独立系発電事業者）と BOT が保有している。同国は、経済成長に伴う電力需要急増のため、近年は近隣の中国などから電力を輸入している。水資源が豊富とされる北部では、乾期に渇水状態となり電力不足が生じることが多く、火力発電が主体の南部においては、火力発電所の故障や、送配電設備の老朽化による送電ロスなどから、設備の近代化が緊急課題となっている。

　これらの事情を踏まえ、ベトナムでは、1996年から2000年にかけて、原子力導入に関する可能性研究が実施された。この調査結果から、同国が2015年まで

247

にエネルギー輸出国から輸入国に転じる可能性が高いことが判明し、原子力導入に踏み切ったと考えられる。

2010年10月31日、ベトナムのズン首相とロシアのメドベージェフ大統領（当時）は、ニントゥアン第一原発2基の建設に関する正式協力協定等の合意文書に署名した。同日、日本の菅首相（当時）がベトナムを訪問した。ズン首相との日越首脳会談において、ベトナムは、ニントゥアン第二原発2基の建設パートナーとして日本を選定することに合意したと発表した。なお、ベトナム政府は、福島事故以降も日本との協力関係に変更はないとし、自国の原子力導入計画に関するメディアへの説明会で、「ニントゥアン省での建設計画は国が承認したものであり、計画に変更はない」ことを確認し、安全対策を徹底したうえで実施する方針を明らかにした。日本原子力発電株式会社（日本原電）は、2010年10月のズン首相と菅首相（当時）との共同声明に基づき、翌年9月28日に、ベトナム電力公社との間でニントゥアン第二原発における原子力発電導入可能性調査（FS；Feasibility Study）の実施に関する契約を締結した*4。翌日、後述の国際原子力開発株式会社もベトナム電力公社とニントゥアン第二プロジェクトに関する協力覚書を締結した*5。

UAE は、世界有数の産油国であるが、近年の経済、社会の発展よる急速なエネルギー需要が見込まれている。同連邦はこれまでに国内における原子力研究の実績はなかったが、2008年4月、原子力導入プログラムの推進機関として、公益会社 ENEC（首長国原子力エネルギー公社）を設立した。原発の建設プロジェクトは BOT 方式を採用し、ENEC が建設・運営・維持補修を一括発注する国際入札としている。2008年に出された入札案内は、翌年7月に締め切られ、日本、フランス、韓国の3社が事前審査に残った。この3社の提案を審査した結果、同年12月末、韓国電力公社グループへの発注が決定した。その後、2011年3月14日には、同連邦初の原発候補地として選定されたブラカ地域（アブダビ首長国の西部）で岩盤基礎工事が開始されている。福島事故に対しては、建設サイトのアブダビ水・電力省大臣は、「ガス不足による電力不足が深刻であり、再生可能電源のみでは急増する電力需要に追いつかず、原子力は導入すべき技術として、2017年に運転を開始する計画に変更はない」としている。

（4）脱原子力傾向国

脱原子力傾向国とは、すでに原子力をエネルギー・ポートフォリオとして有しており、これ以上の拡大を必要としていない国を指し、ドイツ、スイス、ス

248

第 7 章　3.11 後の世界原発市場の動向と原子力産業の地政学

ウェーデン、スペイン、ベルギーなどが挙げられる。福島事故以降、これらの国では、原子力見直しの議論や反原発運動が一層激化している。

　ドイツは、福島事故後、最も迅速に脱原子力を宣言した国である。2011年3月15日、ドイツのメルケル首相は、閣議決定した原発の稼働延長についてモラトリアムを宣言し、1980年以前に稼働した7基の原発を即時停止した。同年5月30日には、2022年までに国内全17基の原発を閉鎖することで連立与党が合意に達した。この合意事項によると、福島事故を受けて一時的に操業を停止させていた旧型炉7基、およびバックフィックのために2007年6月以降運転を停止しているクリュンメル原発を永久閉鎖とし、1980年以降に稼働した原発のうち、6基は2021年までに閉鎖、その他は電力不足に備えて2022年まで運転を可能としている。

　2012年2月末、イギリスのオールドベリー原発1号機が、44年の世界最長稼働期間を終了したことにより、スイスの北部に位置するベツナウ第一原発（1969年稼働、2019年停止予定）は、世界で現役最古の原発となった。スイスでは現在、稼働中の原子炉5基が電力需要の4割近くを賄っている。同国では、1977年以降、激しい反原発運動が始まり、原子力開発が停滞していた。反原発の流れは1990年代以降も続き、チェルノブイリ原発事故を受けて、1990年の国民投票では、原発の新規建設を10年間凍結するモラトリアム法案を可決した。しかし、モラトリアム期間終了後、原子力推進派は新規建設を求めて活動を展開し、その結果、2003年に実施された国民投票では、新規建設の凍結延長が否決された。2007年には、連邦政府が「2035年までのエネルギー見通し」を発表し、既設原発の建て替え（リプレース）もしくは新規建設を容認した。さらに、政府の決定に呼応するように、電力事業者が原発の新規建設に向けて動き出していた。その矢先、福島事故が発生し、スイスのエネルギー政策は大きな転換を余儀なくされた。政府は2011年5月25日、国内にある原発5基を、寿命を迎える2034年までに全基廃炉とし、リプレースや新規建設を行わない方針（「エネルギー戦略2050」）を示し、ドイツに続き脱原子力政策にかじを切ったのである。なお、政府の2034年を目標とした段階的な脱原発計画は、同国の下院と上院で、それぞれ2011年6月と9月に承認された。同国は従来、豊富なアルプス山脈系の水力資源に恵まれ、発電電力量の半分以上（2011年時点で53.7%）を水力発電が占めていた。AFP通信（2011年9月29日）によると、スイス政府は、脱原発による電力不足を、水力や再生可能エネルギーの開発により補うとしたうえで、必要であれば、電力の輸入や化石燃料への復帰も考慮に入れるとしている。ま

249

た、同国の環境・運輸・エネルギー・通信省（DETEC）は2012年4月18日、「エネルギー戦略2050」の達成は可能であり、経済への影響は限定的とするシナリオが政府によって承認されたことを発表した＊6。

　脱原子力傾向国は、いずれも一定の割合を占める既設原発が稼働しており、代替エネルギー源の確保なくしては、脱原子力は困難であるといえる。前述の日本エネルギー経済研究所の報告書によれば、「既設炉の『安全性検証』は原子力の継続利用を前提としている。少なくとも継続利用を念頭に置いていなければあり得ないことを考えれば、迅速にモラトリアム化を決定したドイツにおいても、新規建設プログラムを中断した英国においても、今般（福島事故）の影響によって直ちに原子力利用が放棄されるような状況にはないと思われる。しかしながら同時に、英国・スウェーデン等における新設の議論が当面中断を余儀なくされることも含め、一時期盛り上がりを見せた原子力利用に向けた前向きの状況は失われている」と分析している。

　では、福島事故の当事国である日本に目を転じてみると、事故を契機に、原子力・エネルギー政策は大きく変転を遂げる。菅前内閣の下で、国内の原子力政策は脱原子力への方向転換にかじを切った。2012年5月5日、北海道電力の泊原発3号機が定期点検に入り、国内の商業用原発50基が42年ぶりに全て停止し、日本のエネルギー政策が大きな転換点を迎えた。しかし、2011年9月に発足した野田内閣は、夏場の電力不足を理由に、関西電力の大飯原発3、4号機（福井県おおい町）の再稼働を探る一方、将来的には脱原子力依存への方向転換を目指すとしているが、中長期的な原子力・エネルギー政策の方向性は定まらない状況にある。野田首相は、原発の再稼働問題について、「中長期的には原発への依存を低減させていくのが基本だが、全ての原発が止まったままでは国民生活や経済に悪影響が出る」と述べ、大飯原発を早期に再稼働させる必要性を強調した（『日本経済新聞』2012年5月24日付）。大飯原発の再稼働については、今夏の電力不足で計画停電が現実味を帯び、再稼働に慎重であった関西広域連合の知事らは、福井県に電力供給を頼る弱みがあるとし、事実上の容認にかじを切った（『日本経済新聞』2012年6月1日付）。政府は、大飯原発の再稼働に向けて、細野豪志原発事故担当相を福井県に派遣し、同県の西川一誠知事らと会談し、再稼働のための監視体制の強化策などについて説明する方針を決めた（『日本経済新聞』2012年6月3日付）。

第7章　3.11後の世界原発市場の動向と原子力産業の地政学

2．世界の原子力産業の展開

　2012年3月23日、36か国の原子力産業界の代表者約200人が参加する「原子力産業サミット」が韓国のソウル市内で開催された。この会議では、福島事故を踏まえ、原子力安全の国際連携やテロに対する保安強化など9項目の行動目標を示した共同宣言を採択し閉幕した。冒頭、韓国の金首相が「原子力産業は発展か衰退かの岐路に立っている。米同時テロで世界は核テロに憂慮するようになり、福島事故では原子力の安全性に多くの疑問が生じた」と指摘し、「各企業が経験を共有し、安全技術の水準を一層高める契機にしてほしい」と述べた（『読売新聞』2012年3月23日、24日付）。さらにこれまでの各国の原子力開発の動向について述べ、脱原子力傾向国以外の国では、原子力開発が引き続き継続されていることを確認した。このように福島事故を経た後、原子力産業は、原子力開発をさらに推進する姿勢を崩してはいないが、これまで原子力産業は、国際的な業界再編の渦に巻き込まれてきた。

　以下では、1970年代まで欧米に多く存在した原子力プラントメーカーが、1980年代以降のプラント需要低迷及び2000年代以降の原子力産業のグローバルな再編のなかで、どのような吸収合併の過程を経て今日の寡占化体制が形成されたのかを明確にしたうえで、国家主導による原子力産業の地政学について考察する。

（1）原子力産業の再編

　世界の原子力産業は、1990年代以降、世界的規模での電力市場の自由化や脱原子力政策などの要因により縮小する市場に対応して、総合産業として必要な規模と競争力を維持していくために、国境を越えて吸収合併を行ってきた。アメリカでは、1970年代後半以降のエネルギー需要の低迷から、原発の発注取り消しが相次ぎ、さらにスリーマイル島原発事故を受けて、国内の原子力発電への反対運動が激化し、原発の新規着工が絶えてしまった。1990年代後半に入ると、アメリカの原子力産業界を牽引してきたウェスチングハウス（WH）とコンバッション・エンジニアリング（CE）はイギリス政府が全額出資する持株会社の英国核燃料会社（BNFL）に、バブコップ・アンド・ウィルコックス（B&W）はフランスのフラマトム（FRAMATOME）に統合された。また、ヨーロッパでは、フラマトム以外に、ドイツのシーメンス、スイスのブラウン・ボリベ、スウェーデンのアセアが原子力プラントメーカーとして存在していたが、

スリーマイル島原発事故とチェルノブイリ事故以降は、ヨーロッパで原発に対する批判が強まるだけでなく、スウェーデンのように原発からの撤退を宣言する国も出現したことで、プラント需要低迷と国際競争力を強化するため、危機を抱える原子力産業の再編が進んだ。

　フラマトムは、フランス電力公社（EDF）から国内原子炉プラントの発注を独占してきたが、同社は、EDF からの受注が激減したことで経営の多角化と合併を模索していた。2001年1月、同じようにプラント需要が低迷していたシーメンスの原子力事業部門を買収し、フラマトム66％、シーメンス34％の出資により、欧州加圧水型軽水炉（EPR）の開発を目的としたフラマトム ANP を設立した。フラマトム ANP は同年9月、新設された持株会社アレバ（AREVA）の傘下に入り、社名をアレバ NP に改めている。アレバ NP は、2006年頃から三菱重工業との事業提携も進めており、2009年には三菱重工業傘下の三菱原子燃料の30％を出資する株主となっている。2011年4月11日、ドイツ紙ウェルトによると、シーメンスは、以前から計画していた原子力事業見直しの一環としてアレバ NP 社への出資持分34％を AREVA に売却し、合弁を解消したことを明らかにした（『四国新聞』2011年4月12日付）。また、シーメンスは、2011年度の第2四半期における営業利益の大幅な改善が、アレバ NP 株の売却によるものであると発表した*7。AFP 通信（2011年9月18日）によると、シーメンス社のペーター・レッシャー最高経営責任者（CEO）は、原子力発電事業から撤退する考えを示している。

　1988年、原子炉の建設技術で国際的な評価の高かったブラウン・ボリベ（1891年にスイスで設立）とアセア（1983年にスウェーデンで設立）が合併して、ヨーロッパ最大規模の重電機メーカー、アセア・ブラウン・ボリベ（ABB）が誕生した。この合併により、旧アセアの子会社で沸騰水型軽水炉（BWR）メーカーであるアセア・アトムが ABB アトムと改称した。ABB は1989年、加圧水型軽水炉（PWR）メーカーの CE を買収し、ABB-CE として国内外の原子炉系統、炉心、蒸気系統などを提供した。しかし、世界的な原子力産業再編の流れのなかで、2000年5月、BNFL が4億8,500万ドルに上る ABB の原子力事業部門を買収し、傘下にある WH の一部として統合した。その後 WH は、2006年に54億ドル（約6,210億円、115円／ドルで換算）で東芝に買収された。これを契機として、翌年には日立製作所とゼネラル・エレクトリック（GE）が原子力事業を統合し、それぞれの原子力部門に相互に出資する新会社、GE 日立ニュークリア・エナジー（2007年6月）と日立 GE ニュークリア・エナジー（2007年7月）を

252

第7章　3.11後の世界原発市場の動向と原子力産業の地政学

図表1　原子力プラントメーカーの変遷

1980年代	1990年代	2000年代	2012年現在
バブコップ・アンド・ウィルコックス(B&W)	(B&Wニュークリア・テクノジーズとB&Wニュークリア・テクノジーズをフラマトムに売却)		
シーメンス	シーメンス	(シーメンスがフラマトムと原子力事業を統合し、フラマトムANPを設立(2001))	(シーメンスが全持株をアレバNPに売却(2012/4))
フラマトム	フラマトム	フラマトムANP	アレバNP
		(持株会社AREVA設立、フラマトムANPを傘下へ、アレバANPと改名(2001))	
三菱重工業	三菱重工業	三菱重工業	三菱重工業
			(三菱重工業とAREVAが合弁会社「ATMEA」を設立(2007)し中型炉を開発、燃料加工分野でも提携)
コンバッション・エンジニアリング(CE)			
アセア			
ブラウン・ボリベ	アセア・ブラウン・ボリベ(ABB)	(BNFLがABB原子力部門を買収しWHに統合(2000))	
(アセアとブラウン・ボリベ合併によりABB設立(1988)、ABBがCEを買収し子会社化(1989))			
東芝	東芝	東芝	東芝
ウェスチングハウス(WH)	WH	WH	WH
	(英国核燃料会社(BNFL)がWHを買収し子会社化)		(東芝がWHを買収(2006))
日立	日立	日立	日立
ゼネラル・エレクトリック(GE)	GE	GE	GE
			(日立とGEが原子力事業を統合、新会社設立(2007))

出所）原子力委員会『平成21年版　原子力白書』2010年3月、181頁から作成。

設立した。そして、同年9月、三菱重工業と AREVA も業務提携を行い、100万kW級中型炉の開発販売を行う合弁会社アトメア（ATMEA）（出資比率：三菱重工業50%、AREVA 50%）を設立した（図表1）。

このように世界的な原子力プラントメーカーの寡占化が進んだ結果、2012年現在、三菱重工業―AREVA、東芝―WH、日立製作所―GE の日本企業を中核とする三大グループとロシア企業を中心に、韓国、中国、インド、カナダといった新しい供給国も参入し、新興市場での原子炉機器の製造、保守サービス、ウラン濃縮サービス、燃料製造などをめぐって、国境を越えた激しい受注競争が繰り広げられている。国際原子力市場は、日本のような政官民協力型よりも、国家主導型の重商主義的な競争構造の方が有利となっている。事実上、日本やアメリカ、イギリスは、重商主義的なアプローチを採りにくい社会構造となっている。一方、フランス、ロシア、韓国では、重商主義的なアプローチを可能とする国内事情と産業構造を有しており、国を挙げての原子力ビジネスを展開している。この、重商主義的なアプローチで新興国市場や途上国市場に参入しているフランス、ロシア、韓国の原子力産業は、世界の原子力発電所受注競争の構図を塗り替えつつあり、今後、強力な競争相手となると思われるため、以下では改めて検討を行う。

（2）フランスの原子力産業

国内のエネルギー資源が乏しいフランスでは、エネルギー安定供給と自給率向上を国のエネルギー政策の柱と位置づけ、早い時期から政府主導の強力な原子力の開発・利用を推し進めてきた。同国の原子力開発は1945年に始まったが、1973年の第一次石油危機を契機として、当時のメスメル首相によりエネルギー自立戦略が策定され、国内の原子力開発と電源利用体制が整備された。原子力政策は、原子力庁（CEA、現原子力代替エネルギー庁）が主導し、原子力プラントメーカーのフラマトムが原子炉製造を、核燃料サイクル企業のコジェマ（COGEMA）が核燃料製造を担当する分業体制が確立された。フランスは、原子力産業を自国の戦略的産業として位置づけ、スリーマイル島原発事故やチェルノブイリ原発事故を受けて、欧米での原子力拡大が停滞した1990年以降も、中東・アフリカなどの新興国に着目し、資本力の強化を模索した。そして2001年に原子力産業界の再編を図り、フラマトムがシーメンスの原子力事業部門を買収し、コジェマと統合することで、原子力部門（AREVE NP）、原子燃料部門（AREVE NC）、送電設備部門（AREVE T&D）を傘下にもつ大規模な複合企

第 7 章　3.11 後の世界原発市場の動向と原子力産業の地政学

業 AREVA（国家持株会社）が誕生し、世界規模の原子力事業の展開を押し進めた。

　フランスでは、原子力企業 AREVA のほか、電力 EDF、重工企業 Alstom、ガス＆パワー GDF-Suez、ゼネコン Bouygues、石油企業 Total も原子力事業部門を有しており、AREVA が国際事業展開する際には、これらの企業のほとんどが何らかの形で関与している。したがって、フランスの原子力産業は名実共に戦略的基幹産業であるといえる。特に中東やアフリカの産油国・産ガス国との関係構築においても不可欠の存在となっている*8。なお、フランスの技術支援を受けて原子力開発を推進している国は、中国、インド、韓国、南アフリカなど多数に上る 。政府が2009年末に開始した「未来のための公共投資」計画では、10億ユーロが原子力の一層の安全強化に向けた研究と第四世代原子炉の開発に投じられている。そのうちの6億5,160万ユーロは、第四世代の新型ナトリウム高速冷却炉「ASTRID」の詳細設計などに投入され、この共同作業を AREVA と CEA が支援している。

　ロイター通信（2011年6月15日）によると、AREVA のアンヌ・ローベル前 CEO は2011年6月14日、議会の公聴会で、世界の原子力産業について、「スリーマイル島やチェルノブイリ（での原発事故）の後のような原子力の冬の時代が到来するだろうか、私はそうは思わない」と述べ、原油高やクリーン・エネルギーの必要性、新興国でのエネルギー需要の急増を背景に、原子力は世界のエネルギーミックスの柱であり続けるとの見解を示した。

　他方で、隣国ドイツの脱原子力政策は、フランスの原子力産業に複雑な影響を与えた。AREVA はじめ原子力事業者にとっては、新設案件もさることながら、既設原子炉の運転保守に係るエンジニアリングや補修なども主要な収益の柱であり、既設炉17基を有するドイツはフランス原子力産業にとって大口顧客であったが、福島事故直後の7基の強制停止に続き、それらの炉の再稼働の可能性がなくなり、補修作業や燃料供給がキャンセルされたことは、AREVA の2011年度上半期の決算にネガティブな影響を与えており、今後数年はその影響が続くと考えられる*9。NNA（2012年3月5日）配信によると、AREVA は2012年3月2日、2011年の12期の営業損失が、前期の4億2,300万ユーロから19億2,300万ユーロに赤字幅が拡大したことを発表した。

　これに対し AREVA のリュック・ウルセル CEO は、厳しい事業環境のなか、わずかな減収にとどまり、受注残高（前年比3.1％増の456億ユーロ）が増えたと指摘し、「顧客の原子力施設に関わる経常事業を主力に、再生可能エネルギー

事業も手掛ける当社の統合的ビジネスモデルの強みが現れた」としている。なお、売上高は2.6%減の88億7,200万ユーロとなり、主力の原子力部門が3.6%減少し、フロントエンド部門（燃料製造や発電所建設・運営）も12.6%減と大きく落ち込み、バックエンド部門（廃炉や放射性廃棄物処理）は6.7%のマイナスとなったが、採鉱事業は18%増加し、再生可能エネルギー部門は98.2%増と大幅に伸びた＊10。純損失は24億2,400万ユーロと昨年の8億8,300万ユーロの黒字から赤字に転落した。福島事故を受けて、ドイツが脱原子力にかじを切り、原子力産業の先行き不透明感が高まるなか、原発新規建設の需要が相対的に低下し、買収したウラン鉱床の損失（14億5,000万ユーロの評価損）や主要資産で減損処理を行ったことが大きく響いたと考えられる。

（3）ロシアの原子力産業

ロシアの経済は、エネルギー情勢と国際エネルギー価格で左右されるともいえる。その背景には、世界一を誇る天然ガスの埋蔵量、石油・ガス輸出が総輸出7割近いシェアを占めるなど、エネルギー部門への依存問題がある。同国では、1986年のチェルノブイリ原発事故を契機に原発の建設が中断され、既設原発の安全性向上が重要視されるようになった。しかし、1991年のソ連崩壊により、原子力開発体制の再編が行われ、新規原発建設に向けての準備が再開された。ロシアは、原子力開発を管轄する行政機関としてロシア連邦原子力省（MINATOM）を設置し、原子力省は、2004年の組織再編でロシア連邦原子力庁「ロスアトム（ROSATOM）」に改組される。2007年の原子力産業の再編と国家企業との統合では、ロスアトムが国営原子力企業へと改変され、ウラン生産から原発の建設運転に至る全ての民生用原子力産業界を統合した国家持株会社「アトムエネルゴプロム」をはじめ、国内の核兵器関連企業、研究機関、原子力保安機関を傘下に納めることになった。2010年には、アトムエネルゴプロム傘下の燃料会社「TVEL」の下に、ウラン濃縮用、ガス遠心機製造、原子燃料製造企業と関連研究・構造設計機関が置かれ、ロシアの原子力産業界の再編はほぼ一段落した。

このように、ロシアでは従来、複数の国営企業が原子力事業を行ってきたが、原子力部門の軍民分離作業にともない、巨大原子力企業アトムエネルゴプロムが設立された。これにより、国際事業を展開するにあたって、最強レベルともいえる体制が整えられ、ウラン濃縮・再処理等の核燃料サイクル事業を含め、国を挙げた原子力外交が展開されている。なお、アトムエネルゴプロム傘下の

第7章　3.11後の世界原発市場の動向と原子力産業の地政学

原発輸出商社「アトムストロイエクスポルト」は、中国、インド、イラン、ブルガリアにおいて原発を完成または建設中である。ロシアが対象とする国は、かつてソ連に属していた国々、経済や産業面で結びつきが強かった東欧諸国のみならず、中国、トルコ、ベトナムなどのアジア諸国、イラン、ヨルダンなどの中東諸国にも着目している。しかし、ターゲットとしている市場は、欧米や日本・韓国など OECD（経済協力開発機構）諸国ではなく、欧米の影響力が及びにくい（またはまだそれほど浸透していない）non-OECD 諸国であり、資源もインフラ技術も乏しい国々であることが特徴とされ、これらの国々では福島事故によるエネルギー政策への影響がほとんど見られず、ロシアの原子力国際展開姿勢は福島事故前から特に変化はないといっていいであろう*11。

（4）韓国の原子力産業

　韓国は日本に遅れること約10年で、原子力開発を推進し、原子力関係の法制度や基準を日本から取り入れながら、欧米企業の技術を採用し、国産標準化技術を完成させた。1980年、政府は「一業種一社育成方針」により、原子力機器製造分野で先行していた現代洋行㈱を核に、韓国電力㈱（1982年に韓国電力公社へと国有化される）の子会社として、韓国重工業㈱（KHIC または韓重 HANJUG の略称）を設立し、2001年に KHIC の民営化によって株式を公開し、斗山重工業（DOOSAN）を設立した*12。韓国の原子力産業は、プラントメーカーの斗山重工業をはじめ、五大原子力公企業と呼ばれる韓国電力公社（KEPCO）、韓国水力原子力（KHNP）、韓国電力技術（KOPEC）、韓電原子力燃料（KNF）、韓電 KPS に支えられている。

　2008年8月、大統領を委員長とする国家エネルギー委員会において、建国以来初めてとされる、20年間をカバーする長期エネルギー計画「第1次国家エネルギー基本計画」が了承された。この基本計画では、「安定供給」「低炭素化」を目標とした原子力発電の推進及び原子力の輸出産業化が明記されている。2010年1月、知識経済部（日本の経済産業省に相当）は、2009年末の UAE における原発商戦の勝利を踏まえ、原子力産業を自動車・半導体・造船に続く輸出産業として育成するための「原子力発電輸出産業化戦略」を策定した。この戦略では、原子力産業を世界有数の競争力をもつ輸出産業として育成するため、必要な人材育成や機器国産化などの大規模な投資が示されており、2012年までに原子炉10基500億ドル（約5兆円）、2030年までに80基4,000億ドル（約40兆円）輸出し、世界市場占有率20％に上る世界三大原子力輸出国を目標としている。

257

このように、韓国政府は、二酸化炭素の削減やエネルギーの安定供給のために原子力エネルギーを積極的に活用する方針を打ち出すと同時に、原子力産業を重要な輸出産業として育成することを目標とし、官民一体となって原子力発電の輸出に取り組んでいるといえる。なお、韓国における原子力産業の国際展開は、UAE で新規建設案件を落札したことにより世界的に一躍有名になったが、同国の国際事業の展開は、1990年代から開始されている。韓国は、国際原子力機関（IAEA）、中国、トルコへの支援を通じて、早い時期から新興国市場、途上国市場への参入を図っている。同国は、政府主導で IAEA 技術協力活動への支援として、1990年代初頭から、中国やパキスタンの原発建設プロジェクトにおける設計・機器製造品質保証、サイトの安全解析、運転品質などに自国の専門家を派遣している。中国とは1994年10月に原子力協定を締結し、この協定には、中国の原発計画への自国の専門家協力、機器供給を定められている。同年12月には、トルコのアックユ原子力発電計画に関し、入札書類作成と評価を支援するコンサルタント契約も締結している。UAE とは2009年6月に原子力協定を締結し、同年12月には原子炉建設計画で4基の建設及び60年間の運営、整備、燃料供給などの事業を受注している。2009年12月27日、首長国原子力エネルギー公社は、中東地域で初めて推進される UAE 原発建設プロジェクトの発注先を、韓国電力公社を中核とする韓国企業連合とすることを発表した。当初はこのプロジェクトをめぐって、韓国企業連合と、AREVA、GDF-Suez、Total で構成されるフランス企業連合団、及び日本日立と米 GE による日米企業連合の三者が入札に参加し、受注合戦を展開した。なお、建設される原子炉の型式は、韓国標準型軽水炉（APR1400）であり、韓国企業にとっては初めての海外への原子炉輸出となる。

　以上のように、韓国では、原子力産業の中核メーカーが政府の支援の下、海外からの技術導入を経て、原子力技術の国産化を完了し、新しい供給国として海外市場へ参入している。韓国政府は、APR1400 のkW当たり建設費と1kWh当たり発電コストを2009年末で2,300ドル3.03セントとし、AREVA の EPR（2,900ドル3.93セント）、日立— GE の ABWR（3,580ドル6.86セント）と比較し経済的であると報告し、UAE への輸出に引き続き、トルコ、ルーマニア、ヨルダン、南アジア諸国へ販路を拡大し、780億ドルの原子炉の運転、維持、補修市場にも参入するとしている*12。このように韓国は、ダンピングと疑われるような価格戦略でアプローチしているという問題もある。なお、原子力分野では、欧米先進国は韓国企業の市場とはなっていないが、中東や東南アジアでは

韓国企業は欧米や日本企業よりコスト競争力があり、石油化学や発電・送電技術の分野ではすでに多くの受注実績があることから、インドや東南アジアなどの新興国における受注・納入実績をベースに、欧米先進国にも参入してくる可能性は否定できない*13。

3．日本の原子力産業の国際展開

　世界の市場は大きく分けて、①欧米型、②中国・インド型、③東南アジア・中東型の3つのタイプがあり、市場ごとの特質に応じた対応が必要とされる。欧米型は、当面最大規模かつ相対的に低リスクである原子力利用・推進国を指す。中国・インド型は、すでに原子力を導入しており、急拡大の見込みがある原子力高成長国を指す。東南アジア・中東型は、将来的に発展の可能性が大きいとされる新規導入検討国を指す。欧米型の市場は、新規建設に加え、既設炉の高経年化にともなうリプレースの需要が大きく、日本の原子力産業にとっては有望な市場である。アメリカでは、2012年2月9日、NRC が34年ぶりとなる新規原発建設を認可したことから、日本にとっては可能性が最も大きい市場のひとつとされる。中国・インド型の市場は、インドが中国に次ぐ高成長が見込まれている市場として、日本の原子力産業の注目を集めている。しかし、インドは核不拡散条約（NPT）非加盟国であり、政治面や外交面での戦略が求められる市場であることから、日本のような NPT 加盟国にとって、このような政治的障害を克服することが最も大きな課題となっている。なお中国は、市場規模としては最も大きな潜在性を有しているが、中国政府は原子力プラントの国産化を指向している。そして東南アジア・中東型の市場は、「原子力発電プラントの建設のみならず、運転・管理、燃料供給等を含む「システム型の輸出」が求められ、さらには人材育成や法制度整備など「国対国」の関係を含むトータルな関与・協力が必要となるとともに、日本の電力会社が有する経験・実績やノウハウ・人材が有効である*14」が、果たしてこのような新興国のアウトソーシングの分野に、日本が有望な供給国として入っていけるのかという点が疑問視される。さらに、こうした新規導入市場の特性を踏まえ、相手国に対する提案や受注獲得に向けた活動を一元的に行うことを目的として設立した「国際原子力開発株式会社」が機能しているのかも重要な課題の一つである。2010年6月、経済成長戦略の基本方針である「新成長戦略」が閣議決定され、原子力が重要な柱として盛り込まれた。政府としても原子力産業の国際展開を

積極的に推進していく方針であったが、その矢先に福島事故が発生した。以下では、まずこうした政府の動きに対し、原子力委員会が策定した「成長に向けての原子力戦略」のなかで原子力産業の国際展開が最も重要視されていることを確認したうえで、日本の原子力プラントメーカーの原子力戦略と福島事故以降の動向について分析したい。

(1)「新成長戦略」主役へのシナリオ

2009年12月、民主党政権は、日本経済を成長させるための新成長戦略を公表した。翌年6月には、7つの戦略分野*15 を「元気な日本」復活へのシナリオの基本方針として示した。「グリーン・イノベーションによる環境・エネルギー大国戦略」分野においては、グリーン・イノベーションによる成長と、それを支える資源確保の推進として、電力の固定価格買取制度の拡充などによる再生可能エネルギーの普及拡大支援のほか、安全性の確保を前提とした原子力の着実な推進が掲げられている。原子力委員会は、こうした政府の動きに対し、新成長戦略「主役」へのシナリオを立てるべく、原子力大綱（2005年）の見直し作業に着手し、2010年5月には「成長に向けての原子力戦略」を策定した。この「成長に向けての原子力戦略」では、「原子力発電」、「放射線利用」、「新たな挑戦を促す環境」、「国際展開及び持続的成長のためのプラットフォーム」の5つの分野について述べているが、そのなかでも国際展開において5つもの項目が挙げられており、国際展開における重視と期待がうかがえる。国際展開に関しては、「増大する国際社会の原子力発電設備需要や途上国における放射線医療を含む放射線利用需要に対して我が国原子力産業がより大きな役割を果たすこと」のために、以下5項目が掲げられている。

①国際社会においても高い水準の原子力安全、核セキュリティ、核不拡散が確保・維持されることに貢献するため、これらに関して、IAEA や国際社会とのネットワークを格段に強化すること
②原子力市場としての可能性のある国々との間で、原子力平和利用を担保する原子力協力に関する二国間協定を迅速かつ戦略的に締結すること
③国ごとに原子力発電所の建設に付随して整備が期待されるシステムのニーズを同定し、これを満たす取り組みをコーディネートする機能を充実すること
④原子力投資に政策金融を積極的に活用する仕組みやその地球温暖化対策に係る効果を評価する仕組み及び投資リスクを軽減するための原子力損害賠償制

第7章　3.11後の世界原発市場の動向と原子力産業の地政学

度等を整備すること
⑤ ODA等を活用して放射線医療技術や農業・工業分野における放射線利用技術の普及を図るとともに、これに基づく事業展開を原子力発電所の建設に付随するインフラ整備の取組みの一部として提案していくこと

　上述の②に関しては、2011年6月時点で、アメリカ、イギリス、カナダ、オーストラリア、中国、フランス、カザフスタン及び欧州原子力共同体（ユーラトム）との間で原子力協定を締結しており、ロシア、ヨルダン、韓国及びベトナムとの間で原子力協定への署名を行っている。そして現在、インド、南アフリカ及びトルコとの間でも原子力協定の締結について交渉が行われている。2010年10月22日には、相手国に対する提案や受注獲得に向けた活動を、国として一元的に行うための電力会社を中心とした体制を整備するため、9電力会社、3メーカー（東芝、日立製作所、三菱重工業）及び産業革新機構が出資する「国際原子力開発株式会社」が設立された。このように、原子力の国際展開は新成長戦略の旗手として期待され、オールジャパン体制で取り組み、2010年には日越首脳会談でベトナムでの新規建設案件で「日本をパートナーに選定する」との合意にたどり着き、海外初実績のめどが立ち、国際舞台に駒を進めた矢先、福島における原発事故が発生したのである。

（2）日本の原子力産業の国際展開
　日本の原子力プラントメーカーの原子力戦略は三者三様である。日本では1950年代末、商業用発電炉としてイギリスのコールダーホール改良型炉（黒鉛減速ガス冷却炉）が初めて導入された。他方で、1957年8月27日の『毎日新聞』第一面では、「『第三の火』ともる」という表題で、「茨城県東海村の日本原子力研究所第1号実験炉が臨界点に達し、わが国初の『原子の火』がともった（中略—筆者）。この成功により、1956年のインド国産原子炉稼働に次いで、アジアで2番目の原子炉稼働国となり、原子力時代の第一歩を踏み出した」と報道されている。1960年代に入ると、BWRを採用する東京電力—日立・東芝— GEとPWRを採用する関西電力—三菱— WHというふたつの企業系列が主流になる。
　三菱重工業は、1960年代以降、WHからの技術導入を通じて、自社内製による部品受注で数多くの納入実績を蓄積してきた。2006年以降は、東芝によるWH買収を契機として、欧米におけるプラントの受注を強化し、アメリカ向

261

けに US-APWR、ヨーロッパ向けに EU-APWR を売り込んでいる。NRC の認可により104基が稼働する「原子力大国」アメリカが原発の新規建設に動き出し、電力事業者が28基の建設運転一括許可を申請しているが、三菱重工業もそのうちの3基を受注している。また、2007年に AREVA との合弁で設立されたアトメア社は、新興国で100万kW級の中型炉の需要が急増すると見込んで、両社の安全技術などを持ち寄った中型原子炉「アトメア1」を共同開発し、新興国を中心に営業活動を展開している。なお、三菱重工業と AREVA は、170万kW級では競合関係にある。AFP 通信などによると、ヨルダン政府は2012年4月29日、国内初となる原発建設の炉型選定の評価を完了し、発注先の最終候補として、三菱重工業― AREVA とロシア国営原子力企業ロスアトム傘下のアトムストロイエクスポルトを選定したことを明らかにした*16。三菱重工業は、プラントの受注以外にも、同年3月、フィンランドの電力会社 TVO （Teollisuuden Voima Oyj）社から、同社がオルキルオト原発に新設を計画する4号機についての先行エンジニアリング契約を受注したことを発表した*18。このように、「三菱重工業にとっては主要な商談相手がいずれも福島事故の影響を受けていない国ないしはプロジェクトであることもあり、同社のコアである原動機部門の主要な成長源である原子力事業戦略を見直す理由はない*17」とされている。

　日立グループのなかで原子力事業を担当しているのは、2007年に設立された日立 GE ニュークリア・エナジー株式会社である。日立は、原子力事業では主契約社ではなく、GE のサプライヤーとして、GE 日立ニュークリア・エナジーが受注活動を行うのに対し、機器提供や技術基盤整備を行ってきた。日立は、リトアニア政府が同国北部で2020年の稼働を目指すビサギナス原発のプラント建設において、最先交渉権を獲得している。2012年2月20日に来日したリトアニアのクビリウス首相は、野田首相との会談で「日本の高い原子力技術に期待する」と述べた（『日本経済新聞』2012年2月27日）。日立が提案するのは改良型沸騰水型軽水炉（ABWR）で、リトアニア政府との交渉がまとまれば、日立としては海外初の原発受注となる。なお、日立と GE の役割分担は福島事故以降も変化はないとされ、原子力事業規模への影響も当面ないと予想される。

　東芝は、2000年代後半より、「選択と集中」の戦略で、原子力事業と半導体事業への集中投資を行ってきた。2006年には WH 買収を果たし、原子力プラントの建設実績シェアで世界トップとされる、BWR と PWR の両方を手掛ける世界唯一の原子力プラントメーカーとなった。同社は WH 買収以降、原子

第7章　3.11後の世界原発市場の動向と原子力産業の地政学

力フロントエンド事業の体制整備に向けて、カザフスタンのハラサン鉱山プロジェクトへの参画やカナダのウラニウム・ワン社のウラン権益取得（2010年10月には長期ウラン精鉱引取権を確保し、投資関係を解消）を通じて、2010年3月、ウラン製品の販売、リース、輸送、備蓄及びウラン転換・濃縮役務の仲介業務を行うWHとの合弁会社を設立し、原子力フロントエンド事業サプライチェーン体制を強化した。このように、東芝は、カザフスタン、カナダ、ロシアなどの資源国との原子力事業協力により、ウラン燃料の安定確保を図った。さらに、原子力事業においては、発電所の設計・建設から完成後の運転・管理、さらには保守までを含むシステム売り、民主党政権が新成長戦略に掲げたいわゆるパッケージ型インフラ輸出へと戦略幅を拡大した。

　ところが福島事故以降、東芝は、東京電力と進めていた米テキサス州における原発2基の増設計画で、主体である米電力大手のNRGエナジー社が、「福島事故の影響でNRCが安全基準の見直しに動いているうえ、東京電力からの出資も不透明になり、これ以上資金をつぎ込むことは投資家に説明がつかない」（『朝日新聞』2011年4月20日）として計画からの撤退を発表したことから、計画の断念に追い込まれる事態となった。同社は、「これまで基本的に出席してきた原子力産業界の国際シンポジウムを欠席していること、再生可能エネルギーやスマートグリットなどの事業活動についてはこれまで以上に注力して積極的な買収・事業展開拡大を表明していることから、原子力事業とはいったん距離を置きたいのかとも想定される*19」とし、海外原子力事業を中期的にどう位置づけていくか、再構築の段階にあると示唆されている。一方で、2011年9月6日には、米大手エンジニアリング会社のショー・グループの全額出資小会社であるニュークリア・エナジー・ホールディングスが保有するWHの全持分を取得し、WHへの出資比率を87％に引き上げた。このような原子力事業へのさらなる投資は、「WHがアメリカと中国で新型加圧水型軽水炉（AP1000）の建設を10基受注するなど順調に事業を拡大していることと、WHの事業が海外（日本以外）を中心とし、アメリカ、中国、イギリス、インド、ブラジル、東欧諸国などでは、エネルギー安全保障、気候変動抑制のための手段として、東日本大震災後も引き続き原発建設を推進する姿勢が示されるなど、世界におけるAP1000建設受注の機会が増えることへの期待*20」によるものと考えられる。

　アメリカの電力業者がNRCに建設運転一括許可を申請している原発のうち、半数にあたる14基はWH製のAP1000である。WHは2011年8月、中国浙江

省の三門原発において、世界初とされる AP1000 の納入を成功させた。この納入を含めて、中国とは三門原発に2基、山東省の海陽原発に2基の受注契約を締結している。なお、アメリカにおける事業展開は、NRC が2012年2月9日、AP1000 を採用したジョージア州ボーグル原発3、4号機の建設運転計画を承認したことにより、スリーマイル島原発事故以来、34年間凍結されていた原発の新規建設が再開された。さらに同年3月30日、サウスカロイナ州バージル・C・サマー原発2、3号機の建設運転も承認された。

　このような海外原子力事業の再始動に対し東芝は、「温室効果ガス対策などの観点から、原発は今後も必要不可欠なエネルギーとして継続的な需要が見込まれる。安全性向上のためにさらに努力を続けたい」(『朝日新聞』2012年2月10日)とコメントを発表し、「脱炭素社会」における原発の重要性を改めて強調した。

　三菱重工業の大宮英明社長は、福島事故後の2011年3月期決算説明会で、福島事故で原子力事業の先細り懸念が出ていることに対し、「短期的には需要は減速するが、長期的には原子力は重要なエネルギー源」であると強調し、2014年度までに同事業の売上高を倍増の6000億円に引き上げる計画も「旗を降ろすつもりはない」と述べた(『日本経済新聞』2011年4月28日)。しかし、WH を傘下にもち、グローバルな原子力事業を展開している東芝でも、日本から広がる反原発の逆流は避けられない現状にある。東芝は2012年5月17日、2012～14年度を対象とする経営方針を発表し、原子力プラント事業での 2015 年度売上高1兆円達成の目標を2年後ろ倒しとする方針を示した(『電気新聞』2012年5月18日)。同社は2009年当初、2015年度までに39基受注との目標も掲げていたが、今回の経営方針説明会では明示されなかった。注目すべき点は、原子力に加えて火力発電や再生可能エネルギーを社会インフラ部門の軸に据えた事業構造転換を行ったことである*21。

4．台湾における原子力開発の展開

　台湾の原子力開発は、1960年代にエネルギーの安定供給を名目に開始され、人口約2,300万人(日本の1/5)、面積3万6,000km^2(日本の1/10、九州より若干小さい面積)に16年間で6基を建設したが、これが果たして「適切」であるかが問われる。一基当りの国土面積(原発密度)*22 で見てみると、台湾(6,001km^2)はベルギー(4,361km^2)、韓国(4,747km^2)に次いで3番目に高い。このような国家

第7章　3.11後の世界原発市場の動向と原子力産業の地政学

主導の原子力政策に対する疑念は、原発の建設計画が順調に進められるなか、1984年の立法院（日本の国会に相当）において初めて議論されることとなった。それと前後して、スリーマイル原発事故とチェルノブイリ原発事故が次々と発生し、国内外で原発の安全性が注目されるようになり、原子力の利用と持続可能な発展との均衡が重要な問題となった。なお、この時期は台湾の民主化過程の大きな転換点とも重なっている。すなわち1987年に戒厳令が廃止されてからは、民主化の過程で反原発運動が展開されるようになり、その中心的課題となったのが1980年に提出された第四原発計画にほかならない。原発問題は台湾の民主化過程の重要な契機の一つであったといえよう。

　上記のような反原発運動が生まれるまでの原子力政策は、国民党による一党独裁体制の下で進められてきた。また、その原子力推進政策の背景には、エネルギー需要増のほかに、原子力プラント輸出を目指す先進国の政策誘導があった。要するに、独裁政権の下での政策決定の背後には、アメリカ政府と同国の原子力産業の存在が常にあり、独裁時代からの継続政策である第四原発計画についても同じことがいえる。このように、原子力政策に関わる問題は、経済性と安全性の双方において極めて大きな問題をはらんでいるだけでなく、核不拡散の国際的枠組に規定されているために、外交政策や国内政治とも密接に絡んでいる。さらに原発建設には、巨額の投資と資金移動が発生するため、産業・エネルギー・環境政策の枠組のみでは捉えきれず、国策という単純な概念だけでは論じることができない。

　以下では、1960年代から70年代にかけてのアメリカの原子力戦略について、台湾における原子力開発の視点から分析を行っていきたい。

（1）台湾における原子力発電の現状

　台湾の電源開発は、1950年代前半まで「水主火従」の形で進められてきたが、1960年代から工業化にともなう電力需要の急増と経済的に利用可能な水力資源の減少、火力発電設備の信頼性と経済性向上などによって「火主水従」へ移行した。1978年からは原子力の供給が開始され、原子力はわずか7年間で総発電電力量に占める割合の50％（2010年時点で16％）に達した。設備利用率は、1990年代後半の80％前後から次第に向上し、2007年には初めて90％を超え、ここ数年90％台（2010年時点で92.3％）の高水準を維持している。高稼働率の理由は、計画外停止の減少、燃料交換のための運転停止期間の短縮、運転管理の改善、原子炉の出力向上、機器設備の更新などが挙げられる。ところで台湾は、アジ

アで日本に次いで2番目に原子力発電を導入した国であるが、1978年に第一原発1号機が運転を開始し、2012年現在、第一原発2号機、第二原発（国聖1号機、2号機）、第三原発（馬鞍山1号機、2号機）の3サイトで合計6基（514万4,000kW）の原子炉が稼働している。1999年に着工した第四原発（ABWR、各135万kW）2基は、2016年に商業運転を開始する見通しであったが、野党や住民からの反対が強まり、2014年4月に建設を凍結するに至った。完工間近であったが、翌年7月1日に正式に凍結され、凍結期間を3年と見積もり、政府が34億台湾ドルをかけて機器に劣化防止措置を施す作業を行うとしている。建設・稼働の是非については住民投票で決める方針であるが、台湾は2015年11月に統一地方選挙、翌年1月に総統選挙を控えており、住民投票は次期政権誕生後に実施される可能性が高い。なお、第四原発は、原子炉など主要部分を日本メーカーが輸出していることから「日の丸原発」とも呼ばれている。台湾の原子能委員会によれば、2014年12月末の工事進捗率は約94％（設計99％、購入100％、施工97％、試運転43％）となっている（図表2）。

図表2　台湾の原子力発電所一覧

		電気出力（万kW）	炉型	着工（年／月）	運転（年／月）	原子炉	タービン
第一原発	1号機	63.6	BWR	1972/2	1978/12	GE	WH
	2号機	63.6	BWR	1973/8	1979/7	GE	WH
第二原発	1号機	98.5	BWR	1975/8	1981/12	GE	WH
	2号機	98.5	BWR	1975/1	1983/3	GE	WH
第三原発	1号機	95.1	PWR	1978/5	1984/7	WH	GE
	2号機	95.1	PWR	1978/11	1985/5	WH	GE
第四原発	1号機	135.0	ABWR	1999/3	—	バブコック日立	三菱重工業
	2号機	135.0	ABWR	1999/8	—	東芝	三菱重工業

出所）日本原子力産業協会『原子力年鑑2012』2011年、153頁から作成。

　台湾の電力市場は、国営事業の台湾電力公司（以下、台電と略す）一社体制である。原発の建設、運転管理全般を台電が実施している。第四原発の建設は、系統、設備ごとの個別契約により設備供給を受け、台電が全体工程を管理している（図表3）。なお、台電は近年、民営化される方針で準備作業が進められている。1995年からは、電力供給の安定化と電力自由化関連法案に基づき、民営

第7章 3.11後の世界原発市場の動向と原子力産業の地政学

図表3　第四原発の建設における契約関係

一次系主契約者	GE
ニュークリアアイランド	GE
1号機原子炉圧力容器	バブコック日立
2号機原子炉圧力容器	東芝
燃料	GE
蒸気系統	GE
設計	清水建設
土木工事	台湾電力
放射性廃棄物システム	日立製造所
同　建屋、建屋／据付	達新建設（台湾）／JANJIH（台湾）
原子炉、BOP 据付	CTCI（台湾）
同　建屋建設	新亜建設（台湾）
タービン発電機	三菱重工業
BOP 配管、ポンプ、ケーブル敷設工事など	主に台湾のメーカー、据付業者
アーキテクト・エンジニア（A&E）	ストーン・アンド・ウェブスター・エンジニアリング（S&W）

出所）日本原子力産業協会『原子力年鑑2012』2011年、154頁から作成。

電気事業者と台電の電力購入協定による市場開放が実施されている。台電が総発電電力量に占める割合は2010年時点で66.7％、残りは民営発電事業者と自家発電（コージェネレーション）が占める。福島事故を受けて台湾政府は、原子力推進方針に変更はないとし、第四原発の建設も継続するとしていた。しかしその後、馬英九総統は、総統選挙（2012年1月）に先立って2011年11月3日、「新エネルギー政策」を発表し、「建設中の第四原発は安全性を確認したうえで稼働させるが、既設原発の運転期間は延長（すなわちリプレース）しない」方針を示し、「段階的脱原発」への政策転換を行った。

（2）台湾における原子力政策の展開

台湾の原子力開発は、1955年にアメリカと締結した「民用原子能合作協定」（原子力協定）に始まる。同年、行政院（日本の内閣に相当）は、特別委員会として「原子能委員会」（原子力委員会）を設置し、同委員会がそれ以来、原子力政策の立案、研究開発、利用推進および規制に至る全般を所管している。さらに、国立清華大学に原子科学研究所を新設し、アメリカが保障措置の責任を負うことで原子炉の運転を開始した。台湾はその後、1957年に設立された IAEA に加盟し、1970年に発効した NPT にも調印した。ところが、国連は1971年、中国を代表する政府を台湾ではなく北京政府とし、台湾は国連を脱退するに至

った。このことで台湾は、NPT 条約調印国でも、IAEA 加盟国でもなくなってしまった。しかしアメリカは、その後の1971年米中国交正常化、1978年米中国交樹立、1979年米台断交にもかかわらず、「台湾関係法（1979年）」という特別立法を制定し米台原子力協定の効力を残し、原子力機器や核燃料の輸出を可能にした。また、台湾—アメリカ— IAEA の間に結ばれた保障措置協定（1971年）も存続しており、これにより IAEA 査察官が3か月毎に来台し原子力施設を査察することになった。現在、台電、核能研究所（原子力研究所）、中山科学院、清華大学などの合計21の原子力施設がその監視下に置かれている。要するに、IAEA から脱退したことにより多くの協定は消滅したが、保障措置関係は非政府ベースで現在も存続しているのである。

　上述のように、米台断交後も台湾とアメリカとの経済的利害関係は緊密であり、運転中および建設中の原発は、いずれも事実上または名目上アメリカ製である。したがって、台湾が国連および IAEA からの脱退、国交断絶といった厳しい国際環境に立たされながらも世界経済とのつながりを保てたのは、ある意味で台湾関係法を通じてアメリカとの関係が継続されたからであり、原子力開発もアメリカの経済支援や「経済顧問団」に強く依拠していたからであるといえる。早くも1965年、アメリカの Gibbs & Hill 社は、1969、70年に開業を予定するベースロード発電所として原子力を用いることを提案した。しかし当時は、原発の経験がないことから断念した。1968年に入ると、1974、75年に稼働を目指した原発の原子力発電導入可能性調査を行い、アメリカのベクテル社認定の下、アメリカ輸出入銀行による融資を受けて原子力開発計画が具体化された*23。国連脱退後は、世界銀行やアジア開発銀行から融資を受けることができないため、1970年代においては、アメリカ輸出入銀行による融資が台電最大の外貨資金源だったといえる。

　台湾のアメリカへの資金依存の歴史は長い。アメリカによる援助は、余剰農作物の処理という目的をもつ同国のアジア政策の一環であったが、台湾での評価は高く、1951年から1965年までの15年間に約15億ドル（年間平均1億ドル）の援助を提供していた*24。第一に、1960年代初期、国家はこのような援助が近々打ち切られることを懸念し、積極的に外国の資金源を探し求めていた。第二に、アメリカ輸出入銀行は台湾国営、民営企業と良好な関係にあり、同銀行は1965年の日台間1億5000万ドル（円借款）の借款契約後、米国製機器設備が台湾市場での優勢を失うことに警戒し、借款供与の積極的な意志表明をした*25。それ以降、一連の火力と原子力の借款契約が結ばれ、1969年3月には、第一原

第7章　3.11後の世界原発市場の動向と原子力産業の地政学

発にGE製のBWR、WH製のタービンを採用することが決定した。初期計画は1基しかなかったため、同年11月の借款額は1号機の88,560万ドルのみであった。追加の2号機については、翌々年9月にアメリカ輸出入銀行と103,835万ドルの借款契約を締結した（図表4）。

図表4　アメリカ輸出入銀行の原子力借款

	契約日付	借款期間	利息（％）	購入金額（万米ドル）
1号機	1969年11月	21年1か月	6.27	88,560
2号機	1971年9月	19年10か月	6	103,835
3・4号機	1972年10月	21年8か月	6	333,000
5・6号機	1974年12月	22年5か月	6.09	498,747
3・4号機借増	1976年4月	18年1か月	8.5	60,000

出所）台湾電力公司『台湾電力発展史』1989年、壱―110頁から作成。

　このように、アメリカは長期低金利融資を武器に1960年代末期に台湾への原発輸出を実現させたが、物事を順調に進めるには国民党独裁体制と親米政権が不可欠であった。当時原子力開発を始めた経緯は、公式には「台湾がエネルギー資源に乏しく、輸入エネルギーへの依存度が高い。国産石炭は、発電用燃料のわずかな一部分でしかなく、経済的に利用可能な水力資源にも限りがあり、全面的な需要に対応できない。したがって、原子力開発を推進することでエネルギー源の分散化を図る必要がある*26」とされた。台湾は、そのための事前調査を1955年から進め、アメリカ、イギリス、カナダ、ヨーロッパ諸国に専門家を派遣してデータを収集・分析し、世界エネルギー会議や原子力平和利用国際会議に積極的に参加した。原子力開発計画の検討は1960年代後半にようやく開始され、1969年には「今後15年の原子力開発計画に原発を5つ建設」（『中国時報』1969年5月26日付）と報じられた。

　台湾は、国内に原子力プラントメーカーを有しておらず、原子炉系やタービン発電機は全て輸入している。GEのBWRの場合はタービン系をWHに、WHのPWRの場合はタービン系をGEに発注しているのが特色である。アーキテクト・エンジニアを担当するのはアメリカのエバスコ社とベクテル社である。これには、経済部（日本の経済産業省に相当）や台電によって設立された中興工程顧問社（NPO法人）や泰興工程顧問公司（ベクテル社、国内企業の合弁会社）、益鼎工程公司（エバスコ社、国内企業の合弁会社）が参入し、第三原発以降は国内技術の向上や外貨支出の抑制に向けた技術移転や設備機器の国産化が図

られ、一般土木工事だけでなく、主要建屋以外の設計や原子力安全関連以外の機器納入にも携わっている。現在、原子力発電設備の国産化、原子力産業の育成が緊急課題となっている。2010年6月、台湾のIT、電気機器、一般機械、化学製品などのメーカー約60社により、経済部と原子力委員会を所管機関とする「台湾原子力産業発展協会（TNA）」が設立された。同協会は、原子力関連製品、部品の製造により、将来的に原子力分野への参入を目指しており、企業体制の強化を通じて、高品質の製品を製造することで、日本などのサプライチェーンに組み込まれることを期待している。なお、同協会設立の背景には、対岸の中国大陸における大規模な原子力発電開発計画の進展、及びそれにともなう台中協力拡大の可能性に期待をもっていると考えられる。

　1984年以前、台湾の原子力開発は、国家主導の「上から」の経済開発や国家規模のインフラ整備の一環として進められ、1969年に第一原発計画が経済部に提示されてから第三原発の着工まで10年とかからず、第一原発は「十大建設計画」、第二・第三原発は「十二項建設計画」のひとつとして位置づけられた。1970年代以前の台湾は、日本統治時代のインフラや工業施設を利用してきたが、1971年の国連脱退とニクソンショック、1972年の日台断交、1973～74年の石油危機などの国際的契機により、「経済の台湾化」、「国民党政権の台湾化」が進展し、国家がようやく重い腰を上げて社会資本整備に立ち上がり、本格的なインフラ投資が行われた*27。1974年からの「十大建設計画」では、インフラ整備（港湾整備、国際空港建設、南北高速道路建設、鉄道電化、原発建設）と重化学工業化が行われ、未完成プロジェクトは「十二項建設計画」、「十四項建設計画」に引きつがれた。

　以上のように、第一・第二・第三原発は国家建設の一環として位置付けられ、国家の原発への重視と期待がうかがえる。しかし原子力開発は、国家が本格的な経済開発を目指した「十大建設計画」（1974年）に入る前にすでに始まっており、インフラ整備やエネルギーの多様化だけが要因だとは考えられない。さらに、台湾の電力需要が最も増大した1970年代に発電所（特に水力）の設備利用率の向上や省エネルギーで対応したのではなく、原子力開発を進んで取り入れたことには台湾における国際政治経済的・地政学的要因もあるが、先進国の政策誘導にせよエネルギー不足への懸念や軍事的考慮にせよ、工業化を進めるために供給面に重点が置かれ、原子力を電力供給の根幹に据えたことは確かである。ともかく、国民党の独裁期である1950年代から70年代は、台湾経済研究のブラックボックスとなっており、資料が限られているうえ入手も困難であるた

め、残念ながらこれ以上のことを現時点で明らかにすることはできない。

おわりに

　最後に、本論文の結論をまとめてみよう（これまでの主要国における原子力産業・政策の展開過程分析から、4つの論点を見いだすことが出来る）。

　第一に、福島事故以降、ドイツやスイスのような長期にわたる脱原子力政策への転換が見られる国では、国内における反原発運動の高揚により、新設・既設運転延長計画を凍結するなどの動きが見られ、一時期盛り上がりを見せた原子力利用に向けた前向きの状況は失われている。一方で、安全性の検証は行うものの、原子力推進方針に変わりはないとする国もあり、近年原子力開発が最も進んでいる中国、インド、ベトナムなどのアジア諸国では、原子力の導入あるいは開発規模の拡大が継続され、二極化が一層鮮明になっている（1．世界の原子力開発の動向）。

　第二に、1980年代以降のプラント需要低迷及び2000年代以降の原子力産業のグローバルな再編のなかで、世界的な原子力プラントメーカーの寡占化が進み、2012年現在、三菱重工業―AREVA、東芝―WH、日立製作所―GEの日本企業を中心とする3大グループが形成されたことを確認したうえで、フランス、ロシア、韓国では、重商主義的なアプローチを可能とする国内事情と産業構造を有しており、新興市場での原子炉機器の製造、保守サービス、ウラン濃縮サービス、燃料製造などをめぐって、国を挙げての原子力ビジネスを展開していること（2．世界の原子力産業の展開）。

　さらに、日本の経済成長戦略の基本方針である「新成長戦略」が2010年6月に閣議決定され、原子力が重要な柱として盛り込まれたことを契機として策定された「成長に向けての原子力戦略」のなかで、国際展開が最も重要視されており、日本の原子力プラントメーカーが、ロシア、韓国、中国、インド、カナダといった新しい供給国と国境を越えた激しい受注競争を繰り広げていること（3．日本の原子力産業の国際展開）。

　最後に、台湾が国連脱退などの厳しい国際環境に立たされながらも、アメリカの「台湾関係法」による経済的・資金的支援策を通じて、原子力開発の推進を図ったことを検証した。そして、国民党の独裁下にあった国家が、1974年の「十大建設計画」を契機として、本格的な社会資本の整備に入っている。そのなかで原子力開発計画は、1968年にすでに具体化されており、原子力開発を始

めた経緯は、「エネルギーの多様化」、「インフラ整備の一環」のような単純なものではなかったこと。つまり、1960年代末からの原子力開発の背景には、インフラ整備という枠を超えた、国際政治経済学的・地政学的要因が存在し、そのひとつに、アメリカの原子力産業の市場拡大戦略と長期低金利融資があったのである。台湾の原子力開発推進体制は、①アメリカの原子力産業の市場拡大戦略という経済的・国際的要因、②国民党一党独裁体制という国内政治的要因が重なり合って推進されたといって過言ではない。

注
1 近年の欧米における原子力発電の見直しと建設計画の動きを指す。原子力復権ともいう。具体的には、2002年5月に原発増設を決めたフィンランドやアメリカのブッシュ政権による原子力新設計画と「グローバル原子力パートナーシップ」、フランスの欧州加圧型軽水炉（EPR）の建設計画、イギリスの「エネルギー白書」（2007年）での原子力再評価などを指す。
2 詳細は、日本エネルギー経済研究所ホームページの掲載記事「福島第一原子力発電所事故による諸外国の原子力開発政策への影響」（http://eneken.ieej.or.jp/data/3770.pdf）による（2011年4月21日取得）。
3 日本原子力産業協会『原子力年鑑2012』2011年、31頁。
4 詳細は、日本原子力発電株式会社ホームページの「パイオニアとしての取り組み─国際協力」（http://www.japc.co.jp/project/overseas.html）による（2012年5月19日取得）。
5 詳細は、国際原子力開発株式会社のホームページ（http://www.jined.co.jp/）による（2012年5月19日取得）。
6 詳細は、電気事業連合会ホームページの海外電力関連トピックス情報（2012年5月7日）の「スイス、原子力発電の段階的閉鎖シナリオを発表」（http://www.fepc.or.jp/library/kaigai/kaigai_topics/1216318_4115.html）による（2012年5月18日取得）。
7 詳細は、シーメンス（日本）ホームページのプレスリリース（2011年5月4日）（http://www.siemens.co.jp/Japanese/Press/2011/PressReleases/Pages/Press_20110504.aspx）による（2012年5月28日取得）。
8 村上朋子「福島事故後の主要国の原子力開発動向と原子力産業の展望」『金属』第81巻第10号、2011年10月、814頁。
9 同上。
10 詳細は、ヨーロッパの経済ビジネス情報を配信するNNA.EUのホームページ（http://news.nna.jp/eu.html）による（2012年5月23日取得）。
11 村上朋子、前掲論文、815頁。

第7章 3.11後の世界原発市場の動向と原子力産業の地政学

12 詳細は、日本原子力産業協会ホームページのアジア原子力情報「韓国の原子力開発」
（http://www.jaif.or.jp/ja/asia/korea/korea_data.pdf）による（2012年5月27日取得）。
13 村上朋子、前掲論文、815頁。
14 三又裕生「原子力産業の国際展開について」『日本原子力学会誌』第52巻第12号、2010年12月 、59頁。
15 民主党政権は、2009年12月に、日本経済を成長させるための新成長戦略（基本方針）を公表した。翌年6月には、7つの戦略分野「グリーン・イノベーションによる環境・エネルギー大国戦略」、「ライフイノベーションによる健康大国戦略」、「アジア経済戦略」、「観光立国・地域活性化戦略」、「科学・技術・情報通信立国戦略」、「雇用・人材戦略」、「金融戦略」を「元気な日本」復活へのシナリオの基本方針として示した。
16 詳細は、三菱重工業ホームページのニュースリリース（2012年5月2日）（http://www.mhi.co.jp/news/story/pdf/120502.pdf）と NNA.EU のホームページ（http://news.nna.jp/eu.html）による（2012年5月30日取得）。
17 村上朋子、前掲論文、816頁。
18 詳細は、三菱重工業ホームページのニュースリリース（2012年3月26日）（http://www.mhi.co.jp/news/story/1203265185.html）による（2012年5月30日取得）。
19 村上朋子、前掲論文、816頁。
20 詳細は、東芝ホームページのニュースリリース（2011年9月6日）（http://www.toshiba.co.jp/about/press/2011_09/pr_j0603.htm）による（2012年5月31日取得）。
21 詳細は、東芝ホームページの投資家情報（IR資料室のプレゼンテーション）（http://www.toshiba.co.jp/about/ir/jp/library/pr/pr.htm）で公開されている「2012年度経営方針説明会（2012年5月17日）」と「2009年度経営方針説明会（2009年8月5日）」の説明資料（2012年5月31日取得）による。
22 以上の数字は、日本原子力産業協会のプレスリリース（2012年5月30日）で公開された「世界の原子力発電開発の動向2012年版」（参考：世界の原子力開発の現状）（http://www.jaif.or.jp/ja/news/2012/ichiran2012_press-release.pdf）から筆者が算出。ちなみに日本（7,5596km2）は台湾に次いで第4位となる。
23 台湾電力公司『台湾電力発展史』1989年、参―178頁。
24 石田浩『台湾経済の構造と展開（第2版）―台湾は「開発独裁」のモデルか―』大月書店、2003年、21～22頁。
25 台湾電力公司、前掲書、壱―108頁。
26 同上、壱―178頁。
27 石田浩、前掲書、87ページ、124頁。

【参考文献】

石田浩(2003)『台湾経済の構造と展開（第2版）―台湾は「開発独裁」のモデルか―』大月書店。

経済部能源局(1993)『台湾能源統計年報』。

原子力委員会(2010)『平成21年版　原子力白書』。

相楽希美(2009)『日本の原子力政策の変遷と国際政策協調に関する歴史的考察：東アジア地位の原子力発電導入のインプリケーション』RIETI Policy Discussion Paper Series 09-P-002。

台湾電力公司(1989)『台湾電力発展史』。

日本原子力産業協会(2011)『原子力年鑑2012』。

藤原夏人(2011)「【韓国】政府は原子力推進政策を継続　」『外国の立法』第247-2号。

三又裕生(2010)「原子力産業の国際展開について」『日本原子力学会誌』第52巻第12号、58～59頁。

村上朋子(2011)「福島事故後の主要国の原子力開発動向と原子力産業の展望」『金属』第81巻第10号、810～816頁。

森田浩仁(2007)「ロシアのエネルギー戦略に組み込まれる原子力」『21世紀フォーラム』第106号、6～7頁。

吉田斉(2011)『原子力の社会史（新版）―その日本的展開』朝日新聞出版。

第8章　地政学と移民の相互作用
―フィリピンのケースを中心に―

John Lambino

はじめに

　本章では、移動不可能の領域と移動可能の人民という、国民国家の二つの要素の相互作用について論じる。つまり、この章は地政学と移民との相互作用について論じる試みである。地政学は、「国家の政治的性格、制度、特に他の国家との関係に対する地理の影響」(Hay, 2003) ＊1 についての概念である。他方、移民は国境を超える人々の移動についての概念である。地政学と移民との相互作用を理解するために、本章は、この相互作用のダイナミックスの視点からフィリピンのケースを検討する。

　ウェストファリア条約が起源となる国家間秩序は主権国家をベースとしており、この秩序の形成を通じて、モダーニティの進行の過程では、国民国家が政治権力の地理的な配置の基礎となってきた (Agnew, 1998)。ウェストファリア条約は、自分の領域と人民を支配するにあたって、主権国家の自由を確立した。国民国家の二要素、すなわち領域と人民が接合され、これに基づいて、国際秩序体制が成り立っているのである。

　ところが、近年、国境を越えて市場統合が加速しつつある。交通・通信システムが飛躍的に発展し、ヒト・モノ・カネは高速でグローバル市場を行き交っている。

　出生国と違う国で働いている人々は、特に2000年頃から急速に増えている。2010年版『世界移住報告書』によると、2000年に移民は約1億5000万人だったが、2010年にこの数は2億1400万に増えた。同じ報告書で、2050年にこの数は4億500万に増えると予測されている(International Organization for Migration, 2010)。国境を越えて人々が移動するにつれて、ウェストファリア条約が確立した領域と人民の接合は、概念上また事実上、ますます崩れている。この接合の劣化が及ぼしている地政学的な影響は、一層目立つようになっている。

例えば、アメリカ同時多発テロ事件を計画・実行した中心グループであるハンブルク・セルはドイツ居住者の移民から構成されている。この事件は、2001年のアフガニスタン侵攻と2003年のイラク侵攻に展開して、世界における地政学的な関係に変化を及ぼした。

　それでは、なぜこの研究の対象地域はフィリピンなのか。移民の長い歴史を持っていることを別にしても、引き続きフィリピンは主な労働力輸出国である。例えば、2009年にフィリピン人口の約10%は海外に住んでおり（Commission on Filipino Overseas, 2009）、2010年に国民総生産（GNP）の約9%は海外フィリピン人からの送金から成り立っている（Bangko Sentral ng Pilipinas website）。このように、地政学と移民との相互作用を考慮するにあたって、フィリピンが研究の対象地域として相応しい。地政学においては、トランスナショナルな相互作用として、移民は距離が離れるとともに減少することを当然のことのように決めてかかる（Mouritzen and Wivel, 2005を参考）が、フィリピンの場合はそうではない。フィリピン人の主な移民先は、非常に遠い国である。フィリピンのケースを検討すれば、地政学に知見を与えるのではないかと考えられる。地政学的な視点からは、国家の行動では、物理的距離が決定的な要素であるが、これに加え、本章は「文化的距離」が及ぼしている影響を検討する。さらに、フィリピンの地政学的な配置とともに、移民はフィリピンの外交・安全保障政策を作るには重要な要素である。地政学においては、一般的に、移民が及ぼしている外交・安全保障政策の形成における影響が軽視されがちであるが、本章においては、このメカニズムがフィリピンのケースを通して検討される。

　国家の置かれている地政学的な配置は、領域の非可動性により決まっている。これによりため、国家は地政学的な配置、特に極 *2 からの距離が政策と行動を影響している。

　フィリピンはアジア太平洋の西側に置かれている（図表1）。ルソン海峡を渡ると、北には台湾があり、より北には日本がある。南シナ海を渡ると、西はベトナム、北西は中国である。スールー海を渡ると、西南にはボルネオ島、セレベス海を渡ると、インドネシアのスラウェシ島がある。太平洋の向こう側はアメリカである。

　アメリカはフィリピンから遠い国であるが、フィリピンがアメリカの元植民地であるため、20世紀の初めから比米間には「特別な関係」が存在している。1946年以降、フィリピン独立の直後に両国が結んだ安全保障条約で、フィリピンとアメリカは緊密な同盟国になった。フィリピンにとっては国際社会の中で

第8章 地政学と移民の相互作用

図表1 フィリピンの地理的な位置

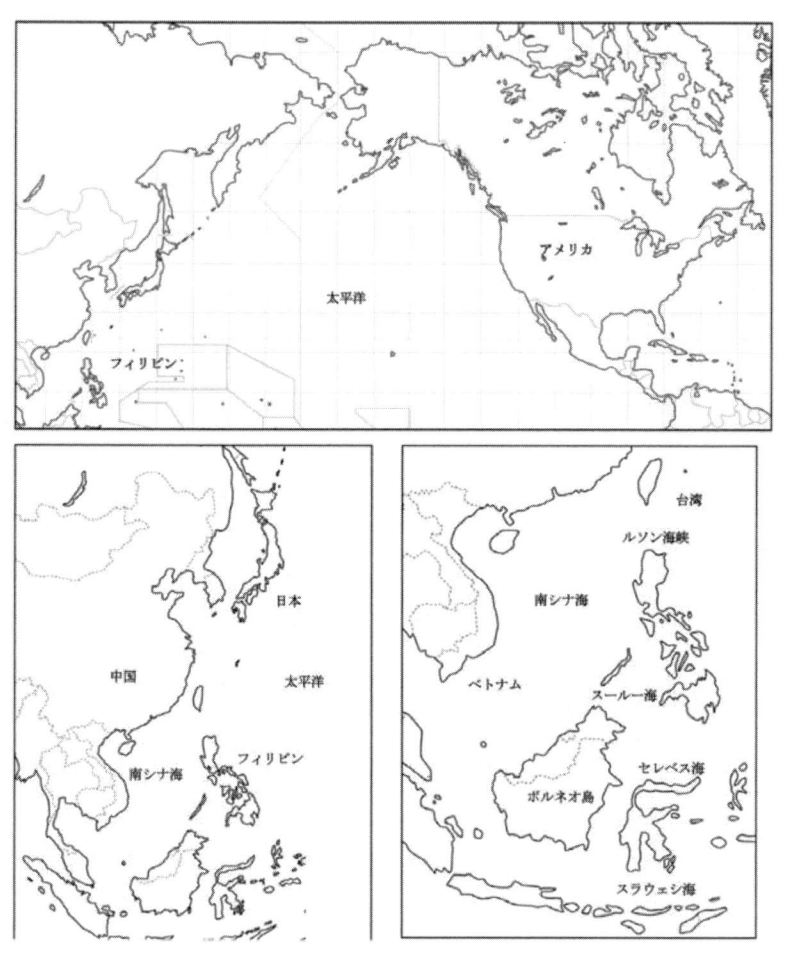

アメリカが相互防衛条約を結んだ唯一の国であり、アメリカにとっては東南アジア諸国の中でフィリピンが相互防衛条約を結んだ唯一の国であることは、比米間の安全保障関係は緊密であることを明白に示している。

歴史的な繋がりもあり、アメリカは世界中の唯一の極として東・東南アジア地域に力を投影する能力を有する。日本と韓国における米軍基地、および、フィリピン、タイとシンガポールとの間の二国間安全保障関係を通して、アメリカはこの地域に強い軍事的存在感を維持してきた。この地域におけるアメリ

軍の投影力は、冷戦時代の地政学を継続している現れでもある。

他方、フィリピンの近隣地域の東・東南アジアでは、中国が唯一の極パワーである (Mouritzen and Wivel, 2005)。日本は、この地域の第二経済大国、および世界の第三経済大国であり、正の拘束力*3 を有しているが、平和主義憲法により軍事力の公式上の強化が不可能であるため、有力な負の拘束力を有していない。その上、日本は第二次世界大戦時の侵略者としてみなされているので、当該地域では負のイメージを抱えている。これらの理由のために、日本は当該地域では極パワーとしてみなされないと考えられる。

他方、中国は保有する軍事力で東・東南アジア地域に対してパワー投影能力を持っており、これは世界最大の軍隊と核兵器能力によって支えられている。さらに、経済が急速に拡大し、1979年から2010年にかけては年間平均に10%の経済成長率を達成し、世界の第二経済大国となった。このため、当該地域における経済分野へのパワー投影力を拡大し、同時に経済の拡大は軍事力の強化を支えてきた。ところが、当該地域における影響力は、中国の高度に集権化された政治体制や権威主義的イデオロギー、つまり、偏狭なイデオロギーによって制限されており、当該地域の非極国家にとっては魅力的なパートナーではないと言える (Mouritzen and Wivel, 2005)。

地政学と移民はフィリピン国家の政策形成において重要である。フィリピンの外交政策の三本柱のうちの二つは、①国家安全保障上の利益の保護と強化、②海外フィリピン人の権利保護・福祉推進となっている。これらを実現するために、外務省の103周年創立記念日の2001年7月12日に、フィリピン政府は、外交政策上の現状を明示した。この中には、①中国、日本、アメリカ、および、その三国との関係が東・東南アジアの安全保障状況に決定的な影響を持っていること、②海外フィリピン人は引き続きフィリピンの社会経済の安定に重要な役割を持っていることが含まれている。

本章では地政学と移民との相互作用を論じるために、まずフィリピンが形成された20世紀前半からフィリピンの過去の地政学的な配置、および、その経験がどのように移民と現在の地政学的な配置を影響してきたかを検討する。また、アメリカと中国、それぞれの極に対してフィリピンはどのような地政学的な配置に置かれているか、および、どのように移民プロセスに影響してきたかを検討する。

第8章　地政学と移民の相互作用

1．アメリカの最西フロンティアとしてのフィリピン諸島と移民

（1）北アメリカ大陸でのアメリカによる西方への領土拡大

　1893年の論文 "The Significance of the Frontier in American History"（アメリカ史におけるフロンティアの意義）において、フレデリック・ジャクソン・ターナーは、アメリカ人の西漸運動や新フロンティアの征服が、アメリカの国民性や社会の形成に主な役割を果たしたことを指摘した。西へ向かうと、土地、仕事と冒険があるという前提で、国民性が形成されたのだ。
　だがそもそも、アメリカの西漸運動を推進に貢献要素は何だったのだろうか。
　その一つは、アメリカ人に西部開拓とそれに伴う西漸運動を正当化するストリーを与えた「明白なる運命（マニフェスト・デスティニー）」の概念である。この本質は、当時の駐露米国大使であり、その後の米国大統領ジョン・クィンシー・アダムズが書いた本人の父親宛の手紙からわかる。

「神の摂理によって、北アメリカ大陸の全ては、一つの民族が植民し、一つの言語が話され、信仰・政治原理の一つの総合システムを信奉し、また、一つの性格を持つ社会的習慣と風習に従うという運命を持っているようである（執筆者による翻訳）*4」

　この概念の下で、太平洋海岸までの拡大はアメリカの運命であると信じて、開拓者は西に向かって移民した。
　もう一つの要素は米英間が1814年12月24日に結んだガン条約で、この条約は、米英戦争の終結と、米英間の恒久の平和を導いた。この条約で、アメリカ人による西部開拓の妨げとなっていたアメリカインディアン諸民族は、ヨーロッパ諸国の中で最後まで外交パートナーであったイギリス帝国を失った。このため、西部拡大に抵抗するアメリカインディアン諸民族の勢力は弱まった。
　最後の要素は、1823年12月2日のモンロー主義の宣言である。この宣言によって、アメリカはアメリカ大陸へのヨーロッパ諸国による介入を許さないことを明確にした。これは、西部開拓に対する外国による介入を防止したと考えられる。
　「明白なる運命」はモンロー主義の実現に欠かせない役割を果たした。なぜならば、モンロー主義の施行に、アメリカ人の移住による領土拡大が必要とされたからである。つまり、アメリカ人開拓者の西への移民は、ヨーロッパによ

る侵略行為に対する領土防御の主要手段となっていたのだ。

（2）太平洋での西方への領域拡大

1846年にオレゴン、1848年にカリフォルニアの獲得で、北アメリカ大陸での領土拡大は完了したが、その勢いと気力が尽きることはなく、領域拡大がより西に向かい、太平洋を渡った。西海岸に着いた時点で一時的に停止された領土拡大は、当時の国務長官のウィリアム・ヘンリー・スワード主導で1867年にロシアからアラスカ買収が行われると同時に、新たな西漸運動が開始された。スワードは、アジアとの貿易を促進するため、海軍の太平洋基地、カリブ海の辺の運河が必要であると主張し、さらにアジア行来のアメリカ船舶の給炭港として、ミッドウェー諸島を1867年に併合した。

太平洋への領域拡大には、アルフレッド・セイヤー・マハン海軍大佐の考えに基づいた戦略基盤があった。1890年のマハンの著書 *The Influence of Sea Power upon History, 1660-1783* （海上権力史論）においては、歴史からすると島国が有利であり、海上権力が強国の決定的な特徴であると主張されている。

この戦略的ビジョンの下で、「明白なる運命」の新版では太平洋上の諸島が対象となっていた。ミッドウェー諸島を併合した目的と同じように、1887年に真珠湾、1893年にハワイ諸島の全島また1899年にウェーク島を併合した。米西戦争におけるアメリカの勝利で1899年に、グアムを含むフィリピン諸島が加えられた（図表2）。ヨーロッパから始まったアメリカの西方拡大が基づく視点からは、フィリピン諸島はアメリカの最西フロンティアである。つまり一般的に

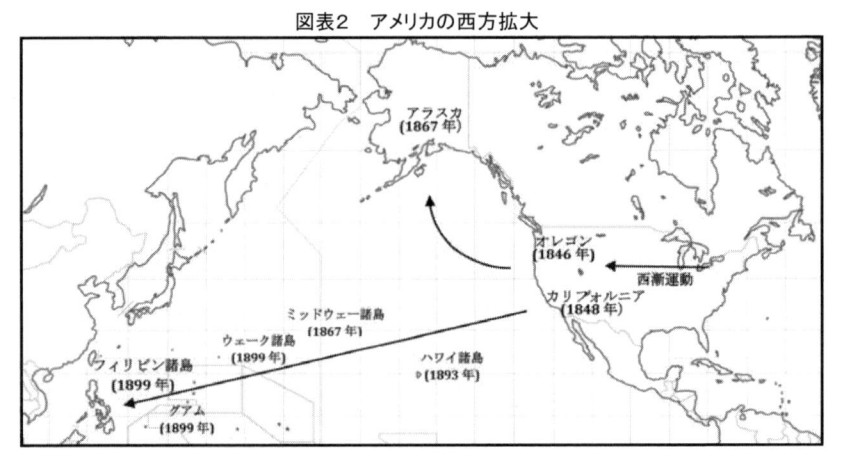

図表2　アメリカの西方拡大

フィリピン諸島は極東に置かれているが、この考え方の延長線上ではフィリピン諸島は「極西」にあるのだ。

（3）アメリカによるフィリピン諸島の占領

米西戦争の結果としてスペイン植民地のフィリピン諸島に対する管理権がアメリカに譲渡され、1899年に勃発した比米戦争がフィリピン第一共和国の衰退を導き、フィリピン諸島はアメリカによって占領され始めた。

アメリカのフィリピン諸島における影響力の増大は、教育システムの面で行われた（Kelly, 2000）。アメリカは占領後公教育を開始し、識字能力を向上させるとともに、教育をも統治の手段として利用し、文化的なリンケージをスペイン中心からアメリカ中心に再編成した。小説、童謡、そして、トーマサイツ（Thomasites）と呼ばれている公立校のアメリカ人の教育者[5]の存在を通して、フィリピン諸島の人々に、アメリカの思想や文化が浸透した。

そして、1903年には、タフト委員会（Taft Commission）の推進でアメリカ議会が官費留学法（Pensionado Act）を可決し、フィリピン人有力者の子供たちがアメリカで教育を受けるための基金を設け（Tyner, 2009 and Schultz, 2000）、同年に国費留学生104人がアメリカへ渡航した。ある一人の元国費留学生の子供は、自分の「アメリカ人化」について、自分の父親がイリノイ州の小さな町のマーコムで青春を過ごしてアップル・パイが大好物であったため、自分の初めてしゃべった単語はフィリピンで収穫できない「アップル」だったと述べている（Calata, 2002）。

そして、多くの留学生は教育課程修了後、フィリピンに帰国し、彼らの多くが政治、社会、経済の分野や研究分野に身を置いた。この留学生のリストの中には、フィリピン国立大学の元総長 Jorge Bocobo、フィリピン元上院議員長 Camilo Osias、フィリピン元最高裁判所長官の Jose Abad Santos、フィリピン元財務長官 Antonio de las Alas などが含まれている（Posadas and Guyotte, 1990）。国費留学生の職業上の成功が人口に膾炙するにつれ、フィリピン社会はますますアメリカ社会を真似するようになった。フィリピン諸島におけるアメリカ人教師による教育の普及、または、フィリピン・エリートのアメリカ式教育の達成は、アメリカ人のコピーとしてフィリピン諸島の人々を作り出したといえる。

その上、アメリカが展開したフィリピン諸島における大衆教育の下で、多くのフィリピン諸島人がアメリカ中心の西洋の知識・文化を身につけていった。

アメリカによる占領時代、小学校の開校にともなって、英語が教育言語として導入された。フィリピンの独立後も、英語が教育言語として採用されたことを始めとして、アメリカ式教育制度が反映されて続けており、現在も英語は教育、法律やビジネスの言語として利用されている。

アメリカによる占領政策によってフィリピンが軍事化され、米軍基地が次々設立されると、軍事的なリンケージを形成しながら、もう一つのアメリカへの移民システムも機能し始める。米軍基地の存在は、リクルート・ステーションの役割も果たした*6。1925年から1929年まで、米海軍の男性の5%はフィリピン諸島人であり (Lasker, 1931)、1930年には約2万5000人のフィリピン諸島人が艦船や基地など米海軍に勤めていた (Tyner, 2009)。米軍アメリカ人兵士とフィリピン人女性の結婚も含めて、軍事的なリンケージは移民推進の要因として大きなものだと考えられる。

アメリカへのフィリピン諸島人の移民は、海軍の募集を含む労働者募集に大きく依存していた。最初の大規模な労働者募集は1906年に Hawaiian Sugar Planters' Association (HSPA) による募集だが、20年間にわたり12万人のフィリピン諸島人が砂糖のプランテーションで就労するため、アメリカに渡航した*7。1930年のセンサスによると、約11万人のフィリピン人がアメリカに滞在し、そのうち約3万人がカリフォルニア州に滞在していた (Espiritu, 2003)。

(4) 独立後のフィリピン
①独立付与と移民

政府を自分達で運営したいという、独立派のフィリピン人政治家の存在もさることながら、フィリピン諸島のアメリカからの独立には二つの主要な要素があると考えられる。一つ目は、フィリピン諸島からの輸入農産物との競争に警戒感を持っていたアメリカの農家であり、二つ目は、アメリカへのフィリピン諸島人の移民者との競争に警戒感を持っていたアメリカの労働者である。彼らは、その警戒感のため、アメリカ政府に対して、フィリピン諸島の独立付与を求めたのである。

1929年に始まった世界大恐慌で、アメリカでは農家の収入が暴落し、農家たちは、連邦議会議員に、輸入税制や輸入割当制の導入で国産農産物を海外競争から保護することを求めた。フィリピン諸島は法律上アメリカの一部であったため、砂糖やココナッツオイルの移出はアメリカの関税法の対象になっていなかった。フィリピン諸島からの自由な農産物の流入は、市場価格の低下の原因

第8章 地政学と移民の相互作用

であるとみなされた。

その上、大恐慌時の高い失業率が続いていた。フィリピン諸島人はアメリカ占領下ではアメリカ籍を持っているので、他の国籍の人と違って法律的に自由にアメリカ本土を移動できた (Scharrenberg, 1929) が、多くのフィリピン諸島人労働者のアメリカへの移動は、アメリカの労働団体からの反発を招いた。例えば、他の太平洋沿岸諸州の労働組合と同様に、California State Federation of Labor（カリフォルニア州労働同盟）は1927年9月に全会一致で決議案を採決したが、この決議案はカリフォルニア議員団にフィリピン諸島人のアメリカ移動を制限する法律の制定を呼びかけるものであった（Scharrenberg, 1929）。しかし、フィリピン独立なくしては、アメリカ議会がフィリピン諸島人を排除することはできず、American Federation of Labor（アメリカ労働総同盟）は全会一致の採決で、フィリピンの独立国家を直ちに許可しなければならないと宣言した (Scharrenberg, 1929)。

この二つの要因によって、1933年に Hare-Hawes-Cutting Act（ヘア・ホーズ・カッティング法）が連邦議会で可決された。この法律は、フィリピン上院の承認を条件として、フィリピンの独立付与を成立させるものであり、独立後はフィリピンの農産物がアメリカの関税法の枠組みに入り、フィリピン諸島人が移民の規制の対象となるというインプリケーションを持っていた。ただし、この法律には、フィリピンにおける軍基地のアメリカによる利用という規定が入っており、フィリピン上院はこれらの規定、特に米軍の駐留に対して不満を持っていたため、この法律を拒絶した。

そこでヘア・ホーズ・カッティング法に代わり、アメリカ議会は1934年にフィリピン独立法である公法第73-127（別名 Tydings-McDuffie Act）を可決した。この法律は、ヘア・ホーズ・カッティング法と概して相似な法律である。関税・輸入割当の問題、フィリピン人の入国規制の問題はそのままで、米軍駐留の問題だけが変更された。この法律では、いくつかの海軍施設や給油所を除いて、独立後にフィリピンから米軍を撤退する（Ikehata and Yu-Jose, 2003）というアメリカの決意が込められている。アメリカが撤収に合意した背景には、フィリピン諸島が米軍の居留地となれば、アメリカがアジア発の戦争に巻き込まれるという懸念があった（Chapman, 1987）。

この法律によると、独立準備政府であるフィリピン・コモンウェルスが発足して10年後の7月4日に、フィリピンを独立させるとされている。フィリピン・コモンウェルスの大統領選は1935年9月17日に行われ、コモンウェルス政府

が1935年11月15日に発足した。1942年から1945年にかけて日本によるフィリピン占領の後、フィリピンは1946年7月4日に独立した*8。

②フィリピン独立後の安全保障関係と移民

独立後のフィリピンの安全保障関係は、第二次世界大戦中の経験に強く影響されており、アメリカと結んだ二つの協約によって形作られた。この協定とは比米安全保障の関係の設立に不可欠なもので、一つ目に米軍軍事基地協定、二つ目に比米相互防衛条約である。

第二次世界大戦の太平洋における勃発は、在比米軍駐留に対する比米両国の考え方を好意的なものに変えていった。フィリピンでは、米軍駐留が外部からの侵略に対する防衛手段とみられるようになったのだ。他方、アメリカは、戦後のアジア発の侵攻に対抗するために、太平洋における米軍駐留が重要であるとわかってきた。アメリカ統合参謀本部は、アリューシャン列島、フィリピン諸島、琉球諸島、南洋群島のそれぞれに米軍基地を置けば、太平洋を包み込む防衛線が作れると考えた。太平洋における米軍基地からは、アジアの資源へのアクセスが維持できる上に、重要な航路を守り、ソ連の西部を含むアジア地域の産業基盤に対して空からの攻勢ができるとみたのだ。

このような軍事的脅威に対する新たな地政学的理解に基づいて、1943年11月に当時のフィリピン・コモンウェルス亡命政府の大統領のケソンと、アメリカ統合参謀本部は、フィリピン独立法の軍基地に関する条項を取り消すことに合意し、翌年に両国の議会は、米軍基地の残留を求める決議案を可決した (Ikehata and Yu-Jose, 2003)。つまり、第二次世界大戦は、フィリピン独立後の比米軍事協力の両国における合意を導いたのである。

大日本帝国の降伏前の1945年4月に、当時のアメリカ大統領のトルーマンとフィリピン・コモンウェルス亡命政府の大統領の Osmeña は、軍事的な課題に関して会談し、その結果は *Preliminary Statement of the General Principles Pertaining to the United States Military and Naval Bases in the Philippines* (準備陳述書「在比米軍基地に関する原則」) にまとめられた。これは、フィリピン独立後に、在比米軍基地の残留を認め、緊密な比米間の軍事協力を求めるものであり、独立後の在比米軍基地は、前線基地として機能するだけでなく、アメリカの軍事力を近接地域に投影する軍事プラットフォームであるとみなされた。

1946年のマニラ条約 (比米基本関係条約) は、フィリピン諸島におけるアメリカの支配権の放棄を規定し、フィリピン共和国の創立を宣言した。さらにこの

第 8 章 地政学と移民の相互作用

条約で、フィリピン列島における米軍基地が認められることで、在比米軍の駐留の根拠とされたのである。

1947年3月14日にフィリピンとアメリカは米軍軍事基地協定を結んだ。この協定は、スービック海軍基地とクラーク空軍基地を始めとする、16軍施設の米軍による99年間の使用を規定し、フィリピンは他の国に軍事基地権を与えることが禁止された。

軍事基地協定の補足として、比米両国は1947年3月21日に軍事援助協定を結んだ。この協定では、米統合軍事顧問団（JUSMAG）がフィリピン軍に訓練や装備を提供することになった。

一方でこれらの協定の締結に先立ち、冷戦が開始されており、アメリカは、フィリピンを国際共産主義に対する「極西」の要塞として定めた。占領中の日本の米軍基地と並んで、在比米軍基地は、ソ連発の攻撃に対する前方の防衛壁として機能していた。マッカーサー元帥は1949年3月1日に、アメリカの太平洋における防衛線は、フィリピンから琉球列島を渡り、日本、アリューシャン列島までとすべきだと主張した。さらに、彼は1950年5月29日に、アメリカの防衛において台湾が重要な役割を果たすと論じ加えた。

米軍基地のフィリピン駐留は、フィリピン人のアメリカへの移民を促した。それは、2006年に外国出身の米軍関係者の中で、フィリピン出身が最も多く、4分の1を占めていることからわかる（Migration Policy Institute website）。フィリピン独立後、1947年の軍事基地協定の下では、米海軍にフィリピン人が入隊できるようにとなった。例えば、1944年から1973年までの間、2万2000人のフィリピン人が米海軍に入隊した（Powell, 2005）。彼らはアメリカ国籍を獲得することが可能であったが、1991年に軍事基地協定の延長が拒否され、米海軍へのフィリピン人の入隊は不可能になった。

米軍基地のフィリピン駐留から生まれたもう一つの移民フローは、アメリカへの兵士配偶者の移民である。1945年の Military War Brides Act（戦争花嫁法）と1946年 Fiancees Act（婚約者法）の下では、米軍関係者の配偶者のアメリカへの移民が可能になり、約11万8000人のフィリピン人がアメリカに移民した（Posadas, 1999）。

他方、相互防衛条約は比米安全保障関係のもう一つの柱であり、1951年7月31日にワシントン D.C.で両国の代表が署名した。この条約は冷戦の状況下で結ばれたものであった。1949年には、中国では共産主義が勝利し、国民党が台湾に追放され、さらに北朝鮮が韓国を侵略し、1950年6月に朝鮮戦争が勃発し

たのである。

さらに、アメリカは、朝鮮戦争に深く関わっており、日本からの後方支援を必要としたが、GHQ の占領統治が、日本との関係を悪化させることを憂慮していた。このため、アメリカは、占領を終わらせるため、日本と平和条約を結ぶことが必要であった。しかし、日本の再軍事化を恐れて、アメリカの同盟国、例えば、フィリピン、ニュージーランド、オーストラリアがこれに反対した。アメリカは同盟国の懸念を和らげるため、1950年代半ばまでにこの国々と安全保障条約を結んだ。日米安全保障条約とともに、これらの条約は、アジア太平洋におけるアメリカの軍事的な投影力の基盤となっている。

比米相互防衛条約は、一方の国が第三者からの攻撃を受けた場合、他方の国がその国を支援しなければならないと規定した。条約の締約後、フィリピンに、アメリカからの軍事援助が増加し、フィリピン軍の訓練も活発になった。例えば、1950年から1971年まで、熟達した軍事教練を受けるため、約9000人のフィリピン人士官がアメリカに渡った。1950年代の始めから、フィリピンは、アメリカの防衛システムに統合されて、共産圏の囲い込みにおいて重要な機能を果たしたのだ（Rodao and Rodriguez, 2001）。

比米相互防衛条約と軍事基地協定によるアメリカの安全保障の傘の下で、フィリピンは、外部からの脅威に対して、アメリカに依存してきた。この安全感があったため、外部からの脅威に対して、フィリピンは自国の軍事力を増強しなかった。フィリピンでは、軍の役割は、国内における共産主義組織や分離独立運動に対する作戦になった。この依存の下で、現在でも、対外的なフィリピンの軍事力は、ほとんど皆無に近いものである。

③フィリピン独立後の経済関係と移民

独立後のフィリピンの経済関係は、アメリカからの独立を実現するためにフィリピンが結んだ経済協定に深く影響されていた。決定的なのは、1946年のフィリピン通商法である。フィリピン独立を付与した法律の発足者の一人である当時上院議員の Milland Tydings によると、これは「フィリピン諸島を政治的には失っても、経済的に支配し続ける（筆者による翻訳）*9」ものである。

フィリピン通商法（別名 Bell Trade Act）は、公法第371として1946年4月30日にアメリカ議会が可決して、その後、1946年7月2日にフィリピン議会が可決した。この法では、アメリカからのフィリピン独立付与の経済的条件が規定された。この法の下で、両国間の「特恵関税制度」が発足し、アメリカ製品は、無関税で、輸入割当制の対象とならず、自由にフィリピンに輸入されることに

第8章　地政学と移民の相互作用

なったため、大量のアメリカ産の製品が流入した*10。これは、フィリピンの1949年の国際収支危機を導いて、経済に深刻な被害を与えた。

　フィリピン政府は、対応策として、アメリカからの輸入産物への依存から抜け出るために、輸入代替政策を採用した。しかし、深刻な社会格差が原因の一つとなり、国内市場が限定されていたため、1960年代にフィリピンの製造業では成長が停滞し、工業化が進まなかった。この輸入代替政策によってフィリピンの工業化は実現できず、外国産の製品の大量流入が止まらなかった（図表3）。この結果、貿易赤字の拡大は止まらず、対外債務が膨張した。

図表3　1960年代におけるフィリピンの貿易収支の推移（単位：千ドル）

年	輸出額	輸入額	貿易収支
1960	560,389	603,870	-43,481
1961	499,512	611,298	-111,786
1962	556,021	586,738	-30,717
1963	727,106	618,190	108,916
1964	742,036	780,325	-38,289
1965	768,448	807,579	-39,131
1966	828,195	852,772	-24,577
1967	821,456	1,062,191	-240,735
1968	857,715	1,150,218	-292,503
1969	854,601	1,131,486	-276,885

出所：Philippine Statistical Yearbook（各年版）より作成。

　対外債務の膨張問題が無視できなくなったフィリピン政府は、その対応策として、観光産業の振興政策、海外直接投資による輸出指向型工業化政策と並んで、労働力輸出政策を採用した。海外フィリピン人労働者が増えることによって、海外からの送金の増加を期待したのだ。

　労働力輸出政策を実現するため、政府は三つの機関を設立した。これらは、①フィリピン海外雇用庁（以下 POEA と略す）、②フィリピン海外労働事務所、③海外フィリピン人委員会となる。

2．現在のフィリピンの地政学的な配置と移民

（1）現在の海外フィリピン人の現状と社会経済における重要さ

　フィリピン政府が労働力輸出政策を採用してから、政府機関である POEA の管轄下の海外フィリピン人労働者が急速に増え、1975年の3万6000人から20

図表4　POEA管轄下の海外フィリピン人労働者（単位：千人）

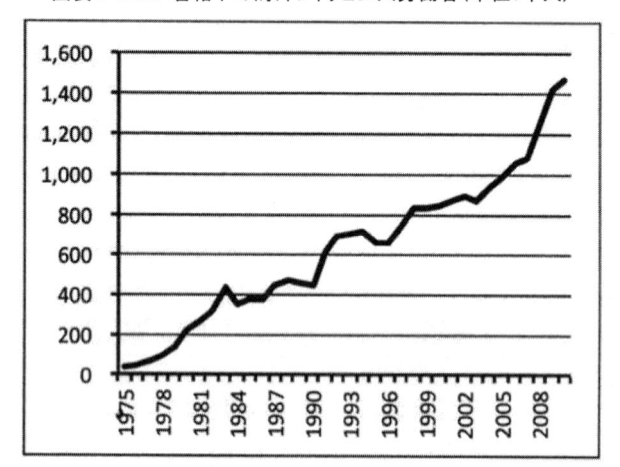

出所：伊豫谷・梶田編(1992)およびフィリピン海外雇用庁より作成。

図表5　海外フィリピン人数（ストック、2009年12月現在）

大陸	移民者・永住者	臨時契約労働者	不法在住者	総数
総数	4,056,940	3,864,068	658,370	8,579,378
	47.3%	45.0%	7.7%	100.0%
アメリカ	3,162,843	253,700	166,336	3,582,879
	88.3%	7.1%	4.6%	100.0%
西アジア	5,594	2,294,602	115,700	2,415,896
	0.2%	95.0%	4.8%	100.0%
南・東アジア	262,780	552,524	259,192	1,074,496
	24.5%	51.4%	24.1%	100.0%
ヨーロッパ	312,361	309,914	100,152	722,427
	43.2%	42.9%	13.9%	100.0%
オセアニア	311,145	68,515	8,860	388,520
	80.1%	17.6%	2.3%	100.0%
海上労働者		330,424		330,424
		100.0%		100.0%
アフリカ	2,217	54,389	8,130	64,736
	3.4%	84.0%	12.6%	100.0%

出所：フィリピン海外雇用庁より作成。

10年には150万人に上った（図表4）。

　フィリピン政府の労働力輸出政策と過去の地政学的な配置で、フィリピン人の相当な割合は海外に住んで働いている。図表5では2009年12月時点の、海外

第8章　地政学と移民の相互作用

フィリピン人は約860万人を数え、フィリピンの人口の約10%を占めている。その中で、360万人がアメリカ大陸に、240万人が西アジアに、約110万人が南・東アジアに、72万人がヨーロッパに、39万人がオセアニアに、6万人がアフリカにおり、残りの33万人が海上労働者となっている。

マレーシアのジョホール、インドネシアのリアウとシンガポール間で行われている移民や、メキシコからアメリカへの移民のような、近隣地域同士で行われた移民と違い、フィリピン人の移民は、グローバル規模で行われたため、北欧から南半球のオーストラリアやニュージーランドまでにフィリピン人がいる。グローバル規模のフィリピン人の移民は、フィリピン政府の労働力輸出政策から導かれた。

移民先の上位10か国・地域は、アメリカ（290万人）、サウジアラビア（120万人）、カナダ（64万人）、アラブ首長国連邦（61万人）、オーストラリア（34万人）、マレーシア（24万人）、日本（21万人）、イギリス（20万人）、香港（17万人）、シンガポール（16万人）となる。上位10か国・地域の海外フィリピン人は海外フィリピン人の総人数の8割を占めている。

地政学では、国家間の連関現象として、移民は距離に従って減少すると考えられがちである（Mouritzen and Wivel, 2005を参考）。ところが、フィリピン人の移民の場合には当てはまらず、移民先の上位5か国はフィリピンから非常に遠い国である（図表6）。

海外フィリピン人の移民先の国・地域は、空間的距離よりもむしろ「文化的な距離」と関わっている。上位10か国・地域の中に、6か国・地域（アメリカ、

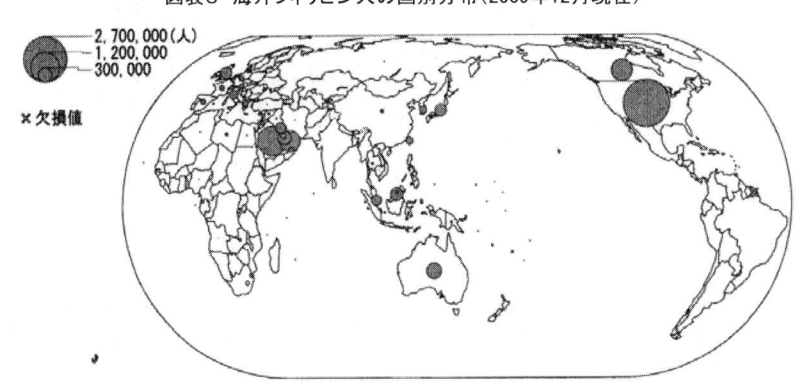

図表6　海外フィリピン人の国別分布（2009年12月現在）

出所：フィリピン海外雇用庁より作成。

カナダ、オーストラリア、イギリス、香港とシンガポール）では英語が公用語または事実上の公用語である。さらに、イギリス帝国の元保護地域であるマレーシアとアラブ首長国連邦では、英語が広く利用されている第二言語である。つまり、英語が広く利用されているかどうかは、海外フィリピン人の移民先の国・地域を決める主要な要素であるのだ。

英語が移民先との文化的なリンケージの役割を果たしており、これはアメリカの元領域としてのフィリピンの地政学的な配置と密接に関わっている。

労働力輸出は、フィリピン政府の経済開発戦略の一つとして行われている。外貨導入による国内経済の立て直しに関して考察していこう。

図表7に見られるように、海外フィリピン人がフィリピンに送った送金額とその送金額がフィリピン国民総生産に占める比率は、両方とも、フィリピン政府が労働力輸出政策を正式に採用した1975年から、顕著に増加している。1975年に海外フィリピン人が送金した額は約1億ドルであり、その年の GNP に占める比率は0.7%にとどまった。1985年に送金額は約7倍になって、GNP に占める比率は2.3%になった。2005年の送金額は107億ドルに上がり、GNP の10.4%に及んだ。2010年の送金額は188億ドルに上って、GNP の9.4%を占めることになった。これからも、海外フィリピン人労働者による送金は、フィリピンの社会経済にとって重要であり続けると考えられている。

図表7 海外フィリピン人の送金額とそのフィリピン国民総生産に対する比率

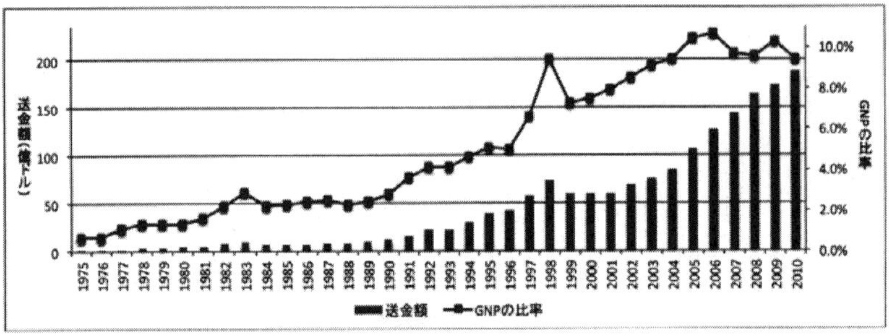

出所：世界銀行とフィリピン中央銀行より。

一方、労働力輸出の位置づけを考えるため、各年の送金額を輸出額と比較してみよう（図表8）。1977年の送金額は輸出額の6.8%を占めており、その比率は1987年の13.8%、2000年の16.2%に上った。2010年には輸出額の37.0%にまで及び、海外フィリピン人からの送金は外貨取得として無視できないほどであ

第 8 章　地政学と移民の相互作用

図表 8　海外フィリピン人からの送金額とそのフィリピン輸出の比率

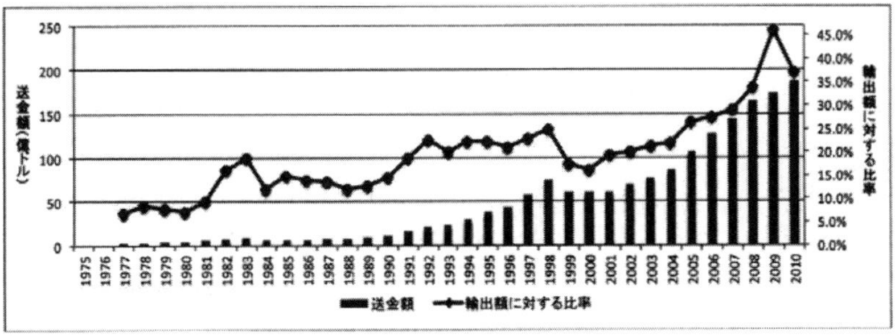

出所：世界銀行とフィリピン中央銀行より。

った。労働力輸出は、外資系企業のほとんどが生産している電子部品を除くと、外貨取得に一番大切な「商品」となっているのである。

国家にとって、海外フィリピン人からの送金額は輸入代金や外貨ベースの債務の返済に充当されている。また、フィリピンの多くの家族にとっては、海外からの送金は生活費の重要な収入源である。つまり海外フィリピン人は、フィリピン社会経済を支えるに重要な役割を果たしているのである。

（2）冷戦の終焉後のフィリピンの安全保障

独立後、フィリピンにおける多くの社会セクターは、比米安全保障関係、特に軍事基地協定が不公平かつ一方的であるとみなし、不満を抱いている。

このため、軍事基地協定の内容について何回も交渉が重ねられた。1947年から1991年まで、40回もの改正が行われ、米軍基地に対するフィリピン政府の影響力が強められた。顕著な改正の一つは、Ramos-Rusk 協定である。この協定の締結で、軍事基地協定の満期が2046年から1991年9月16日に縮められた。もう一つの顕著な改正は、Romulo-Murphy 交換公文であり、これは米軍基地に対する名目上の支配権をフィリピンに移譲し、米軍基地に対するフィリピンの主権を確認するものである。

さらにフィリピンは、新たな憲法が1987年に2月に公布されたため、米軍基地に対する支配権を一層強めた。新憲法18条25項では、比米軍事基地協定の満期の1991年以降に、フィリピンにおける外国の軍事基地、軍駐留と軍施設を許可するには、上院が条約を批准する必要があるとしているのである。

軍事基地協定の満期の1年4か月前、フィリピンはこの協定を1991年9月16日

に終了させる意思を示し、そのための外交文書をアメリカに渡していた。しかし、これはアメリカにとって受け入れがたいものであったため、両国は軍事基地協定の後身についての交渉を開始した。この交渉は比米協力対話（PACT）と呼ばれており、1990年から1991年までの7回の対話で、アメリカ側は軍事基地協定の延長を求めて続けてきた。対話の結果1991年8月27日に比米両国の政府は、スービック海軍基地の10年間の使用延長を含む、比米友好協力安全保障条約（Treaty of Friendship, Cooperation and Security）を結んだ。大規模な在比米軍基地の一つであるクラーク空軍基地は、この条約に入っていなかったが、これは、ピナトゥボ山の1991年6月噴火で、クラーク海軍基地が大きな被害を受けたからであると考えられている。これに加え、対話の時期は、ソ連解体の真最中であり、冷戦の終焉を迎えていることが明白であったため、アメリカにとっては、在比米軍基地の地政学的な価値が下落し、軍事基地協定を延長する動機も弱まった。

　しかし結局、米軍基地が植民地の痕跡であるという世論や支配階級一部の考えが強く、1991年9月13日にフィリピン議会上院は比米友好協力安全保障条約を拒絶した。フィリピン政府は、その1年内に在比米軍基地を撤収するよう、同年の12月6日にアメリカに正式に通告し、在比米軍基地の撤収は1992年11月24日に完了した。冷戦の終焉が米安全保障関係の価値を下げ、これと並んで、在比米軍基地の撤収により比米関係の後退を招いた。

　一方で在比米軍基地の撤収後の東・東南アジアに対するパワーの空白を緩和しようとする動きもあった。両国の政府は、1951年の相互防衛条約を繰り返し主張し、フィリピンにおける両国軍の合同演習を可能にする条約を作ろうとした。しかし当時フィリピンでは、反帝国主義や反外国軍事基地の世論が強く、1996年12月に、フィリピン最高裁判所は、比米地位協定（SOFA）の延長を拒絶し、これによって比米軍の合同演習は停止された。

　ところが、2000年2月、両国軍は合同演習を再開した。なぜフィリピンの支配階級側や世論において、比米同盟関係やその修復路線に対する意見が肯定的なものに変わったのだろうか。

　ソ連の解体後、冷戦時代の米ソ二大国による二極的秩序が崩壊したことは、フィリピンの戦略的な考え方に影響を与えた。特に重要であったのは、アメリカの東・東南アジアにおける関与の低下と、中国の当該地域における政治的影響力の相対的上昇だ。冷戦終焉直後の混乱は、中国の東・東南アジア地域へのパワー投影を許したのである。

第8章 地政学と移民の相互作用

　当初、比米両国は、比米相互防衛条約で中国のパワー投影を間接に抑止できると考えていたが、それは間違いであった。在比米軍基地の撤収が決定した直後に、中国は、南シナ海の領有権主張に積極的になった。1992年2月に、中国の全国人民代表大会は、「中華民國領海及鄰接區法」（中華民國領海および隣接区法）を可決し、この法律でスプラトリー諸島が中国領土であると主張して、領有権争い解決のための武力行使を正当と認めた。

　比軍の脆弱さや比米軍事協力の崩壊による当該地域における権力の空白を利用し、中国は領有権主張をより一層高めた。1995年および1996年に、中国は、パラワン島から209キロしか離れていないミスチーフ礁で、建造物を建設した（図表9）。1997年に、その建造物の改修の有無を確認するために、比海軍の軍艦が偵察を行った際は、比中両国の海軍間で小競り合いに発展した（De Castro,

図表9　フィリピン、中国、および、ミスチーフ礁

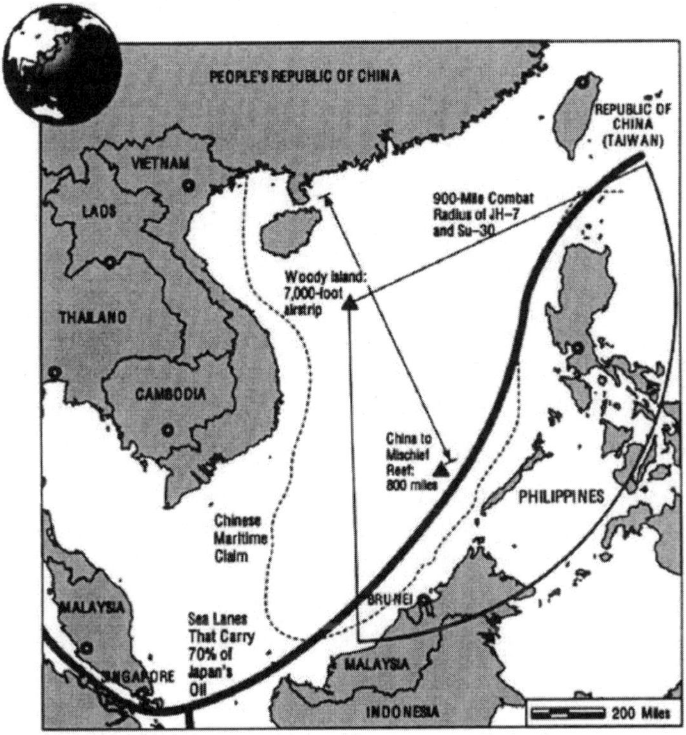

出所: Fisher (1999, p. 5)より。

293

2007)。

　フィリピンの政府や軍官憲にとって、主張する自国の領域が守れないと認めるのは、苦々しいことであった。フィリピン政府は、中国との距離の近さから、単極の地政学的な環境に置かれることを恐れた。フィリピンにとっては、近接地域の勢力均衡を実現するために、バランシング・パワーとしてアメリカが当該地域に再び強い影響力を持つことが必要となった。こうしてミスチーフ礁の中国による占領は、アメリカとの安全保障関係の修復へフィリピンの世論を導いた。

　一方で冷戦の終焉直後、中国は台湾に対しても軍事面で積極的になっていた。1995年から1996年3月にいたるまでの台湾海峡ミサイル危機の際、中国は台湾周辺にミサイルを撃ち込んだのだ。台湾政府に中国から分離するという傾向が強まり、これに反発した中国は台湾に対する一度目のミサイル発射を行った。二度目のミサイル発射は、1996年に行われた台湾大統領選に影響を与える目的で行われた。

　アメリカは、台湾が防衛できるような軍事力を示さなければならないと考え、1995年12月に、海軍の航空母艦ニミッツに台湾海峡を航行させた。この軍事力の誇示は危機を悪化させ、1996年1月から2月までに、中国は約10万人の兵士を、台湾に向かい合う海岸沿いに結集した。同年の3月に、中国はこの兵士数を約15万人に増やして、300機の軍用機や潜水艦などを配置した。これに対して、3月8日にアメリカは、インディペンデンス空母戦闘群を、台湾に近接する国際水域に配置させ、3月11日にニミッツ空母戦闘群も同様に配置した。

　この事件で、アメリカは比米安全保障関係修復の重要性を再認識した。台湾海峡に軍事対決が行われるとしたら、台湾に近いフィリピンが重要な役割を果たすためである。他方、フィリピンでは、スプラトリー諸島における占領を拡大している中国が、安全保障上の脅威国であり、長期的・戦略的な安全保障上の課題であると再認識された＊11。

　東・東南アジアにおける中国のより積極的な軍事活動は、比米安全保障関係の修復を導いた。この比米間の和解は、1998年の訪問米軍地位協定（VFA）に具体化した。この協定はフィリピン議会上院に批准され、1999年5月27日に有効となり、比米両国軍の合同演習が再開した。2001年4月26日から5月10日までのBalikatan（肩を組んで）は最も大きな合同演習であり、この合同演習は、スプラトリー諸島に近いパラワン島でも行われた。

第8章　地政学と移民の相互作用

（3）対テロ戦争

　9.11テロの直後、フィリピンは、アメリカに軍事支援を含む「全面的な支援」を誓約した。2001年9月23日に、当時のフィリピン国防長官の Angelo Reyes は、グローバル・テロと戦うアメリカ軍中心の多国籍軍がクラーク基地とスービック基地を使用できるという約束をした（Putzel, 2003）。

　フィリピンのアメリカに対する積極的な協力は、アメリカがフィリピン近接地域のバランシング・パワー、および、世界における唯一なパワーであると認めていることを示していた。

　9.11テロは、比米安全保障関係を強化した。つまり比米両国軍の合同演習は、中国による領域拡大に対する牽制行為であるが、比米安全保障協力の主な正当性の根拠は対テロ作戦に求められるようになっていったのだ。

　その上、フィリピン政府は、「テロとの世界大戦」を、Abu Sayyaf Group を含んだ国内のテロ組織に対するフィリピン軍の作戦に、アメリカを巻き込むために利用したのである。フィリピン軍によるミンダナオ島西部における対テロ作戦では、フィリピン軍の訓練を行うために支援した。さらに2002年以来アメリカは、在比合同統合特殊作戦タスクフォース（JSOTF-P）を設立しており、この下で、西南フィリピンに100～450人の準駐留の兵隊が派兵されている。

　比米間の特別な関係を主張するために、2002年5月に、当時フィリピン大統領のアメリカ公式訪問の時に、当時アメリカ大統領は演説の中で、「比米両国はナチュラルなパートナーです。両国は、海で繋がり、共有の歴史で結びつけられ、文化と家族による絆で支えられている（筆者による翻訳）」（Associated Free Press, 2003）と述べた。これは、アメリカによるフィリピン諸島占領で作られた文化的なリンケージ、および、たくさんの在米フィリピン人による家族間の絆を主張している演説であった。

　訪問米軍地位協定の補足協定、および、相互防衛条約を具体化とする協定として、比米両国は、2002年11月21日に相互補給支援協定（MLSA）を結んだ。この協定には、後方支援の強化で両国軍の相互運用性、即応性を強化する狙いがあった。この協定の締結後、フィリピンへの軍事支援が増加し、その代わりに、フィリピンは、アフガニスタンにおける「不朽の自由作戦」の支援として、自国の領空や飛行場のアメリカ軍による利用を許可した。

　米国主導の対テロ戦争の確固たる支援で、2003年5月に、東南アジア諸国の中にタイと一緒にフィリピンは「主要な非 NATO 同盟国（major non-NATO ally）」として指定された。主要な非 NATO 同盟国として、フィリピンは、ア

295

メリカと軍事的研究開発に協力し合い、アメリカの防衛装備品の入手はより簡単となった。

米国主導の対テロ戦争は、2003年にイラクの侵略、占領にエスカレートした。2002年末期から2003年初期にかけて、アメリカは、対イラク戦争を承認するよう、国連の安全保障理事会を説得しようとしたが、失敗に終わった。結局、米英は、安全保障理事会を無視し、イラク侵攻に向けて「有志連合」を作った。重大な国内安全保障の問題や外部から、差し迫った脅威があるにもかかわらず、フィリピンは、有志連合を支援するため、51人の軍関係者をイラクに派兵した。

ただし、米国主導の対テロ戦争による在比米軍駐留の拡大は、中国を牽制する手段であるとも考えられる（Malik, 2002）。アメリカは中国が長期的な安全保障上の脅威国であると考えており（Bin, 2002 and Commission on America's National Interests, 2000）、アメリカの民間情報機関であるStratforによれば、アメリカは、東・東南アジアにおける中国の投影力の強化を考慮しながら、自国の軍事力を強化するため、対テロ戦争を利用しているのである。

フィリピンは、アメリカへのバンドワゴニング、また、中国に対するバランシングという二元的な戦略をとった。所詮、アメリカは遠い国であり、中国は近い国である。フィリピンにとっては、アメリカはバランシング・パワーとしてなぜ魅力的なのか、この理由としては次の四点が挙げられる。①中国と違って、アメリカとは領有権争いがない。②フィリピン国内共産主義運動を支援してきた中国と違い、アメリカはフィリピン国内の反政府勢力の平定に支援してきた。つまり、フィリピンの支配階級の広いセグメントは、国内の動揺勢力としての中国を見ている。③アメリカによるフィリピン諸島占領の結果の一つとして、フィリピン文化はアメリカ文化に沿って形成されるようになり、このリンケージが200万以上の在米フィリピン人によって支えられている。④高度に集権化された政治体制や権威主義的イデオロギーを特質としている中国と比べて、アメリカは、多元的なイデオロギーを持っており、したがって一般的に他国にとって許容度がより高い。

ところが、2004年7月14日にイラク派兵を撤退することによって、フィリピンは米国主導の対テロ戦争へのバンドワゴニングをやめた。なぜ、フィリピンは自国の兵隊を撤退したのだろうか。

（4）海外フィリピン人の状況が政府政策に及ぼす影響

2004年7月7日に、サウジアラビアの会社に勤めるフィリピン人トラック運

第8章　地政学と移民の相互作用

転手の Angelo de la Cruz は、サウジアラビアからイラクまで、燃料を運んでいる時、イラク・イスラム軍の構成団体の一つである Khaled Bin Al-Walid Squadrons によって拉致された。この武装組織は、フィリピンが2004年7月20日までに在イラクのフィリピン兵を撤退しないと、46歳で8人の子持ちの運転手を殺すと脅迫した。アルジャジーラで武装組織の要求が放送された途端に、フィリピンでは de la Cruz を救うために、フィリピン兵を撤退するよう、一般市民の抗議が行われた。

　フィリピン政府は、在イラクのフィリピン派遣団は占領軍ではないとして、de la Cruz を釈放するよう呼びかけた。しかし、武装組織にとっては、フィリピン派遣団は、イラク占領を正当化する勢力の構成員であった。そして de la Cruz も占領のためのインフラを支える役割を果たしていたため、敵の一人とみなされたのである。

　反乱軍による拉致で脅されている一般的な国であれば、政府の政策を変更するような反乱軍の要求を拒否するが、フィリピン政府はイラクからフィリピン派遣団を撤退した。これは、比米の同盟関係を動揺させ、アメリカがフィリピンへの軍事援助を再検討するに至った。つまり、フィリピンは、比米同盟関係を損傷するリスクがあるにもかかわらず、武装組織の要求に従ったのである。

　フィリピン社会経済においては労働力輸出が重要で、フィリピン政府の政策、特に外交政策はこれと緊密に繋がっている。例えば、アロヨ元大統領によると、「海外フィリピン人の利益は最も重要である（筆者による翻訳）」(Office of the President, 2003)。

　仮に武装組織の要求に政府が従わなかったら、政府は送金だけに興味があり、海外フィリピン人が経験している苦難に鈍感であると思われるだろう。2004年7月26日の比大統領施政方針演説（SONA）によると、「なぜ、Angelo de la Cruz は救われたのでしょうか。私は誓約に従ったからです。大統領に初任した2001年に、私は、800万人の海外フィリピン人を含めて、フィリピンの国益を守るという外交政策を宣言しました（筆者による翻訳）」。Angelo de la Cruz が海外フィリピン人の苦難と弱さのシンボルとなりつつあり、フィリピン政府は、de la Cruz の殺害が一般市民の怒りを導くことを懸念した。しかし、比米安全保障関係を悪化させるリスクを冒してまで、フィリピン政府が大衆の怒りを恐れた理由は何に基づいていたのか。

　これは1995年の Flor Contemplacion 事件であった。

　Flor Contemplacion は4人の子供の母親であり、1988年にメードとしてシン

ガポールで働き始めた。彼女は、シンガポールで他のフィリピン人メードとその雇用主の子供の殺害で有罪となり、死刑判決を受けた。1995年3月17日に、彼女がシンガポールのチャンギ刑務所で絞首刑に処されると、その当日にフィリピンでは、非常に大きな市民デモが行われた。Contemplacion は、何百万人の海外フィリピン人の一人として、他の人のために自分を犠牲にするという行動の国民的シンボルとなった。フィリピン人の多くが海外フィリピン人に親戚を持っていたため、彼女のライフストーリーは、彼らの気持ちを奪ったのだった。

　Contemplacion の埋葬式はフィリピンの首都マニラの80キロ南にある地方で1995年3月24日に行われ、葬列のかたわらには約5～10万人が列をなした。首都マニラでは何千人もの抗議者がシンガポール国旗をちぎったり燃やしたりした。埋葬式の数時間後、在比シンガポール大使館とシンガポール航空の在比事務所で爆発が起きた。シンガポールに対する大規模な抗議は、海外フィリピン人の保護に失敗したフィリピン政府に対する抗議でもある。フィリピン政府はフィリピン人の海外送り出しに決定的な役割を果たしているが、海外フィリピン人の保護には無力であり、Contemplacion の処刑はそのシンボルとなったのだ。

　フィリピンでは、危機の際にしばしば、政府は痛烈な批判の的となっている。フィリピン政府は、女性団体、労働組合、海外フィリピン人団体、学者やメディアによって、批判された。フィリピンが海外フィリピン人による経済的な利益を受けているにも関らず、フィリピン政府は海外フィリピン人を保護していなかった。多くのフィリピン人は、Flor　Contemplacion が殉職者であるとみなしていた。フィリピン政府が経済の運営に失敗したため、多くのフィリピン人が自分を犠牲にして、海外に渡った。Flor　Contemplacion はその一人として考えられていた。多数のフィリピン人は、政府によって海外フィリピン人が使い捨ての商品のような扱いを受けていると思っており、政府に対して怒りを感じていた。

　この怒りは政府を重大な危機に陥らせた。政府に対する信頼は最低レベルまでに崩落して、これは政府の政策に対する一般市民の支援に影響すると懸念されていた。さらに、政府に対する一般市民の不満が、再び国内のゲリラ組織を強化するきっかけになることも懸念されていた。

　一般市民の怒りを和らげるため、海外フィリピン人の保護の役割が果たせなかったことを認めて、フィリピン外務長官と労働長官が辞任した。さらに、当

第 8 章　地政学と移民の相互作用

時のフィリピン大統領の指示で、駐シンガポールのフィリピン大使が一時停職となり、二国間の公式訪問が取り消された。

　Flor Contemplacion 事件からみられるように、彼女のような海外フィリピン人の処刑が大規模な一般市民の怒りの原因となり、政府を動揺させる。フィリピン、また、多くのフィリピン人の家族は、海外フィリピン人からの送金への依存度が高いため、フィリピン政府は、アメリカとの安全保障関係より、国内の社会安定を優先したのだ。

　したがって、2004年のイラクからフィリピン派遣団の撤退は、海外フィリピン人からの送金がフィリピン社会経済にとって重要であること、また、労働力輸出への依存がフィリピンの弱さであることを示しており、これは外交政策や安全保障政策を制約している。

おわりに

　本章では、国民国家の二つの要素である、領域と人民との相互作用を検討して、この相互作用が国民国家の権力の行使にどのように影響しているか検討してきた。特に、本章は地政学と移民との相互作用、つまり、移動不可能の領域と移動可能の人民との相互作用に焦点を当て、これがどのようにフィリピンの政府政策に影響してきたかを検討してきた。

　まず歴史を遡り、フィリピンがアメリカの最西フロンティアとなったことを示し、アメリカによるフィリピン諸島の占領はアメリカの西漸運動の続きであり、この観点からフィリピン諸島が「極西」にあると論じた。

　フィリピン諸島が、アメリカの最西フロンティアに変身したことにより、フィリピン諸島からアメリカへの移民のリンケージが作られていった。さらに、アメリカによるフィリピン諸島の占領が英語の利用をフィリピン諸島で普及させ、フィリピン人の移民先の国や地域を決める決定的な要素となったことを示した。

　さらに本章では、アメリカへのフィリピン諸島人の移民がフィリピン独立の付与の要因の一つであることを示し、これによって、移民はある地域の地政学に影響する場合があることを明らかにした。

　また、フィリピン独立後の安全保障関係は、第二次世界大戦後の地政学によって大きく決定されていた。つまり、冷戦、特に国民党の台湾への追放、朝鮮戦争によって比米安全保障関係が具体化されたのだ。

299

フィリピンが独立するためにアメリカと結んだ経済協定は、1970年代の労働力輸出政策の導入と直接に繋がっている。さらに、本章は、海外フィリピン人からの送金がフィリピン社会経済に重要であることも示した。

　フィリピンからの米軍基地の撤収は、比米安全保障関係の悪化を導いた。そして、米国基地の撤収後、中国は東・東南アジア地域における領有権主張に関してより積極的になった。

　中国に対抗するために、比米両国の安全保障における親交関係は回復に導かれた。対テロ戦争へのフィリピンの協力は、アメリカとの安全保障関係への誓約を主張するためである。

　本章の最後で示した通り、フィリピン政府は、アメリカとの安全保障関係を損傷するリスクを冒してまで、在イラクの派遣団を撤退させた。これは、フィリピン政府がイラクで拉致された海外フィリピン人労働者が殺害されれば、大規模な一般市民の怒りを引き起こすと懸念したからである。フィリピン政府は、この時に内社会の安定を優先したのである。

注
1 モウリッツェン・ウィヴェル編（2011）より引用。
2 極はある地域において強い正負の構成力を適用する国家または国家同盟を指している（モウリツェン・ウィヴェル編、2011）。
3 正負の拘束力に関してはモウリッツェン・ウィヴェル編（2011）を参考。
4 原文が McDougall（1997）より引用。
5 最初の1901年の540人から翌年の1902年に1,074人に増加した（U. S. Information Service, 1998）。
6 アメリカ人以外にフィリピン諸島人だけが米軍に入り，海軍にのみ入隊が許されたが、ほとんどのフィリピン諸島人はボーイ、コックや皿洗いなどの仕事しかしていなかった（Espiritu, 2003, p. 28）。
7 ほとんどがハワイやカリフォルニア州などの太平洋沿岸諸州の農業地域で働いたが、その他のフィリピン諸島人の中には、太平洋沿岸北西部やアラスカ州の魚の缶詰工場で働いた者もいた（Espiritu, 2003, pp. 28-29）。
8 大日本帝国によるフィリピン諸島の占領時に、フィリピン・コモンウェルス政府が亡命政府となっていた。
9 原文は Chapman（1987）より引用。
10 1955年の Laurel-Langley 協定はベル貿易法の改正後の協定でありは、これは、フィリピンの不満を静めるための改正法である。この協定の下では、フィリピン産商品をより優遇するために関税率表の改正が行われた。しかし、比米間の自由貿易体制には

第 8 章　地政学と移民の相互作用

変化はなく、この体制の下で、引き続きフィリピンは安い資源を提供して、その代わりにアメリカは付加価値の高い製造品を提供していた。
11　さらに、フィリピン国内における共産主義組織の課題もある。フィリピンの安全保障当局は、フィリピンの共産主義組織を支援した中国に対して警戒感を持っている。

【参考文献】

伊豫谷登士翁・梶田孝道編ほか(1992)『外国人労働者論：現代から理論へ』弘文堂.
モウリッツェン・ウィヴェル編(2011)『拡大ヨーロッパの地政学：コンステレーション理論の可能性』文眞堂.
Agnew, J.A. (1998) *Geopolitics: Re-visioning world politics*. Routledge.
Associated Free Press (2003) "GMA accorded lavish banquet at white house," *Manila Times*, May 21, 2003.
Bangko Sentral ng Pilipinas website
　http://www.bsp.gov.ph/statistics/statistics_key.asp, Access Date: May 3, 2012.
Bin, Y. (2002) "United States-China Relations and Regional Security After September 11," *Issues and Insights*.
Calata, A.A. (2002) "The role of education in Americanizing Filipinos," in McFerson, H.M. ed. (2002) *Mixed blessing: The impact of the American colonial experience on politics and society in the Philippines*. Greenwood Publishing Group.
Chapman, W. (1987) *Inside the Philippine revolution: The New People's Army and its struggle for power*. I.B. Tauris & Co Ltd.
Commission on America's National Interests (2000) *America's national interests: A report of the commission on America's national interests*. Commission on America's National Interests.
Commission on Filipino Overseas (2009) *Stock estimate of overseas Filipinos: As of December 2009*. Commission on Filipino Overseas (Philippines).
De Castro, R.C. (2007) "China, the Philippines, and U.S. influence in Asia," *Asian Outlook*.
Espiritu, Y.L. (2003) *Home bound: Filipino American lives across cultures, communities, and countries*. University of California Press.
Fisher, Jr., R.D. (1999) "Rebuilding the U.S.-Philippine alliance," *The heritage foundation backgrounder*. February 22, 1999.
Hay, W.A. (2003) "Geopolitics of Europe," *Orbis*.
Ikehata, S. and Yu-Jose, L.N. (2003) *Philippines-Japan relations*. Ateneo de ManilaUniversity Press.
International Organization for Migration (2010) *World migration report 2010 — The*

future of migration: Building capacities for change. International Organization for Migration.

Kelly, P.F. (2000) *Landscapes of globalization: Human geographies of economic change in the Philippines*. Routledge.

Lasker, B. (1931) *Filipino immigration to continental United States and to Hawaii*. University of Chicago Press.

Mahan, A.T. (1894) *The influence of sea power upon history, 1660-1783*. Little, Brown, and Company.

Malik, J.M. (2002) "Dragon on terrorism: Assessing China's tactical gains and strategic losses after 11 September," *Contemporary Southeast Asia*.

McDougall, W.A. (1997) *Promised land, crusader state: the American encounter with the world since 1776*. Mariner Books.

Migration Policy Institute website http://www.migrationinformation.org/datahub/countrydata.cfm?ID=572#7, Access Date: April 20, 2012.

Office of the President (2003) "PGMA's speech during the command conference on anti-terrorism," 27 March 2003.

Posadas, B. (1999) *The Filipino Americans (The new Americans)*. Greenwood Press.

Posadas, B.M., R.L. Guyotte (1990) "Unintentional immigrants: Chicago's Filipino foreign students become settlers, 1900-1941," *Journal of American Ethnic History*.

Powell, J. (2005) *Encyclopedia of North American immigration*. Facts on File.

Putzel, J. (2003) "Political Islam in Southeast Asia and the US-Philippine alliance," in Buckley, M. and Fawn, R. eds. (2003) *Global responses to terrorism: 9/11, Afghanistan and Beyond*. Routledge.

Rodao, F. and Rodriguez, F.N. (2001) *The Philippine revolution of 1896: Ordinary lives in extraordinary times*. Ateneo de Manila University Press.

Scharrenberg, P. (1929) "The Philippine Problem, Attitude of American Labor Toward Filipino Immigration and Philippine Independence," *Pacific Affairs*.

Schultz, J.D. (2000) *African Americans and Asian Americans*. Greenwood Publishing Group.

Turner, F.J. (1893) "The Significance of the Frontier in American History," *Proceedings of the state historical society of Wisconsin*.

Tyner, J.A. (2009) *The Philippines: Mobilities, Identities, Globalization*. Routledge.

U.S. Information Service (1998) *The American Contribution to Philippine Education: 1898-1998*. U.S. Information Service.

第9章　地域としての東南アジア
　──「海の帝国」から ASEAN/AFTA まで──

杉山　光信

はじめに

　陸と海の対抗というように古い地政学ではそれぞれの国や地域を、極をなす勢力のつくり出す場の中で考察するが、そのさいに大きな意味を与えられているのは地理学的条件であった。これに対してコンステレーション理論のような新しい理論では、それぞれの国や地域にたいして極をなす主要国がつくり出す勢力や影響の場のなかで考察することでは変わりないものの、地理学的条件にはそれほどの重さが与えられていない。ある国が主要国になるにあたって必要とされるのは人口規模、領土、資源の有無、経済力、軍事力、政治的安定性とその能力など、多くの変数の総和として大きなスコアをもつことである。ということは極をなす主要国にたいして、その影響下におかれる国や地域にとっても、これらの変数をうまく増大させ操作することでかなり独立した立場をとることができるし行動の自由をもつことができる、ということである。じじつコンステレーション理論の提唱者たちは現在の世界で極である主要国アメリカにたいして、その影響圏にあるヨーロッパの諸国は、国際的な制度化を試み、有機的連繋をもった地域を形成し、そのために活動することによって「自国にとっての最上のこと」を考え実現しているという。それぞれなりにフリーハンドの余地をもとうと努力している*1。
　この論考では東南アジアという地域（およびそれを構成する諸国）が直面している状況と課題について考えるのであるが、コンステレーション理論の枠組で考えることができるであろうか。ヨーロッパ地域を構成する諸国がすでに EU を構成しているのにたいして、東南アジア諸国は ASEAN を構成しているといわれよう。しかし、つい最近まで ASEAN については EU のような有機的連繋の実態がないといつもいわれてきたし、ヨーロッパ諸国がたどってきたような一つの世界のなかで歴史をたどり、文化や宗教などの価値を共有することが

なかったとも指摘される。東南アジア諸国の連繋は近年になっての各国の工業化の成功とまた同じく急速な工業化により台頭しこの地域にたいして準極として登場した中国との関係から生み出されたにすぎないともいわれよう。そうだとすると東南アジアという地域をコンステレーション理論から眺めるという方法には問題があることにはならないか。コンステレーション理論はポスト冷戦期のヨーロッパ地域および諸国を前提に考えられた理論であるからだ。この地域では単位となっているのは国民国家、基本的価値としての民主主義と議会制度、そして経済制度としては資本主義である。このような条件がそろっているゆえに今日のEUにおける地域内での貿易、投資の自由、労働力移動の自由、そして統一通貨さえ実現した。このようなヨーロッパ地域にみられる有機的な一体性にたいして東南アジアという地域は同じような意味でまとまりをいえるのだろうか。まとまりや一体性はないといいそうになる。だが結論を急がないことにしよう。コンステレーション理論にしてもそれをヨーロッパという地域に適用できるのは第二次大戦後のことだろう。それ以前のことはどうか。

　考察する時間の幅をもっとひろげると東南アジアでも事情は違ってくる。東南アジアでも西欧諸国がやってきて植民地化する以前には、一種の緩やかな中心と周縁をもつ政治的システムが存在し、それはまた港市をむすぶ交易のネットワークと重なっていたといえるのである。このシステムにも中心と周縁がさまざまなパワーリソースの配分と交換によって維持されていたことはあるし、このシステムが中国や西欧諸国などのシステム外部からの作用にたいしてどのように戦略的に対応したかは、その戦略が成功したのか失敗したのかを含めて問うことは出来るのである。

　このように見るとき、東南アジアでは港市の王たちのネットワークで結ばれた地域をなしていた時期があるし、分業と交易のネットワークで結ばれていた時期があるといえるのだ。この地域は19世紀中頃以後しだいに西欧諸国により植民地化される。植民地期になるとこの地域の経済は本国と植民地で結ばれ、そのような政治経済システムが並存することになり、それ以前に存在していた港市の王たちのネットワークは分断されてしまうが、それはこの地域の分業と交易の相互依存のネットワークまでもが分断されたことを意味したのだろうか。西欧諸国は本国・植民地という形で政治経済システムを作り上げるが、このシステムを維持していくためにじつはこの地域内で相互依存的なネットワークをつくり出し維持していくことが欠かせなかったのである。第二次大戦の時期に日本はこの地域を占領し、欧米諸国により植民地としてそれぞれ囲い込まれてい

第9章　地域としての東南アジア

た地域を新たな形の「広域経済圏」として、つまり有機的な一体性をもつ地域として再編しようと試みた。この占領地での軍政はそのじつ植民地相互間に分業と依存のネットワークが存在していることに無知なまま実施されるのだが、このことは植民地間のネットワークにどのような作用と結果をもたらしたのであろうか。

　東南アジアの地域は今日の ASEAN を構成する10か国と重なっている。ASEAN が1967年に発足したときに参加したのは5か国であり、MLCV の諸国は後になって加盟する。はじめのメンバーであった5か国は第二次大戦後に独立を達成するとそれぞれ一つの独立した国民経済を構築しようとした。そしてこの目的で輸入代替的な工業化戦略をとったが、しだいに輸出主導、輸出志向の工業化へと戦略を変えていく。このプロセスがまず日本での工業化、次いで NIES 諸国の工業化、そしてタイやマレーシアなどこの地域の先進諸国というように雁行形態的発展をたどったことは知られている通りである。ところで ASEAN 発足時のメンバーであった諸国がそれぞれほぼ同時に類似の工業化の戦略をとるなら、類似の製品をほぼ同じ海外市場に輸出することになり相互間での競争をひきおこすことにならないだろうか。1990年代から2000年代初めになれば中国もまた同じ発展戦略をとり工業化を進めこの競争の中に強力なプレーヤーとして登場する。そこで ASEAN 諸国は AFTA などの形で歩調を合わせ相互間での競争の激化を避ける道を模索することになるし、中国と対抗（あるいは中国との FTA などの協調）の形を考えざるをえなくなる。

　もちろんこの地域に極として働きかけるのは中国だけではない。グローバルな自由貿易化を推進するアメリカが強力な極として作用していることもいうをまたない。そこで地域としての東南アジアはどのような位置を取り行動しようとしているのだろうか。

1．東南アジアと「海のまんだら」システム

　地域としての東南アジアは今日の ASEAN10か国と重なっているが、もちろんこの地域は均質な部分から成り立っているわけではない。よく知られているように経済発展の程度の違い、工業化進展の差は大きい。この地域の中にも中心と周辺はある。東南アジアの地域内貿易のパターンをみてみよう。1998年に ASEAN10か国の輸入全体の中で、各国が域内から輸入しているのはだいたい20％、その内訳を見るとシンガポールからが44.4％、マレーシアからが19.9％

で、ついでタイ9.6％、インドネシア9.4％、フィリピン7.1％、ベトナム5.0％となっていた*2。

　ASEAN は10か国で構成されているから地域内諸国間での貿易パターンは90通りあることになるが、そのうち規模の大きいものから順に並べると上位10位までで全体の73.8％を占める。その中でもシンガポールとマレーシア貿易は往復で ASEAN 貿易の三分の一を占めている*3。今日この地域のそれぞれの国は輸出指向型工業化を進めていて製品の輸出先はアメリカや日本であるから、これで東南アジアの経済活動の全体像であるというわけにはいかないけれど、地域内の経済活動の軸がシンガポールにあることは分かる。

　シンガポールの役割については他の論文で取り上げられているからそれに譲ることにしよう。この地域でシンガポールとマレーシアがこのように中心的な位置を占め、それを軸としてこの地域の経済的な有機的連繋が構成されているのはなぜなのだろうか。

　それはもちろんマラッカ海峡の地政学的条件、地理的条件によるのである。古代からマラッカ海峡は東にある中国と西にあるインドをつなぐ重要な交通路であったし、また文字に残されるよりはるかに古い時代からアジア大陸からポリネシア、ミクロネシアなど太平洋の島嶼に人類が南下するときの移住のルートであった。7世紀にこの地を通過して記録を残した中国僧義浄その他の人物については鶴見良行の『マラッカ物語』にくわしい。東西交通の要衝としてのマラッカ海峡で拠点をなしていたのは長い間ペナンやマラッカ、あるいはリオウ諸島であった。それがシンガポールを中心とするものへと構図を変化させるのはラッフルズの上陸とイギリスによる海峡植民地の創設以後のことであり、とくに19世紀半ばのイギリス自由貿易帝国が成立するときに、イギリスがすでにこの地域に通商網を張り巡らせていた華僑と同盟するようになって以後のことである。「華僑の経済的発展がイギリスの帝国的利益となる。こうして華僑が経済的に力をつけ、華僑のネットワークが広がり、シンガポールが発展する*4」。イギリスの自由貿易主義と華僑のネットワークの結びつきを象徴するのがシンガポールである。今日の ASEAN の域内貿易でシンガポールとマレーシアの貿易がずば抜けているのはこのような歴史をふまえている。

　では、それ以前の時代はどうであったか。しばしば西欧諸国によって植民地にされる前には、東南アジアは中国（中華帝国）の政治・文化的な影響下にあり、「朝貢貿易システム」に組み込まれていたと考えられそう論じられている。そうだとすると東南アジアは中華帝国の華夷秩序を構成する一部だったというこ

第9章　地域としての東南アジア

とになる。けれども19世紀初めにラッフルズがこの地域にイギリスの海の帝国を構想したときに、かれはすでにこの地に根を張っていた華僑とではなくブギス人と手を結ぼうとした。シンガポール地下鉄のブギス駅は近辺に有名な大きな商業センター（ジョンクション）をもちモスクがあることで知られているが、ここは古くからセレベス南部にすむブギス人の居住区であった。なぜラッフルズは華僑・中国人ではなくブギス人を手を結ぶ相手に選ぼうとしたのか。「朝貢貿易システム」から現地のローカルな諸勢力に手を切らせ、自由貿易の新帝国の同盟者としようとしたからなのか。

　白石隆『海の帝国』によると、ラッフルズ上陸以前のこの地域の状況はもう少し複雑である。ラッフルズよりも前にオランダ人が東インドに来ていた。そしてオランダ東インド会社は南セレベスにあったブギス人の一部がつくっていた王国と同盟して、ゴワにあったマカッサル人の王国を征服する。このとき別の部分のブギス人たちもマカッサル人とともに追われ、ジャワ、スマトラ、マラヤに落ちのびていく。とくにブギス人のばあい「王族、貴族の「冒険者」とその家来たちが40人から80人ほどの人数で乗り込む。商人として東インド各地の港市を訪れるとともに海賊として船を襲い、また傭兵としてマレー人の王たちの軍勢に加勢した*5」。この時期、海峡のマレー人たちの王国で有力であったのは、シンガポール島のすぐ南にあるリオウ諸島を本拠とするリオウ王国であったが、ブギス人はこの王国で要職に就き中枢を占めることになる。こうしてブギス人はマラッカ海峡で覇権を握ることになる。オランダ東インド会社はイギリス商人とブギス人が同盟するのを恐れ各地でブギス人を攻撃していた。ラッフルズはこのような状況をよく理解していて、この地域で東インド方向に向かってのびる新しい帝国を構想し、華僑とでなくてブギス人と同盟したのであった。

　以上のことが示唆するのは、ラッフルズがブギス人との同盟を考えた背景には、中華帝国の朝貢貿易システムなどとはまったく別に、東南アジア地域に独自の一つの世界秩序が存在していたということである。この秩序について東南アジア学者のオリヴァー・オルターズは「まんだらシステム」といっている。このシステムの存在を前提とすると、ブギス人の活動や役割の意味もよく分かる。「まんだらシステム」の説明は『海の帝国』での白石隆に従うことにしよう。単純化していうと、東南アジア地域は地理的には大陸部の大河デルタの稲作地帯の人口集中地域と、多くの島嶼のあいだの海上交通を結ぶ港市と、二つの要素からなっていた。だから、東南アジアは一方ではマラッカ、パレンバン、マ

図表1　まんだら世界

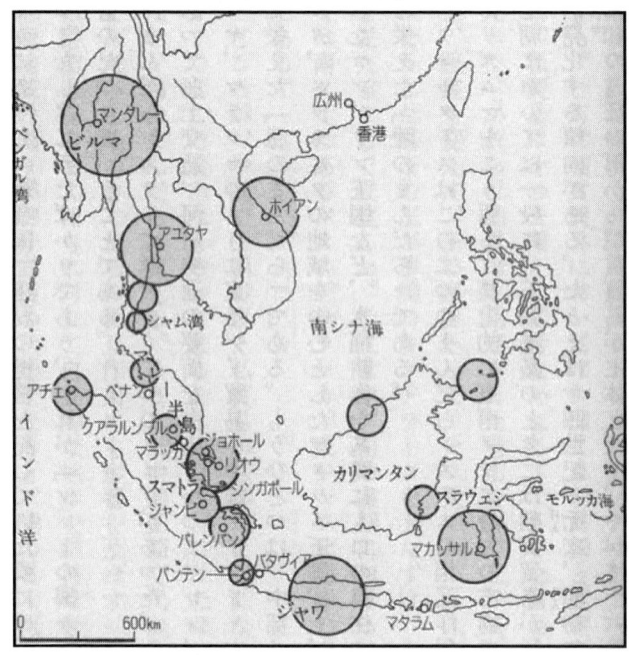

出所　白石隆（2000）『海の帝国　アジアをどう考えるか』中公新書、47頁。

カッサルなどの港市、他方ではジャワ、タイ、ビルマなど稲作地帯の人口集中地帯を中心とする、「多中心」の地域であった。「（このような）港市、人口集中地にカリスマ的な力をもつ人物が現れ、これが「王」となってマレー世界のヌガラ、タイ世界のムアンなどとよばれる「国」を建てた」。「そうした「王」のなかからやがて並外れた「力」をもつ者が現れ「大王」として「王」たちに号令をかけるようになると、このとき「帝国」が成立した*6」。このような政治システムが「まんだらシステム」といわれるものである。ここで注意を要するのは「国」は領土的な国家ではなく、「大王」や「王」たちから投射される威光により形成される磁場のようなものであった、ということである。「大王」や「王」のつくる磁場のつらなりがまんだら状の世界を形づくっていたのである。「「まんだらシステム」には国境がなく、内政、外交の区別もない。大王から投射される「力」がつよければ拡大し、弱ければ収縮する。大王の「力」が消滅すればまんだらは崩壊する*7」。

第9章　地域としての東南アジア

　この「まんだらシステム」論で興味深いのは、なるほどこのシステムは東南アジア世界に固有なのであるが、それだけで完結しているのではなくて、東アジアの大陸で相次いで出現する中華帝国の盛衰とも相互作用をもつものであったことである。「歴史的に、東南アジア最大の市場は中国。中国の歴代の王朝では、一般に王朝盛隆のときに朝貢貿易が行われ、衰えるときには私貿易が活発化する＊8」。元末や明初では私貿易が活発、明の鄭和がアラビア半島まで航海する頃には朝貢貿易が主体、16世紀に明が衰えるに従い再び私貿易が活発化し、中国人商人たちは自由に東南アジア各地の港市に渡来する。そしてローカルな「大王」や「王」との関係でいうと、「海のまんだらは港市の王が華僑ネットワークを手なづけ、大王をしてその周辺の王たちを従えることで成立」していた。だからウォルターズによると中国での王朝交替のリズムと海のまんだらの盛衰」は密接にかかわり、「海のまんだら」は水稲農業の人口集中地帯がつくる「陸のまんだら」にも影響をあたえていたというのである。
　シンガポールを拠点とし新帝国を構想したラッフルズがブギス人を同盟者としようと考えたのは、この「海のまんだら」システムの「大王」の地位にイギリス国王をもってくることであったともいえる。

2．東南アジアにおける植民地間分業

　19世紀後半に西欧諸国によって植民地化される以前に、東南アジアがマラッカ海峡を軸として一つのまとまりある世界をつくっていたことは「海のまんだら」システムの存在から分かる。だが、このまとまりをもつ世界はこの地域がオランダやイギリスやアメリカによって植民地化されること分断されてしまう。解体されてしまったと思われているしそう説明されることが多い。西欧の先進諸国、つまり先進資本主義諸国がなぜアジアやアフリカに植民地をもとめたのかということにたいする一つの説明は、これら諸国がすでに帝国主義段階に達していたからというものであった。西欧での近代資本主義はまずそれぞれの国の国内市場での資本循環と資本蓄積によってなされる。『日本資本主義分析』の著者がマルクスの再生産表式から引き出したよく知られた図式でいえば、I. v + m = II. c の条件をみたす関係の確立によって一国における産業資本段階の到来をしめすことができるというわけである。農業生産の増大、軽工業の発展の中から製鉄業や鉄道の建設、それを可能にする資金調達のシステムとして銀行と株式会社が生まれた。こうして資本主義は自国の国内市場での資本循環

と蓄積によって高度化していくが金融資本主義の段階になると資本循環の規模は国内市場だけではおさまらないものになってしまう。そこで海外に植民地を求め、植民地に製品のための市場と、工業原料（一次産品）を求めることになり、こうして植民地経済を自国の資本循環のなかに引き込むことによってのみ機能することができる。西欧各国が今日のように自由貿易を進めるのではなく、関税により自国産業を保護していた時代には、本国と植民地の関係はこのような図式のもとで考察されていた。インドネシア群島を「国有地」化したオランダ、海峡植民地・シンガポールだけでなくマレー半島全体とビルマを植民地化したイギリス、メコンデルタ地域の植民地から始まってインドシナ全域を植民地にするフランス、そのいずれについてもこの帝国主義と植民地化の図式で考察されていた。

　植民地時代の東南アジアがこのような図式のもとで理解されていたことは第二次大戦中のわが国の研究者たちの著作のなかでも興味深い形で認められる。日本のマルクス経済学者たちによる日本経済の研究は「日本資本主義発達史講座」や日本資本主義論争のなかで発表された数々の業績にみられるような成果をもたらしたが、そのご日中戦争から第二次大戦へと時代が移る中でこれらの研究者たちは中国や東南アジア研究に動員されていった。東南アジア諸国や中国経済の現状について、また日本がこれら植民地地域で西欧の本国とその地位を入れ替わったばあいに、日本がこれら地域の経済とどのような関係を保ち開発策をとるべきか考察させられることになる。

　すでに他で論じていることであるから、引用はかんたんにとどめよう。示したい一つの例は宇野弘蔵の『糖業より見たる広域経済の研究』(1944) である。この論文は彼が東北帝大での研究生活を追われ三菱経済研究所に移っていた時期に書かれるが、第二次大戦中に日本が占領した東南アジア地域で生産されている世界商品である砂糖についていかにすべきかを扱っている。問題の構図はこうである。世界商品としての砂糖は今日欧米帝国主義の植民地経済によって産出されているが、市場的には危機にある。1940年代初めの世界で砂糖は慢性的な生産過剰なのであり、英・米・ドイツとも本国での需給においても生産過剰であるところに植民地で生産された分が加わるという状況であった。英・米・ドイツの本国での過剰分については、生産力の発展が限られた国内市場の規模を超えてしまわないよう「国内統制強化」で対応することになる。それでは植民地のプランテーションで生産される砂糖についてはどうか。宇野弘蔵のみるところ「（現時点では）非組織的なる自給方策を国際協定によって保証する統

第9章 地域としての東南アジア

制法」がとられているが、問題の解決にはなっていない。それは「この問題を投資の如き自国と外的関係を有するにすぎない植民地」によって解決する、あるいは「世界経済の市場関係に一切を委ねる」ことであるから。彼の示す解決策は本国と植民地からなる経済循環の外にある国際市場に解決を委ねるのではなく、「生産と交易とに保証せられたる広域なる地域を求め、これを内的問題として解決しよう*9」というものである。考えられているのは「世界的自給化傾向に取り残されたジャワ糖業と殆ど唯一の広大なる自由市場として残存せる支那*10」とを結びつけることであるが、それは日本が「広域経済圏」のなかで占領地ジャワの砂糖を同じ経済圏に組み込んだ中国市場に供給できるはずだからなのである。だが、これは本国オランダと植民地ジャワの関係構造はそのままにしておいて、本国を日本に置き換えるだけではなかったか。植民地と本国という図式で考えていることには代わりはないのである。

もうひとつの興味深い例は内田義彦の「マライの米」である。マレー半島はイギリスの植民地であり、プランテーションの形でゴムとコプラが生産されていた。だがまた米もまたマレー半島の三大作物の一つであることを看過してはならない。内田義彦はそういう。しかし三大作物の一つであるがマレー植民地での生産量は自給するには足りない。「米がマライの全住民の主要食糧であり、しかも必要量の過半を輸入しなければならないのである。もちろんこのことはイギリス帝国主義により原料生産植民地として開発されたマレー経済の構造とかかわっている。「ゴム、錫、コプラなどの、いわゆる植民地原料商品の生産業、とりわけゴム栽培業が、従来の自足的なマライ経済の根幹をなすに至った結果、これら外来産業を維持するための膨大な労働者群（並びにこれらにともなう商業、交通従業者）の移住による新たな米穀需要が生まれる。自生的に遅々たる発展を遂げたにとどまるマライ人の稲作をもっては、これを支えることは出来なかった*11」。そこでマレーでは米を輸入せざるをえない。マレー経済が米を輸入して初めて成り立つとして、そのばあいの問題はなにか。基本食糧である米はゴムその他プランテーションで生産される国際商品の輸出による「受取過剰」の一部を代価として輸入される。輸出が好調な平常時においてはマレー経済はなにも問題はないが、世界経済の動向の悪化ないし戦争により輸出不振になると、「ゴム、錫、コプラなどの産業に従事している労働者群の維持のための米穀輸入がマライ経済にはなはだしい圧迫をくわえる*12」ことになる。内田義彦の見るところ、この問題は「マライの原料植民地たる性格をある程度改変しなければ行われない」性格のもの、つまりプランテーションを稲作用地

311

に転換することなしには解決されないものなのだが、イギリス領下のマレー政府はこのことを行わなかったという。第二次大戦中に軍政下で日本がとる政策とかかわることでもあるが、このことは内田義彦がタイからマレーへの米輸入の事実をみていたにもかかわらず一国的な形で問題の解決を考えていたことを示している。つまり東南アジア経済をひとつの有機的な連繋をもった存在としてみる見方はなかったということなのである。

けれども東南アジアが西欧諸国によって植民地化されていた時期に、この地域の経済は、本国と植民地という関係ごとに、つまり本国での資本循環におさまりきらなくなった資本が植民地に溢れてきて、拡大された経済循環を各国資本主義ごとに形成していた。そのように本国－植民地で完結した経済が並存していたということなのだろうか。杉原薫『アジア間貿易の形成と構造』(1996)は19世紀後半から20世紀初めにかけてのアジアでの国際貿易は必ずしも本国－植民地関係の並存ではなく、日本、インド、中国、東南アジアをそれぞれ極とする国際分業体系をなしていたことを示している。それだけではない。アジア間貿易の世界貿易に占める比率は、杉原薫によると1913年の4.2％から1928年の6.6％、1938年の8.2％というように着実に増大している。より具体的に見ていくと、この時期のアジア間貿易のうち東アジア（日本と中国）は対欧依存から自立化傾向を示すのに対して、東南アジア（および南アジア）は欧米依存の傾向を維持している。つまり工業化が進まず「基本的には、域外の第一次産品輸出に依存する従属的蓄積のパターンが維持されている＊13」。といってもマレーやオランダ領東インドのゴム輸出は欧米の自動車産業の発達にともない第一次大戦後には急増し、そのことでマレーやオランダ領東インド（及びジャワ）ではゴム・プランテーションの経済的役割がますます重要になるという変化もあったのである。つまり19世紀に植民地化されたときのプランテーション経営はこの時期にも拡大されていた。

このことは一国単位ないし本国－植民地の図式ではなく東南アジア経済全体としての連繋という視点から見るとどうなるだろうか。浮かび上がってくるのは内田義彦が「外来産業を維持するための膨大な労働者群の移住」は、その維持のための食糧供給を必要とするだろうと指摘した問題である。内田義彦はマレー一国の問題として考えたが、東南アジア全体としてみると次のようになるだろう。東南アジアの各植民地は本国（つまり世界市場）に向けて熱帯農産物、鉱物資源を送り出す。他方でこれら植民地に移住させられた労働者向けに食糧を生産し輸出するための植民地がその近隣につくられ、これが植民地間での貿

第9章 地域としての東南アジア

図表2 アジアの植民地間貿易

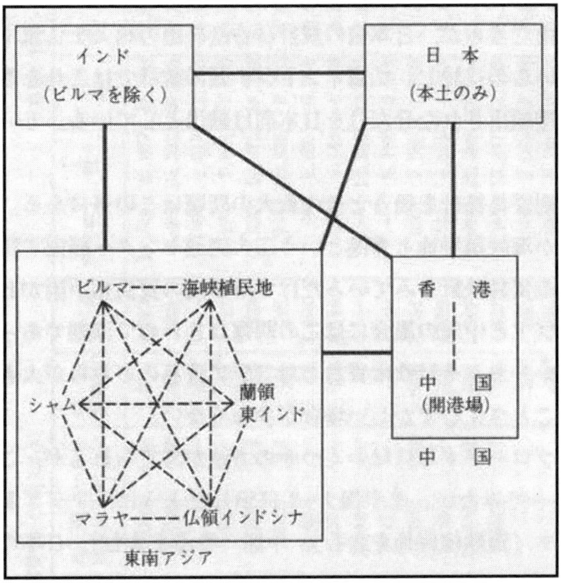

```
┌─────────────────┬──────────────┐
│   インド        │   日 本      │
│ （ビルマを除く）│ （本土のみ） │
└─────────────────┴──────────────┘

┌──────────────────────────┬──────────┐
│  ビルマ----海峡植民地    │  香 港   │
│       ／＼ ／＼          │          │
│      ／  Ｘ  ＼          │----------│
│ シャム----蘭領            │  中 国   │
│      ＼  Ｘ  ／東インド   │（開港場）│
│       ＼／ ＼／          ├──────────┤
│  マラヤ----仏領インドシナ │  中 国   │
│       東南アジア          │          │
└──────────────────────────┴──────────┘
```

出所　杉原薫（1996）『アジア間貿易の形成と構造』ミネルヴァ書房、18頁。

易構造を形づくる。桐山昇『東南アジア経済史』で行っている整理に従うと「ある特定の地域が世界市場向けに第一次産品生産に特殊化するにともなって、隣接地域がそれにつれて、その地域の生産者・労働者に向けた食糧生産に特化する*14」ということが見られるのだ。そうだとすると西欧諸国による植民地プランテーション経営の拡大は「ある植民地の、他の他国の植民地向けの生産品特化、相互依存を更に深く進展させる」ことになるだろう。西欧諸国による植民地化は本国-植民地の構造をつくり出すが、同時に東南アジア植民地間経済の相互依存関係をつくり出していたのである。

　たとえばフランスはメコンデルタ地方を植民地化したとき、はじめは軍事目的でここに運河網を開削する。すると運河の開削はたんなる低湿地として放棄されていた土地を120万ヘクタールの水田に変えることになるのである。メコンデルタの稲作はさらに300万ヘクタールに拡大され「ここで生産された米は、オランダ領インドネシア、英領マレー半島、アメリカ領フィリピンへ輸出された*15」。同じことは英領ビルマのイラワディ河デルタ地方でもみられる。

　このような地域間分業と依存の構造にたいして第二次大戦期の日本による占

領と軍政はどのように影響をあたえることになったのだろうか。占領はこの地域についての研究不十分なまま強行されたものといわれている。1940年頃、東南アジアについての欧語文献がにわかに翻訳されたに過ぎない。国策研究機関にいた経済学者たちは先に見たように本国・植民地の図式のもとで考察していたし、一国の国民市場の自立の考えも根強かった。内田義彦の「マラヤの米」が軍政の当事者に影響をあたえたのかどうかは分からないが、マレーでの軍政はプランテーション地での稲作への作付け転換を進めた。その結果はというと1945年までに「米生産は30％低下し、米よりタピオカに依存するようになった*16」のだという。またビルマでの日英の戦闘では大規模な稲作地帯であるイラワディ河デルタの灌漑施設が破壊されまた海岸堤防も壊れた。米生産は大きな打撃を受けることになり、ビルマでの米供給はしばらくの間、タイに依存することになった。日本軍によるこの地域の占領と軍政はすでに形成されていた植民地間の分業と依存の経済構造を破壊することに終わったのである。この時期の植民地間での交易の悪化については、ビルマ、タイ、インドシナ、ジャワからマレーへの米と塩の輸入は1942年を100とすると、1943年（132、105）、1944年（53.6、41）、1945年（25、17）、またジャワからマレーへの砂糖輸出も1943年（54.5）、1944年（27.3）、1945年（14.5）と急減している*17。連携した経済を分断しただけでなく、この地域の人や労働力の流れの構造も破壊してしまったのであった。

3．ASEAN諸国の工業化

　グローバル化の中にあるASEAN諸国、またASEANプラス3という形で中国や日本も含めて自由貿易地域（FTA）を模索する諸国、これが現在、アメリカと中国という二つの極からの影響力にさらされている東南アジアの国々の置かれている位置をよく示している。というのはグローバル化とはたんに通信技術や交通・交易の発展によって世界のさまざまな国が貿易、投資、金融、情報、人的交流などを通じて接触と交流を深めていく状況になっていることを指すだけではない。大野健一のいうように「世界経済は地理的にも産業的にも中心が存在するのであり、グローバリゼーションとは、その中心に位置する国の価値やシステムが、追随や強制をともないながら、それ以外の地域に伝播していくという、明確な方向性と階層構造をもつプロセスをさす*18」ものだからである。工業化を達成した東南アジア諸国はその製品をアメリカに輸出する。アメ

第9章　地域としての東南アジア

リカは製品の市場として大きな位置を占めるがそれだけではなく自由貿易や金融の制度を通してこれら諸国に影響をあたえる極なのである。

　ところで、東南アジアという地域に対して大きな影響をあたえるもうひとつの存在としての中国の台頭も考慮されなければならない。1967年に ASEAN を結成した5か国は1980年代から1990年代にかけて急速な工業化を達成し経済を発展させたが、1997年の通貨危機に出会い調整を余儀なくされる。それより遅れて工業化にとりかかる中国のたどるコースはそれとはちがっていた。それ以前外国企業の誘致が試みられていたが、本格的に推進されるのは1992年の鄧小平の南巡講話以後である。外資導入による工業化はめざましい勢いで進展し、1990年代末には工業生産、貿易輸出高双方で東南アジア諸国を越え、それと入れ替わる。これから見ていくように東南アジア諸国での工業化も中国のそれも外資導入による輸出指向型の工業化であったから製品の輸出先市場をめぐって ASEAN 諸国と中国は競合するだけでなく、外国企業の誘致をめぐっても競合する。さしあたり2000年前後の時期に ASEAN 諸国と中国との関係はこのようなものと想定されていた。コンステレーション理論でいう極ないし準極として中国を考えることができるかどうかはともかくとして、今日、ASEAN10とよばれるこの地域はアメリカと中国という二つの極（ないし準極）それぞれからくる影響のもとに置かれている。

　今日の東南アジアは2世紀前の「海の帝国」とも、第二次大戦前のある程度一体性をもっていた植民地間分業・貿易の体制とも異なっている。そのようなものとして地域の一体性をもち、極に対して独自な立ち位置をとるというのはどのような新たな影響力資源をつくり出すことによって可能になったのであろうか。そのことについて考えてみたい。

　第二次大戦が終わった後欧米諸国の植民地はそれぞれ独立する。各国ごとの独立への政治的な経過には立ち入らないでおこう。ここでは ASEAN の発展と関係する経済の側面だけを見ることにする。独立した諸国はどのような経済をもとうとしたのだろうか。植民地的な一次産品輸出の構造、つまり本国との輸出・輸入、近隣の植民地との分業と相互依存をやめて、独立した国家の国境内で一つの自足的な国民経済をつくろうとしたのだ。このことは1960年代のわが国の経済史研究で大きな影響力を持っていた大塚史学の後進国開発の理論とも対応していた。大塚久雄は「世界資本主義は先進国と後進国の複雑な絡み合いとして構成され、さまざまな独自の型の資本主義が打ち出されてくることになる*19」が、それを社会主義諸国や低開発諸国まで含めるなら1960年代の世

315

界は「横倒しにされた世界史」といえるものになっていると論じていた。

　「横倒しにされた世界史」という見方から出てくる低開発国の経済開発の理論は次のようだ。旧植民地国にはモノカルチュアや二重社会などの構造的な問題が残されているが、ともかく農業中心の伝統的社会のなかに工業化のために必要な条件をつくり出していかねばならない。そのためには農業改革により植民地的モノカルチュア的構造をまず解体すること。そのあとで新しい産業構造をつくり出すのだが、そのためには「一次産品の市場である先進国の経済圏」を離れることが必要であり、「一時的に自国経済を世界市場から遮断し、その間に自国内に「局地的市場圏」を生成させ、それを一再生産圏としての「国民経済」にまで成長させることである。農地改革に引き続いて「その国内部で自給可能となるような諸工業を開発する*20」ことであると論じられていた。開発経済学のいい方でいえば輸入代替的工業の育成により自給的な国民経済をつくれ、ということである。

　独立した東南アジアの諸国では当初にはこれと同じような考え方で工業化が進められる。それは綿糸、綿織物などの繊維品、合板、紙類などの軽工業品、セメント、化学肥料、自転車用ゴムタイヤチューブなどで自給率を高めたし、また国内自給だけでなく東南アジア域内へも輸出されるようになるのである。しかし、輸入代替的工業化はほどなく他の方法に変えられることになる。域内の各国がこのようなタイプの工業化を進め、同じような製品を輸出するなら、これら各国間での競争の激化は避けられないものになる。

　しかし、それだけではない。東南アジア各国が輸入代替的工業化を試みたとき採用された政策は為替管理、関税の引き上げ、輸入数量制限などで、他国からの輸入を制限し、自国内生産品を優遇することであった。だがこのことはいくつもの問題を生じさせる。末廣昭は次のようにいう。まず輸入品に目的ごとに異なる関税をかけるため国内での価格体系にゆがみが生じ、消費者の利益を損ね不平等を拡大する。だがそれよりも輸入代替は綿糸、綿織物や合板、紙類その他雑貨など技術的集約度が低い産業ないし技術的に成熟していない産業から始まる。つまり国内市場でひとびとの必需品の需要をみたすとしても、世界市場に製品輸出できるような技術発展が進まないのである。また工業化が一国の国内市場だけを想定して進められるときには、生産規模はその国の人口規模に制約されてしまう。そして高度経済成長以前の日本経済がそうだったように、「輸入代替を進めようとすると、それに必要な原材料や中間財、資本財の輸入が増加するが、一次産品や軽工業品の輸出で十分な外貨を稼ぐことができない

第9章　地域としての東南アジア

ときには貿易赤字、『外貨の制約』にぶつかってしまう*21」ことになる。そしてじっさいそのような事態に直面することになったのである。ASEANが1967年にバンコクで結成されたとき、その目的は経済協力であると宣言にうたわれていたのだが、この時期には東南アジア各国の工業化は輸入代替的工業化であったため、経済協力の実態をともなうことはなかった。

　1970年代に入って東南アジア諸国が輸入代替工業化から輸出指向工業化へと転換するのは各国の生産品、輸出品がほぼ同一であり輸出競争の激化が避けられないこと、また各国ごとの貿易赤字、「外貨の制約」が理由だったのであろうか。それもあるがこの時期にはこれら諸国での工業化の環境としての世界経済に大きな変化があったことを考慮に入れないわけにはいかない。1973年の石油危機で終焉することになるのだが、日本でも西欧諸国でも高度経済成長を持続させていた。日本や西欧での高度成長をリードしていたのはそれまでとはちがう新規産業が生まれ、消費者のもとで新しい工業製品の使用・消費を普及させたことである。すなわち、テレビ、冷蔵庫、掃除機、洗濯機などの家電製品、自動車やバイク、カメラ、ステレオ、テープレコーダなどそれまで富裕層の人びとにしか手の届かない奢侈的消費財が新技術によりふつうの消費者にも手に入れることができる普通の消費財となり、大量に生産され消費されるようになったことがひとつ*22。もうひとつはナイロン、ポリエステルなどの合成繊維素材、合成皮革、合成ゴムプラスティック、シリコン化合物などの新素材が開発され、高品質化される。そしてそれら新素材や新技術を普及させたことである。この変化はそれ以後今日まで続き、この革新が世界経済の原動力になっているわけだが、この新しい変化は1970年代に明らかになっていた。このことが意味するのは「技術革新の成果と新規産業化する必然性が国際的に拡大していた*23」ことであり、また技術革新を新規産業化し、新製品化することに成功した日本企業の輸出拡大が先進国間の貿易摩擦を頻発させるようになっていたこと、いいかえると世界貿易の流れが、先進国の工業製品と途上国の一次産品との貿易などではなく、これら新工業製品をめぐる先進国間の貿易を軸とするものになっていた、ということである。

　これにはもうひとつの要因が重なっている。1971年8月にアメリカ政府は金ドルの交換を停止し、それ以後主要先進国の通貨は変動相場制に移行した。ということはどの国の企業であれ工業製品の輸出・輸入にさいして為替変動に対応しなければならなくなり、為替リスクの回避が避けられないものになったことである。いくら一国内での生産の効率化やコストの削減をはかっても自国通

貨の為替レートが上がってはその努力は意味のないものになってしまうだろう。ドルのレートが85円から78円というように円高になれば150万円の輸出車は138万円しか回収できないことになる。1970年代以後では多くの商取引は国境を越える国際貿易となっているが、そうなればますます為替変動リスクに対応しなければならなくなる。巨大企業だけでなく中小企業さえも生産拠点を海外に分散させることになる。企業の生産拠点の海外移転、とくに東南アジアや中国への移転は日本国内での賃金水準の高さとこれら諸国での賃金水準との差が大きいためであり、日本国内で製作される工業製品が海外市場で競争力を持たなくなったためであるとよくいわれる。東南アジアや中国に抱負に存在した安価な労働力の魅力であったからと説明されることが多い。けれども為替レートの変動リスク回避の要因も大きいのである*24。

　東南アジアの諸国に話を戻すと、輸入代替的な工業化から輸出指向型工業化への転換は、先進国側でのこのような構造変動の時期と重なっていた。そこで東南アジアの各国は1970年代になると外国企業の誘致を積極的に進めることになる。まず外国企業導入を促進するための法律や制度が整備され、ついで大都市近郊などに工業団地を造成し、そこで外国企業による生産を行わせる。そのさいに採用されるのが保税加工区（EPZ）であった。フィリピンで1972年、マレーシア（ジョホール）で1973年、インドネシアでは1975年に保税加工区が設置されている。採用された政策はどの国でもほぼ同じで、操業開始から一定期間の法人税の免除、輸出入税の免除、輸出促進のための各種税控除、外貨の優先割り当て、工場用地の長期低額リースなどである*25。外国企業誘致のためにこれほどの条件を供与すると自国の利益としてなにが残るかと思われるほどだが、誘致された工場は労働集約的な工程のものが多かったから現地の人びとにとっての雇用創出の効果は大きかった。EPZ で雇用された労働者は1986年まで ASEAN 5で46万人に達したといわれている。

　このような形で開始された東南アジア諸国での輸出指向工業化であるが、1980年代後半から1990年代前半になるとその成果はだれの目にも明らかになる。各国の輸出品のなかで工業製品の占める割合は急速に上昇していった。タイでは1970年には 15％強にすぎなかったが1980年では35％、1990年では60％、2000年では75％を超えるに至った。1970年に25％ほどであったマレーシアでは1990年には50％を超え2000年には80％を超えている。インドネシアでも同じような早さで工業化が進行する*26。

　こうして ASEAN 5を構成する東南アジア諸国では短期間に急速な工業化が

318

第9章 地域としての東南アジア

進んだ。ところで EPZ や大都市近郊の工業団地にこれらの製造拠点は立地していたから、このことは ASEAN 5を構成する諸国の国内での労働人口の移動を生じさせるし、また工業化の遅れた域内の他国から労働人口の移入をもたらすことになる。桐山昇『東南アジア経済史　不均一発展国家群の経済統合』(2008)によると、1970年代半ばから1980年代半ばにかけてタイでは工業化が進み、それはまずバンコク周辺、ついでタイ北部の工業団地に拡大する。これら企業で働く労働者は初めタイ北部や東北部の農村にいた約400万人といわれる潜在的労働力を吸収するが、1990年代中頃になるとタイ国内でも労働力不足が発生するようになる。そこで不足する労働力は50万人ともいわれたが、それはミャンマーからの非正規就労者によって充足されたのであった*27。労働力の不足ないし逼迫は他の諸国でも見られ、マレーシアでは1997年に230万人の外国人労働者（マレーシアの就労人口の11％にあたる)、総人口350万人のシンガポールでは30万人から40万人の外国人労働者がいると推定されている*28。この数字は未熟練労働者についてだが、熟練労働者の移動をくわえると事情はもっと複雑になるがその詳細にははいるまい。ここでいいたいことは東南アジア諸国が輸出指向工業化に転換しそれが発展するにつれて、この地域内で国境をこえた労働力移動の流れを生じさせている、ということである。東南アジアという地域内で労働力移動の流れが生まれたということは経済統合が進み統合が進んだことであり、地域のまとまりが生じたことであろう。

　もうひとつ地域の一体性ということでは指摘しなければならないことがある。域内での工業工程や部品生産のフラグメンテーション化とそれらを結ぶ強力なネットワークである。ASEAN という組織は東南アジア地域各国の経済協力を目的としてつくられたが、なかなか協力の実態をもつには至らなかったといわている。それは輸出競争の激化を招いた輸入代替工業化の時期のことだけでなく、外国企業をこぞって誘致する時期でも初めはそうであった。1978年の工業化補完計画（AIC）は ASEAN 主導で自動車を生産するという構想であった。しかし、各国は独自に海外から自動車メーカーを誘致し、国内生産を開始し、この計画は無意味なものとなったのである。しかし、ASEAN 諸国が誘致する外国企業は自動車、家電、電子製品など部品を組み立てる産業が多い。主要部品は外国企業の本国の拠点工場からそれぞれの国に輸出する、それぞれの国内で部品を生産し調達する、あるいは関税を払って他国から輸入するということだから、一国規模の企業運営では不合理で不効率なものになる。すでに1982年に三菱自動車工業の提唱で「ブランド別自動車部品相互補完流通計画」(BBC)

があり、これは「同一ブランドにかんして ASEAN 域内での部品の流通体系を整備するスキーム」を示したものであったが、このスキームは1989年になるとじっさいに動き出す。各国は外国企業が自国内で組み立てる製品について国産化率について条件をつけていた。たとえば三菱自工のばあいタイ、マレーシア、フィリピンで完成車を生産しているが、部品についてはバンパーはタイで、トランスミッションはフィリピンで生産しているから、それぞれフィリピンやタイへ輸出し組み立てることになる。しかし、そうすると「タイで完成した自動車を輸出するときには国産化率が低くなってしまう」。このような不都合を避けるために同じ ASEAN 域内のフィリピンで生産されたトランスミッションはタイで生産されたものと見なすのである。「このスキームは域内で操業する自動車メーカーの生産意欲を高め、域内進出をはかるメーカーを誘引する効果を持っていた*29」。域内での工業製品の諸部品の生産にあたって効率的な分業、補完の関係を打ち立てるのであった。

桐山昇『東南アジア経済史』は日系自動車メーカーA社の例をあげている。A社は 1996 年に発効する ASEAN 産業協力（AICO）にそって域内部品相互補完ネットワークの構築を進めた。このような域内での部品相互補完ネットワークははじめは自動車産業に限られていたが、そのご電機・電子産業その他でも同様に展開することになる。今日では外国企業が域内各国にそれぞれ部品生産拠点をもちその間での強力なネットワークを張り巡らせている。

今日 ASEAN でアジア自由貿易地域（AFTA）構築が進められているのは、すでに地域全体としてこのように統一的生産基地化、消費市場化、労働市場化が進展しているからなのである。1980年代から1990年代にかけて急成長を遂げた東南アジア諸国だが、1997年にはアジア通貨危機に見舞われ、国内産業の調整を余儀なくされる。この時期には ASEAN 諸国にとって強力な競争相手として中国が登場し、それは ASEAN 諸国の経済的一体性をさらに強めさせることになる。

開発経済学でいう「雁行形態的発展」の図式にしたがって、先進国の工業を日本が追いかけ、日本を NIES が追いかけ、NIES を ASEAN 諸国が追いかけたとすると、1990年代に外国企業の誘致、輸出指向工業化で急成長を開始した中国もまた ASEAN 諸国と同じ立場にいることになる。中国はアジア通貨危機の影響を受けなかったし、ASEAN 諸国とちがってその時期にも高い成長率を維持している。そして中国もまた FTA を追求している。この中国に対してASEAN 諸国はどのように対応しようとするのだろうか。その回答が ASEAN

第9章　地域としての東南アジア

諸国での AFTA だった。AFTA による域内関税の引き下げは域内での新たな構造変動を生じさせる。自動車部品生産でみられた域内での分業・補完ネットワークを他の分野でも展開させる。「そのプラスの効果は、域内に複数拠点をもつ企業が、域内生産ネットワークによる〈補完〉、すなわち完成品同士の貿易体制（水平的分業）、部品補完（生産工程間分業）体制を構築したこと*30」である。こうして ASEAN 諸国の経済は単一市場化、単一生産基地化を進めたのである。

　中国の工業化と強力な競争相手としての台頭が ASEAN の一体化を推進したのだが、ASEAN と中国の関係は競争の激化にとどまっているのだろうか。2003年についていえば、ASEAN、中国、日本は貿易規模で見ると4500億ドルでほぼ同額、輸入も4000億ドルで同程度である。輸出先は主としてアメリカである。近年、東アジアからアメリカへの工業製品の輸出は増大しているが、ASEAN、中国、日本それぞれについて増大をみると、1992年から2005年までの間に ASEAN は3.9倍、日本は1.7倍であるのに、中国は10.5倍である。その結果、アメリカでは ASEAN のシェアが減り中国のシェアが増大している（OECD 諸国向け輸出では、1997年以降 ASEAN は後退しているが中国は躍進している）。日本向けの輸出のシェアを ASEAN と中国で比較すると、1990年から2000年までの間で、繊維製品では ASEAN（4.6％ → 5.5％）、中国（1.3％ → 68.1％）、家電製品では中国がゼロから洗濯機で30％、テレビで25％なのにたいし ASEAN からの電機製品は2000年で10％程度にすぎない*31。明らかに先進国の市場については中国の工業製品が ASEAN のそれを侵食している。これだけをみるなら中国は ASEAN にとっての脅威ということになる。

　それではなぜ ASEAN は中国との AFTA に向かうのであろうか。それは中国の工業国としての台頭は、工業製品や外資導入ではきびしい競争相手なのであるが、中国はまた ASEAN 諸国にとって工業製品の輸出先であり投資先なのである。中国の輸入の80％は工業製品であり、ASEAN 諸国としても競争力を持つなら中国市場に参入できる。じっさい ASEAN 諸国から中国への輸出は1992年から2005年までの間に、世界全体にたいしては3.9倍であるのにたいし、21.6倍に増大している（中国の全輸入中で ASEAN の占めるシェアは約10％という）。ASEAN から輸入されている品目をみると熱電子管、半導体、事務用機器の部品その他電子機器などである。中国から ASEAN への輸出についてもある程度同じことがいえる。つまり「中国は電子電機製品の世界の供給地といわれるが、その部品の多くを ASEAN から調達している。また中国から

321

ASEAN 5向けの電子機器部品の輸出も多いことを考えると、双方で部品のやりとりがなされ、最終製品が中国で組み立てられ世界中に供給される分業体制が見えてくる*32」。もちろん、中国で組み立てられる製品には日本、韓国、台湾でつくられる高技術部品もまた多く含まれていて、それは iPHON5 についてみられるとおりである。新しい分業体制、フラグメンテーションの体制が ASEAN と中国（そして日本も）結んでいるのである。

4．ベトナムのケース

　東南アジア、今日の ASEAN 諸国が構成する地域は、西欧諸国が渡来する以前にも地域としてのまとまりを示してきたし、植民地化された時期においても、地域内分業による深い依存関係を構築していた。とはいえ、1980年代以後に ASEAN 諸国が輸出主導型の工業化戦略をとり成功させて以後にこの地域内でつくり出すことになった地域としてのまとまりと比較するなら、その規模と重要性は問題にならないだろう。輸出主導型の工業化を進めるということはアメリカを中心とするグローバル化の体制の中に組み入れられることであり、具体的には WTO などに加盟することであるが、そのことは先行して域内での貿易と投資の自由化環境をつくることであり、これまで形だけで実態がないといわれた AFTA を実質的なものにし動かすことになった。ところで1990年代の終わりから2000年代初めになると ASEAN 諸国は、この時期に同じく輸出主導型の工業化を進め成功した中国の登場に対応しなければならなくなる。輸出する工業製品の品目で競合するだけでなく ASEAN 諸国へ投資していた外国企業が中国へも進出していくから、この面でも競合することになる。こうして2000年代初めの ASEAN 諸国では中国脅威論が語られるようになった（むろん、南シナ海での島嶼の領有権をめぐる紛争があるが、ここでは立ち入らない）。これらのことをコンステレーション理論の立場から見るとどうなるだろうか。グローバル化の中心・極であり貿易と投資の自由化を推進するのはアメリカであるが、工業化による政治経済的台頭の著しい中国もまた、中心国アメリカへの対抗を様々な分野で示すことでこの地域にたいして準極として働きかけている。AFTA が近年になり急速に進展したことはこのこととかかわる。中国と ASEAN 諸国とのその後の関係は、必ずしも中国脅威論の予想した展開になっていないが、そのことには先に見たとおりである。

　この最後の節では二つの極の間に置かれているこの地域がどのような立ち位

第9章　地域としての東南アジア

置を取り行動するかについて触れてみたい。もちろん ASEAN を構成する10か国といっても先行して工業化を達成した5か国と MLCV 諸国では域内での立場もちがっている。ここでは ASEAN 諸国の全てについて論じることはできないからベトナムのケースにそくして、その立場と行動を取り上げてみたい。

　ベトナムは1995年に ASEAN に加盟している。1963年から1975年までアメリカを相手としてベトナム戦争をたたかい勝利したベトナムは、統一後に南の地域でも北で実施されていた社会主義の政治経済モデルを導入した。ベトナム戦争を遂行したベトナム国家は世界史の先頭に立ち、周辺インドシナ諸国にも社会主義モデルを広めていく「普遍国家」であると自負していたし、そのことは近隣 ASEAN 諸国にとり脅威と緊張の源泉となっていた。しかしベトナム指導者たちのこの自負は長くは続かない。1975年に統一されたベトナムで実施されるのは古典的な社会主義建設である。すなわち、「一国規模での自己完結的な工業体系の建設」であり、そのための財源は国内に求められた。「農業の集団化と中央集権的な政治システム」がその手段であり、「物質的な条件の欠如を人びとの「やる気」（主観的能動性）で代位するため」イデオロギー的動員が重視された。「貧しさを分かち合う社会主義*33」である。しかしベトナム戦争を遂行するときには役だった「貧しさを分かち合う社会主義」は戦後にはもう人びとには受け入れられない。むしろ経済全般の困難をもたらすものでしかなく、そこでこれに変わる新しいシステムが模索される。古田元夫は1980年にメコンデルタに位置するロンアン省で行われた実験を重要なケースとして指摘している。それまでの社会主義的な食糧や生活用品の配給システムでは、さまざまな物品を政府が安い指導価格で購入し安い配給価格で販売する一方で、他方には「高価格」での市場流通があった。これを後者に一本化し、物品の流通を大幅に自由市場に委ねたのだ*34。これがのちのドイモイにつながっていく。1986年のベトナム共産党第6回党大会では正式な政策としてドイモイが採用されるが、それは国内でのインフレ対策や自由市場の承認にとどまるものではなかった。「従来の重工業優先の高度成長戦略は現実にあわない」とされ、もっと現実的な経済建設が必要とされる。現実的な政策としては「多セクターからなる混合経済体制」がそれまでの社会主義的統制よりも効率的であるとするとともに、一国規模の自己完結的な工業体系を建設するのではなく、「国際分業への積極的参与なしには経済発展はありえない*35」との見方が採用されたのである。社会主義時代には国際分業への参与は旧ソ連・東欧諸国のつくるコメコンへの参与であった。コメコンは崩壊したが、この時期にベトナムはア

323

ジア・太平洋圏諸国へ米と原油を輸出し、旧ソ連・東欧圏に代わる市場を見つけ埋め合わせることができた。1988年には外資導入法が実施され、まず台湾と香港の企業が進出し、韓国、オーストラリア、シンガポール、マレーシア、日本がそれに続くことになる。こうしてベトナムもまた ASEAN 諸国と同じ外資導入による工業化戦略に転換し、1992年には GDP 成長率は8％に達し、先行 ASEAN 諸国ではすでに労働力不足と賃金高騰にみまわれていたこともあって、日本その他の外国企業から新たな投資先として工場を誘致するにいたったのである。

こうしてベトナムは ASEAN に加盟した。先行 ASEAN 諸国と同じタイプの工業化戦略をとり、「雁行形態的発展」の最後列の位置を保ち、それなりの成果を上げているように見える。とはいえ ASEAN 内でのベトナムの位置は容易なものではない。というのはベトナムは1995年に政治上の悲願である ASEAN 加盟を達成した。「普遍国家」から他と同じような「地域国家」への転換が周辺の諸国から認められたともいえよう。だが、先行する ASEAN の5か国では自由貿易地域（AFTA）の構築が進められており、当然ベトナムもこれに加わることになる。AFTA の要点は「10年以内（ベトナムのばあいは2006年までに)、域内関税を5％以下に引き下げる」、また「非関税障壁を撤廃する」ことにあるが、これはベトナムにとってかなりきびしい負担になったからである。

その理由は、大野健一がいうように「ASEAN 域内にはシンガポールのような工業国があり、また域内には日米欧の多国籍企業による生産ネットワークがはりめぐらされている＊36」。そして現在のベトナムには輸入保護なしにこれら諸国と競争する力はなかった、からである。このことは他の ASEAN 諸国と一人当たり所得を比較すればあきらかであろう。1996年時点でベトナムは312ドル、これに対してシンガポールは26,041ドル、マレーシアは4,686ドル、タイは3,113ドルなど、大きく後れをとっている。1980年代に先行 ASEAN 諸国が工業化を進めたときには輸出品目が一次産品から工業製品に急速にシフトしていったが、ベトナムのばあいは依然として原油、米、コーヒー、海産物など一次産品の輸出に占める割合が大きい。輸出品目の中に工業製品が含まれないわけではないが、衣類（縫製)、靴の委託加工がおもであり、しかもこれらの生産においても「外資が持ちこむ技術、デザイン、資本、機械、原材料、経営、マーケティングに全面的に依存している＊37」から、工業製品の輸出でベトナムが貢献しているのは工業団地の用地と低賃金の労働力だけなのである。

第9章　地域としての東南アジア

　このような状態でベトナムが AFTA に参加するならどのような結果になるだろうか。『ベトナムの工業化戦略　グローバル化時代の途上国の産業支援』(2003) は、2000年から JICA とハノイ国民経済大学の研究者とでこの問題に取り組んだ研究プロジェクトの中間報告であるが、この報告はこの時点でベトナムが置かれている位置について注目すべき見方を示している。外資導入法が実施されてホーチミン市やハノイの近郊に建設された工業団地には外国企業の工場が進出しベトナムの人びとの雇用が創出された。しかし、全体としてみるならこのような政策の結果、ベトナムの工業は国内部門と輸出部門の二つの部分から構成されることになっている。そして二つの部分間には取り引きや交流のリンクがなく二重構造になってしまっている、というのである。

　輸出部門は外資導入法実施以後に急成長している部門で、外国企業や合弁企業がその成長を引っ張っている。そして「この部門は原材料、部品の輸入や組み立て加工品の輸出を通じてグローバル生産ネットワークに組み入れられている。自由貿易環境のもとで操業し国際競争力を有している*38。そのような企業の例としてよく取り上げられるものに富士通コンピュータプロダクツ・ベトナムがある。この企業はコンピュータの各種プリント基板の実装加工を行っているが、部品と材料は全て輸入し、製品も全て輸出している。ベトナムの工業団地に進出している外国企業はこのようなタイプのものが多い。このような外国企業はベトナムの地場企業とはなんの関係も持っていない。ベトナムは非熟練労働と工場用地を提供しているだけである（もっともテレビ製造業のような例外もあって、この業界では中間財が地場企業から提供されているという）。衣類縫製でも電子産業でも「技術、経営、資金、部品調達、マーケッティングといった重要なインプットは全て外国人が握っている」、これがベトナムの輸出産業部門の実態である。

　これとは別に国内部門があって、こちらは伝統産業と輸入代替産業から構成されていて、関税や数量制限などの輸入保護に守られている。ベトナムが AFTA や WTO に加盟しグローバルな自由貿易環境の外気にさらされるとダメージを受けることになるのは、この部門である。どのような産業かというと鉄鋼、プラスティック、化学、紙などの素材産業、テレビ、自動車などの耐久消費財、そして日用品や機械などを製造する産業である。これら産業はドイモイ以前からの大規模国営企業であるが、政府の手厚い保護を誘因として参入した外資や合弁企業も含まれる。大野健一によると、これら国内部門は「国内市場に先の見えない供給過剰を生み出している*39」。

図表3　ベトナム産業の二重構造

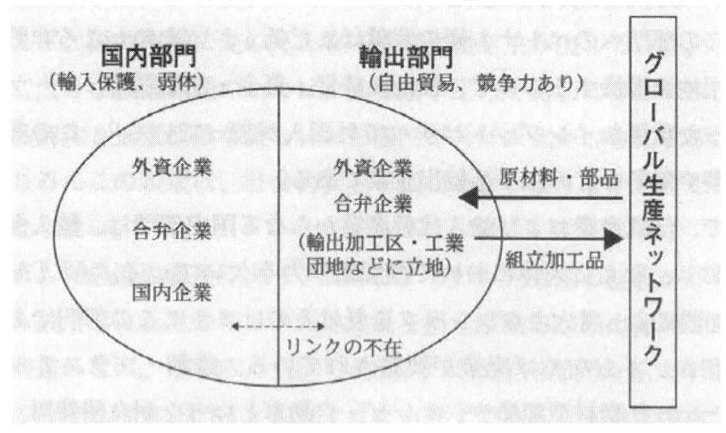

```
        国内部門              輸出部門           グ
   （輸入保護、弱体）      （自由貿易、競争力あり）  ロ
                                               ー
      外資企業           外資企業     原材料・部品 バ
                        合弁企業    ←           ル
      合弁企業                                    生
                      （輸出加工区・工業           産
                        団地などに立地）  組立加工品 ネ
      国内企業                        →         ッ
                                               ト
              ←－－－ リンクの不在 －－－→        ワ
                                               ー
                                               ク
```

出所　大野健一・川端望編（2003）『ベトナムの工業化戦略』日本評論社、41頁。

　一国規模で完結した工業体系を建設しようとした工業化戦略から、ドイモイと外資導入法実施により ASEAN 型の工業化を推進したのだが、その結果は相互に関係のない二つの部分からなる二重構造を生み出してしまった。EPZ の設置から輸出指向型工業を発展させた先行 ASEAN 諸国はこのような問題を顕在化させていないが、それは中間財や部品を提供する地場産業を育成するのに成功したからではないのか。そうであるなら、輸出部門と国内部門とを繋ぐリンクをつくることが課題となる。だから大野健一は「裾野産業や上流部門の育成は、いまは完全に断絶している国内部門と輸出部門のあいだに新たなリンクを創出することである」という。電機電子産業の外国企業を誘致しても全量輸入、全量輸出ではベトナムにとってメリットはない。部品をベトナムで調達できるような地場産業を育成する必要はかなり理解されていて、2012年3月に私たちが JICA ハノイ事務所を訪ねたときにも、日本国内では団塊世代の技術者が定年の時期を迎えているがこの人びとのもっている技術をベトナムで生かそうというプログラムが進められている話を聞いた。しかし、AFTA などベトナムがさらされているグローバルな自由貿易環境はきびしいから裾野産業や上流部門の育成もまた急がれる。それはどのようにしてできるのだろうか。きびしい環境を考慮すると、現在進出している外国企業の数よりももっと大量の外国企業を誘致し、集積とフラグメンテーション間の結合をつくり出すことであると大野健一はいう。現代の世界では生産分業、フラグメンテーションが

第9章　地域としての東南アジア

はげしく展開しているから、全ての工程を国内生産することなど先進国でも不可能になっている。「そうではなくて、これから東アジアで次々と生まれてくるであろう工程間分業の新しい環のうち自国に適したものを先取ってそれを集積させること、そのような環を複数取り込むこと、このことが実現して初めて部品産業育成や技術移転の展望が開けてくる」。このことを成功させるためには「ベトナムを ASEAN 諸国と差別化することが不可欠である。他国が追随できないベトナムの強みはなにかを見定め、それを最大限に生かす外資誘致を行うこと*40」なのである。

　ASEAN 諸国のなかで後れて工業化を進めるベトナムの状況がそのようであるとしてベトナムと中国との関係はどうなのであろうか。ベトナム戦争でアメリカに勝利した後、インドシナ全域に影響力を拡大しようとしてベトナムは中国と武力衝突に至ったことがある。しかし、ベトナムは「普遍国家」から「地域国家」に転換してからこのような問題はない。経済の分野に限ればベトナムと中国の関係は、ベトナムが熱帯作物、原油など一次産品を輸出し、中国からは精製油、肥料、機械などを輸入している。機械は一般的なものでとくに特殊化した機械類はないといわれる。このことでよく言及されるのは2000年から2001年にかけてのオートバイ部品の輸出である。中国製のオートバイ部品がベトナム国内で組み立てられその多くは偽の日本製ブランドのオートバイとして販売されたのだが、このときの中国からの部品輸出は集中豪雨的で、中国の対ベトナム輸出の3割にも達した。2001年秋にベトナム政府が規制強化を行ったためこのような大量の輸出はその後生じていない（このことはベトナム国内でオートバイの部品生産や組み立てで一定の地場産業を生み出すことになる）。さきにベトナムにおいては工業生産にあたっての部品、中間財を生産する裾野産業が未発達であり、この育成が課題となっているといったが、オートバイとならんでテレビでも例外的に地場産業が根付いている。家電機製品は部品組み立てで途上国の未熟練労働で担当できる部分があるため労働集約的な工程だけを途上国に移転することは多く行われている。さらにまた、「電機製品は途上国の所得水準では、所得の増大につれて、それ以上のスピードで増大する上級財である。電機産業全体にとっては所得水準の低い段階から高い段階までつねに所得上昇のペースをうわまわり、需要がのび長期間の発展が期待できる*41」という意味で重要だから、ベトナムとしても期待を寄せている分野なのである。テレビ製造業ではベトナム系5社以上、日系4社、韓国系2社があるが中国系企業も1社活動している。2000年代半ばではブラウン管などいくつかの主要部品が外資系企業

により現地生産されていたという。2012年3月にハノイで泊まったホテルでは液晶テレビになっていたが、この点ではどうなっているのだろうか。いずれにせよテレビ製造業では各社とも共通の中間財、部品を使用することができ、この需要が部品の現地生産の「厚み」と「拡がり」、裾野産業の育成に役立っている。

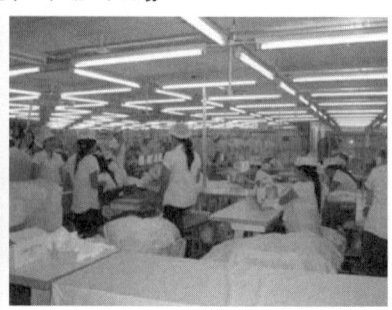

図表4　ハノイとホーチミンの工場

左は、軍服を製造している第26会社（ハノイ）、右は日本企業（フォーク社）の工場（ホーチミン）。いずれも筆者撮影。

　終わりに、ベトナムの鉄鋼業にふれておこう。ベトナムでは2002〜2006年では年率13.4％、2007〜2011年でも8.3％もの経済成長が続いている。このことはベトナム国内での鉄鋼需要を増大させている。1990年代では ASEAN で鉄鋼消費は最下位であったが、2013年には1176.9万トンで、タイ、インドネシアについで3位になっている（マレーシア、フィリピン、シンガポールより多い）。ところでこのような鉄鋼需要に対して供給はどうなっているのであろうか。じつはここで POSCO やフォーモサ・ハティン製鉄所（FHS）など近年の外資による巨大鉄鋼生産プロジェクトの役割の問題が現れる。

　1990年代まではベトナムで鉄鋼業を担ってきたのは、国有企業のベトナム・スチール会社（VSC）とその関連企業と小規模な国内メーカーであった。国内メーカーは小規模だが電炉や圧延の事業所をもち外資との合弁でおもに条鋼の生産を行っていた。さきに大野健一がベトナム経済のグローバル経済への開放とそれに応じた開発政策がベトナムに相互に関連のない国内部門と輸出部門の並存という構造をつくり出したと指摘したことにふれたが、この構造との関連でいうと VSC は社会主義体制時代の国営企業を引き継ぎ、鉄鋼部門を総括する、つまり国内部門を担当していたのである。

第9章　地域としての東南アジア

　ところが経済発展により市場が拡大していくとこの生産体制では国内需要も満たせなくなってくる。2000～2005年でベトナムは国内の鉄鋼需要の4割以上を輸入に依存したのである。2000年まではベトナムでは VSC の他にも鉄鋼生産の私有企業は存在していたのだが設備は劣悪で規格外の製品しかつくれなかった。そこで2000年1月に鉄鋼業に関する政府のマスタープランが作成され、鉄鋼産業の発展がめざされることになる。こうして建設されたのが2006年のフーミ製鉄所で、この製鉄所は年産で粗鋼40万トン、条鋼40万トン、冷延鋼板40万トンの生産能力をもっていた*42。現代的な技術にもとづく大規模な製鉄所が建設され操業が始まるのである。大規模で技術的に高度な工場となると資金も膨大になるから VSC や単独の私企業では担いきれない。そこで POSCO やフォーモサ・ハティン・スチールなど外資による大規模製鉄所の建設に向かったのである。POSCO は冷延鋼板120万トン、熱延鋼板300万トンを生産、FHS は操業開始後では熱延鋼板・帯鋼530万トン、棒鋼120万トンという従来のベトナムの製鉄事業所としてはかつてない巨大な規模のものである。

　このような巨大スチール産業が操業開始するとして、そのことは国内部門と輸出部門という分離した二つの部分からなるベトナムの経済構造および ASEAN 諸国との関係でどのような影響をもたらすことになるのだろうか。これまで ASEAN 諸国には本格的な鉄鋼一貫生産体制は存在しなかったのである。

　それについて考えるためには鉄鋼産業の製品には多数の種類があり、その種類・品目ごとに需給関係をみていく必要がある。おおまかには三品種に分類されている。条鋼・棒鋼、熱延鋼板、冷延鋼板である。条鋼・棒鋼は鉄筋コンクリート製の建物（ベトナムでは一戸建て住宅もコンクリート製）や建設工事に用いられる。熱延鋼板は最終製品として利用されることはほとんどなく表面処理鋼や冷延鋼板に加工される。表面処理鋼は工場・倉庫・住宅の屋根や壁、ダクト、シャッターなどこれも用途は建設産業である。冷延鋼板は冷間圧延されるもので、熱延鋼板の薄板よりもうすく、厚さ精度が高く表面も美しく、加工性にもすぐれる。冷延鋼板は自動車、家電製品、スチール家具などに用いられる。条鋼から冷延鋼板に向かうほど、生産には高度な技術が要求される。

　ところでベトナム国内で生産されてきた鉄鋼品目をみると、高炉や電気炉をもつ企業はあり粗鋼は生産されるが、生産品目としてはほとんどが建設用の条鋼か半製品のビレットであった。工業製品の製造には薄板が必要だが、冷延鋼板は2000年代に生産がやや拡大し輸入代替が進んでいるとされるが、必要な熱

329

延鋼板（薄板、帯鋼、厚中板）はベトナム国内ではまったく生産されていないのである。

　このことはなにを意味するかというと、ベトナムでは鉄鋼需要が拡大しているのだが建設関係のものが大部分で、製造業からの需要が小さいことである。自動車製造業をもつタイやインドネシアと比較すると、高級鋼板の需要ではベトナムは大きな差をつけられている（タイ279.8万トン、インドネシア122.8万トン、ベトナム4.7万トン）*43。ベトナム国内でも熱延鋼板の需要はあるのだがおもに表面処理鋼の生産に向けられ、建設資材にまわっている。とはいえ、最近の研究によるとベトナムでの鋼板需要は伸びているし、需要構成における鋼板鋼管類と条鋼類の比率をみると、2005年では43.2％だったものが2013年には50.4％と増大している。鋼材の需要が建設用から製造業にシフトしてきているのがみられる。もっぱら国内部門向けであった鉄鋼製品が輸出部門にも向けられるようになっているのである。近年ベトナムに進出した POSCO や2016年に操業開始を予定している FHS などの巨大鉄鋼プラントはこの分野での製品提供を目標としているようである。

　つまり近年のベトナム鉄鋼業での外資系巨大プラントは国内部門と輸出部門という二重化したベトナムの産業構造のなかで、輸出部門への中間財の提供を視野に入れているのである。それのみならず高級鋼板のベトナム国内での需要をこえて POSCO や FHS は他の東南アジア諸国の市場への輸出も視野に入れている。これらプラントの操業が始まればベトナムは鉄鋼業を通じても ASEAN 諸国との経済関係のなかにいっそう組み入れられることになろう。粗鋼やビレットについては世界的な生産過剰がいわれ、ロシアとウクライナ（そして今日では中国も）の低価格の鋼材が市場にあふれている状況でベトナムでの鉄鋼業は経済的な利点がないとされたのだが、ここにきて異なる動きが生じているのである。

注
1 モウリツッツェン．H，ヴィヴェル．A編、蓮見雄ほか訳（2011）『拡大ヨーロッパの地政学—コンステレーション理論の可能性』文眞堂。
2 吉野文雄（2001）「グローバル化の中の経済統合—AFTA は経済成長を促すのか」、末廣昭・山影進編『アジア政治経済論—アジアの中の日本をめざして』第六章、NTT 出版、210〜212頁。
3 同上、212頁。

第 9 章　地域としての東南アジア

4　白石隆(2000)『海の帝国―アジアをどう考えるか』中公新書、33〜34頁。
5　同上、40〜41頁。
6　同上、45〜46頁。
7　同上、46頁。
8　同上、49〜50頁。
9　宇野弘蔵(1941)『糖業より見たる広域経済の研究』序論・結語、『宇野弘蔵著作集』第8巻(1974)岩波書店、390頁。
10　同上、392頁。
11　内田義彦(1943)「マライの米」『東亜研究所報』第22号、3頁。
12　同上、5頁。
13　杉原薫(1996)『アジア間貿易の形成と構造』ミネルヴァ書房、118頁。
14　桐山昇(2008)『東南アジア経済史―不均一発展国家群の経済結合』有斐閣、32頁。
15　同上、33頁。
16　同上、65頁。
17　同上、41頁。
18　大野健一(2000)『途上国のグローバリゼーション―自立的発展は可能か』東洋経済新報社、iii 頁。
19　大塚久雄(1964)「予見のための世界史」『展望』12月号、『大塚久雄著作集』第9巻(1969)岩波書店。
20　赤羽裕(1971)『低開発経済分析序説』岩波書店、29頁。
21　末廣昭(2000)『キャッチアップ型工業化論―アジア経済の軌跡と展望』名古屋大学出版会、135頁。
22　桐山昇(2008)『東南アジア経済史―不均一発展国家群の経済結合』150〜151頁。
23　同上、153頁。
24　同上、147〜150頁。
25　同上、155頁。
26　同上、166〜167頁。
27　同上、178〜179頁。
28　同上、181頁。
29　吉野文雄(2001)「グローバル化の中の経済統合― AFTA は経済成長を促すのか」、末廣昭・山影進編『アジア政治経済論―アジアの中の日本をめざして』第六章、NTT 出版、210〜212頁。
30　桐山昇『東南アジア経済史―不均一発展国家群の経済統合』214頁。
31　トラン・ヴァン・トウ(2007)『中国-ASEAN の FTA と東アジア経済』文眞堂、6〜9頁。
32　大泉啓一郎(2011)『消費するアジア―新興国市場の可能性と不安』中公新書、70〜71頁。

331

33 古田元夫(1995)『ベトナムの世界史―中華世界から東南アジア世界へ』東京大学出版会、169〜170頁。
34 古田元夫(2009)『ドイモイの誕生―ベトナムにおける改革路線の形成過程』青木書店、53〜70頁。
35 古田元夫(1995)『ベトナムの世界史―中華世界から東南アジア世界へ』東京大学出版会、241頁。
36 大野健一(2000)『途上国のグローバリゼーション―自立的発展は可能か』150頁。
37 同上、151頁。
38 大野健一(2003)「国際統合に挑むベトナム」『ベトナムの工業化戦略―グローバル化時代の途上国産業支援』第2章、日本評論社、38〜41頁。
39 同上、43頁。
40 同上、53〜54頁。
41 天川直子(2006)「ベトナムのテレビ製造業とTCLの挑戦」『中国-ASEAN経済関係の新展開』第9章、アジア経済研究所、292〜293頁。
42 川端望(2007)「ベトナムの鉄鋼業―新局面と政策転換」佐藤創編『アジアにおける鉄鋼業の発展と変容』調査研究報告書、アジア経済研究所、178〜179頁。
43 川端望(2015)「市場経済移行下のベトナム鉄鋼業―その達成と課題」ディスカッション・ペイパー No.43、東北大学経済学研究科、9〜10頁。

あとがき

　本書『アジアからの戦略的思考と新地政学』の執筆者メンバーを中心とした「地政学研究会」は2011年7月28日に第1回研究会を開催し、その後、研究会とホーチミン、ハノイ、タイ、シンガポール、カンボジア等の調査を経て、刊行に至った。

　執筆者の多くが属す明治大学 MOS マネジメント・オブ・サスティナビリティ研究所は、学術奨励寄付金により、その研究を行っているが、故小谷野利子様、小谷野正道様、佐藤達夫様には、その活動を支えて頂いている。この本の刊行により、日頃からの御支援への御礼となれば幸いであるし、心より感謝の意を表したい。

　また、戦略研究学会の叢書アカデミアの一つとして、刊行できることは著者一同の喜びである。戦略研究学会前会長戸部良一先生に心より感謝する次第である。

　末尾になるが、2015年3月末で、明治大学文学部を退職された杉山光信先生へ感謝の意を表したい。先生の鋭い、本質を照らし出す論文、また、研究会や調査での発言やアドバイスは、「地政学研究会」の推進力とバランスの保持を可能とさせてくれた。まさに、MOS マネジメント・オブ・サスティナビリティの実践であった。

　研究会発足から4年が過ぎたとはいえ、私たちの研究は緒に就いたばかりである。これからも、アジアを含め多くの国々の調査を含め、アジアの知恵を発見し、創造していく所存である。

藤江　昌嗣

執筆者紹介

藤江　昌嗣
ふじえ　まさつぐ
明治大学経営学部教授。戦略研究学会会長。
1954年生まれ。京都大学経済学部卒業、神戸大学大学院経済学研究科博士後期課程退学。岩手大学人文社会学部専任講師、東京農工大学農学部助教授、明治大学助教授を経て、1993年より現職。2007年より明治大学ビジネス・イノベーション研究所(IBIM)所長（〜2012年）、2012年より明治大学マネジメント・オブ・サスティナビリティ研究所(MOS)所長、2015年より戦略研究学会会長。京都大学博士（経済学）。
著書：『移転価格税制と地方税還付』（中央経済社、1993年）、『テクノ・グローカリゼーション』（共著、梓出版社、2005年）、『地域再生と戦略的協働』（共著、ぎょうせい、2006年）、『ビジネス・エコノミクス』（梓出版社、2006年）、『格差社会の統計分析』（共著、北海道大学出版会、2009年）、『ブランドデザイン戦略』（共著、芙蓉書房出版、2010年）、『原発事故後の環境・エネルギー政策』（共著、冨山房インターナショナル、2012年）ほか。

平山　朝治
ひらやま　あさじ
筑波大学人文社会系教授。
1958年生まれ。東京大学教養学部卒業、東京大学大学院経済学研究科第2種博士課程修了（経済学博士）。東京大学教養学部助手、筑波大学社会科学系講師、助教授などを経て、2013年より現職。その間、国際日本文化研究センター共同研究員などを歴任。
著書・論文：『平山朝治著作集（全5巻）』（中央経済社、2009年）、『イエ社会と個人主義——日本型組織原理の再検討』（日本経済新聞社、1995年）、「日本国憲法の平和主義と、安全保障戦略」『国際日本研究』（第7号、2015年）、「互恵性と交換の進化」『筑波大学経済学論集』第67号、2015年）

川口　満
かわぐち　みつる
㈱旭リサーチセンター主幹研究員。
1954年生まれ。京都大学経済学部卒業、旭化成工業株式会社に入社。住宅事業部門に所属し、旭化成グループのシンクタンクである旭リサーチセンターを兼務。2011年に住宅・不動産企画室発足、室長として現職。その間、住宅生産団体連合会、東京商工会議所などで研究会の主要メンバーを務め、明治大学でビジネスイノベーション講座の講師を担当している。
著書：『サラリーマン地主のための戦略的相続対策』（明日香出版、2012年）

金城　誠栄
きんじょう　せいえい
税理士。
1951年沖縄県生まれ。琉球大学大学院法学研究科修士課程修了、琉球大学大学院経営学研究科修士課程修了。沖縄県糸満市役所市民部長・企画開発部長・消防長を歴任。

論文：「消費者保護法の研究」（琉球大学大学院修士論文）、「公・私組織の活性化について」（琉球大学大学院修士論文）。

東長　邦明（とうなが　くにあき）
明治大学マネジメント・オブ・サスティナビリティ研究所(MOS)客員研究員。
1954年生まれ。京都大学経済学部卒業。東京海上火災保険㈱・東京海上ホールディングス㈱にて、IT 部門、国際部門、リスク管理部門、ニューヨーク・シンガポール駐在等を経て、2012年よりホールディングス監査部勤務。1999年より明治大学兼任講師、2008年よりビジネス・イノベーション研究所(IBIM)客員研究員、2013年より MOS 客員研究員にてそれぞれ現在に至る。その間、放送大学ゲスト講師（リスク管理）、日本国際保険学校上級コース講師（リスク管理）等。認定コンプライアンスオフィサー。

石井　道子（いしい　みちこ）
㈲マカイバリジャパン専務取締役。
1972年生まれ。明治大学商学部卒、明治大学大学院商学研究科修士課程修了、上智大学大学院経済学研究科修士課程修了。株式会社浜銀総合研究所勤務を経て現職。
論文：「多国籍企業の業績評価問題」（明治大学大学院修士論文）、「多国籍企業の移転価格についての考察」（上智大学大学院修士論文）。

郭　思宜（かく　しぎ）
京都大学大学院経済学研究科博士課程在籍。
1977年生まれ。三菱東京 UFJ 銀行台北支店法務課、総合企画課、福井県立大学客員研究員などを歴任。
著書・論文：「自然エネルギー利用の現状と地域発展の可能性」（『原子力発電と地域経済の将来展望に関する研究－その3－エネルギー・原子力政策の転換と立地地域の将来展望（福井県立大学地域経済研究所平成23年度報告書）』、2012年）、「台湾の原子力発電所立地地域の変容」（『原子力発電と地域経済の将来展望に関する研究－その2－原子力発電所による経済活動の特性と規模（福井県立大学地域経済研究所平成22年度報告書）』、2011年）など。

John Lambino（ジョン・ランビーノ）
京都大学経済学部、京都大学アジア研究教育ユニット特定講師。
1974年生まれ。京都大学経済学部卒業、京都大学大学院経済学研究科博士課程修了。京都大学経済学部特定助教を経て、2015年より現職。Ateneo de Manila University 非常勤講師、Kingfisher School of Business and Finance 講師などを歴任。
著書・論文：Filipino Workers in Japan between 1980 and 2010: A Study of Socioeconomic Political Mechanisms of International Migration, *Asian Studies: Journal of Critical Perspectives on Asia*. (近刊)、Presentism as an Embedded Temporal Characteristic of Modernity: An Examination of the Modern Food System and Modern Energy Use, Hongladorn, S.(ed.), *Food Security and Food Safety for the*

Twenty-first Century, Springer, 2015. *An Introduction to ASEAN and the Asean Community*, Bluewater Publishing, 2014. The Economic Role of Metro Manila in the Philippines: A Study of Uneven Regional Development under Globalization, *Kyoto Economic Review*, 79, 2010. 「グローバリゼーションとフィリピン人の国際移動：1980年以降の日本への移動を中心に」(『経済論叢』183号、2009年）など。

杉山 光信
すぎやま みつのぶ
前明治大学文学部教授。明治大学マネジメント・オブ・サスティナビリティ研究所(MOS)客員研究員。
1945年生まれ。東京大学文学部卒業、同大学院社会学研究科博士課程退学、同新聞研究所助手。大阪大学人間科学部助教授、東京大学新聞研究所教授などをへて、2002年明治大学文学部教授。2015年3月、明治大学を退職。
著書：『戦後日本の市民社会』(みすず書房、2001年)、『アラン・トゥーレーヌ』(東信堂、2000年)、最近の論文に「市民社会論から栗原社会学へ」(『社会学評論』2008年 no.1)など多数。

編者紹介

戦略研究学会（せんりゃくけんきゅうがっかい）
2001年設立。軍事・政治・外交・経営など広範な視点から「戦略」を総合的に研究することを目的に設立された学術団体。

〈叢書アカデミア⑤〉
アジアからの戦略的思考と新地政学

2015年10月26日　第1刷発行

監修者
戦略研究学会

編著者
藤江昌嗣・杉山光信

発行所
㈱芙蓉書房出版
（代表　平澤公裕）
〒113-0033 東京都文京区本郷3-3-13
TEL 03-3813-4466　FAX 03-3813-4615
http://www.fuyoshobo.co.jp

印刷・製本／モリモト印刷

ISBN978-4-8295-0659-2

【芙蓉書房出版の本】

平和の地政学
アメリカ世界戦略の原点
ニコラス・スパイクマン著　奥山真司訳　本体 1,900円

戦後から現在までのアメリカの国家戦略を決定的にしたスパイクマンの名著の完訳版。ユーラシア大陸の沿岸部を重視する「リムランド論」などスパイクマン理論のエッセンスが凝縮。原著の彩色地図51枚も完全収録。

現代の軍事戦略入門
陸海空からサイバー、核、宇宙まで
エリノア・スローン著　奥山真司・関根大助訳　本体 2,500円

冷戦後の軍事戦略理論の概要を軍種、戦力ごとに解説した入門書。戦略・戦争研究の大御所がこぞって絶賛した話題の書の待望の日本語版。
マハン、コルベット、ジョミニ、リデルハート、ローレンス、毛沢東、ドゥーエ、ミッチェルなどの「古典」的人物から、トフラー夫妻、オーエンス、セブロウスキー、クレピネヴィッチ、スケールズ、クレフェルト、リンド、ランベス、ハメスなどの現代の専門家まで幅広く取り上げ、コンパクトに紹介

戦略論の原点 《普及版》
J・C・ワイリー著　奥山真司訳　本体 1,900円

「過去百年間以上にわたって書かれた戦略の理論書の中では最高のもの」（コリン・グレイ）と絶賛された書。軍事理論を基礎とした戦略学理論のエッセンスが凝縮され、あらゆるジャンルに適用できる総合戦略入門書。

戦略の格言
戦略家のための40の議論
コリン・グレイ著　奥山真司訳　本体 2,600円

"現代の三大戦略思想家"といわれるコリン・グレイ教授が、西洋の軍事戦略論のエッセンスを簡潔にまとめた話題の書。戦争の本質、戦争と平和の関係、軍事力と戦闘、世界政治の本質など40の格言を使ってわかりやすく解説。

【芙蓉書房出版の本】

自滅する中国
なぜ世界帝国になれないのか

エドワード・ルトワック著　奥山真司監訳　本体 2,300円

最近の中国の行動はルトワック博士が本書で「予言」した通りに進んでいる。戦略オンチの大国が確実に自滅への道を進んでいることを多くの事例で明らかにした話題の本。

叢書アカデミア①
マーケティング戦略論
レビュー・体系・ケース　　　　　　　原田保・三浦俊彦編著　本体 2,800円

〈既存のマーケティング戦略研究の理論〉と〈現実のビジネス場面でのマーケティング実践。この橋渡しとなる実践的研究書。

叢書アカデミア②
経営戦略の理論と実践
　　　　　　　　　　　　　　　　　小松陽一・高井透編著　本体 2,800円

「戦略」「経営戦略」という用語と複雑な経営戦略現象とを架橋し、より生産的な経営戦略の教育と実践の実現を追求する。経営戦略論の代表的な分析パラダイムから、戦略オプションごとの事例解説、考察まで重層的な構成。

叢書アカデミア③
ブランドデザイン戦略
コンテクスト転換のモデルと事例　　　原田保・三浦俊彦編著　本体 2,800円

これから求められるブランド戦略を、商品・サービス・企業・地域の価値を高めた12の成功事例から学ぶ。他の商品との組み合わせや消費生活全体の見直しという大きな視点で捉える「コンテクストブランディング」を提唱する。

叢書アカデミア④
コンテクストデザイン戦略
価値発現のための理論と実践　原田保・三浦俊彦・高井透編著　本体 3,200円

マーケティングやブランド戦略におけるコンテクストデザインの重要性を12領域の成功事例36件で総合的に分析。